GRAMÁTICA
DE LA
LENGUA
ESPAÑOLA

REAL ACADEMIA ESPAÑOLA

COLECCIÓN NEBRIJA Y BELLO

GRAMÁTICA DE LA LENGUA ESPAÑOLA

Emilio Alarcos Llorach

ESPASA

REAL ACADEMIA ESPAÑOLA
COLECCIÓN NEBRIJA Y BELLO

© Emilio Alarcos Llorach, 1994
© Espasa Calpe, S. A., 1994

Primera edición: junio, 1994
Primera reimpresión: septiembre, 1994
Segunda reimpresión: octubre, 1994
Tercera reimpresión: octubre, 1994
Cuarta reimpresión: diciembre, 1994
Quinta reimpresión: enero, 1995
Sexta reimpresión: febrero, 1995
Séptima reimpresión: julio, 1995
Octava reimpresión: septiembre, 1996

Diseño de la colección: Víctor Viano Asociados, S. L.

Depósito legal: M. 26.129-1996
ISBN: 84-239-7840-0

Impreso en España/Printed in Spain
Impresión: UNIGRAF

Editorial Espasa Calpe, S. A.
Carretera de Irún, km 12,200. 28049 Madrid

ÍNDICE GENERAL

LAS UNIDADES EN EL ENUNCIADO: FORMA Y FUNCIÓN

ESTRUCTURA DE LOS ENUNCIADOS: ORACIONES Y FRASES

PRÓLOGO

Al publicarse en 1973, la gramática redactada por los académicos don Samuel Gili Gaya y don Salvador Fernández Ramírez apareció con el título de Esbozo *de una nueva gramática de la lengua española. Aunque la Academia había pretendido remozar la tradición gramatical poniéndola de acuerdo con las doctrinas lingüísticas modernas, no se atrevió a presentar la obra sino como «mero anticipo provisional», temerosa de que las novedades fueran mal recibidas. Confundiendo la teoría con la práctica, manifestó que «este simple proyecto» carecía de «validez normativa». La Academia esperaba que, tras el estudio de las enmiendas y adiciones que se propusieran a la Comisión de Gramática, se podría fijar el texto definitivo. Los años transcurridos han demostrado la dificultad del empeño y el optimismo de tal creencia.*

La necesidad de contar con una gramática académica indujo a la Comisión Administrativa, en 1981, a confiar a un solo académico el encargo de transformar el Esbozo *en texto definitivo. Previamente me había propuesto su redacción el entonces director don Dámaso Alonso. Tardé años en aceptar el compromiso, solo después de haberme asegurado de tener libertad en mi cometido y de no estar obligado a la mera refundición del* Esbozo. *Convencido de que la gramática debía ajustarse a los conocimientos lingüísticos contemporáneos, me negaba, empero, a que el texto se convirtiera en tratado teórico en detrimento de las exigencias didácticas y normativas. Dámaso Alonso se mostró de acuerdo con estos puntos de vista.*

Comencé a trabajar en el proyecto a principios de 1985. Mi propósito consistía en exponer los rasgos de la gramática del español que se descubren en los actos orales y escritos de los usuarios de la lengua en este siglo XX. Hoy día concurren normas cultas diversas en los vastos territorios donde se practica el español como lengua materna. Ya no es posible sostener, como un siglo atrás hacía Leopoldo Alas, que los peninsulares somos los amos del idioma; más bien, según propugnaba don Ramón Menéndez Pidal, debemos ser solo sus servidores. Se comprende y hasta se justifica que cada uno encuentre más eficaz y precisa la norma idiomática a cuya sombra ha nacido y se ha formado; pero ello no implica rechazo o condena de otras normas tan respetables como la propia. La Academia, con mutaciones varias a lo largo de sus casi tres siglos de vida, ha defendido criterios de corrección basados en el uso de los varones más doctos, según decía Nebrija. El redactor ha procurado la imparcialidad en los casos de conflictos normativos, si bien se reflejan a veces sus preferencias personales. La tendencia normativa, desde los mismos orígenes de la gramática, la hemos heredado todos, incluso los afectados de ligero latitudinarismo. Toda gramática termina, o empieza, por ser normativa. Y, al cumplir con el compromiso contraído, también esta gramática aconseja normas, siempre, eso sí, sin espíritu dogmático.

Se han descrito los hechos según un hilo conductor consecuente, y se ha ordenado la materia con una orientación metodológica que el enterado reconocerá como funcionalista. Se ha pugnado por mantener el equilibrio entre esas exigencias y el logro de un texto lo más claro y sencillo posible. Se han omitido las discusiones teóricas, aunque se intente que entre líneas se trasluzca el fundamento científico de lo expuesto. Se ha procurado que la actitud normativa no borrara la rigurosa descripción de los hechos y que esta no ocultase, desarrollada en demasía, la claridad de la norma y el propósito didáctico. Por ello se evita al máximo la complicación terminológica.

Sin lugar a dudas una gramática es un tratado en que se discuten y establecen ordenadamente ciertos hechos, para lo cual es requisito indispensable manejar una mínima nomenclatura. Pero los hechos (en nuestro caso, los datos gramaticales) son como son y no los afecta el nombre con que los reconozcamos. Que juzguemos, por ejemplo, incorrecto decir o escribir este área *(en vez de* esta área*) no depende de que* este *y* esta *se designen como «pronombres» o «adjetivos», como «determinantes», «demostrativos» o «deícticos»: en todo caso, eso está mal dicho. Una gramática es, pues, normativa con independencia de que sus normas queden envueltas por fuerza en este o aquel excipiente metalingüístico. Ya no sería gramática el resultado de reducir la exposición de los hechos a un seco repertorio de usos correctos e incorrectos, sin dar ninguna explicación, como el viejísimo* Appendix Probi. *Y ya sabemos los hablantes neolatinos el brillante éxito práctico de los esfuerzos normativos del Pseudoprobo: casi todo lo que condenaba ha triunfado en los romances. Conviene así que el normativismo se forre de escéptica cautela. En el orden jerárquico interno de la gramática, primero viene la descripción de los hechos; de su peso y medida se desprenderá la norma, siempre provisional y a merced del uso.*

Siendo imposible la descripción sin ayuda de una nomenclatura, se ha preferido utilizar vocabulario poco técnico cuando no hay riesgo de imprecisión, aceptando las acuñaciones tradicionales inequívocas, y solo por excepción se recurre a términos nuevos, que de todas maneras no ofrecerán dificultad a cualquier bachiller, avezado ya a los enrevesados textos de EGB y BUP hasta ahora vigentes. Por lo demás, nadie que no haya pasado por esas horcas caudinas de la enseñanza obligatoria tendrá la rara ocurrencia de consultar una gramática: ningún hablante ingenuo, consciente de hablar y de entenderse con los vecinos, se plantea nunca semejantes dudas.

Si la sabiduría popular asegura que «cada maestrillo tiene su librillo», en ningún dominio del conocimiento se revela ese adagio con más eficacia que en el de la gramática. No cabe el mínimo acuerdo teórico entre gramáticos, y por algo fueron equiparados con los fariseos hace dos mil años. Así pues, y con el precedente de lo acaecido con el Esbozo, *era de esperar, y de desear, la decisión adoptada en la Comisión de Gramática de la RAE tras haber considerado el nuevo texto. Por supuesto, la Academia no ha tenido ni tiene un criterio corporativo único respecto de las cuestiones teóricas gramaticales; pero ni siquiera la opinión particular de cada uno de sus miembros podría acomodarse con facilidad a consentimiento armónico. Como no era cosa de discutir punto por punto lo que en el texto se dice, ni cómo se dice, con ánimo de lograr una versión aceptable para todos (que probablemente se reduciría a conservar el esqueleto de los ejemplos, ya que su interpretación es susceptible de infinitas variaciones), no quedaba otro remedio que acogerse a la solución opuesta: mantener el texto tal cual y declararlo de la exclusiva incumbencia del redactor. De este modo, se deslindaban las áreas respectivas: la de la Academia y la del autor. De una parte, la Academia se abstiene de pronunciarse en cuestiones de método (actitud razonable, puesto que el fin de la Academia es fijar normas del uso, pero no las de la especulación teórica de la lingüística), y de otra, el autor permanece en libertad para defender sus puntos de vista teóricos, sin por ello abandonar la intención normativa y didáctica con que concibió esta obra.*

La gramática que se presenta se divide en tres partes análogas a las del Esbozo. *La primera expone la fonología del español de forma escueta; pensando en la escasa atención que a estas cuestiones dedica el hablante interesado por su lengua, se ha buscado concisión y el mínimo de tecnicismo compatible con el rigor. Se presentan las dos normas más comunes del sistema fonológico de hoy: la del sistema centronorteño peninsular y la del americano o atlántico, y se señalan las variantes más aceptadas. Aunque hay referencias a la relación entre fonemas y grafemas, los aspectos ortográficos de la lengua se han dejado para el opúsculo que publica la Academia. La segunda parte se corresponde en principio con la morfología; se despliega aquí el inventario de las unidades gramaticales del español, pero, por comodidad de la exposición, se adelantan aspectos que son propiamente sintácticos. En fin, la tercera parte enfoca la sintaxis como descripción de la estructura de los enunciados y del papel que en ellos desempeñan las unidades morfológicas inventariadas. Debemos insistir en que no por ceñirnos a las pautas del funcionalismo en la descripción del uso de la lengua española, se emplea una terminología especial. Hemos apuntado que la lectura no exige demasiada familiaridad con la ciencia lingüística ni con sus múltiples jergas. El entendido, en cambio, quizá echará de menos un rigor más severo. La difícil búsqueda de equilibrio entre la relativa claridad y la exactitud de la exposición habrá fracasado a veces, y puede que el texto peque de alguna opacidad o alguna inconsecuencia. Este es el riesgo de la empresa acometida. No hay gramática perfecta. La transparencia se consigue solo a costa de simplificación. Aquí se ha hecho lo que se ha podido para no caer ni en la oscuridad ni en la inexactitud. Por eso —y creyendo que la gramática es un río anónimo en que vierten sus aguas tantos afluentes— no se ha añadido bibliografía alguna. El lector insatisfecho, y con afanes científicos, podrá acudir a otras fuentes, como la nueva edición refundida y aumentada de los* Estudios de gramática funcional del español, *que aparecerá no tardando bajo los auspicios habituales de Gredos.*

Agradezco sus observaciones a los académicos de la Comisión de Gramática, señores García Yebra, Lapesa Melgar, Lázaro Carreter, Lorenzo Criado, Rodríguez Adrados, Salvador Caja, Seco Raymundo y Zamora Vicente. Aceptadas o no en este texto, debo aclarar que en todo caso lo que se afirma es de mi personal y exclusiva responsabilidad. Por último, he de reconocer la intervención varia y asidua, y en algunos capítulos muy directa, de Josefina Martínez Álvarez. Como es de casa, y no es preciso andarse con remilgos gratulatorios anglosajones, lo digo solo para que conste donde pueda producir los efectos oportunos.

15 de enero de 1994.

NOTA DEL EDITOR

La presente GRAMÁTICA DE LA LENGUA ESPAÑOLA, *además de su correspondiente división en bloques temáticos, capítulos y apartados, viene ordenada en párrafos numerados correlativamente. Las referencias a otras partes del texto se hacen mediante el símbolo §, seguido del número del párrafo al que se remite.*

Las numerosas citas que aparecen en el texto van seguidas de dos números separados por un punto y encerrados entre paréntesis; el primero de ellos, en negrita, remite a la **Clave de Citas** *que se encuentra en la página 391, e indica el autor y la obra de donde está tomada; la segunda cifra, cuando es arábiga, indica el número de página en que se halla dicha cita; si se trata de un número romano indica el volumen, o el número de la poesía cuando la cita proviene de una obra en verso.*

FONOLOGÍA

I. SONIDOS Y FONEMAS

Previa

1. La lengua se hace patente en cada acto de comunicación de los hablantes. Partiendo del análisis de todos los posibles actos de habla en una lengua dada, se llega a establecer su sistema y las reglas con que se maneja.

Todo acto de habla se manifiesta en una secuencia de sonidos que profiere el hablante. Desde la infancia nos acostumbramos a asociar determinados segmentos de esas secuencias con ciertos significados. Por ejemplo, la serie de sonidos representada en la escritura por las letras sucesivas de *paraguas* nos evoca inmediatamente el concepto de «utensilio portátil para resguardarse de la lluvia» correspondiente al conocido objeto. Segmentos como este, dentro de la secuencia proferida, son *signos*, unidades portadoras de una significación. En el acto de habla, pues, coexisten una secuencia de signos y otra de sonidos. Ambos componentes (sonidos y signos) están combinados y ordenados conforme a reglas propias de cada lengua. El estudio de los signos y de sus combinaciones es el dominio que se asigna a la *Gramática*. Se puede incluir en esta la *Fonología*, que estudia los elementos manifestados como sonidos y sus combinaciones posibles, con independencia del sentido que transmiten.

2. Para conservar las manifestaciones orales se utiliza la escritura. Nuestra escritura alfabética nació para reproducir gráficamente uno a uno los sonidos sucesivos del acto de habla. Los símbolos empleados para ello son las *letras*. En teoría, cada letra debería corresponderse con un solo sonido. Pero los cambios experimentados por las lenguas a través del tiempo son causa de que la escritura alfabética ofrezca inadecuaciones, de manera que una misma letra puede referirse a más de un sonido, o, a la inversa, un solo sonido puede estar representado por diferentes letras e, incluso, conjuntamente por varias letras. En español, una misma letra, la *g*, se utiliza para dos sonidos diferentes (los de *gasto* y *gesto)*; un mismo sonido aparece representado por letras diversas (como en *caso, queso, kilo)*, y, en fin, ciertos sonidos se escriben con combinaciones de letras (como los de *chico, cuello, guerra)*. Las reglas oportunas para representar con letras los sonidos de una lengua constituyen su *Ortografía*.

3. Los hábitos ortográficos son responsables de que en el análisis gramatical se opere con una unidad que llamamos *palabra*. Los signos sucesivos en un acto de habla no se corresponden siempre con la palabra. Por ejemplo, *venimos* es una palabra en que se combinan dos signos: uno, la secuencia *ven*, que evoca el significado de «venir», y otro, la secuencia *imos*, que alude a nociones como «primera persona, plural, etc.». La palabra se reconoce, sobre todo, como una unidad propia de la lengua escrita: aquello que en la escritura aparece entre blancos (§ 44).

4. Los sonidos con que se realiza el acto de habla están producidos por el llamado *aparato fonador* del hombre, y son percibidos por su *aparato auditivo*. Del uno al otro se transmiten habitualmente por un medio físico, que es el aire. Lo más simple para analizar los sonidos es considerarlos en su origen, en su articulación. Esta consiste en la transformación del aire espirado por los pulmones en el tracto comprendido desde la laringe a los labios y las fosas nasales. Los movimientos y las posiciones de los órganos incluidos en ese espacio condicionan el producto final, es decir, las vibraciones de las partículas de aire.

Las partes esenciales del aparato fonador son: la *glotis* (o *cuerdas vocales* situadas en la laringe), el *velo del paladar*, la *lengua* y los *labios*. Sus movimientos, junto con la mayor o menor separación entre los *maxilares* superior e inferior, y sus aproximaciones o contactos con los otros órganos no móviles *(paladar, dientes)* dan lugar a infinitas variedades de sonidos. Cada lengua ha seleccionado unos pocos que le son suficientes para sus necesidades comunicativas.

5. Los sonidos propios de una lengua se caracterizan por ciertos rasgos articulatorios que permiten la distinción entre ellos, tal como, siendo todas frutas, podemos, por el aspecto, el tamaño y demás propiedades, discernir entre peras, manzanas, melocotones, ciruelas y naranjas. No todas las peras son iguales, pero todas son peras. Así, hay sonidos que, aun ofreciendo entre sí diferencias articulatorias, los consideramos como pertenecientes a un mismo tipo. Hacemos caso omiso de sus divergencias y solo nos atenemos a sus rasgos comunes y constantes. Y si la pera o la manzana ideal es un modelo que nuestra mente utiliza para reconocer como tal una pera o una manzana concretas, los hablantes tenemos modelos mentales de sonidos que reconocemos como tales aunque el sonido concreto que percibimos tenga rasgos accesorios diferentes. Por ejemplo, cuando pronunciamos *beber* o *vivir* aisladamente, el sonido representado por la primera *b* y la primera *v* no es exactamente igual que el sonido de las segundas *b* y *v:* en el primer caso, los labios se juntan uno contra otro y se separan bruscamente; en el segundo solo se aproximan. Por su articulación, son sonidos diferentes, pero ambos se corresponden con el mismo modelo mental que tenemos los hablantes del español. Decimos entonces que se trata de un mismo *fonema,* esto es, de manifestaciones diversas del mismo fonema.

6. Los fonemas son, pues, los modelos mentales del sonido que caracterizan a cada lengua, aunque en el habla concreta aparezcan realizados como sonidos diversos. Son los fonemas y no los sonidos las unidades mínimas que se combinan para conformar la *expresión* o *significante* de las palabras y conseguir así la evocación de significados distintos. Por ello, se consideran los fonemas como *unidades distintivas,* o sea, elementos que distinguen los significados. Cuando en una lengua dos sonidos no sirven para discriminar significados, se debe a que no se corresponden con fonemas diferentes. En el ejemplo de arriba, el fonema /b/ [1] se caracteriza por la intervención de los labios al articularlo, pero el hecho de que se pongan en contacto o solamente se aproximen carece de importancia distintiva. En cambio, si comparamos los sonidos iniciales de *pala* y *bala,* representados por las letras *p* y *b,* aunque en ambos entran en contacto los labios, se distinguen entre sí porque la diferente disposición de las cuerdas vocales (separadas para el primero y juntas para el segundo) se corresponde con significados también diferentes, y así, diremos que /p/ y /b/ son fonemas distintos.

7. Para distinguir entre sí los fonemas, el español utiliza los siguientes rasgos manifestados en la articulación:
1.° El aire que, proveniente de los pulmones, llega a la *cavidad bucal* u *oral,* puede encontrarla libre de obstáculos para su salida al exterior, o bien tiene que salvar el que haya establecido alguno de los órganos móviles (lengua y labios). En el primer caso, se realizan sonidos *vocálicos;* en el segundo, *consonánticos.* A los fonemas caracterizados por la articulación

---

[1] Transcribimos los fonemas, según uso general, entre barras oblicuas //.

vocálica los llamamos *vocales*. Los que son articulados mediante la superación de un obstáculo son *consonantes*. Algunos fonemas combinan ambos rasgos (la libre salida del aire y el obstáculo): son las llamadas consonantes *líquidas*. En *palo* tenemos cuatro fonemas sucesivos: /p/ es consonante pura, puesto que el aire encuentra el obstáculo consistente en el contacto de los labios; /l/ es consonante líquida, porque combina un obstáculo (el ápice de la lengua aplicado a los alvéolos superiores) y una abertura lateral (los bordes caídos de la lengua dejan salir el aire); /a/ y /o/ son vocales, pues la corriente de aire no tiene que vencer ningún obstáculo en su salida al exterior.

8. 2.º La corriente de aire, al pasar por la laringe, puede encontrar la glotis abierta o cerrada. En el último caso, la presión que ejerce el aire sobre las cuerdas vocales hace que estas vibren originando un zumbido que llamamos *sonoridad*. Este rasgo es habitual en las vocales. Con las consonantes, la glotis a veces está abierta; si eso ocurre, la consonante es *sorda* y, si no, *sonora*. En *coto,* los fonemas consonánticos /k/ y /t/ son sordos; en *godo,* los fonemas /g/ y /d/ son sonoros. Ciertas consonantes, normalmente, se realizan siempre sonoras: en *lomo,* los fonemas /l/ y /m/ se articulan como sonoros, pero su sonoridad no es rasgo distintivo (puesto que no se oponen a otras articulaciones correspondientes sordas). Otras son habitualmente sordas: los fonemas consonantes de *faja,* es decir, /f/ y /j/, se realizan como sordos.

9. 3.º A veces, el velo del paladar, en lugar de estar aplicado a la faringe, desciende y deja una abertura de comunicación con las fosas nasales. El aire sale entonces por estas en lugar de expulsarse por la boca. Se oponen así consonantes *nasales* a consonantes *orales:* en *mata* y *bata,* los fonemas iniciales /m/ y /b/, ambos articulados por los labios, se distinguen entre sí, porque el primero es nasal y el segundo oral.

10. 4.º El obstáculo que ha de superar la corriente de aire puede consistir en la oclusión o cierre momentáneo de la cavidad bucal, o bien en un estrechamiento entre los órganos por donde el aire pasa produciendo un frotamiento o fricción. En el primer caso se trata de consonantes *interruptas* u *oclusivas;* en el segundo, de *continuas* o *fricativas.* En *paja,* el fonema inicial /p/ presenta un cierre de los labios, que al separarse bruscamente, dejan salir el aire: es una oclusiva; en *faja,* el fonema inicial /f/ se realiza mediante la fricción del aire entre el labio inferior y los incisivos superiores: es una fricativa.

11. 5.º El obstáculo puede estar situado en diferentes zonas de la cavidad oral, según intervengan los labios o la lengua, y según esta se aplique o aproxime al velo del paladar, a la parte delantera o media del paladar y a la zona dentoalveolar. De acuerdo con ello, las consonantes españolas son *labiales* (como los fonemas /p/ y /b/), *dentales* (como /t/ y /d/), *palatales* (como /ĉ/), *velares* (como /k/ y /g/). En las labiales y las velares, el obstáculo aparece en uno de los extremos de la cavidad bucal; en las dentales y las palatales, el obstáculo de la lengua subdivide ese espacio en dos cavidades menores, una de las cuales es predominante. Las primeras resultan acústicamente *graves* y las segundas *agudas*. El obstáculo de las labiales y las dentales se sitúa en la parte delantera de la cavidad (sea única o predominante); en las palatales y velares, el obstáculo se forma en la parte posterior de la cavidad (única o predominante); las primeras son sonidos *anteriores* (o *difusos*), y las segundas, *posteriores* (o *densos*).

12. 6.º   Entre las líquidas, la combinación de la abertura y cierre de la cavidad puede ser simultánea o alterna. En el primer caso, hay abertura lateral y obturación central (como en /l/); por ello, se llaman *laterales*. En el segundo caso, se suceden rápidamente el cierre y la abertura (como en /r/): se llaman *vibrantes*.

7.º   La vibración de estas puede ser más enérgica, esto es, repetirse. Si así ocurre, la consonante múltiple es *tensa,* como /r̄/ en *carro;* cuando la vibración es única, la consonante es *floja,* como /r/ en *caro.* La diferencia entre tensa y floja acompaña también a la realización de otras consonantes, como rasgo accesorio de las sordas y sonoras respectivamente.

13. 8.º   Los rasgos distintivos de las vocales, al articularse sin obstáculos, se basan en la diferente configuración de la cavidad bucal, que será más o menos amplia según el grado de separación de los maxilares, de elevación de la lengua y de avance de los labios. La amplitud de la abertura condiciona la distinción entre vocales *cerradas* (como /i/ y /u/), vocales *medias* (como /e/ y /o/) y vocales *abiertas* (como /a/). Si la lengua se incurva hacia adelante (mientras los labios se retraen) tenemos vocales *anteriores, agudas* o *palatales* (como /i/ y /e/); si la lengua se retrae por su parte posterior hacia atrás (mientras los labios avanzan abocinándose) tenemos vocales *posteriores, graves* o *velares* (como /u/ y /o/); la /a/, realizada con la lengua casi plana, como cuando se respira en silencio, no es ni aguda ni grave.

La varia combinación de estos rasgos distintivos entre sí agrupa los fonemas del español en dos sistemas fonológicos, uno de vocales y otro de consonantes.

Sistema vocálico

14. En la extensa área que abarca el idioma español es notable la
uniformidad de su sistema vocálico, salvo las particularidades regionales
que no son del caso. Es un sistema muy simple, reducido a cinco solos
fonemas. De los rasgos fónicos vocálicos, el español solo concede pertinencia distintiva a dos: el grado de abertura de la cavidad bucal y la
configuración de la cavidad según se dispongan la lengua y los labios. Los
cinco fonemas vocálicos constituyen un sistema triangular:

	Anteriores	Posteriores
	(agudas)	(graves)
Abertura mínima: cerradas	i	u
Abertura media: medias	e	o
Abertura máxima: abierta	a	

La sustitución de uno de estos fonemas vocálicos por otro es suficiente
para que un significante se altere y pase a evocar otro significado: *paso* /
peso / *piso* / *poso* / *puso; ara* / *era* / *ira* / *hora* / *hura.*

15. Cada uno de estos cinco fonemas vocálicos, modelos mentales a
que se ajusta el hablante del español, no se articula siempre, en los actos
concretos de habla, con un mismo sonido constante. Existen variantes (o
alófonos) que adoptan matices fónicos accesorios, indiferentes para la función distintiva, mantenida por los rasgos propios de cada fonema vocálico.
Dependiendo de su situación en la secuencia proferida, cada fonema aparece realizado mediante sonidos diversos; también las preferencias indivi-
duales pueden condicionar la aparición de estas variantes. En esquema,
los fonemas de abertura mínima y media (es decir, /i/, /u/, /e/, /o/) pueden
fluctuar en su abertura siempre que persista la diferencia relativa entre
ellos. La vocal más abierta /a/ puede articularse con ligera elevación de la
lengua, bien hacia el paladar delantero, bien hacia el velo del paladar. Por último, las vocales más cerradas /i/, /u/, en contacto íntimo con otra vocal, resultan articuladas con abertura aún menor y con duración más breve (§ 38).

16. Veamos unos ejemplos. El fonema /i/ es más breve y cerrado en
tierra, aire; menos abierto en *libro, tigre* que en *tinta, fijo* o *risa.* El fonema
/u/ es más breve y cerrado en *nueve* y *causa;* menos abierto y más labia-
lizado en *luna, cuba* que en *azul, ruso* o *lujo.* El fonema /e/ es más cerrado
en *pera, ceda, lento* que en *perra, ceja, peine.* El fonema /o/ es más abierto

en *conde, coz, rojo, ahora* que en *codo, tomo, loza, mora*. El fonema /a/ resulta velarizado en *cauto, mal, majo* y palatalizado en *valle, tacha, vaina, raya, caña*. También en contacto con consonantes nasales, el necesario descenso del velo del paladar en la articulación de estas condiciona sonidos vocales nasalizados, como en *niño, menos, mano, moño, muñón*. Sin embargo, la no pertinencia de esas variantes permite la coexistencia de diversas normas regionales para la pronunciación de cada fonema vocálico.

Sistema consonántico

17. Los rasgos distintivos que oponen entre sí los fonemas consonánticos del español configuran un sistema de cinco series y de cuatro órdenes de localización, a saber: serie oclusiva, serie sonora, serie fricativa, serie nasal y serie líquida; orden labial, orden dental, orden palatal y orden velar. De este modo [2]:

		Lab.	Dent.	Pal.	Vel.
I.	Oclusivas (sordas)	p	t	ĉ	k
II.	Sonoras	b	d	y	g
III.	Fricativas (sordas)	f	z	s	j
IV.	Nasales	m	n	ñ	—
V. Líquidas	{ Vibrantes	—	r̄-r	—	—
	{ Laterales	—	l	ļ	—

18. El carácter diferencial de los diecinueve fonemas consonánticos queda demostrado mediante el cotejo de secuencias en que el simple cambio de uno de ellos por otro repercute en el significado que evocan. Así, en las oposiciones de palabras siguientes:

/p/ pavor - babor - favor, poro - moro, pino - tino - chino, paso - caso.
/b/ vino - fino, bono - mono, escarbar - escardar, haba - hada - haya - haga.

---

[2] Como la ortografía no representa uniformemente los fonemas, y para evitar transcripciones engorrosas, se utiliza /k/ como notación del fonema grafiado *c* y *qu* en *caso* y *queso;* /ĉ/ para la *ch* en *choto;* /g/ para la *g* de *gato* y la *gu* de *guerra;* /z/ para las grafías *z* y *c* de *cereza* y *cierzo;* /j/ para la *j* de *rojo* y la *g* de *coger* y *Gijón;* /ļ/ para la *ll* de *calle;* /r̄/ para la doble *rr* de *perro* y la *r* inicial de *remo*.

/t/ cuatro - cuadro, tapa - zapa, rata - rana, topo - chopo, puerto - puerco.

/d/ deja - ceja, ved - ven, apodo - apoyo, cardo - cargo.

/k/ cota - gota - jota - chota, marca - marcha.

/g/ garra - jarra, mago - mayo.

/ĉ/ macho - mayo, choto - soto, cacho - caño, mecha - mella.

/y/ yeso - seso, cayada - cañada, poyo - pollo.

/f/ forro - morro - zorro, fiesta - siesta, fusta - justa, rifa - riza - risa - rija.

/z/ cima - sima, paz - pan, voz - boj, mazo - malo.

/s/ sarro - jarro, raso - rayo, masa - maña - malla.

/j/ hoja - oca - osa, moja - mofa - moza.

/m/ /n/ /ñ/ muevo - nuevo, moño - ñoño, cama - cana - caña, sonar - soñar.

/l/-/ḷ/ loro - lloro, talar - tallar.

/r/-/ṝ/ jara - jarra, vario - barrio, moro - morro.

Este sistema de la norma culta peninsular coexiste, sin perturbaciones en la comunicación, con otros de difusión social y geográfica más o menos amplia, en los cuales ciertas oposiciones han dejado de ser pertinentes, según se verá (§ 25).

19.   El rasgo común de los cuatro fonemas de la serie I consiste en la interrupción de la salida del aire mediante un obstáculo. Mientras /p, t, k/ se realizan como oclusivas plenas, la /ĉ/ es una africada, esto es, una oclusiva en que el obstáculo no desaparece bruscamente sino con una progresiva abertura. Los cuatro, en general, se articulan como consonantes sordas y tensas. Algunos hablantes las sonorizan, y en tal caso son los rasgos de oclusión y tensión los que mantienen su distinción respecto de los fonemas de las otras series. Los fonemas de la serie II se realizan sonoros y flojos; pero, según su posición en la secuencia, comportan realización oclusiva (tras pausa y tras consonantes nasales y a veces líquidas) o fricativa bastante débil (en los demás casos). Se observa cotejando la pronunciación fricativa u oclusiva de cada uno de los dos miembros de estas parejas: *a vela* y *con vela; robo* y *rombo; la duda* y *sin duda; seda* y *senda; de yema* y *con yema; eyección* e *inyección; la goma* y *con goma; legua* y *lengua.* La realización habitual de los fonemas de la serie III (/f, z, s, j/) es sorda, aunque se sonorizan en contacto con consonante sonora *(afgano, hazme, asno);* lo pertinente es solo su rasgo fricativo.

20.   Se ha cuestionado cuál sea el rasgo pertinente que discierne entre sí estas tres series. La I es siempre oclusiva, la II siempre sonora, la III siempre fricativa. Los tres rasgos no dejan de ser distintivos, pero no siempre resultan suficientes. En las parejas *poro/foro, tierra/cierra, carro/jarro* funciona como pertinente la oposición entre oclusivo y fricativo. En *pala/bala, tomo/domo, coma/goma* funciona la oposición entre sordo y sonoro. Pero en los casos de *vaca/faca, dentro/centro, garra/jarra,* ¿funciona solo la oposición entre oclusivo y fricativo o solo entre sonoro y sordo, o bien las dos simultáneamente o alternativamente según el contexto? Porque en el caso de *la vaca/la faca,* los fonemas /b/ y /f/ se realizan ambos fricativos, y por tanto se distinguen solo porque el primero es sonoro y el segundo sordo. El rasgo oclusivo solo funciona en combinación con el rasgo sordo. Cuando, como se verá en § 36, son indiferentes los rasgos sordo-sonoro, tampoco resulta distintiva la oposición oclusiva-fricativa (por ejemplo, en *ábside* o en *cápsula* las unidades fonemáticas representadas por *b* y *p* se realizan variablemente como oclusivas o fricativas, como sordas o como sonoras).

21. Los fonemas de las series I, II y III adjudicados al orden palatal, a saber, /ĉ, y, s/, no son tan homogéneos como los de otros órdenes. El fonema /ĉ/ se realiza como consonante africada con el predorso de la lengua aplicado a los alvéolos o al prepaladar; /y/, en cambio, es, bien africada, bien fricativa, siempre prepalatal; en fin, /s/ establece su zona de fricción (según la norma centro-norteña peninsular) entre el ápice de la lengua y los alvéolos superiores (mientras en el mediodía y en América se produce entre el predorso de la lengua y los incisivos superiores). Tales diferencias articulatorias entre los tres fonemas, así como las divergencias de todos los fonemas de la serie fricativa respecto a los correspondientes de las series I y II, podrían impulsar a reconocer otros órdenes de localización: /f/ se realiza por la mayoría de los hablantes como labiodental (mientras /p/ y /b/ son bilabiales); /z/ es interdental (mientras /t/ y /d/ son dentales); /s/ es apicoalveolar (mientras /ĉ/ y /y/ son predorsales), y /j/ es casi uvular y en algunas partes laríngea (mientras /k/ y /g/ son pospalatales o velares).

22. Sin embargo, es mejor pensar que la desviación articulatoria de los fonemas fricativos de la serie III respecto del punto en que se suelen realizar los oclusivos y los sonoros correspondientes de las series I y II, es mera consecuencia mecánica del rasgo fricativo que los caracteriza. Ahora bien, si las sonoras de la serie II son también muchas veces fricativas, y, a pesar de ello, no presentan esa desviación del punto articulatorio, hay que concluir que el rasgo pertinente de la serie III, aunque quepa dentro del término «fricativo», asignado también a veces a las sonoras de la serie II, se realiza con mayor tensión que en estas. Así, en lugar de utilizar «oclusivo», «fricativo», «sordo» y «sonoro» para distinguir las tres series, podría con el mismo fundamento decirse que hay dos series *fuertes* (o tensas), que serían la I y la III (distinguidas entre sí por la oposición oclusión-continuidad), y una serie *floja,* la habitualmente sonora II.

23. La serie IV, los fonemas nasales, presenta el rasgo común de la nasalidad. Habitualmente se realizan los tres como sonoros, pero este no es rasgo distintivo. Se diferencian entre sí por la localización del obstáculo: /m/ es labial, /n/ dental y /ñ/ palatal. En posición final ante pausa o de sílaba, según se verá (§ 36), solo es distintiva la nasalidad; el punto de articulación depende del que aparezca en el fonema siguiente. Obsérvese la distinta posición de los órganos que adopta el fonema nasal en estos ejemplos: bilabial en *campo, bien poco;* labiodental en *enfado, con fiebre;* interdental en *once, un cínico;* dental en *diente, un dado;* alveolar en *ansia, un lujo;* palatal en *cancha, con llave;* velar en *tango, son cautos.*

24. La serie V, de consonantes líquidas, es muy defectiva respecto de los órdenes de localización. En el sistema consonántico óptimo (y más conservador) solo se distinguen fonemas líquidos en el orden dental y en el palatal, y eso solo con el grupo de las laterales /l/ y /ḷ/. Los dos fonemas vibrantes /r/ y /ř/ se realizan alveolares, pero no siendo distintivo este rasgo, hay hablantes que incorrectamente los articulan como velares o uvulares. Como se ha visto, la distinción entre laterales y vibrantes se basa en que los primeros combinan simultáneamente la abertura vocálica (que es lateral) con el cierre consonántico central, en tanto que las vibrantes presentan uno o varios cierres consonánticos alternados con abertura vocálica. Los dos fonemas laterales /l/ y /ḷ/ (distinguidos en los usos conservadores por la pronunciación respectiva alveolar y palatal: *mala* y *malla)* quedan indiferenciados cuando sigue una consonante, que impone a la lateral su propio punto de articulación si en él interviene el ápice o el predorso de la lengua. Nótense las diferencias: la lateral es alveolar en *sal, alga, alma, pulso;* interdental en *alzar, el cinco;* dental en *alto, el toldo;* palatal en *colcha, el yermo.* Los dos fonemas vibrantes /r/ y /ř/, que se distinguen por la oposición floja-tensa (o débil-fuerte), solo se oponen entre vocales: *caro-carro, ahora-ahorra.* En los demás casos se articula la fuerte si comienza palabra o sigue a nasal o /s/ *(ramo, honra, israelita);* la débil, detrás de otras consonantes *(brazo, otro, agrio)* o ante pausa y delante de otra consonante (aunque en este caso alterna con la fuerte: *salir, arma, corto, perla, arsénico).*

25. Otro sistema consonántico, de mayor difusión geográfica, se caracteriza por haberse fraguado a la vez que el del castellano, como consecuencia del reajuste que a lo largo del siglo XVI modificó sobre todo los fonemas sibilantes del castellano medieval. En zonas meridionales de la Península y en los territorios atlánticos (Canarias y América), el aflojamiento articulatorio de las consonantes africadas medievales (escritas *ç* y *z)* y la desaparición de la sonoridad como rasgo propio de los antiguos fonemas sibilantes condujeron a la fusión de lo que en castellano resultó los fonemas actuales /s/ y /z/, de manera que quedó un solo fonema generalmente realizado como fricativa predorsodental. Es lo que se conoce como *seseo* y consiste en la igualación articulatoria entre palabras como *casa* y *caza, rosa* y *roza, sumo* y *zumo,* etc. Con ello, la serie III del sistema centropeninsular /f, z, s, j/ queda reducida en esas áreas meridionales y ultramarinas a tres solos fonemas /f, s, j/.

26. En la mayoría del dominio de habla española, ha prosperado otra reducción del inventario de fonemas. Se trata de la pérdida del rasgo lateral que opone /ļ/ a la /y/ también palatal de la serie III. Este fenómeno del *yeísmo,* rastreado desde hace siglos, difundido sobre todo en los medios urbanos, hoy disfruta de plena vigencia, hasta el punto de que incluso los hablantes distinguidores no prestan atención al hecho de que sus interlocutores no lo sean. La oposición tenía (o tiene) muy poco rendimiento funcional, pues el contexto suele evitar toda ambigüedad: *pollo-poyo, rallar-rayar, callado-cayado, hulla-huya,* etc., tienen pocas oportunidades de aparecer en una misma secuencia de habla. La fusión de los dos fonemas suele realizarse con las variantes propias de /y/, pero vulgarmente, o en zonas dialectales, se manifiesta con muy variados sonidos.

El sistema consonántico conservador expuesto en § 17 se reduce, pues, a este otro:

			Lab.	Dent.	Pal.	Vel.
I.	Oclusivas (sordas)		p	t	ĉ	k
II.	Sonoras		b	d	y	g
III.	Fricativas		f	s	—	j
IV.	Nasales		m	n	ñ	—
V.	Líquidas	Vibrantes	—	r̄-r	—	—
		Laterales	—	l	—	—

II. LA SÍLABA

Determinación y definición de la sílaba

27. Es dificultoso definir y delimitar la sílaba desde el punto de vista fonético, a pesar de la noción intuitiva bastante precisa que suelen tener de ella los hablantes. Los fundamentos fonéticos de su existencia son probablemente múltiples: ritmo de aberturas y cierres, de impulsos de los músculos torácicos, de alternancia de intensidades y tonos, etc. Si se considera la sílaba como unidad funcional en la secuencia fónica su naturaleza se aclara.

En primer lugar, la sílaba es una manifestación fónica que de por sí no se asocia a ninguna unidad del significado o contenido. Por ello, debe discernirse entre secuencias silábicas y secuencias de significantes, pues no coinciden. Si los significantes aislados son forzosamente secuencias de sílabas, no todas las secuencias silábicas concuerdan en sus límites con los de los significantes. Por ejemplo, en una misma secuencia silábica como /de.ló.ro/ [3] caben dos segmentaciones diferentes de significantes: *de loro y del oro*. La sílaba, pues, aunque como complejo fónico puede cumplir funciones distintivas, pertenece exclusivamente a la expresión (o secuencia de sonidos) y su estudio debe acometerse con independencia de los significados a que pueda corresponder. Una manifestación de habla concreta (situada entre pausas) se analiza como una sucesión de signos; en cambio, la secuencia de los significantes con que aquellos signos se manifiestan ha de analizarse con criterios exclusivamente fónicos, como un decurso de unidades que ya no se corresponden obligatoriamente con las del significado. Así, en esta secuencia de sílabas /ya.yér.ba.su.su.r̄án.te.co.moun.r̄í.o/

---

[3] En la notación fonológica separamos, cuando es preciso, cada sílaba con un punto.

se ocultan dos secuencias de signos distintos: *y a hierba susurrante como un río* y *ya ayer va susurrante como un río* (**57**.270).

Dentro de la secuencia fónica, la sílaba es la combinación mínima y autónoma de fonemas (o unidades distintivas). Claro es que un fonema por sí solo puede desempeñar el papel de una sílaba: en *ahí* cada sílaba es un fonema único /a.í/; y también una sílaba, en principio desprovista de relación con un significado, puede funcionar como significante: por ejemplo /sol/, que en *soltar* /sol.tár/ es solo segmento de significante, en *sol* constituye significante pleno.

28. La sílaba es el marco en que pueden determinarse las combinaciones posibles de los fonemas. La sucesión de las sílabas (aparte de las relaciones que contraigan los significantes a que pertenecen) está condicionada por la alternancia variable del rasgo que llamamos acento (y que se estudiará en § 41 y sigs.). Los significantes son secuencias de sílabas diversamente realzadas por el acento, series de sílabas átonas y tónicas, sujetas a ciertos esquemas constitutivos. Una sílaba como /r̄o/ puede combinarse con acento (como en /r̄ó.ze/ *roce* y en /ze.r̄ó/ *cerró*) o con su ausencia (como en /r̄o-zé/ *rocé* y en /zé.r̄o/ *cerro*). Por otra parte, el análisis silábico resulta diferente según se efectúe sobre signos independientes y aislados o cuando están combinados con otros en una secuencia más amplia: así, la silabación de /pa.pél/ es distinta en *papel verde* /pa.pél.vér.de/ y en *papel amarillo* /pa.pé.la.ma.rí.l̮o/. No hay, pues, que confundir la estructura silábica que aparece en cada uno de los marcos en que se considere: el de las relaciones dentro de la palabra aislada y el de las relaciones en secuencias unitarias de palabras. A la vista de lo dicho, se debe ahora considerar cómo se combinan los fonemas del español para constituir sílabas y qué clases pueden distinguirse entre ellos según ese criterio.

29. El cotejo entre ciertas secuencias permite escindirlas en varias sílabas, combinadas diversamente con el realce acentual. Constituye sílaba todo fonema o combinación de fonemas asociable con un acento y susceptible de aparecer en diferente puesto de la secuencia. Unas mismas sílabas con diferente acento o distinto orden pueden distinguir significados: en *término, termino, terminó* tenemos /tér.mi.no/-/ter.mí.no/-/ter.mi.nó/; y en *roce, cerro, rocé, cerró, cala, laca, verde, deber* tenemos /r̄ó-ze/-/zé.r̄o/-/r̄o.zé/-/ze-r̄ó/, /ká.la/-/lá.ka/, /bér.de/-/de.bér/.

Se ha visto que la sílaba, sea cual fuere su estructura interna, puede constituir por sí sola un significante: *sol, dé, y, ah* son sílabas y a la vez palabras. Pero no todos los fonemas pueden constituir aislados una sílaba. Algunos solo aparecen en combinación con otros. Por esta propiedad se

separan en español dos clases de fonemas: los que aislados no pueden
constituir sílaba, y los que son capaces de ello. Estas dos clases funcionales
(fonemas no silábicos o marginales, y fonemas silábicos o nucleares) coinciden en español con la diferencia articulatoria y acústica que distingue
las consonantes de las vocales (§ 7). Los fonemas articulados como consonantes solo pueden aparecer acompañados de vocal, mientras que los
realizados como vocales pueden constituir por sí solos una sílaba y ser por
tanto núcleos de sílaba: *ah, a.hí, e.so, i.gual, lí.o, u.no*. En suma, la sílaba
consiste en un núcleo vocálico susceptible de ir acompañado de elementos
consonánticos que forman sus márgenes. En fórmula: (C)V(C), donde
C = consonante y V = vocal.

Sílaba y combinación de fonemas

30. En posición inicial de significante (o palabra), queda bien determinado el margen prenuclear de la sílaba: el fonema o los fonemas consonánticos que preceden a una vocal forman con este una sílaba. El margen
posnuclear tampoco es dudoso para la sílaba final de palabra: el fonema
o los fonemas consonánticos finales de esta forman sílaba con la vocal precedente. Pero al tratar de delimitar el fin y el comienzo de dos sílabas
contiguas en interior de significante, surgen dificultades: los elementos consonánticos situados entre dos vocales ¿con cuál de las dos constituyen sílaba?
La decisión es simple cuando entre las dos vocales solo existe un fonema
consonántico: la consonante es siempre el margen prenuclear de la segunda
vocal, según se ve en *ca.pa, ra.bo, cí.ni.fe, lo.ma, ga.to, la.do, la.zo, ra.na,
ca.cho, ra.yo, ca.so, a.ño, ro.ca, la.go, o.jo, co.la, ca.llo, ca.ro, ca.rro*. Esta posición prenuclear intervocálica es donde son posibles los 19 fonemas consonánticos del español. En sílaba inicial de palabra sucede lo mismo, con la
excepción de no aparecer nunca el fonema /r/ (sustituido por /r̄/).

31. Cuando se presentan dos o más fonemas consonánticos intervocálicos, debe decidirse dónde se sitúa el límite entre las dos sílabas sucesivas. En español se dan sobre todo combinaciones difonemáticas, algunas
trifonemáticas y excepcionalmente de cuatro consonantes (bien es verdad
que estas últimas solo en palabras cultas de escasa frecuencia en el uso
general hablado). Un criterio funcional aceptable para la delimitación consiste en atender a que el grupo consonántico interior sea susceptible también de aparecer bien como margen prenuclear en principio de palabra,
bien en posición final de esta. Conforme a este punto de vista, las combinaciones de los fonemas oclusivos /p, t, k/, los sonoros /b, d, g/ y el

fricativo /f/ seguidos de las líquidas /l, r/ (exceptuando en parte /tl, dl/), los cuales pueden ser iniciales de significante (según se ve en *prole, bravo, freír, tramo, drama, crudo, grito, plaza, blanco, flor, clave, gloria*), son también margen prenuclear entre vocales: *le.pra, a.bro, co.fre, o.tro, pie.dra, la.cre, ti.gre, ti.ple, ha.bla, ri.fle, te.cla, re.gla.* Las excepciones a esta silabación son escasas, impuestas casi siempre por criterios semánticos, y en casos de cultismos más o menos infrecuentes *(sub.lunar, sub.rayar, sub.rep.ti.cio)*, aunque las normas son fluctuantes, pues hay usuarios que silabean *su.bra.yar, su.brep.ti.cio)*. Cuando tales significantes se generalizan en el uso, suelen reajustarse a la pauta silábica normal: *su.blime, su.bli.ma.do, o.bli.ga.ción.* Fuera de estos casos, las demás combinaciones difonemáticas en posición intervocálica establecen el límite silábico entre sus dos fonemas: *cam.po, can.to, car.bón, en.fer.mo, yes.ca, naf.ta.li.na, ap.to, dig.no,* etc.

32. La situación del español no concuerda con la propuesta de que el fonema posnuclear de esas sílabas internas deba ser capaz de aparecer también en final de palabra. Por ejemplo, los fonemas /b, p/ y /g, k/ que aparecen como posnucleares en sílabas internas (como en *áb.side, cáp.sula, mag.no, direc.to)* no lo hacen en fin de palabra. No obstante, se trata de vocablos relativamente tardíos en español, impuestos por la escritura; y además hoy existen adquisiciones recientes con esas consonantes en posición final: *zigzag, club, coñac* (aunque pronunciadas vulgarmente como *ziszás, clu, coñá)*. También es raro el fonema /f/: *uf, puf, rosbif.*

Otras particularidades que parecen oponerse a la norma de § 31 son las siguientes:

a)   La silabación de *adherir, inhibir* debe hacerse como si no existiese *h*: /a.de.rír/, /i.ni.bír/ (es incorrecto /ad.e.rír/).

b)   Algunos términos procedentes del náhuatl mantienen en posición inicial el grupo /tl/ *(tlaco, tlachique, tlascalteca); sin embargo, la silabación tradicional en casos como *atleta, atlántico* (y lo mismo en el grupo paralelo /dl/ en *adlátere)* asigna cada consonante a sílaba distinta *(at.le.ta, at.lán.ti.co, ad.lá.te.re)*, sin negar que muchos hablantes, y todos en América, articulan ambas combinaciones como grupo prenuclear *(a.tle.ta, a.tlán.ti.co, pen.tá.tlon)*.

c)   La existencia meramente escrita de grupos iniciales de palabras cultas como *gneis, mnemotecnia, psíquico, xenofobia,* etc. (que eliminan en la pronunciación y hasta en lo escrito a veces el primer elemento consonántico) no impide que su aparición intervocálica siga la norma indicada: así, en *lignito, himno, lapso, exento* se silabea /lig.ní.to/, /ím.no/, /láp.so/, /ek.sén.to/.

33.   Los casos de combinaciones internas de tres consonantes se resuelven con el mismo criterio. Cuando los dos últimos fonemas funcionan como margen prenuclear en comienzo de palabra, se enlazan con la vocal siguiente y el fonema que los precede será posnuclear: *con.tra, com.pra, in.fringe, alon.dra, an.cla, um.brío, in.gle, dis.fraz, es.clusa, almiz.cle, cas.tro, per.plejo, ac.triz, in.crepar, con.grio, em.blema, in.flamar*, etc. En caso contrario (siempre en palabras cultas y, por tanto, sometidas a las reducciones del habla coloquial), el límite silábico ha de establecerse entre el segundo y el tercer fonema consonántico: *trans.porte, pers.picaz, inters.ticio, abs.cisa, abs.tinencia, cons.tar, ex.periencia, tex.to, sols.ticio*. En estos ejemplos (todos con /s/ en segunda posición) se observan como final de sílaba grupos consonánticos no admitidos en posición final de significante. Por eso la lengua común hablada, con mayor o menor frecuencia, los simplifica: son normales /es.perienzia/ y /tes.to/ y no raros /tras.porte/, /as.tinenzia/, /kos.ta/; son menos usuales los otros ejemplos. Cuando significantes de este tipo se generalizan, suelen ajustarse a las pautas simplificadoras y reducen el margen posnuclear a uno de los fonemas usuales en tal posición. Cuando se articulan los dos fonemas, suele ser por afectación o por nimia reproducción de la grafía.

34. Lo mismo puede decirse de las pocas combinaciones de cuatro consonantes. Solo se dan cuando el segundo fonema sea /s/ y los dos últimos puedan formar grupo prenuclear: *abs.truso, cons.treñir, ins.trucción, ex.primir, ads.cripción*, etc. Los hablantes capaces de mantener la integridad de los grupos posnucleares de esos ejemplos pueden también utilizarlos en posición final de palabra en préstamos más o menos difundidos: *vals, seltz* (/sel/ en general), *cinc* (/zin/), *tórax* (/tóras/), *bíceps* (/bízes/), *fórceps* (/fórces/).

35. En resumen, los criterios de delimitación silábica en posición interna de palabra (o significante) son estos:

a)   En los grupos intervocálicos consonánticos, forman margen prenuclear el fonema o los fonemas susceptibles de aparecer en comienzo de palabra.

b)   El fonema o los fonemas precedentes son el margen posnuclear de la otra sílaba.

c)   Si la combinación de fonemas posnuclear no es propia del final de significante, se trata de adquisiciones recientes, de carácter culto, que suelen simplificarse para adecuarlas a las pautas generales de la silabación.

Tipos silábicos

36. La sílaba en español puede adoptar cuatro tipos fundamentales:

1.º   Núcleo puro (fórmula V): *a(la), o(sa), i(ra), e(sa), u(no)*.
2.º   Núcleo precedido de margen (CV): *ca(sa), tro(no), cla(se)*.

3.º Núcleo más margen posnuclear (VC): *al(ma)*, *un(to)*, *es(to)*, *is(la)*, *hor(ca)*.

4.º Margen prenuclear, núcleo y margen posnuclear (CVC): *pes(te)*, *plan(ta)*, *dril*, *mar*.

Se observa que el margen posnuclear admite menos posibilidades fonemáticas, consecuencia del predominio de las sílabas abiertas (o terminadas por vocal), de la distribución defectiva de algunos fonemas (por ejemplo, nunca aparece /ĉ/ y apenas /j/ y /f/) y de la indiferenciación de fonemas opuestos en otras posiciones. Esto último se observa en los fonemas nasales que dejan de ser distintivos (§ 23) y en los oclusivos y flojos de las series I y II, que en posición posnuclear no conservan más rasgo distintivo que el de la localización, mientras su carácter oclusivo o fricativo, sordo o sonoro, tenso o flojo se desdibuja y queda al arbitrio del hablante, sin repercusión alguna en la significación: las consonantes /b/ y /p/ de *ábside* y *cápsula*, la /d/ y la /t/ de *adjunto* o *atmósfera*, la /g/ y la /k/ de *pignorar* o *pícnico* se articulan del mismo modo variable.

Estos hechos conducen a la reducción del efectivo fonemático en final de sílaba y más aún en final de significante. En final interno, los fonemas nasales se reducen a una sola unidad nasal (cuya localización depende de la que ostente la consonante siguiente); los dos vibrantes se confunden; confluyen los fonemas oclusivos con sus correspondientes sonoros; solo permanecen los fonemas /s/ y /z/ (aunque en el sistema atlántico reducidos a uno solo). En final de palabra, normalmente, solo perduran los fonemas /s/ y /z/ y un representante indiferenciado para cada una de las series nasal, lateral y vibrante y finalmente del orden dental en las series I y II, es decir, quedan las grafías *n-m*, *l*, *r* y *d* (y rara vez *t*: *cenit*, *acimut*). Además, en algunas zonas del dominio español, la reducción de estas consonantes finales es mucho mayor (por ejemplo, la debilitación y pérdida de /s/ que afecta al mediodía español y a algunos territorios ultramarinos; o la caída de /l/ y /r/, que en buena parte coincide geográficamente con la de /s/: así, en la igualación de *mar*, *mal* y *más*).

Hiatos, diptongos y triptongos

37. Se ha visto que el núcleo de la sílaba consiste en un fonema vocálico. Ocurre también que en la secuencia aparezcan contiguos dos fonemas vocálicos:

1.º En *ai.re, au.la, pei.ne, neu.tro, coi.to, an.cia.no, pie.dra, vio, viu.da, cua.tro, cue.va, cui.da, cuo.ta,* ambos fonemas vocálicos forman parte de la misma sílaba (y se realizan fonéticamente como la combinación de un sonido vocálico con otro más cerrado que llamamos semivocal [i̯, u̯], o bien articulando una semiconsonante [j, w] seguida de un sonido vocálico). A esas combinaciones las llamamos *diptongos.*

2.º En *a.hí, ca.er, a.hora, ba.úl, aza.har, re.í, le.er, le.ón, re.úno, se.a, ti.ita, ri.endo, frí.o, di.urno, dí.a, o.í, co.hete, mo.ho, lo.ar, ru.in, actú.es, bú.ho, pú.a,* cada vocal es núcleo de sílaba diferente y decimos que esas vocales están en *hiato.*

3.º Existen también secuencias en que se suceden inmediatamente tres fonemas vocálicos: en *averiguáis, buey, estudiéis,* las tres vocales /uai, uei, iei/ se insertan en una sola sílaba y son *triptongos;* en *o.í.as, le.í.a, hu.í.an, bo.hí.o,* cada vocal es núcleo de sílaba distinta y están de nuevo en hiato.

38. Los fonemas /i, u/ cuando forman parte de un diptongo (o de un triptongo) se realizan como semiconsonantes o semivocales, es decir, con una articulación más cerrada y breve que la habitual en los otros casos. Lo importante aquí consiste en la función de margen que desempeñan en la sílaba, el mismo papel de los fonemas consonánticos. En los ejemplos siguientes se observa que aparecen en el mismo puesto que las consonantes líquidas: *quiero* y *cuero* como *clero, piensa* como *prensa, puesto* como *presto.* Pero también aparecen tras fonemas consonánticos que no admiten la presencia inmediata de una líquida, como en *mientras, nieto, cierto, regio, zueco, suero, juego.* E incluso se unen a un grupo difonemático, como en *pliego, prieto, prueba, embriagar, trueque, bodrio, agrio, grueso, clueca.* Los diptongos llamados decrecientes (que acaban en semivocal) no admiten más margen final que el de /s/, como en *vais, seis, sois, austero;* o, a veces, el de /n/, como en *veinte, treinta, aunque;* cualquier otra consonante que los siga dentro del significante pertenece a la sílaba ulterior; en fin, cuando se les añade algún elemento comenzado por vocal, se modifican: si en *ley* hay el diptongo /ei/, en su plural *leyes* la originaria semivocal se ha convertido en consonante que comienza la segunda sílaba (/lé.yes/). Los diptongos crecientes (los que comienzan con semiconsonante) no pueden iniciar la sílaba y deben ir precedidos de un margen consonántico. Esto explica el hecho de que la semiconsonante de tales diptongos haya desarrollado ante ella una articulación consonántica (variamente reflejada en la escritura). Las palabras *hierba* y *hueso* son fonológicamente /yérba/ y /güéso/ y *aldehuela* es /aldegüéla/. Los enlaces silábicos que se producen en la secuencia, cuando una consonante precede a la palabra que comience con esos diptongos, demuestran la transformación reforzada de la semiconsonante: en *los hielos* no se silabea /lo.sié.los/ (según se pronuncia /lo.sí.los/ por *los hilos*), ni en *las hierbas* se silabea /la.siér.bas/ (como si se tratase de *las siervas*), ni en *un hueso* decimos /u.nué.so/ (según proferimos /u.nú.so/ por *un huso*), sino que silabeamos /los.yé.los/, /las.yér.bas/ y /un.güé.so/ conforme se hace en *un yate* /un.yá.te/ y *un guante* /un.guán.te/.

39. En el caso de los hiatos, son habituales las fusiones de dos vocales contiguas cuando son idénticas: *azahar* /a.zár/, *leerán* /le.rán/, *tiita* /tí.ta/, *moho* /mó/, aunque generalmente el sonido resulta más largo. Pero son muy frecuentes en muchas áreas del español (y con estimación social variable) las reducciones en diptongo de las vocales en hiato. También se producen en la lengua poética, donde las necesidades métricas las permiten. Así, en *Hermosas ninfas que en el rio metidas* (**53**.13) el hiato *río* se convierte en diptongo *rio;* en *esa purpúrea rosa* (**65**.IX) el heptasílabo solo consta diptongando *ea;* su carácter potestativo se aprecia comparando, por ejemplo, estos dos endecasílabos: *Tan cruda, tan real, desgarradora* (**59**.III.210), con hiato en *real,* e *Imagen o relieve real en esta* (**59**.III.225), donde *real* es monosílabo. En el coloquio, la velocidad de la elocución tiende a fundir en diptongo muchas combinaciones. A veces el tiempo las ha sancionado, como *vaina* (del antiguo *vaína*) o *reina* (del antiguo *reína*); muchas son todavía ocasionales, como *trae* o *cae* con diptongo, o *ahí,* hecho /ái/, e incluso, en zonas dialectales o como vulgarismos, se sustituye la vocal no acentuada por las articulaciones semiconsonante o semivocal, como en /á.ria/ por *área,* /pior/ por *peor,* /máis.tro/ por *maestro,* /kué.te/ por *cohete,* /pué.ta/ por *poeta,* etc.

40. Concluyendo: la sílaba del español está constituida por un núcleo vocálico simple (uno de los cinco fonemas vocálicos). Este núcleo puede ir precedido de un margen donde figurará uno de los 19 fonemas consonánticos, o bien la combinación de alguno de ellos con una consonante líquida o una vocal asilábica y hasta de estas dos a la vez. El núcleo, precedido o no de margen, puede llevar también un margen posnuclear, en el cual habrá una vocal asilábica o uno de los pocos fonemas consonánticos del inventario propio de esa posición, y, en fin, en la lengua más cuidada, la combinación de una de esas consonantes y el fonema /s/.

III. EL ACENTO

Rasgos prosódicos

41. Junto con los rasgos fónicos que se combinan en los fonemas sucesivos de una secuencia de habla, aparecen otros, denominados *prosódicos*, que se superponen a ellos, por lo cual se han llamado también *suprasegmentales*. Aunque por su común naturaleza articulatoria unos y otros se producen simultáneamente, su papel respectivo en las manifestaciones de la lengua es diferente.

Los fonemas se reconocen por propiedades fónicas que están o no están presentes en la secuencia, según la elección efectuada por el hablante: este elige entre /k/ y /g/ según quiera decir *casa* o *gasa*, nociones que quedan distinguidas gracias a la ausencia de sonoridad en /k/ y a su presencia en /g/; es decir, el rasgo de sonoridad existe o no en tal secuencia.

En cambio, la diferencia entre *cenó* y *ceno* (que sin duda aluden a significados diversos) consiste en que un mismo fonema /o/ se realiza en un caso más «fuerte» que en otro, pero manteniendo ciertas propiedades físicas de intensidad espiratoria, tono y cantidad.

42. Los fonemas son unidades que se excluyen entre sí y por ello son distintivos en un contexto dado: en el ejemplo anterior *(casa, gasa)*, o hay /k/ o hay /g/. Pero la aparición de un fonema no impide que pueda aparecer también en otro punto de la misma secuencia, como sucede en *coco*, donde /k/ y /o/ se repiten. Frente al comportamiento de los fonemas, la función de los rasgos prosódicos no es, en principio, distintiva, pues no alternan significativamente en el mismo contexto: la distinción de significado entre *cenó* y *ceno*, entre *hábito* y *habito,* entre *habrás* y *abras*, etc., se consigue gracias a la diversa situación del rasgo prosódico en la secuencia, de manera que la sílaba por él afectada contrasta con las precedentes o siguientes.

En ese contraste consiste precisamente el *acento,* que en español se realiza mediante el incremento de la intensidad espiratoria (y la elevación del tono) en una sola sílaba determinada del significante. Esta sílaba *acentuada* o *tónica* establece un contraste respecto de las sílabas contiguas, que serán *inacentuadas* o *átonas.* Una misma propiedad, la intensidad (y el tono), aparece en grado «fuerte» o en grado «débil», pero su valor funcional es relativo y no absoluto.

Acento y esquemas acentuales

43. Mientras en otras lenguas la posición de la sílaba realzada es fija en todo significante (por ejemplo, en francés, con acento final obligatorio, o en checo y húngaro, con acento forzoso en la sílaba inicial), el español posee *acento libre,* esto es, que es capaz de estar situado en diferentes sílabas. Sin embargo, esta libertad se limita a las tres últimas sílabas de la palabra. El puesto del acento en la secuencia silábica está condicionado, en general, por la tradición heredada del latín vulgar, de donde procede históricamente el español, aunque haya excepciones, que aquí no interesan, motivadas por factores varios.

La posibilidad de cambiar de puesto, aun cuando el acento no sea en sí distintivo, da lugar a la existencia de varios esquemas acentuales, y estos sí pueden servir para la distinción de los significados, según se ha visto (§ 41). Representando gráficamente por una raya cada una de las tres últimas sílabas de un significante y marcando con una tilde la que esté acentuada, el español cuenta con tres esquemas:

1.º   Acento en sílaba final: agudo u oxítono

        ··· _ _ ´

2.º   Acento en penúltima sílaba: llano, grave o paroxítono

        ··· _ ´ _

3.º   Acento en antepenúltima sílaba: esdrújulo o proparoxítono

        ··· ´ _ _

Esquemas a los que se ajustan estos ejemplos: 1.º *dominó, jabalí, corcel, distracción, anís.* 2.º *domino, crisis, cárcel, protesta, imposible.* 3.º *química, cefalópodo, lúgubre, pantagruélico.*

44. Las palabras que constan de una sola sílaba, o *monosílabas,* son por fuerza agudas u oxítonas: *fiel, cal, fin, ros, fe, mar, sed, gris, tren, luz,* *rey*. Las palabras inacentuadas, que contienen una o varias sílabas átonas, carecen de autonomía y se aglutinan obligatoriamente con otra palabra contigua que tenga sílaba tónica, constituyendo juntas una sola unidad fónica (el llamado *grupo fónico*). Por ejemplo, los artículos, los pronombres, las preposiciones o conjunciones de las siguientes secuencias no pueden aparecer aislados: *el cielo, la sinceridad, los crepúsculos, sus antepasados, tu desgracia, lo pensará, se me olvida, díselo, de noche, en verdad, con los dos, para que vengas, cuando llegue, lo que sea,* etc.

45. El valor distintivo de los esquemas acentuales se comprueba mediante el cotejo de secuencias como las siguientes, en las cuales señalamos con la tilde ` la sílaba tónica desprovista de acento ortográfico: *pasó / pàso, cobré / còbre, habrá / àbra, andén / ànden, verás / vèras, la vèn / làven, la viò / làbio, te diò / tèdio, término / termìno / terminó, último / ultìmo / ultimó, lóbrego / lo brègo / lo bregó, síncopa / sin còpa, astàdos / hasta dòs,* etc.

Palabras acentuadas y átonas

46. El número de sílabas átonas que en la secuencia pueden preceder a la tónica es indefinido. En *constantinopolitàno* se suceden seis sílabas inacentuadas delante de la tónica *tà;* en *Pero cuando para nuestra incompatibilidàd* son trece las sílabas átonas que preceden a la tónica *dàd*. Sin embargo, en estos casos, el ritmo elocutivo suele establecer una alternancia de sílabas con intensidad secundaria, menor que la de la tónica, pero mayor que la de las átonas. En cambio, tras la sílaba tónica es excepcional la aparición de más de dos sílabas inacentuadas en el grupo fónico. Sucede esto cuando un verbo va incrementado con pronombres enclíticos, como en *dígaselo, cuéntamela,* palabras llamadas *sobresdrújulas,* en las que a veces la última sílaba recibe una intensidad accesoria *(dígaselò)*. También ocurre algunas veces que en secuencias mayores que la palabra, queden en contacto dos sílabas tónicas *(tèn càlma; nò vèngas),* e incluso más, como en el verso *Pero yò yà nò sòy yò* (**49**.357). Ahí, aunque de los cinco acentos sucesivos ofrecen más realce intensivo el primero y el quinto, no desaparece el esquema acentual de cada palabra, como se apreciaría al cotejar esa secuencia con otra que tuviese sílabas átonas intermedias: *Pero Glòria se lo diò.*

47. Ciertas palabras pueden perder su acento cuando se asocian íntimamente con otra formando grupo fónico unitario. Se comprueba en casos como los tratamientos o invocaciones: *Señora María, Don Enrique,*

Padre Astete, Amigo mío, Querido hermano, etc., donde la primera palabra se articula como si fuese átona. Lo mismo sucede con otras combinaciones variadas, como *María Jesús, Juan Antonio, Peña Labra, Villafrechós, guardia civil, treinta y siete, recién llegado, patas arriba, cuesta abajo, mar adentro, tiempo atrás, medio dormido*, etc.; en todas ellas solo perdura el acento en la segunda palabra. Pero no sucede así cuando los dos componentes conservan su individualidad, como *mèdio kìlo* (en *Compró medio kilo de azúcar*) frente a *medio tònto* (en *Ese chico es medio tonto*), *dos cabàllos* (en *ya no fabrican dos caballos*, el vehículo) frente a *dòs cabàllos* (en *Apostó por dos caballos*, el solípedo); o los compuestos adverbiales como *feròzmènte, maravillòsamènte, súbitamènte, recièntemènte, frenéticamènte*, etc. (según se comprueba en los casos de combinación de dos adjetivos: *lìsa y llànamente*).

Idéntica pérdida acentual se produce en algunas palabras compuestas, cuyo primer elemento no se acentúa: *bajorreliève, correveidìle, enhorabuèna, maleducàdo, hazmerreìr, nomeolvìdes, purasàngre, quitaipòn, sabelotòdo, tentetièso, hincapiè, abrelàtas, espantapájaros, matamòscas, rompecabèzas, tapabòcas, decimocuàrto*, etc.

48. Algunas palabras son átonas o tónicas según su función en la secuencia, o dependiendo del ritmo de la elocución. Obsérvense las diferencias en los ejemplos siguientes: *Aún es pronto* frente a *Aun cuando sea pronto asistirá; Mìentras, puedes sentarte* frente a *Siéntate mientras esperas; Dime, puès, lo que quieres* frente a *Pues, dime lo que quieres; Me imaginé dónde lo habías puesto* frente a *No está donde lo habías puesto; No sé cuándo llegó* frente a *No estaba cuando llegó; No entiendo cómo lo dicen* frente a *Lo entiendo como lo dicen*, etc. Se encuentran unidades átonas dotadas de acento en casos especiales. Los personales enclíticos citados antes (§ 46) pueden recibir la intensidad máxima en apelaciones (y en el verso utilizarse como rima): *Francisca Sánchez, acompáñamè* (**34**.1082), *La tuya, guárdatelà* (**67**.298), *Explícamelò*. En preguntas elípticas aparecen con acento unidades como *pues* o *por*, y la conjunción *y: ¿Y tus asuntos?* (con el sentido de «¿Cómo van...?»)

Modificaciones acentuales

49. La rapidez en la elocución ha impuesto cambio de la posición del acento. Ocurre cuando dos vocales en hiato se funden en una sola sílaba (§ 39). El fenómeno se ha consolidado históricamente en algunos casos: los antiguos vocablos *vaína, reína, víuda* se han convertido en los bisílabos *vaina, reina, viuda*. Se ha visto que es recurso utilizado ocasionalmente también en poesía. Es muy frecuente en la lengua coloquial y sobre todo en el registro vulgar: los bisílabos *maíz, raíz, país, baúl, real* o el trisílabo *maestro* resultan *màiz, ràiz, pàis, bàul, rial, màistro*. Estas fusiones predominan en ciertas formas verbales, como *dès.via* por *des.ví.a, es.tro.pian.do* por *es.tro.pe.an.do, gol.pia.ron* por *gol.pe.a.ron*, etc. Todos estos fenómenos son hoy normales hasta en los registros elevados de habla en América.

Aunque más raro, también se ha dado el fenómeno contrario: la conversión de un diptongo en hiato, como *bu.ì.tre* (por *bùi.tre*), *be.ò.do* (por el antiguo *bèu.do*).

Ha habido, y aún hay, vacilaciones en cuanto al puesto del acento en palabras de origen culto. Hoy se vacila, por ejemplo, entre *período* y *periodo*, entre *maníaco* y *maniaco*. Se han generalizado *telegrama* (por *telégrama*), *análisis* (por *analisis*), *atmósfera* (por *atmosfera)*; concurren *mimesis* y *mímesis, isóbara* e *isobara, omóplato* y *omoplato*, y mientras *isótopo* se usa como esdrújulo, *isoglosa* es palabra llana. Son vulgares las acentuaciones proparoxítonas *méndigo, périto, cólega*, etc., en lugar de las formas correctas llanas *mendigo, perito, colega*, etc.

50.   Finalmente cabe señalar diferencias en el puesto del acento en algunas palabras según estén combinadas con singular o con plural. Se trata igualmente de cultismos. A los singulares *régimen, espécimen, carácter,* se oponen los plurales con acento desplazado *regímenes, especímenes, caracteres* (de acuerdo con el esquema acentual del latín originario: *règimen/ regìmina, spècimen/specìmina, charàcter/charactéres*). Dentro de las pautas acentuales del español solo se justifica la forma de plural de los dos primeros ejemplos: el desplazamiento acentual evita la acumulación de sílabas átonas después de la tónica (pues hubiesen resultado *régimenes* y *espécimenes;* a no ser que se hubiera generalizado el vulgarismo *régimes)*. Pero en el tercer ejemplo, no había ningún motivo para no conservar el puesto del acento del singular. En efecto, así como de los singulares *cárcel* y *cóndor* se dicen los plurales *cárceles* y *cóndores*, existe también el vulgarismo *carácteres,* que debe evitarse, aunque fuese usado por Cervantes en un endecasílabo: *En formar ciertos rombos y caráteres* (**30**.235).

IV. LA ENTONACIÓN

Curva melódica y modalidad del enunciado

51. Así como en la palabra se superpone a los fonemas constituyentes un esquema acentual que es independiente de aquellos, también en el enunciado (o manifestación de habla entre pausas) la secuencia de fonemas y sílabas va acompañada de una especie de melodía ejecutada por las variaciones de la voz, las cuales dependen de la tensión de las cuerdas vocales. Esta melodía con que «cantamos» o «entonamos» lo que decimos se llama *entonación* y sirve para unificar como un todo cada enunciado, independientemente de su estructura interna en sílabas, fonemas y signos. Un mismo esquema de entonación puede aplicarse a enunciados tan diversos como *No he venido, No puede afirmarlo con seguridad, Hoy es demasiado pronto para tomar decisiones.*

52. Los rasgos físicos manifestados en la entonación son comunes con los del acento. En ambos interviene el tono, la intensidad y la cantidad de los sonidos, pero difieren en cuanto a su papel funcional. Según se ha visto (§ 43), el acento solo alcanza a ser distintivo a través de los esquemas acentuales silábicos aplicados a la secuencia de fonemas (por ejemplo, en *hábito / habito / habitó*). En cambio, la entonación, aunque simultánea con los signos sucesivos del enunciado, incorpora en este un nuevo significado independiente de la secuencia de fonemas. Si se cotejan estas dos expresiones:

1. *Todavía no ha llegado el tren*
2. *¿Todavía no ha llegado el tren?*

se observa que ambas están configuradas por una misma secuencia de fonemas, de sílabas y de palabras, y, sin embargo, todo hablante reconoce que no significan lo mismo. Esta diferencia de significado se aprecia porque algo las distingue fonéticamente; lo cual señala la ortografía con los puntos de interrogación y nuestro oído percibe como divergencia de las melodías con que se «cantan» ambos enunciados.

La entonación, pues, es también un signo, que se expresa mediante la *curva melódica* (o secuencia de tonos) y cuyo significado consiste en la *modalidad* asignada al enunciado: en el ejemplo 1 hacemos una aserción y en el 2 una pregunta. El *signo de enunciado* es la asociación de un contorno o curva melódica con un significado que llamamos *modalidad*. A diferencia de los signos sucesivos que se combinan en el enunciado, el signo de entonación queda como superpuesto a ella.

Descripción del contorno de entonación

53. La realización del contorno melódico se basa (según § 50) en las variaciones de tono descritas por la voz; pero estas se acompañan de modificaciones de la intensidad y de la duración de los fonemas sucesivos. Como esas mismas propiedades caracterizan también a los esquemas acentuales de las palabras insertas en el enunciado, pueden producirse interferencias entre acento y curva melódica. Del mismo modo que en la producción de los esquemas acentuales pueden primar los rasgos de tono sobre la intensidad, ocurre también que sea esta (y aun la duración y la cantidad) lo que, en lugar del tono, pueda caracterizar a los segmentos realzados del contorno de entonación. Ejemplo extremo de esta posibilidad es la situación en que nos expresamos cuchicheando, puesto que la ausencia de vibraciones glotales impide que el tono se manifieste; pues bien, a pesar de ello, siguen siendo reconocibles los rasgos diferenciales de cada contorno, gracias a que el hablante compensa la carencia de tonos con el refuerzo de los rasgos de intensidad y duración. En los ejemplos de arriba, si se profieren cuchicheados, se observará que la intensidad va decreciendo desde la primera sílaba tónica de *todavía* para aumentar claramente en la última sílaba tónica (la de *tren),* en el caso de la modalidad interrogativa *(¿Todavía no ha llegado el tren?);* mientras que en la modalidad asertiva *(Todavía no ha llegado el tren)* la intensidad se mantiene uniforme hasta disminuir ostensiblemente en la sílaba final. En la elocución normal, por el contrario, las cimas de intensidad son casi constantes en toda la secuencia interrogativa, mientras que en la asertiva la última sílaba presenta la disminución clara de la intensidad.

54. No obstante, lo esencial en los contornos de entonación son las variaciones tonales. Todo enunciado se «canta» con una determinada melodía, que en parte está motivada por factores fisiológicos y psíquicos. Articulatoriamente, se comprende que, al comenzar a hablar, la puesta en tensión de las cuerdas vocales produzca una elevación más o menos rápida del tono, y que al concluir la emisión, el relajamiento de las cuerdas vocales origine el descenso tonal. Por otro lado, los tonos agudos suelen asociarse con estados anímicos de mayor carga emocional, y los graves concuerdan con situaciones desapasionadas o bien depresivas. Esta relación natural entre el tono y las emociones, se aprovecha en la práctica de la lengua utilizando el ascenso del tono para despertar el interés del interlocutor. De ahí proviene que el ascenso tonal caracterice a los enunciados no conclusos, a las preguntas y a las manifestaciones afectivas de exaltación. En cambio, el descenso del tono acompaña al final del enunciado asertivo, ya que, cuando se ha dicho todo, se relaja el interés y es innecesaria la atención del oyente.

55. Para describir los contornos de entonación, como la puntuación ortográfica no es suficiente, hay que adoptar un procedimiento que refleje todos los rasgos pertinentes a su función. No interesa la altura absoluta de los tonos que alcanza la voz, puesto que un mismo enunciado proferido por una soprano resultará más agudo que si lo expresa un barítono. En la lengua solo importa la relación entre los tonos sucesivos.

Toda curva melódica, desde el silencio previo a la emisión de habla hasta la pausa final, se mueve entre tres niveles, discernibles por su mutuo contraste: el *grave*, el *medio* y el *agudo,* entendidos relativamente. Al comienzo, las cuerdas vocales se ponen en tensión: el tono asciende y, con ciertas oscilaciones, se mantiene en una línea media bastante uniforme. Al final, en torno a la última sílaba acentuada, el tono presenta un cambio de dirección: hacia los graves (si las cuerdas vocales se distienden) o hacia los agudos (cuando las cuerdas se ponen más tensas). Lo verdaderamente pertinente en la entonación es esa inflexión final; mientras que los tonos anteriores pueden fluctuar sin sujeción a un esquema rígido. Así quedan libres para sugerir los estados de ánimo o las intenciones del hablante, como recurso expresivo de la comunicación o como señal de su pertenencia a un grupo social o regional determinado.

Tonemas y pausas

56. La *inflexión final* de la curva melódica puede ser, atendiendo a su dirección y a su amplitud, ascendente o descendente y más o menos amplia. La amplitud del contraste en el nivel de los tonos sucesivos depende de la importancia de la pausa siguiente. Estas inflexiones se suelen llamar *tonemas*. En español, se distinguen cinco tipos: *cadencia* y *semicadencia* (que son inflexiones descendentes e indican, por lo común, una, la aserción y la conclusión de la secuencia; la otra, el final de un segmento unitario dentro de ella); *anticadencia* y *semianticadencia* (que son inflexiones ascendentes y señalan, una, la no conclusión de la secuencia y la interrogación; la otra, el final de un segmento unitario en la secuencia que ha de proseguirse), y *suspensión* (que es la simple interrupción del tono, hacia la línea media, cuando se inserta un inciso o un segmento accesorio dentro de la secuencia).

57. Es cierto que la suspensión puede alternar indiferentemente con la semicadencia o la semianticadencia, y que, por tanto, nunca es distintiva. Asimismo, estos dos últimos tonemas son más bien variantes de la cadencia y la anticadencia, respectivamente, condicionadas por el contraste alternativo de los tonos dentro de la secuencia. En efecto, semicadencia y semianticadencia solo aparecen en interior de enunciados, pues ante pausa terminal se identifican con cada uno de los otros dos tonemas de cadencia y anticadencia. Lo verdaderamente distintivo es, pues, la oposición entre descenso y ascenso del tono al final del contorno de entonación. La pertinencia de la suspensión se combina con la existencia de pausa.

Esquemas de entonación

58. Para representar las curvas melódicas se utilizará, como procedimiento más simple, un gráfico en que cada uno de los tres niveles tonales aparece como línea de puntos, y sobre el cual se consignan en línea de trazo continuo las variaciones del contorno. En el ejemplo 1 del § 52, tendríamos:

(nivel agudo) ....
(nivel medio) ....
(nivel grave) ....

Todavía no ha llegado el tren

El tono se eleva desde el grave inicial hasta la primera sílaba acentuada *ví;* que se mantiene hacia el nivel medio hasta el último acento, y a partir de este, *tren,* aparece la inflexión descendente o cadencia.

59. Frente al contorno propio de la modalidad asertiva, el de la interrogativa presenta un paulatino descenso del tono medio desde el primer acento, para producirse la inflexión ascendente o anticadencia a partir del acento final:

(nivel agudo)
(nivel medio)
(nivel grave)

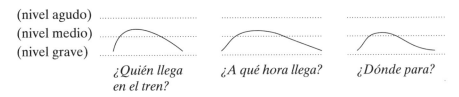

¿Todavía no ha llegado el tren?

Sin embargo, cuando la secuencia de signos incluye alguno de significado interrogativo (como *quién, qué, cómo, cuándo, cuánto, dónde*), no es necesario utilizar el contorno ascendente de la anticadencia, aunque el descenso paulatino del tono comienza desde la primera sílaba tónica. Por ejemplo, en estos casos:

(nivel agudo)
(nivel medio)
(nivel grave)

¿Quién llega   *¿A qué hora llega?*   *¿Dónde para?*
en el tren?

60. Cuando el enunciado se compone de un mayor número de palabras, las necesidades respiratorias del hablante le obligan a dividir el contorno melódico con alguna pausa. En estos casos, los dos segmentos de secuencia separados por la pausa se llaman, respectivamente, *rama tensiva* y *rama distensiva* de la curva. Su contraste tonal se establece con el uso de anticadencia delante de la pausa intermedia y de cadencia al final del enunciado:

(nivel agudo)
(nivel medio)
(nivel grave)

A causa de la nieve, el tren llegará con retraso

La elevación del tono en *nieve*, ante la pausa, señala que el enunciado prosigue; la cadencia que afecta a *retraso* muestra la conclusión del mensaje comunicativo.

61. El mismo principio de segmentación del contorno melódico se reitera dentro de cada una de las ramas cuando el enunciado es más extenso. En estas ocasiones se recurre a los otros tonemas mencionados, procurán-

dose, en general, el contraste tonal entre ascensos y descensos de los segmentos sucesivos. En la pausa interior de la rama que concluye con anticadencia, es frecuente, como más diferenciada, la semicadencia; en la rama
distensiva, que acaba con cadencia, la pausa interior irá precedida de semianticadencia:

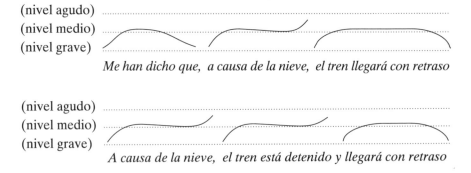

Me han dicho que, a causa de la nieve, el tren llegará con retraso

A causa de la nieve, el tren está detenido y llegará con retraso

En estos ejemplos, la modalidad del enunciado es asertiva, y por tanto
su inflexión terminal es la cadencia. Ante la pausa intermedia (después de
nieve en ambos ejemplos) aparece la anticadencia como contraste obligado
con la cadencia final. La pausa interna de cada rama se hace preceder en
el primer caso por semicadencia (pues la rama tensiva se cierra con elevación del tono), y en el segundo por semianticadencia (ya que la rama
distensiva concluye en tono grave). Los segmentos que anteceden a las
pausas internas podrían también terminar en suspensión y hasta en cualquiera de los tonemas menores, sin que el significado global del enunciado
se alterase.

62. Con modalidad interrogativa, la presencia de pausa intermedia no
modifica el curso general descendente-ascendente de la rama tensiva; pero
acabando en anticadencia la rama final, la inflexión que precede a la pausa
intermedia ofrece, por contraste, una semicadencia de tono más elevado:

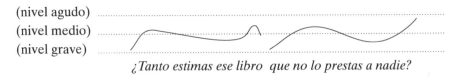

¿Tanto estimas ese libro que no lo prestas a nadie?

Otras veces, en enunciados disyuntivos, la anticadencia propia de la
modalidad interrogativa se sitúa al final de la rama tensiva, y la curva de
la rama distensiva adopta el trazado asertivo con cadencia:

(nivel agudo)
(nivel medio)
(nivel grave)

¿Ha venido alguien o no ha venido nadie?

63. Dentro del enunciado, los contrastes de las inflexiones tonales pueden estar condicionados por la estructura sintáctica. Un caso típico es el de las enumeraciones. Cada segmento de la serie enumerativa termina con descenso del tono (más grave, claro es, en el segmento que concluye); pero si este se introduce con la copulativa *y,* el segmento anterior acaba con elevación tonal. Compárense los dos enunciados siguientes:

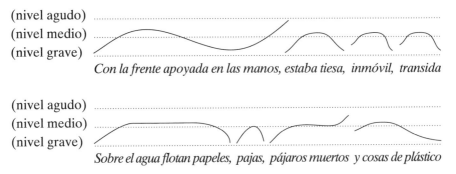

(nivel agudo)
(nivel medio)
(nivel grave)

Con la frente apoyada en las manos, estaba tiesa, inmóvil, transida

(nivel agudo)
(nivel medio)
(nivel grave)

Sobre el agua flotan papeles, pajas, pájaros muertos y cosas de plástico

64. Cuando en lo que comunica el hablante predomina la intención de manifestar sus emociones o sus deseos, o bien de apelar al interlocutor o suscitar su interés, la modalidad del enunciado se señala mediante ciertas alteraciones del contorno melódico. En esencia, manteniéndose el descenso del tono en las inflexiones finales, aparece una mayor elevación tonal en la primera sílaba tónica del enunciado, y desde ella desciende paulatina o abruptamente hasta la cadencia:

(nivel agudo)
(nivel medio)
(nivel grave)

¡Qué contrariedad!   *¡Cállate!*   *¡Cuidado!*

65. Concluyendo: en el contorno melódico son distintivos exclusivamente los tonemas de cadencia y de anticadencia. Los otros tonemas reseñados solo cumplen una función delimitativa y de contraste interno de los componentes del enunciado. Las modificaciones tonales (de intensidad o de cantidad) que se producen en el tramo comprendido desde el primer acento hasta la inflexión final, quedan condicionadas, casi naturalmente, por las necesidades o propósitos expresivos del hablante, el cual las convierte en señales de sus estados de ánimo o de sus intenciones. Son rasgos comunicativos espontáneos, ajenos a la arbitrariedad característica de los signos lingüísticos.

Los esquemas ofrecidos se basan en la entonación más general en la Península, pero la norma es muy variada en todo el extenso dominio de la lengua española, aunque se mantengan siempre los rasgos distintivos que oponen la aserción, la interrogación, la exclamación y la apelación.

LAS UNIDADES EN EL ENUNCIADO: FORMA Y FUNCIÓN

V. EL SUSTANTIVO

Clasificación de las palabras

66. Dentro de las secuencias proferidas en cada acto de habla, es decir, dentro de cada enunciado (§ 51), las palabras desempeñan variadas funciones, y, según estas, se agrupan en diferentes clases. Ya se ha aludido (§ 44) a la distinción entre palabras autónomas o independientes (que pueden cumplir por sí solas una determinada función) y las dependientes (solo susceptibles de aparecer en la secuencia combinadas con alguna de las primeras). Como se verá más adelante (§ 312), las funciones permiten discernir varias clases de palabras autónomas con particular comportamiento: *sustantivo, adjetivo, adverbio* y *verbo.*

Las palabras agrupadas en una misma clase funcional se caracterizan por rasgos internos comunes, perceptibles en la composición fónica de los significantes y que aluden a significados concretos. La palabra suele ser combinación de dos o más signos: uno, a cuyo significante llamamos *raíz* y cuyo significado hace una referencia léxica, y otro, que llamamos *desinencia* o *terminación,* que alude a los valores gramaticales o morfológicos de la palabra: como se vio en § 3, en *venimos,* la raíz *ven* alude al significado léxico de «venir», y la desinencia *imos* significa los valores gramaticales «primera persona, plural; etc.». Pero no siempre es posible escindir en el significante de una palabra la parte que corresponde a la raíz y la que corresponde a la desinencia: por ejemplo, en el verbo *es,* ¿qué porción del significante /és/ corresponde a la raíz (y su significado «ser») y cuál a la desinencia (y su significado «tercera persona, singular, etc.»)?

El sustantivo: sus características

67. Es *sustantivo* toda palabra capaz de cumplir en los enunciados llamados oraciones (§ 311) la función de sujeto explícito (por ejemplo, *Sale humo, Pasan coches*) o la de objeto directo (por ejemplo, *Hay humo, Había coches*, § 78 y § 327) sin necesidad de ningún otro elemento.

La estructura interna del sustantivo consiste, en general, en la combinación de un signo léxico, expresado por la raíz, y unos signos morfológicos, *accidentes* o *morfemas*, que suelen ser expresados en la desinencia. La raíz es susceptible de formar parte de palabras de diferentes clases: por ejemplo, el significado «costar» expresado por la raíz *cost* puede aparecer en palabras que son verbos (como *costaba, costó*, etc.), o sustantivos (como *el coste, las costas)*, o adjetivos *(costoso)*. En cambio, la desinencia, con los accidentes por ella expresados, caracteriza a la palabra como perteneciente a una clase determinada.

Por otra parte, el cotejo, por ejemplo, de *el gato* y *la gata, el gato* y *los gatos, el gato* y *gato* permite distinguir los accidentes o morfemas que caracterizan al sustantivo: el *género*, el *número* y el *artículo.*

El género

68. Todo sustantivo comporta un morfema de género. Por tradición, distinguimos el *masculino* y el *femenino.* El significado léxico del sustantivo exige uno de los dos géneros, y, así, salvo en algún caso, el sustantivo es inmóvil en cuanto al género: o es masculino o es femenino.

Mayoritariamente, la distinción entre masculino y femenino se reconoce en el significante por la oposición fonética de /o/ final y /a/ final (como en *gato / gata, jarro / jarra, muro / casa)* o de la ausencia y la presencia de /a/ final (como en *león / leona, autor / autora)*. Sin embargo, no puede afirmarse que esas expresiones vocálicas estén forzosamente asociadas con un género determinado. Así, a pesar de la /o/ final, en *mano, radio, dinamo, moto, foto, nao,* hay género femenino, y, pese a la /a/ final, en *día, clima, mapa, fantasma, poeta, fonema, programa,* existe masculino.

69. Otras veces, el femenino se manifiesta incrementando o modificando la secuencia fónica del significante asociado con masculino. Así, en *rey / reina, príncipe / princesa, abad / abadesa, poeta / poetisa, actor / actriz, emperador / emperatriz;* o, mediante cambios más radicales, en *padre / madre, yerno / nuera, caballo / yegua, toro / vaca, carnero / oveja.*

Con mucha frecuencia la discriminación entre los géneros solo se produce gracias a las variaciones propias del artículo (§ 79). Así sucede en los sustantivos llamados «comunes»: *el artista / la artista, el suicida / la suicida, el testigo / la testigo, el mártir / la mártir.*

El mismo recurso al artículo permite reconocer el género de la gran mayoría de los sustantivos cuyo significante no acaba ni en /o/ ni en /a/: *el árbol / la cárcel, el oasis / la crisis, el coche / la noche, el bien / la sien, el espíritu / la tribu, el mal / la sal, el tazón / la sazón, el cariz / la nariz,* etc. Por tanto, el sustantivo solo manifiesta explícitamente el género que comporta cuando está acompañado del artículo. De lo contrario, las señales que permiten la adscripción de uno u otro género a un sustantivo consisten en hechos sintácticos como la *concordancia:* por ejemplo, en *muro blanco* y en *pared blanca,* son las variaciones del adjetivo las que permiten asignar masculino a *muro* y femenino a *pared;* o en *el agua no la ha probado,* es la forma *la* femenina la que adscribe ese género al sustantivo *agua.*

70. Las etiquetas usadas para designar a los dos géneros, *masculino* y *femenino,* pueden sugerir que el significado de este accidente gramatical se corresponde con las diferencias sexuales de los entes de la realidad a que se refieren los sustantivos. Ello es cierto algunas veces, según se aprecia en las parejas *padre / madre, gato / gata, rey / reina, león / leona,* etc. Pero no siempre el sexo determina diferencias de género. Así, entre los llamados sustantivos *epicenos,* de una parte *la hormiga, la liebre, la pulga* son femeninos, y de otra, *el mosquito, el vencejo, el ruiseñor* son masculinos, aunque entre esas especies haya machos y hembras; o *la criatura, la persona, la víctima* son femeninos, aunque pueden designar seres de ambos sexos, y hasta el *caracol* es masculino aunque muchos gasterópodos sean hermafroditas.

La diferencia de sexo, sin embargo, en los sustantivos referentes a personas, ha inducido, e induce, a crear formas distintas de masculino y femenino: de *huésped, patrón, oficial, jefe, monje, sirviente, ministro, asistente, juez,* etc., se han derivado los femeninos *huéspeda, patrona, oficiala, jefa, monja, sirvienta, ministra, asistenta, jueza,* etc. Es más raro que de un femenino se haya desgajado un masculino: de *viuda, viudo;* de *modista, modisto.*

71. En sustantivos que tienen significante léxico idéntico, las diferencias que establece el género pueden aludir a otros aspectos de la realidad ajenos a la diversidad sexual. Puede ser la dimensión o la forma del objeto designado lo que obligue a elegir el masculino o el femenino: *jarro / jarra, cesto / cesta, mazo / maza, cubo / cuba;* o la diferencia entre usuario e instrumento: *el trompeta / la trompeta, el espada / la espada;* o la distinción entre árbol y fruto: *cerezo / cereza, naranjo / naranja, manzano / manzana, ciruelo / ciruela, castaño / castaña.* Estos últimos sustantivos podrían considerarse como derivados con género diferente de una misma raíz, paralelos a los que establecen la diferencia genérica mediante sufijos u otros recursos: *nogal / nuez, haya / hayuco.*

72. Algunos sustantivos se combinan con cada uno de los géneros, alterando así su significado y la designación que efectúan en la realidad, de modo que podrían considerarse como dos signos de significado diferente y con significante común u homófono. Nótese la oposición de sentido entre los masculinos *el frente, el editorial, el corte, el orden, el margen, el cometa, el coma, el cólera, el tema, el parte,* etc., y los femeninos *la frente, la editorial, la corte, la orden, la margen, la cometa, la coma, la cólera, la tema, la parte,* etc.

Contrario es el caso de los sustantivos llamados *ambiguos,* los cuales, sin modificar su significado, admiten la combinación con los dos géneros: *el mar y la mar* (pero siempre masculino el plural *los mares), arte cisoria* y *arte románico* (pero plural *artes gráficas), azúcar moreno* y *azúcar blanca* (pero plural *azúcares refinados), el dote* o *la dote* (pero plural *las dotes).*

73. La variedad de designaciones a que aluden los dos géneros y la arbitrariedad en muchos casos de la asignación de masculino o femenino a los significados de los sustantivos impiden determinar con exactitud lo que significa realmente el género. Es preferible considerarlo como un accidente que clasifica los sustantivos en dos categorías combinatorias diferentes, sin que los términos *masculino* o *femenino* prejuzguen ningún tipo de sentido concreto. Funcionalmente, el género es un mero indicio de ciertas relaciones del sustantivo con otras palabras del enunciado. Claro es que el género resulta a veces significativo, puesto que la sustitución del masculino por el femenino (y viceversa) repercute en la designación que se hace (como en los ejemplos *gato / gata, jarro / jarra,* etc.). Pero ¿qué diferencia de sentido aporta la presencia de masculino en *muro* y la de femenino en *pared* a las ya manifiestas por las raíces de los dos sustantivos? En verdad, en esos casos, el género solo sirve para indicar las relaciones con otras palabras del enunciado. Por ejemplo, el género femenino adscrito al sustantivo *plata* solo sirve, en enunciados como *El candelabro de plata vieja* o *El candelabro de plata viejo,* para señalar la conexión o la inconexión de *plata* con el adjetivo.

74. Por último, de los dos géneros, el masculino es el de mayor extensión, y el femenino el de mayor intensión. Quiere esto decir que cuando el uso lingüístico ha decidido la indistinción de los géneros, lo que se emplea en la expresión es el significante propio del masculino. Así, en *los padres, los reyes, los hombres* se significa la fusión de ambos géneros (esto es, *el padre y la madre, el rey y la reina, los hombres y las mujeres)* cuando tales expresiones se oponen a otras como *los hijos, los príncipes, los animales;* pero sigue siendo vigente el masculino cuando se manifiestan en oposición a los femeninos *las madres, las reinas, las mujeres.*

En conclusión, el género es un accidente o morfema que caracteriza al sustantivo, dotándole de una de las dos posibilidades combinatorias que llamamos masculino y femenino, las cuales, mediante la concordancia, permiten la manifestación explícita de ciertas relaciones entre las unidades (o palabras) del enunciado. Al mismo tiempo, el género puede servir de indicio diferencial de las realidades designadas por el sustantivo (sexo, tamaño, etc.).

El número

75. El sustantivo, en general, presenta variación de número, accidente que ofrece dos posibilidades: el *singular* y el *plural.* La oposición entre ambos números se atribuye a que el singular se refiere a la unidad de los objetos de una clase, y el plural denota varios objetos de una misma clase.

El significante de estas diferencias suele corresponderse con la presencia de /s/ o /es/ finales en el plural: *gato / gatos, león / leones.* Pero la distinción de número se manifiesta a veces solo gracias a las variaciones del artículo (u otros elementos de la secuencia): tal sucede con los sustantivos cuyo significante es polisílabo acabado en /s/ precedida de vocal átona: *la crisis / las crisis, el atlas / los atlas, la tesis / las tesis, el análisis / los análisis, el jueves / los jueves, la caries / las caries, el virus / los virus.* Hay que añadir algunos cultismos como *tórax, bíceps, fórceps,* que suelen pronunciarse /tóras, bízes, fórzes/, también invariables en plural. El empleo de los dos significantes /s/ y /es/ del plural está condicionado por la secuencia fónica: cuando el significante del singular acaba en fonema consonántico (excepto los casos de /s/ recién mencionados), el plural adopta la terminación /es/; así, en *abad / abades, matiz / matices, ratón / ratones, margen / márgenes, col / coles, cárcel / cárceles, temor / temores, as / ases, anís / anises, reloj / relojes;* cuando el significante del singular termina en vocal átona, el plural agrega /s/: así, en *lana / lanas, ave / aves, ánade / ánades, mapamundi / mapamundis, yanqui / yanquis, lomo / lomos, ópalo / ópalos, tribu / tribus, espíritu / espíritus.*

76. Si el significante del singular acaba en vocal tónica, la formación del plural fluctúa. Mientras de *café, la e, fe, menú, dominó, sofá,* se dicen los plurales *cafés, las es, fes, menús, dominós, sofás;* hay alternancia (o la ha habido) en el caso de *jabalí, alhelí, maravedí, berbiquí,* que presentan plurales alternativos *jabalís-jabalíes, alhelís-alhelíes, maravedís-maravedíes, berbiquís-berbiquíes.* Fuera de algunos casos (como de *a, aes;* de *o, oes;* de *u, úes;* de *i, íes;* de *no, noes;* de *sí, síes;* de *albalá, albalaes;* de *faralá, faralaes),* parece predominar hoy día el plural en /s/: *bisturís, esquís, pirulís, bigudís.* Además, por analogía con el esquema *anís-anises, mes-meses,* se dan casos incorrectos con redundancia del significante de plural (como *maravedises, cafeses, jabalises).*

En los singulares acabados en diptongo tónico, el plural adoptaba originariamente la terminación /s/ (así, de *buey, ley, rey* los plurales desusados *bueys, leys, reys).* Actualmente se ha consolidado el plural propio de los singulares acabados en consonante, con /es/: se dice *bueyes, leyes, reyes.* Pero en palabras de introducción reciente rivalizan las dos posibilidades. Aunque de *ay, convoy, carey, noray* se dice *ayes, convoyes, careyes, norayes,* de *jersey, paipai, guirigay, rentoy,* se emplean los plurales *jerséis, paipáis, guirigáis, rentóis.*

Se ha visto (§ 50) que a veces el puesto del acento del singular se desplaza a otra sílaba en el plural: *carácter-caracteres,* sobre todo para evitar situación anómala del acento: *régimen-regímenes, espécimen-especímenes.*

Frente al uso habitual de la terminación /es/ tras consonante, los cultismos recientes y poco difundidos presentan /s/, como de *desiderátum* la forma *desiderátums,* o adoptan en la lengua escrita y culta el significante plural originario *(desiderata).* Otros quedan invariables: *los memorándum, los tedéum, los explícit.* Pero los que se han generalizado en el uso se adaptan al esquema normal: de *álbum* (pronunciado /álbun/) se hace *los álbumes;* de *currículum,* en lugar de *currícula,* se dice *currículos;* de *hipérbaton* se pasa a *los hipérbatos;* del primitivo *sympósium* se ha regularizado *simposio-simposios.* En voces extranjeras popularizadas, según su mayor o menor difusión, alternan las soluciones para el plural: generales son *yogures, goles, chóferes,* pero no son estables los concurrentes *clubs-clubes-clus,* ni *sángüiches-sangüis,* etc.

77. En cuanto a las peculiaridades del significado del número, deben señalarse en primer lugar los casos de indiferenciación entre singular y plural, manifestados unas veces con el significante propio del primero, y otras con el del segundo. Ocurre así con los sustantivos llamados *singularia tantum,* que aparecen normalmente solo con la forma de singular: *la tez, el caos, el cariz, la salud, la sed, el este, el cenit, el zodiaco;* o con los sustantivos llamados *pluralia tantum,* que solo suelen usarse con plural: *los víveres, los comestibles, los enseres, las afueras, las nupcias, las entendederas, las facciones, las vituallas, los plácemes, los honorarios,* etc.

Igualmente sucede con los plurales referentes a objetos compuestos de dos partes simétricas, como *las gafas, las tijeras, las tenazas, las pinzas, los alicates, los grillos, las esposas, los pantalones,* si bien a veces se utilicen con el mismo sentido los correspondientes singulares *(la tijera, la pinza, el pantalón).*

En ocasiones, las referencias del singular y del plural son equivalentes, como en *la muralla = las murallas, la escalera = las escaleras, el intestino = los intestinos, la entraña = las entrañas.* No obstante, a menudo hay entre ambos diferencias de tipo expresivo, como entre *barba* y *barbas, espalda* y *espaldas, el pelo* y *los pelos,* e incluso se establecen oposiciones entre denotación abstracta y concreta u otros matices. Así, no se identifican *el interés* con *los intereses, la imaginación* con *las imaginaciones, la razón* con *las razones, el haber* y *los haberes, la locura* y *las locuras, el polvo* y *los polvos, el trigo* y *los trigos,* etc.

78. De lo visto en los párrafos anteriores se desprende que el significado de singular y de plural no se corresponde siempre con la referencia del primero a un ejemplar único de la clase de objetos designados por el sustantivo, ni la del segundo a la denotación de varios ejemplares de esa clase. Es evidente que el plural (cuando se opone al singular) designa siempre un conjunto más o menos amplio de objetos de una misma clase. Pero el singular, además de aludir muchas veces a un solo ejemplar de la clase en cuestión, puede también referirse al conjunto total de objetos incluidos en ella, con lo cual resulta equiparable con el plural, como *El hombre es mortal = Los hombres son mortales.* De este modo, mientras el plural se refiere siempre a varios objetos de una clase (o a todos ellos), el singular, que puede aludir a la unidad o al conjunto unitario de objetos de la clase dada, se caracteriza por su indiferencia a la pluralidad. Si estamos hablando de Juan, que acaba de regresar de un largo viaje, se puede decir *El hombre está cansado,* donde la referencia de *El hombre* apunta sin duda a un objeto único; pero el mismo enunciado, aplicado por ejemplo a las circunstancias por las que está atravesando la humanidad, denunciaría que la referencia de *El hombre* afecta al conjunto de todos los humanos.

El doble valor significativo del singular explica el comportamiento diverso de dos clases de sustantivos: los *contables* y los *no contables.* Los primeros hacen referencia a objetos que existen aislados como ejemplares diferentes *(árbol, perro, casa,* etc.); se pueden contar y enumerar, porque son discontinuos. Los segundos aluden a realidades no separables en ejemplares diversos *(agua, vino, madera, arena,* etc.); no se pueden contar ni enumerar, pues son continuos. Como se verá (§ 327), los sustantivos no contables pueden aparecer, tanto en singular como en plural, cumpliendo las funciones de sujeto explícito y de objeto directo: *Sale agua, Salen aguas; Hay vino, Hay vinos*. En cambio, los sustantivos contables en esas funciones citadas no suelen aparecer en singular (a no ser que lleven artículo u otros elementos actualizadores), aunque lo hacen en plural: *Salen perros* o *Sale el perro* (pero nunca *Sale perro); Hay árboles* (pero no *Hay árbol*).

El artículo

79. Entendemos por *artículo* el que suele llamarse *definido* o *determinado,* cuyos significantes son *el, la, los, las, lo*. Según se estudiará (§ 167), la unidad conocida como «artículo indefinido o indeterminado» *(un, una, unos, unas)* es magnitud completamente distinta por las funciones que desempeña. Dos rasgos esenciales los separan: el «indefinido» es palabra tónica, y en consecuencia puede cumplir un papel en el enunciado sin el concurso de otros elementos; en cambio, el *artículo* propiamente dicho *(el, la,* etc.) es unidad átona y dependiente, pues presupone la presencia de otras unidades en las que se apoya fónicamente y de las que no es separable por constituir con ellas un grupo fónico.

Es cierto que el artículo (como otras unidades estudiadas más adelante, (caps. IX, XI, el «indefinido», los «demostrativos», etc.) es un elemento determinante del sustantivo, pero lo es de otro modo funcional que los demás así considerados. El papel del artículo es análogo a la determinación que desempeñan los morfemas de número. Así como singular o plural determinan el alcance de la referencia que hace el sustantivo en que están incluidos, también el artículo delimita la denotación efectuada por el sustantivo. Por ello, aunque el artículo precede en la secuencia al sustantivo y en la escritura se mantiene separado por un blanco, al revés de los signos que manifiestan el género y el número, que se posponen y se juntan, es también como estos un accidente del sustantivo. Por tanto, el sustantivo puede estar o no determinado por el artículo y presentar las correspondientes diferencias de significación: *Sopla el viento* frente a *Sopla viento, Vino en el coche* frente a *Vino en coche, Gritaban los niños* frente a *Gritaban niños, Compraron las rosas* frente a *Compraron rosas*, etc.

80. El significante del artículo varía en conexión con el género y el número que caracterizan al sustantivo: *el* se combina con sustantivo masculino y singular, *la* con sustantivo femenino y singular, *los* con masculino plural y *las* con femenino plural. Así, en *el libro, la libra, los libros, las libras*. Por ello (§ 69), el artículo permite discernir el género y el número de los sustantivos cuyo significante no varía *(el flautista / la flautista, el penitente / la penitente, el atlas / los atlas, la hipótesis / las hipótesis)*.

Por herencia histórica, los sustantivos femeninos cuyo significante empieza por /á/ acentuada utilizan el significante /el/: *el agua, el águila, el área, el acta,* etc. Se incluyen en este comportamiento los sustantivos que comienzan por *há* acentuada: *el hambre, el hacha, el hada, el habla,* etc. Se exceptúan los que designan las letras del alfabeto: *la a, la hache,* y los invariables que solo distinguen el femenino del masculino mediante el artículo: *la ácrata, la árabe, la ánade* (opuestos a los masculinos *el ácrata, el árabe, el ánade)*. Si entre el artículo y el sustantivo se intercala otra unidad, reaparece la forma habitual del artículo femenino: *la presente acta, la referida área, la bella hada, la melodiosa habla,* etc. Es incorrecto el uso de otras unidades de forma masculina con esos sustantivos *(este área, ese aula, aquel águila* en lugar de *esta área, esa aula, aquella águila)*. Cuando el sustantivo va en plural, el artículo recupera su significante femenino: *las aguas, las águilas, las áreas, las hachas, las hablas, las aulas,* etc.

81.   Dos sustantivos que se consideran en relación íntima pueden agruparse con un solo artículo común: *la envidia y mentira* (**65.**XXIII). Si los dos sustantivos pertenecen a géneros distintos, el artículo adopta la forma del masculino: *el tino y memoria perdida* (**65.**III). Otras veces predomina el género del primer sustantivo: *Empezamos a experimentar las molestias y abusos del régimen* (**7.**515), *Los lugares famosos e incomparables vistas* (**7.**522).

El artículo puede afectar también a otras palabras que no son sustantivos e incluso a grupos de ellas unificadas funcionalmente: *el grande, la pequeña, los de arriba, el de ayer, la de mañana, los que vinieron, las que cantan.* Al sobrentenderse un sustantivo eliminado, el adjetivo o las otras palabras precedidas del artículo cumplen en el enunciado funciones propias del sustantivo y quedan así sustantivadas. De nuevo, ese papel sustantivador del artículo demuestra su diferencia funcional respecto del «indefinido»: si en los enunciados *Prefiero la camisa blanca* y *Prefiero una camisa blanca,* el hablante y el oyente saben a qué sustantivo se refieren, este puede eliminarse y se dirá, respectivamente, *Prefiero la blanca* y *Prefiero una blanca;* donde el grupo *una blanca* tiene un comportamiento distinto a *la blanca:* en efecto, *una* puede funcionar sola *(Prefiero una),* pues es palabra tónica, mientras que no ocurre así con *la* (no puede decirse *Prefiero la)*.

82.   Cuando el artículo actúa en esta función sustantivadora, puede adoptar el significante /lo/, que se suele llamar *neutro* porque no se asocia a ningún sustantivo masculino o femenino. Aparece solo en los casos de sustantivación: con otro sentido que en los ejemplos del párrafo anterior, puede darse *lo grande, lo pequeño, lo de arriba, lo de ayer, lo de mañana, lo que vino, lo que cantan,* etc. Este /lo/ sustantiva el segmento con que se combina y resulta indiferente a las distinciones de género y de número. Por ello, es compatible con segmentos unitarios en cuya composición interna aparece cualquier género o número, como en las aparentes incongruencias *Me admira lo guapa que es esta chica, Con lo caras que están las cosas no se puede vivir* (§ 143).

Los nombres propios

83. El valor común del artículo (en todas sus variedades de significante y en todas sus combinaciones con sustantivos u otras clases de palabras) se deduce del cotejo entre los casos en que aparece y los casos en que está ausente. ¿Qué diferencia de significado existe entre *Trae el vino* y *Trae vino,* entre *Juguetes de la niña* y *Juguetes de niña,* entre *Ladran los perros* y *Ladran perros,* entre *Come las fresas* y *Come fresas,* entre *Eso es lo bueno* y *Eso es bueno?*

De entre los sustantivos, se suele segregar una especie conocida como *nombres propios.* En la realidad, designan objetos únicos: únicos en absoluto, como *el Sol* o *la Luna,* o únicos en la situación de habla, es decir, en el universo de preocupaciones y saberes comunes al hablante y al oyente, como *Juan, Fernández,* etc. Frente a los sustantivos comunes o apelativos, que clasifican los objetos de la realidad física o mental como pertenecientes a una determinada clase, los nombres propios identifican con su etiqueta a un objeto dado, que resulta inconfundible para los interlocutores.

Los nombres propios tienen un comportamiento particular respecto del artículo. Unos lo llevan siempre, otros lo rechazan y, en fin, algunos hacen alternar libremente su presencia o su ausencia. Sin embargo, en los tres casos la referencia del nombre propio es la misma: cumplen la *identificación* del objeto designado en el campo de situación de los hablantes. Así, tenemos sin artículo *Europa, Madrid;* con artículo *los Pirineos, el Duero, La Mancha;* con alternancia *Coruña-La Coruña, China-la China, Perú-el Perú.* Eso no ocurre con los sustantivos apelativos, que oponen significativamente la presencia y la ausencia del artículo. Si en uno de los ejemplos citados arriba, *Juguetes de la niña* y *Juguetes de niña,* queremos sustituir el sustantivo común por uno propio, la operación solo es posible en el primer caso *(Juguetes de Juanita* en lugar de *Juguetes de la niña).* Este hecho permite colegir que el sustantivo común con artículo se convierte en *identificador* como lo es el nombre propio. En ese ejemplo, y en esa situación, *la niña* designa un objeto único, como lo hace el nombre propio *Juanita*.

En conclusión, si el sustantivo sin artículo vale como clasificador de los objetos denotados, y designa una clase de objetos, el sustantivo con artículo ya no solo clasifica el objeto denotado, sino que lo identifica dentro de la clase en cuestión como único, igual que el nombre propio. El artículo, pues, es un accidente que transforma el sustantivo clasificador en sustantivo identificador.

VI. LOS SUSTANTIVOS PERSONALES

Pronombres personales tónicos y átonos

84. Con la denominación de *pronombres personales* se agrupan varias palabras, en número limitado, cuyo contenido se refiere a la noción de *persona gramatical.* Esta noción abarca a los tres elementos externos a la lengua que intervienen en todo acto de habla: el hablante, el interlocutor y el conjunto de todo lo demás.

Cuando la lengua expresa diferenciadamente cada uno de estos tres componentes, se reconoce la *persona.* Se distinguen tres: *primera persona* (mediante la cual el hablante se designa a sí mismo), *segunda persona* (con la cual el hablante designa a su interlocutor) y *tercera persona* (que el hablante emplea para designar todo lo que no son los dos actores del coloquio).

85. Las unidades con que se designan en español las personas son las siguientes:

Primera persona	Yo Nosotros Nosotras	Mí (Conmigo)	Me Nos
Segunda persona	Tú Vosotros Vosotras	Ti (Contigo)	Te Os
Tercera persona	Él Ella Ellos Ellas	Ello Sí (Consigo)	Lo La Le Los Las Les Se

La función desempeñada en los enunciados por estos *pronombres personales* no es homogénea ni unitaria. Unos cuantos (los de la columna de la derecha: *me, nos; te, os; lo, la, le, los, las, les, se)* carecen de acento en su significante y, por ello, requieren combinarse en la secuencia con otra palabra (un verbo o un derivado verbal). Los demás poseen acento, con lo cual casi todos pueden aparecer aislados como unidad fónica y sintáctica autónoma *(yo, nosotros, nosotras; tú, vosotros, vosotras; él, ella, ello, ellos, ellas)* y los otros tres constituyen un grupo fónico con una preposición *(a mí, de ti, en sí,* con sus formas especiales *conmigo, contigo, consigo).* La disparidad funcional de ambos grupos de unidades aconseja separarlos. Se tratará en este capítulo exclusivamente de los *pronombres personales* dotados de acento; las formas átonas se estudiarán en el capítulo xv.

86.   Para designar estas unidades personales, es poco adecuado el término de pronombre. No puede aceptarse la idea de que sean siempre «sustitutos» del nombre o sustantivo, aunque ciertamente desempeñan en el enunciado papeles semejantes. Los llamados *pronombres personales* tónicos constituyen en realidad una subclase de los sustantivos, puesto que coinciden con estos en su función, y, al menos parcialmente, entrañan unos mismos tipos de accidentes o morfemas (el número y el género). Los llamaremos, pues, *sustantivos personales.*

En ellos se combinan un contenido léxico y unos significados gramaticales, como en los sustantivos en general. Pero frente a estos, la especificidad de los *personales* consiste en que la referencia léxica se restringe a la mera mención de la *persona* (componente este que en otro tipo de palabras funciona como morfema, según ocurre en el verbo, § 194). Se distinguen, pues, personales de *primera* persona, de *segunda* y de *tercera.*

La persona

87.   En cada situación de habla concreta, existe un hablante y un oyente. La referencia a la realidad que hacen los personales de primera y de segunda persona es forzosamente única e inequívoca. No importa que de una situación a otra pueda variar la alusión, y que, como suele decirse, la significación de los personales sea «ocasional»: el que habla puede ser Juan, o Pedro, o María, y el oyente Enrique, o Luisa o su hermana; pero en realidad, lo ocasional no es el significado, sino lo denotado en cada acto de habla. También conviene advertir que, si solo hablan los seres humanos, estas dos personas gramaticales designan por necesidad hombres, a no ser que figuradamente humanicemos otros objetos (como sucede en las fábulas y en otras ficciones) y los dotemos de capacidades locutorias fingidas. En cambio, la tercera persona es aplicable, en una misma situación, a multitud de objetos (todo lo que no sea el hablante y el oyente): puede referirse a personas humanas, a animales, a cosas físicas o mentales.

El significado léxico de los sustantivos personales, a pesar de la variabilidad de su referencia según cada acto de habla, es siempre fijo y constante, como el que caracteriza a toda unidad lingüística: se reduce a significar cada una de las tres *personas* reconocibles en el coloquio.

El género

88. Con el contenido léxico de persona, se asocian en los personales, como en el sustantivo, los morfemas o accidentes de género y número: por ejemplo, en *él*, junto a *tercera persona*, están presentes el género *masculino* y el número *singular*, y en *ellas* el *femenino* y el *plural*. El tercer accidente del sustantivo, el artículo, no es aplicable a los personales por las mismas razones por las que no era distintivo con los nombres propios. Se ha visto (§ 83) que estos, sustantivos identificadores, y no meramente clasificadores como los apelativos, no admiten variación de artículo. En los apelativos, la presencia o la ausencia del artículo es significativa *(Ladran los perros / Ladran perros);* los nombres propios, lleven o no artículo, siempre comportan significado identificador *(La Coruña, Madrid).* Igual ocurre con los sustantivos personales: aunque nunca llevan expreso el artículo en su significante, contienen siempre su valor identificador; son como nombres propios, con referencia unívoca en cada acto de habla. *Yo,* en una situación dada, se refiere sin posible equívoco a la persona que está hablando, del mismo modo que *Juan* o *El niño* aluden sin ambigüedad a un ser humano concreto y consabido de los interlocutores.

89. No todos los sustantivos personales admiten distinciones de género. Combinadas con el número singular, la primera y la segunda personas son indiferentes al género: *yo, tú (mí, ti, conmigo, contigo)* pueden referirse a entes que, en otras circunstancias, serían manifestados con sustantivos masculinos o femeninos: en *Yo soy el primero, Yo soy la primera* la unidad *yo* hace referencia en cada caso a entes de distinto género, aunque es indiferente a esa distinción. Pero combinadas con plural, la primera y la segunda personas recuperan la diferencia de género, mediante variaciones del significante análogas a la más frecuente en los sustantivos comunes (la alternancia /o/-/a/): *nosotros, vosotros,* masculino; *nosotras, vosotras,* femenino. Con la tercera persona reaparecen todas las variaciones de número y género (incluso el neutro, como en el artículo y los demostrativos, § 82 y cap. VIII): singulares, *él* masculino, *ella* femenino; neutro *ello;* plurales, *ellos* masculino, *ellas* femenino.

El número

90. La oposición de número de los personales de primera y segunda persona *(yo/nosotros, nosotras; tú/vosotros, vosotras)* no es rigurosamente paralela a las referencias que efectúan singular y plural con los personales de tercera y en general con los sustantivos apelativos. Si se dice *la casa* podemos aludir a un objeto único de esa clase, y cuando decimos *las casas* se hace referencia al conjunto de varios objetos de la misma clase. Y lo mismo ocurre con *ella* (que alude a un ente concreto de la clase de las terceras personas) y *ellas* (que identifica a un conjunto de varios entes de la clase de las terceras personas). En cambio, con *nosotros* no señalamos un conjunto de primeras personas *(yo + yo + yo...),* sino un ente de primera persona *(yo,* que en cada situación es único) acompañado de otro u otros entes de distinta persona (o sea: *nosotros* equivale a «yo y otros conmigo»). De igual modo diríamos que *vosotros* se refiere a «tú y otros contigo». Sin embargo, a pesar de estas circunstancias referenciales, no deja de ser gramaticalmente plural el significado de estos sustantivos personales.

Ausencia y presencia del personal como sujeto

91. Como se verá más adelante (§ 194), el morfema de persona incluido en el verbo distingue ya cuál de las tres funciona como sujeto gramatical, y así no resulta muy necesaria la presencia de un sustantivo personal para señalar un sujeto explícito: en *canto, cantas, canta,* están ya expresas como sujeto las personas primera, segunda y tercera, respectivamente. No obstante, es frecuente la aparición de un personal en esa función de sujeto explícito, y no solo en los casos de coincidencia fónica de las formas verbales (como *cantaba, cantaría, cante,* en que no se distingue la primera de la tercera persona), ni en el caso de la tercera persona (donde la distinción de géneros del personal puede aportar mayor precisión acerca de la referencia concreta al sujeto). También pueden aparecer *yo* y *tú,* aunque su referencia personal es evidente e inequívoca en cada acto de habla. Por tanto, la aparición de los sustantivos personales en estos casos de redundancia, tiene marcado carácter enfático y expresivo, y trata de contraponer la persona aludida a las otras:

Eso me dijo, y *yo* le quité la tranca y *él* se marchó (**39**.157).

A su hermana le contrariaba la actitud del Azarías, porque *ella* aspiraba a que los muchachos se ilustrasen (**39**.9).

Y eso no puede ser, *vosotros* lo estáis viendo, pero la culpa no la tienen *ellos* (**39**.52).

Yo te digo lo que hay, luego *tú* haces lo que te dé la gana (**39**.130).

No se trata de lo que tienes, sino de lo que enseñas, que eres *tú* más espectáculo que el espectáculo (**39**.53).

Digo [...] que *tú* habrás de atender al portón, como antaño (**39**.44).

Otras particularidades

92. Aunque, en principio, los personales de tercera persona masculinos y femeninos pueden referirse a cualquier tipo de objeto, parece que en la función de sujeto explícito solo se utilizan cuando aluden a persona humana o ente personificado, según se observa en los ejemplos de arriba, y restringen así su capacidad denotativa, de acuerdo con los personales de primera y segunda persona.

En otras funciones del enunciado (o como términos adyacentes de un sustantivo), los pronombres personales exigen siempre una preposición, y en ese caso los de tercera persona pueden referirse también a cosas. Según se ha visto, en estos casos, los singulares de primera y segunda persona adoptan significantes peculiares *(mí, ti)*. Cuando cumplen la función de objeto directo o de objeto indirecto (§ 313) adquieren el valor enfático y contrastivo que se ha señalado antes en el papel de sujeto explícito, puesto que insisten en la misma referencia expresada por el personal átono que incremente al verbo (cap. XV). Así en estos ejemplos:

a los demás [...] les sacaba las uñas, mientras que *a él, le* distinguía (**39**.12).

¿qué es lo que *te* pasa *a ti?* (**39**.15).

A mí no *me* importa; el mal es *para ti* (**39**.18).

ha tenido que salir *con él* (**39**.156).

pasó el cabo de la soga [...] y tiró *de él* (**39**.175).

adelantó los bastones y apoyándose *en ellos* (**39**.154).

sacó la pitillera, golpeó un cigarrillo *contra ella* (**39**.146).

cavó una hoya [...] depositó *en ella* al pájaro (**39**.27).

si Dios me ha dado estas gracias, no soy quien para avergonzarme *de ellas* (**39**.53).

Pobre de *mí*.

No estaba a gusto *conmigo* (**39**.83).

No puede nadie *contigo*.

Los sustantivos personales de primera y segunda persona efectúan una referencia deíctica (o mostrativa) a los dos actores del coloquio (el hablante y el interlocutor). Los de tercera persona, además de señalar en la realidad determinados objetos, aluden anafóricamente a alguna unidad sustantiva mentada o sobrentendida en el contexto de la secuencia, y de esa unidad recibe por concordancia su propio género y número, según se aprecia en los ejemplos anteriores.

93. Otra particularidad de los personales de tercera consiste en la unidad neutra *ello*. Es de poco uso, pero sus rasgos son paralelos con el artículo *lo* (§ 82) y los demostrativos *esto, eso, aquello* (§ 121). No existiendo sustantivos con esta variación genérica del neutro, la forma *ello* no puede hacer referencia a elementos unitarios aludidos o eludidos en la secuencia, sino a segmentos complejos diversos. Así, en *Intercambiaban furtivas miradas cómplices, pero don Pedro [...] no reparaba en ello* (**39**.46), lo aludido anafóricamente por *ello* es el contenido conjunto de *intercambiaban furtivas miradas cómplices;* y en *Ello era que [...] Ana, nerviosa, vio aparecer a don Álvaro* (**1**.334), *ello* alude a todo el contexto previo.

94. También comporta tercera persona la unidad *sí*, paralela a las citadas de primera y segunda *mí* y *ti,* puesto que solo se emplea tras una preposición y adopta el significante *consigo* en el caso de la preposición *con*. Discrepa de aquellas por el hecho de ser indiferente al número; mientras *mí* y *ti* comportan singular (opuesto al plural *nosotros, vosotros), sí* es compatible también con el plural:

Y los hombres se miraban *entre sí* (**39**.155).

Y se decía conmovido para *entre sí* (**39**.13).

Y la Régula, *de por sí* fogosa, plañía (**39**.38).

Encogió las patas *sobre sí misma* (**33**.170).

la oprimió *contra sí* y musitó (**33**.27).

pero no comentó *consigo* mismo (**90**.46).

Se utiliza esta unidad llamada reflexiva, cuando el objeto de tercera persona a que se refiere coincide con el mismo a que alude la tercera persona del sujeto gramatical: en el último ejemplo, si el sujeto de tercera persona que comenta lo hiciera con otra tercera distinta, se hubiera dicho *no comentó con él (ella, ellos, ellas)*.

95. Así como los sustantivos pueden asociarse en grupo unitario con las palabras clasificadas como adjetivos (§ 97), estos sustantivos personales solo se combinan con un escaso número de ellos: *yo mismo, tú sola, todos nosotros, ellas juntas, a mí solo, contigo mismo, para todos ellos*. Solo en construcciones apositivas, constituyendo dos unidades separadas, pueden aparecer con los sustantivos personales otros adjetivos distintos de los mencionados. En ejemplos como *¿Qué os creéis vosotros, desgraciados?; Ella, la pobre, todavía esperaba; ¡Corre tú, pelmazo!*, los adjetivos contiguos a los personales, aunque se refieren al mismo ente que estos, constituyen unidad fónica distinta de ellos.

Sustitutos de los personales de segunda persona

96. La cortesía y el respeto social hacia el interlocutor han impuesto en el uso de la lengua unidades que sustituyen a los personales de segunda persona. Como en otras lenguas, el español medieval utilizó el plural *vos* en lugar de *tú*. Este uso ha persistido en zonas de América central y del Río de la Plata, originando el conocido *voseo* (que afecta sobre todo a la conjugación verbal). La intención reverencial del hablante lleva a dirigirse indirectamente al interlocutor, designándolo mediante fórmulas con sustantivos femeninos que se refieren a cualidades relevantes. Una de estas fórmulas, *vuestra merced,* desgastada por la frecuencia de empleo, ha dado lugar a las unidades *usted* de singular y *ustedes* de plural. Son sustantivos personales como *tú* y *vosotros*. No distinguen género y sus funciones en el enunciado son las mismas. Aunque la referencia real que efectúan señala evidentemente una segunda persona (el interlocutor), su comportamiento gramatical se identifica con la tercera persona: *¿De veras no la huele usted, señorito?* (**39**.92); *Dice que usted la despidió* (**39**.66); *Él sólo piensa en usted* (**90**.51); *¿No están ustedes muertos?* (**90**.61); *Me dejó con usted para que me cuidara* (**90**.72); *Nos hemos rebelado contra el gobierno y contra ustedes porque ya estamos aburridos de soportarlos* (**90**.124).

La diferencia de uso entre *tú/usted, vosotros/ustedes* se mantiene en la Península (aunque haya variado la frecuencia social de empleo). Pero en el mediodía (en Andalucía y en Canarias) los plurales *vosotros, -as* han sido sustituidos por *ustedes*. La confusión, en América, de *tú* y *vos* y la total eliminación de *vosotros*, ha originado un uso diferente, que sobre todo tiene consecuencias en las formas de la conjugación verbal.

VII. EL ADJETIVO

El adjetivo: su estructura; género y número

97. El sustantivo va acompañado a veces de otra palabra y forman ambos un grupo unitario que desempeña en el enunciado la misma función que podría aquel cumplir aislado: en *El barrio viejo conserva faroles de traza antigua* (**51**.1.243), el segmento *el barrio viejo* funciona como sujeto explícito, igual que lo haría el simple sustantivo *el barrio;* la palabra *viejo* agregada delimita, con su particular referencia, la designación que efectúa el sustantivo. Estas palabras que funcionan como adyacentes del sustantivo se llaman *adjetivos*. Se verá más adelante (§ 359) que también pueden aparecer los adjetivos aisladamente cumpliendo por sí solos la función de atributo, como *viejo* y *antigua* en los enunciados *El barrio es viejo, La traza es antigua*.

98. En el adjetivo se combina un signo de referencia léxica con ciertos signos gramaticales. Si se cotejan los adjetivos *inquieto, inquieta, inquietos, inquietas*, se observan, tanto por su contenido como por su expresión, diferencias análogas a las que se revelan en los sustantivos (como en *perro, perra, perros, perras)*. Se pueden, pues, adscribir tales diferencias a los morfemas de *género* y *número*, esto es, las oposiciones *masculino/femenino* y *singular/plural*. Sin embargo, no coincide su valor referencial en el sustantivo y el adjetivo. Con el sustantivo, el género y el número modifican la referencia: *perro* designa un animal macho, *perra* uno hembra, *perros* y *perras* un determinado conjunto de esos animales. En cambio, con el adjetivo, tales morfemas no modifican su propia referencia real: *inquieto, inquieta, inquietos, inquietas* designan siempre una misma cualidad; las variaciones de género y número que presentan son simple repercusión (por la llamada *concordancia)* de los morfemas que afectan al sustantivo con que se pone en relación el adjetivo *(el perro inquieto, la perra inquieta, los* *perros inquietos, las perras inquietas)*. Esto demuestra que los morfemas del adjetivo no añaden ninguna información nueva y que son meros índices funcionales de la relación que el adjetivo contrae con el sustantivo, si bien, a veces, sirven para precisar el género y el número del sustantivo cuando este no los manifiesta explícitamente: por ejemplo, en *crisis aguda* es el femenino y el singular del adjetivo lo que discierne tales morfemas en el sustantivo indiferente *crisis*, y en *paréntesis cuadrados* es el masculino y el plural del adjetivo lo que dilucida esos morfemas en el sustantivo *paréntesis*.

99. Muchos adjetivos, como los mencionados en los ejemplos anteriores, distinguen la variación de género con la oposición /o/-/a/ finales en su significante: *bueno-buena, alto-alta, amarillo-amarilla, lento-lenta, hermoso-hermosa, agudo-aguda, aromático-aromática, sabroso-sabrosa, duro-dura*, etc.

Otras veces, el masculino carece de característica propia en su significante, y solo se distingue del femenino porque el de este sigue provisto de /a/ final: *francés-francesa, español-española, andaluz-andaluza, catalán-catalana, registrador-registradora, emisor-emisora, llorón-llorona, creador-creadora*, etc. En algún caso, si el significante del masculino acaba en /e/, esta vocal se sustituye por /a/ en el del femenino: *morenete-moreneta, regordete-regordeta, vejete-vejeta, guapote-guapota, grandote-grandota, feote-feota, machote-machota*.

100. Pero muchos adjetivos carecen de esta variación genérica: *el tapiz verde, la alfombra verde; Juan es cortés, María es cortés; libros útiles, obras útiles; misión especial, comportamiento especial; saludo hipócrita, palabras hipócritas; ademán homicida, mirada homicida*. Y así otros más: *celta, vinícola; alfonsí, marroquí, israelí; hindú; almeriense, latente, imposible, miserable, firme, torpe, triste; pertinaz, feliz, atroz, fácil, sutil, azul, cruel, peor, joven, virgen, impar, celular, gris, beis, inmisericorde, árabe, congénere, dúplice*, etc.

101. Varios adjetivos adoptan un significante reducido mediante la supresión de /o/ del masculino cuando se anteponen a un sustantivo, si bien se mantienen intactos en los demás casos. Ejemplos de esta apócope: *buen día* (frente a *día bueno*), *mal momento* (frente a *momento malo*), *primer capítulo* (frente a *capítulo primero*), *tercer curso* (frente a *curso tercero*). También el adjetivo *santo* se convierte en *san* precediendo a nombres propios: *San Pablo, San Marcos, San Esteban*, salvo en los casos de *Santo Tomás* (o *Tomé*), *Santo Toribio* y *Santo Domingo*. Claro es que este adjetivo no se apocopa delante de sustantivo apelativo: *un santo varón, el santo advenimiento, el santo obispo*.

También ocurre la apócope de /a/ del significante femenino en alguna expresión hecha: *en buen hora, en mal hora*, concurriendo con las formas plenas *en buena hora, en mala hora* y, claro es, *en hora buena* y *en hora mala*. Paralela reducción se ha producido en el adjetivo *grande*, el cual se ha convertido en *gran: gran ocasión* (frente a *ocasión grande), gran éxito* (frente a *éxito grande)*. Sin embargo, si el adjetivo va precedido del cuantificador *más,* la apócope no ocurre: *la más grande ocasión.* Tampoco varía *grande* si se combina con otro adjetivo: *grande y glorioso suceso.*

102. El adjetivo coincide con el sustantivo en la formación del significante de plural: se agrega al singular la terminación /s/ después de vocal átona y /es/ después de vocal tónica o de consonante: *blanco-blancos, blanca-blancas, breve-breves, suicida-suicidas, cursi-cursis, alfonsí-alfonsíes, israelí-israelíes, voraz-voraces, feliz-felices, fiel-fieles, grácil-gráciles, ganador-ganadores, exterior-exteriores, ruin-ruines, holgazán-holgazanes, portugués-portugueses, gris-grises,* etc.

Es raro que el adjetivo sea indiferente al número. Por ejemplo: *isósceles,* que es compatible con singular y plural *(un triángulo isósceles, los triángulos isósceles)*. También, en la lengua coloquial existen adjetivos derivados y expresivos como *viejales, rubiales, frescales, vivales, mochales,* que no varían de número (y que suelen usarse asimismo como sustantivos): *Lo malo es el papi, algo viejales* (**105**.87), *¡Qué rubiales te han salido los hijos!, Tu parienta está mochales, Toda la vida ha sido un frescales, Pues no es nada vivales el niño.*

Sustantivación del adjetivo

103. Puede ocurrir que el adjetivo se *sustantive,* es decir, que pase a funcionar en el enunciado como lo hace un sustantivo. Entonces adquiere la posibilidad de combinarse también con el tercer morfema o accidente del sustantivo, con el artículo. Cuando, por ser consabida del interlocutor la referencia que hace en la realidad el sustantivo, se elimina el significante de este, su función pasa a desempeñarla el adjetivo precedido del artículo pertinente: *De esos trajes prefiero el negro, Esa actitud me parece la mejor,* y (hablando por ejemplo de *carpetas) Dame las verdes.* En los casos de sustantivación, pues, reaparece la distinción entre alusión clasificadora y alusión identificadora que se ha visto en el sustantivo (§ 83): *Ese traje es negro* (el adjetivo clasifica: es negro y no azul o gris) frente a *Ese traje es el negro* (identifica un traje concreto); *Tu casa es mejor* frente a *Tu casa es la mejor, Esas carpetas son verdes* frente a *Las carpetas que quiero son las verdes.* A veces la sustantivación se consolida sin necesidad de que el contexto sugiera el sustantivo elidido: *los accesorios, la locomotora, el rápido, la lavadora*, etc., son plenamente sustantivos.

104. Cuando el adjetivo se sustantiva con el artículo es susceptible de adoptar una tercera variación genérica, la del *neutro* (paralela al sustantivo personal *ello*, § 93, y a los demostrativos *esto, eso, aquello*, § 118). El artículo confiere al adjetivo sustantivado la triple variación: *el nuevo, la nueva, lo nuevo; el verde, la verde, lo verde*. La tercera forma, que por razones históricas se denomina neutro, solo queda distinguida por el especial significante del artículo sustantivador, *lo*, puesto que el significante del adjetivo coincide con el combinado con el morfema de masculino. Cuando se dice *el negro* o *la nueva* se hace una referencia anafórica a un sustantivo elidido, pero presente en la mente de los interlocutores (puede ser, por ejemplo, *el libro* o *el traje* o *la casa* o *la canción*). Al decir, en cambio, *lo nuevo* o *lo negro*, no hay posibilidad de imaginar un sustantivo explícito, porque se alude a un conjunto de referencias no asignable a ningún género, es decir, a la cualidad común designada por *nuevo* en un conjunto de objetos.

Cuando el adjetivo está sustantivado con masculino o femenino, siempre es posible restaurar el sustantivo elidido: *El nuevo* (=*El nuevo libro), La verde* (=*La alfombra verde)*. En lugar de *Lo nuevo, Lo negro, Lo verde* no puede aparecer un grupo cuyo núcleo sea un sustantivo. No ha de pensarse que *lo* sea un núcleo sustantivo determinado por el adjetivo, puesto que al carecer de acento no puede aparecer aislado. *Lo* sustantiva al adjetivo, como los demás artículos, y transforma su papel clasificador en identificador: compárese *Eso es nuevo, Eso es lo nuevo*, paralelamente a *Ese es médico* y *Ese es el médico*.

Si el *neutro* no participa en las distinciones de género masculino-femenino, también se muestra indiferente a la variación de número entre singular y plural. Es compatible en el enunciado con singular o plural de otras unidades: *Lo nuevo es esta noticia* y *Lo nuevo son estas noticias*.

Estos neutros sustantivados se corresponden por su significación con otros sustantivos femeninos *(lo nuevo* puede coincidir con *la novedad; lo malo* con *la maldad*, etc.). Por ello, se utilizan preferentemente en este sentido abstracto cuando no existen formas derivadas sustantivas (por ejemplo, *lo abrupto, lo triangular, lo inesperado*, etc.).

Posición del adjetivo en el grupo nominal

105. El adjetivo adyacente de un sustantivo puede anteponerse o posponerse a este. El valor del adjetivo es variable según su posición. Se considera en general que el adjetivo antepuesto (llamado a veces *epíteto)* revela una intención explicativa, descriptiva, de la realidad sugerida por el sustantivo, y que el pospuesto señala una especificación que restringe la referencia propia del sustantivo. En *La blanca nieve,* por ejemplo, no se designa a ningún tipo de «nieve» que se oponga a otro que no sea «blanco», sino que simplemente se describe cómo es la «nieve», como si dijésemos «la nieve con su blancura». En cambio, al decir *La pared blanca,* denotamos una realidad particular opuesta a otras posibles *(la pared negra, la pared azul,* etc.), especificando así la realidad concreta de la clase de objetos «pared» a que se alude. Pero el valor de la anteposición y la posposición del adjetivo depende muchas veces de la intención del hablante más que de criterios objetivos.

En algunos casos, el uso ha fijado ciertas combinaciones de adjetivo y sustantivo, las cuales funcionan como si fuesen sustantivos compuestos. Así sucede en *fuego fatuo, ideas fijas, alta mar, libre albedrío, sentido común, largo plazo,* etc., que no admiten la inversión de sus componentes sin modificar su sentido. Otras veces predomina uno de los órdenes: *buena suerte, rara vez, alta frecuencia,* pero *onda larga.* Alguno solo suele aparecer en anteposición: *la mera intención.*

En ocasiones, la posición respecto del sustantivo puede llegar a modificar más radicalmente la denotación hecha por el adjetivo. Cotéjense los sentidos del adjetivo en estos casos opuestos: *el triste funcionario* («humilde») y el *funcionario triste* («apenado»); *la pobre mujer* («desdichada») y *la mujer pobre* («necesitada»); *simple periodista* y *periodista simple; ciertas propuestas* y *propuestas ciertas.* He aquí un ejemplo de cómo se puede jugar literariamente con los sentidos derivados de la posición del adjetivo: *Sueñan aquí [...] unos pobres hombres. Y lo que es más íntimo, unos hombres pobres. Unos pobres hombres pobres* (**96**.153).

Adjetivos calificativos y determinativos

106. El adjetivo es un tipo de palabra cuyos morfemas coinciden en general con los del sustantivo, y por ello se suelen ambos reunir en la categoría de los nombres, señalando que el nombre sustantivo clasifica las realidades a que se refiere directamente, mientras el nombre adjetivo lo hace a través del sustantivo a que acompaña, discriminando así diferentes subclases en el sustantivo. Pero también el adjetivo forma una clase en que pueden distinguirse tipos diversos según ciertas peculiaridades funcionales.

Se separan los *adjetivos calificativos* y los *adjetivos determinativos,* y entre los últimos se agrupa una serie de unidades designadas como *demostrativos, posesivos, numerales, indefinidos* y *relativos*. El criterio seguido para esta clasificación discernía, en primer término, entre los contenidos de «cualidad» y «determinación», mezclando las consideraciones semánticas (o más bien referenciales) y las propiamente funcionales. En puridad, todo es, según se mire, cualidad o determinación de «la extensión en que se toma el significado del sustantivo». Tanto las determinaciones como las calificaciones no son más que nociones atribuidas a los objetos mentados por los sustantivos, y por ello, unas y otras delimitan la extensión con que se enfoca el contenido propio del sustantivo (esto es, la aplicabilidad de su referencia). No califica más un adjetivo «calificativo» como *blanco* a un objeto designado por un sustantivo, ni lo determina menos que un adjetivo «determinativo» como *aquel*. La diferencia entre uno y otro adjetivo no reside en lo gramatical, sino que estriba en el hecho de que sus respectivos significados atañen a zonas de la realidad diversas (en *blanco,* el «campo del color», y en *aquel,* el «campo de la situación»). En ambos casos *(paño blanco* o *aquel paño)* se delimita con el adyacente adjetivo el objeto a que nos referimos de entre otros posibles de la misma clase (ni *paño negro* o *azul,* ni *este* o *ese paño).*

Según esto, ni por su función esencial, ni por el modo de designación, es distinto el comportamiento de los adjetivos calificativos y los determinativos. Lo discrepante entre ellos concierne en primer lugar a la respectiva área real que denotan. Sin embargo, es cierto que el papel de su contenido establece ciertas subclases de adjetivos, manifestadas por su diferente función en el enunciado.

107. Examinemos algunas combinaciones funcionalmente unitarias cuyo núcleo sustantivo va acompañado por dos adyacentes de la clase de los adjetivos. Por ejemplo: *Los frondosos valles solitarios* y *Las estrechas sendas polvorientas.* Aunque la permutación de los adjetivos de esas secuencias produzca cambios de matiz en su sentido global (según se indicó en § 105 al tratar de la anteposición y la posposición), el resultado no perturba la estructura del grupo ni la relación gramatical entre sus componentes. Sería equivalente decir: *Los solitarios valles frondosos, Las polvorientas sendas estrechas; Los frondosos (y) solitarios valles, Las estrechas (y) polvorientas sendas; Los solitarios (y) frondosos valles, Las polvorientas (y) estrechas sendas; Los valles frondosos (y) solitarios, Las sendas estrechas (y) polvorientas; Los valles solitarios (y) frondosos, Las sendas polvorientas (y) estrechas.* Todas esas combinaciones son correctas, ya los adjetivos flanqueen al sustantivo, ya se antepongan o pospongan unidos con conjunción o con la pausa indicada por coma. Muchos adjetivos, como estos de los ejemplos, admiten libertad de posición entre sí y respecto del núcleo sustantivo a que delimitan.

108. En cambio, otros adjetivos presentan restricciones en cuanto a su posición dentro del grupo. Es posible decir, por ejemplo, *Estos valles frondosos* y *Estos frondosos valles,* pero no *Frondosos estos valles; Aquellas sendas polvorientas* y *Aquellas polvorientas sendas,* pero no *Polvorientas aquellas sendas; Cuatro folios apretados* y *Cuatro apretados folios,* pero no *Apretados cuatro folios; Vuestras creencias venerables* y *Vuestras venerables creencias,* pero no *Venerables vuestras creencias; Muchas ideas nuevas* y *Muchas nuevas ideas,* pero no *Nuevas muchas ideas; Algún comentario indiscreto* y *Algún indiscreto comentario,* pero no *Indiscreto algún comentario,* etc.

109. De estos comportamientos se concluye que hay dos tipos de adjetivos, separados funcionalmente por su diversa posibilidad de ordenación entre sí y respecto del sustantivo al que acompañan:

1.º Los que admiten cualquier posición respecto del núcleo sustantivo del grupo unitario y respecto del otro adyacente (con el cual pueden coordinarse o yuxtaponerse). Se corresponden con los *calificativos* (en los ejemplos de antes: *frondoso, solitario, estrecha, polvorienta,* etc.).

2.º Los que en presencia de otro adjetivo en el mismo grupo unitario exigen estar antepuestos y nunca inmediatamente pospuestos a aquel. Vienen a coincidir con los denominados determinativos (en los ejemplos de arriba: *estos, aquellas, cuatro, vuestras, muchas, algún,* etc.).

Al concurrir dos adjetivos del segundo tipo, delimitando a un núcleo sustantivo en un mismo grupo, se dan otras restricciones combinatorias que se especificarán más tarde (§ 119).

La gradación: comparativos y superlativos

110. Otra diferencia entre los dos tipos de adjetivos se refleja en que los calificativos, cualquiera que sea su función (la de adyacente de sustantivo y la de atributo), son susceptibles de incrementarse con unidades varias de sentido cuantitativo. Así, junto a *papel fino,* aparecen estimaciones diversas de la cualidad denotada por el adjetivo: *papel más fino, menos fino, tan fino, muy fino, casi fino, algo fino, poco fino,* etc. (sin contar con los resultados de la anteposición de prefijos: *superfino, requetefino,* etc.). Tales unidades añadidas al adjetivo *(más, menos,* etc.) lo determinan, y unidas a él son término adyacente del sustantivo.

A veces los significados del adjetivo y de su cuantificador aparecen unificados en la expresión de un solo significante. Así ocurre con la combinación de los contenidos del cuantificador *más* y de los adjetivos expresados por *bueno, malo, grande, pequeño*. En lugar de las combinaciones *más bueno, más malo, más grande, más pequeño* (que se usan en algunos casos: *Es más bueno que el pan, ¡Es más malo...!),* aparecen los significantes *mejor, peor, mayor* y *menor*. Aunque por su origen latino se llaman *comparativos sintéticos,* sus funciones son las mismas de los demás adjetivos. Son, en definitiva, restos aislados de lo que en el sistema latino se llama *gradación,* la cual oponía el grado positivo, el comparativo (de superioridad) y el superlativo con significantes diferenciados para cada adjetivo. En español, salvo las cuatro unidades mencionadas, la gradación se expresa con un cuantificador antepuesto al adjetivo *(más fino, más alto)* para el comparativo, y con la sustantivación de este *(el más fino, el más alto)* para el superlativo relativo.

111.   Existen otros significantes de origen comparativo o superlativo latino que han perdido en español su sentido primitivo. Los comparativos de origen culto como *interior, exterior, inferior, superior, anterior, posterior,* o los superlativos *íntimo, extremo, ínfimo, supremo, postremo, óptimo, pésimo, máximo, mínimo, último, sumo,* se comportan en principio como cualquier adjetivo y no se usan como las construcciones comparativas o superlativas citadas. Mientras se dice *Este libro es mejor que el otro* o *Este libro es más interesante que el otro,* se debe decir *Este libro es superior al otro* (de ningún modo *superior que el otro);* y aunque se diga *el último de todos* (como *el más alto de todos),* resultaría raro *la íntima de sus amigas,* en lugar de *la más íntima de sus amigas,* o *el pésimo de los días* por *el peor de los días.*

112.   Para el superlativo absoluto o elativo, que designa la cualidad del adjetivo en su grado más alto o intenso, el cuantificador originario es *muy.* Se ha generalizado desde el siglo XVI una formación equivalente del latín, cuyo uso es hoy muy vivo. El sufijo /ísimo/, con sus variaciones de género y número, ha dado origen a las formas *tristísimo* (de *triste), larguísimo* (de *largo), sutilísimo* (de *sutil), velocísimo* (de *veloz),* etc.

El significante puede sufrir otras modificaciones a causa del modelo latino. Existen alternancias en el uso: *crudelísimo* y *cruelísimo* (de *cruel), amicísimo* y *amiguísimo* (de *amigo), nobilísimo* (de *noble), ardentísimo* (de *ardiente);* pero *corrientísimo* (de *corriente), certísimo* y *ciertísimo* (de *cierto), fortísimo* y *fuertísimo* (de *fuerte), buenísimo* y *bonísimo* (de *bueno).* Son muy cultos los superlativos que adoptan el sufijo /érrimo/: *célebre-celebérrimo, mísero-misérrimo, íntegro-integérrimo, pobre-paupérrimo,* etc.

Por otro lado, son normales en el uso los superlativos *cursilísimo* (de *cursi*, cuya *l* procederá de *cursilería*), *jovencísimo* y *burloncísimo* (de *joven* y *burlón*, cuya *c* se debe a analogía con el diminutivo *jovencito*).

113. Sin embargo, la gradación no es procedimiento exclusivo de los adjetivos. Ciertos sustantivos de contenido significativo idóneo para la cuantificación pueden adoptar adyacentes iguales, o de significante análogo, a los utilizados con los adjetivos: *más naranjas, menos agua, poco pan; tanto dinero, muchos problemas*, etc.

En conclusión, los llamados comparativos y superlativos no constituyen particularidad funcional de los adjetivos: son solo peculiaridades semánticas que ocurren al asociarse con unidades de cuantificación ciertos contenidos concordes. La relación comparativa entre varios significados (como se verá en § 405 y sigs.) se puede establecer con unidades de diverso tipo. Así, en *Es más hábil que inteligente*, la comparación afecta a dos adjetivos; en *Me gusta más el cabrito que el lechazo*, se produce entre sustantivos; en *Gasta más que gana*, se comparan dos verbos.

Adjetivación de otros elementos

114. Cuando en lugar de un adjetivo es otra unidad la que determina al sustantivo en el grupo, ella queda adjetivada. Por ejemplo, en *Portero nocturno*, el adjetivo adyacente puede ser sustituido por la construcción *de noche*, sin detrimento del sentido. El sustantivo *noche* ha quedado adjetivado por la preposición *de*. Se dan, pues, muchos grupos nominales unitarios donde el adjetivo es reemplazado por un sustantivo transpuesto a adjetivo con una preposición: *Candelabro de plata, Puerta de vidrio, Hombre en bicicleta, Mujer con gafas, Pintura al óleo, Muchacho sin vergüenza, Gambas al ajillo, Libertad bajo fianza, Escultura en bronce*. Cuando un sustantivo queda así adjetivado pierde su movilidad morfemática, y es imposible la concordancia de género y número con el núcleo del grupo (no se diría *Candelabros de platas* ni *Esculturas en bronces*; sino *Candelabros de plata, Esculturas en bronce*). Alguno de tales sustantivos adjetivados ha podido fundirse en unidad con la preposición y recupera en parte la posibilidad de concordancia: de *Muchachos sin vergüenza* se pasa a *Muchachos sinvergüenzas*. Naturalmente también puede funcionar como adjetivo el conjunto de un grupo nominal: *Candelabro de plata repujada, Hombre con barba rubia, El portero de esta noche*.

También se adjetivan (y determinan al núcleo sustantivo del grupo) secuencias más complejas, como las estructuras de relativo que se verán más tarde (§ 133). En el enunciado *Han desaparecido las causas que im-*

pedían el acuerdo, el grupo unitario *las causas que impedían el acuerdo* consta del núcleo sustantivo *las causas* determinado por el segmento restante *que impedían el acuerdo,* el cual funciona como funcionaría un sustantivo adjetivado diciendo *las causas del desacuerdo,* o como un simple adjetivo en *aquellas causas,* o *las causas pendientes.*

115. Se ha visto en § 110 que el adjetivo es susceptible de ir delimitado por una unidad cuantificadora. Otras veces la unidad que restringe la aplicación de la cualidad denotada por el adjetivo es un sustantivo convertido a función adyacente por una preposición. A veces la preposición (§ 287) está exigida por el significado del adjetivo. Así, en el grupo *Los bárbaros procedentes del norte,* el segmento que funciona como adjetivo adyacente del núcleo *Los bárbaros,* es a su vez un grupo formado por el adjetivo *procedentes* y el adyacente *del norte,* cuya preposición es obligada por el sentido del adjetivo, que de este modo queda precisado en su referencia. Otros ejemplos: *Era tonto de nacimiento, Corto de luces, Ancho de espaldas,* etc.

VIII. LOS DEMOSTRATIVOS

Características e inventario

116. Entre los adjetivos del segundo tipo, los determinativos, se encuentra el grupo de los *demostrativos*. Su rasgo común referencial consiste en «mostrar los objetos señalando su situación respecto de determinada persona» (Bello). Este criterio externo, sin rechazar su validez, no manifiesta ninguna particularidad funcional de los demostrativos. La capacidad de mostrar (mostración o *deixis)* está también presente en otros elementos de la lengua, como los sustantivos personales (cap. VI) o ciertos adverbios, que, según se verá (§ 178), indican también situación espacial o temporal. Aunque se ha insistido mucho en separar las palabras destinadas a designar «el campo mostrativo» respecto de las que aluden al llamado «campo simbólico», lo cierto es que la función lingüística que unas y otras desempeñan no es diversa. Ambos tipos de palabras poseen una significación fija y constante; lo divergente reside en la diferente realidad extralingüística que denotan. Si la denotación cumplida por un demostrativo (u otras unidades de la lengua) es ocasional, es decir, variable según cada acto de habla, su significación, o sea, su valor diferencial y su función, es siempre la misma. Las referencias englobadas en el campo mostrativo no dejan de ser también nociones conceptuales o simbólicas. Se manifiesta idéntica referencia real diciendo tanto *En las presentes circunstancias* como *En estas circunstancias;* sin embargo, nadie considera *presentes* como un demostrativo. Por consiguiente, interesa determinar qué rasgos funcionales justifican la agrupación aparte de los demostrativos.

117. En español, las palabras que se clasifican como demostrativos son:

Singular		Plural		Neutro
Masc.	Fem.	Masc.	Fem.	
este	esta	estos	estas	esto
ese	esa	esos	esas	eso
aquel	aquella	aquellos	aquellas	aquello

Salvo las tres unidades de la columna de la derecha, pueden funcionar todas como adjetivos o sustantivos (en cuyo caso pueden escribirse con tilde si se quiere evitar ambigüedad: *éste, ése, aquél,* etc.). El doble papel del demostrativo ha inducido a distinguir entre adjetivos y pronombres demostrativos. No es necesario, por cuanto todos los adjetivos, mediante la sustantivación, son capaces de cumplir en el enunciado la función de sustantivos. Así, igual que de un adjetivo calificativo como *blanco* se obtienen las sustantivaciones *el blanco, la blanca, los blancos, las blancas, lo blanco,* de un demostrativo como *este* (que es adjetivo en *Este asunto)* se producen las sustantivaciones de *Quiero este, Quiero esta, Quiero estos, Quiero estas, Quiero esto.*

Se observa que las tres formas *esto, eso, aquello* solo pueden desempeñar el papel de sustantivos: *Esto no me gusta, Dame eso, No me hables de aquello.* Los demostrativos son, pues, una subclase de los adjetivos caracterizados porque para su sustantivación no requieren la aparición del artículo, ya que en su significado contienen el valor de identificación propio del artículo. Al no combinarse con el artículo (cuyo valor llevan incluido), el comportamiento de los demostrativos se asemeja al de los sustantivos personales y los nombres propios (§ 83).

Género y número

118. Como en general todos los adjetivos, los demostrativos presentan la doble variación de número entre singular y plural, y la de género: así, como *bueno-buenos,* se hace *este-estos;* como *bueno-buena,* aparece *este-esta;* como *el bueno-la buena-lo bueno,* se encuentra *este-esta-esto* (y paralelamente, *ese-esos, aquel-aquellos,* etc.). La incorporación del rasgo identificador del artículo en el contenido del demostrativo explica la imposibilidad de manifestar con este la oposición entre clasificación e identificación de los adjetivos. La diferencia entre *La casa es nueva* y *La casa es la nueva,* o entre *El libro es mío* y *El libro es el mío* no existe con los demostrativos, que siempre hacen referencia identificadora: *La casa es esta, El libro es ese.*

Posición y combinatoria

119.   Antes (§ 108-109) se ha señalado que los adjetivos determinativos, y entre ellos los demostrativos, carecían de permutación libre respecto de otro adyacente que acompañe también al sustantivo en un grupo unitario. Es correcto decir *Estas carreteras polvorientas* y *Estas polvorientas carreteras,* pero no *Polvorientas estas carreteras.*

Cuando en grupos de esta suerte aparece junto al demostrativo otro adjetivo determinativo, este último no puede preceder nunca inmediatamente al demostrativo. Se puede decir, por ejemplo, *Este mi libro* (uso algo arcaizante) o *Este libro mío,* pero sería incorrecto *Mi este libro.* De igual modo son posibles secuencias como *Estas cuatro ideas, Aquellas pocas palabras,* pero no *Cuatro estas ideas* ni *Pocas aquellas palabras.* Algunos determinativos (§ 158) son incompatibles con el demostrativo en grupos unitarios: no se dice *Estos algunos días, Ninguna esa persona.*

Si con un mismo sustantivo aparecen tres diversos determinativos, existe cierta jerarquía en el orden de los adyacentes. Por ejemplo, en *Aquellas sus dos obsesiones,* el demostrativo delimita el conjunto *sus dos obsesiones,* donde a su vez *sus* abarca a *dos obsesiones* en que *dos* cuantifica al sustantivo *obsesiones.* La relación sería idéntica diciendo *Sus dos obsesiones aquellas* o *Aquellas dos obsesiones suyas.*

En común también con los demás determinativos, el demostrativo no acepta como adyacente un cuantificador. Frente a la posibilidad de los calificativos *(muy bueno, más nuevo,* etc.), no existe *muy este, más esa,* etc. (como tampoco *muy alguno,* etc.).

120.   El demostrativo se antepone, generalmente, al grupo a que pertenece. Sin embargo, cuando aparece pospuesto al sustantivo no posee función identificadora y para recuperarla exige la presencia explícita del artículo (según ocurre con algún otro determinativo, § 127). Concurren las construcciones *Este chico* y *El chico este; Esa creencia* y *La creencia esa; Aquellos días* y *Los días aquellos,* y también grupos unitarios más complejos: *Estas polvorientas carreteras* y *Las polvorientas carreteras estas; Esas cuatro ideas* y *Las cuatro ideas esas; Aquellas pocas palabras* y *Las pocas palabras aquellas.*

La posposición del demostrativo agrega al contenido global del grupo un valor enfático o afectivo, que no siempre es despectivo o irónico como en *¿Qué se creerá el niño ese?, Si las zorras estas dicen que no ies que no!* (**39**.169), *El pájaro perdiz ese de la retama es mío y muy mío* (**39**.101), *La pierna esta no me tiene, está como tonta* (**39**.124); en otros casos, efectúa un realce emotivo: *El olmo aquel del Duero* (**67**.CXVI).

Demostrativos neutros

121. Como los demostrativos neutros solo aparecen en las funciones propias del sustantivo, cualquier término que se les agregue en grupo unitario será adyacente suyo. En *Esto blanco no me gusta,* el adjetivo *blanco* es adyacente que delimita la extensión del demostrativo *esto;* de igual manera, en *Todo eso le molestó, Le bastaba aquello poco, Esto de madrugar es una lata, Eso que cuentan es mentira, Está preocupado por aquello de que hablaron,* los demostrativos *esto, eso, aquello* están delimitados por los términos contiguos (adjetivos u otras construcciones equivalentes). La función sustantiva del demostrativo (apoyada por su capacidad de aparecer aislados cumpliendo el mismo papel: *Eso le molestó, Le bastaba aquello, Esto es una lata,* etc.) indica su diferencia respecto del artículo en construcciones aparentemente análogas, ya que el artículo carece de esa autonomía y de acento: *Eso blanco* es estructura diferente de *Lo blanco,* y distintas son sus respectivas referencias; igualmente en *Eso que piensas* y *Lo que piensas, Aquellas que vinieron* y *Las que vinieron.*

En relación con el último ejemplo, un demostrativo masculino o femenino, si forma grupo con un adjetivo en ausencia de un sustantivo, será también el que desempeñe la función sustantiva: *Me conformo con esos pocos, Ese blanco no me gusta, ¿Te ha devuelto aquella que le dejaste?* En esos ejemplos, *pocos, blanco, que le dejaste* delimitan el alcance referencial de los demostrativos sustantivos *estos, ese, aquella,* que por sí solos podrían cumplir la función del grupo *(Me conformo con estos, Ese no me gusta, ¿Te ha devuelto aquella?).* Claro es que si el adjetivo está sustantivado, puede ser adyacente el demostrativo (por ejemplo, en *Ese blanco no me gusta,* donde *blanco* asume el papel del sustantivo elidido, *sombrero),* o bien es plenamente sustantivo *(Ese blanco entre las líneas).*

Función deíctica o mostrativa

122. El signo léxico de los demostrativos hace una referencia deíctica o mostrativa. La deixis consiste en indicar «la situación de lo referido en el espacio o en el tiempo, bien reales, contextuales o mentales». Los rasgos de significado que distinguen entre sí a los tres demostrativos (con sus variantes de género y número) están en relación con las tres personas gramaticales (§ 84), es decir, hacen referencia a cada uno de los elementos presentes en cualquier acto de habla (hablante, oyente y lo demás).

Cada demostrativo contiene un elemento significativo de persona, como los sustantivos personales. Pero así como en estos se efectúa la deixis directamente a una de las tres personas (primera, segunda o tercera), el demostrativo se refiere siempre a tercera persona, aunque distingue y señala qué relación mantiene lo mostrado con una de las personas del coloquio. El demostrativo *este* se utiliza para lo que el hablante incluye en el dominio de la primera persona; *ese,* en el de la segunda, y *aquel,* en el de la tercera: *Me gusta esta casa en que vivís, Prefiero que no digan esas cosas, Me aburrió aquella novela.*

La ocultación por modestia de la persona *yo* induce a emplear fórmulas gramaticales de tercera: *Este cura no lo cree así, Lo asegura este que está aquí,* donde las expresiones *este cura* y *este que está aquí* siguen siendo de tercera persona, pese a referirse al hablante (igual que *usted* es tercera persona aun aludiendo a la segunda persona u oyente).

123.   A veces, por influjo de la situación real de lo que se comunica, la relación de los demostrativos es distinta a lo señalado. El demostrativo *este* puede abarcar el círculo común de los interlocutores (la primera y la segunda personas), mientras *ese* y *aquel* aluden a grados de menor o mayor distancia respecto de aquellos. Refiriéndose a una muchacha presente entre los interlocutores, uno dice: *Esta pobre no sabe nada de nada* (**39**.57), mientras aludiendo a la misma y segregándola de la situación de diálogo, otro hablante comenta: *¿Te has fijado en esa muchacha?* (**39**.49). En una cacería, a propósito de una perdiz abatida, afirma uno: *Esta dirección llevaba, luego estará en aquel chaparro* (**39**.98).

Cuando las referencias del demostrativo recaen sobre el tiempo (la sucesión de los hechos reales o la secuencia lineal del decurso lingüístico), como ocurre al evocar algo o al apuntar a lo mentado antes o después, puede alterarse la relación de los demostrativos, puesto que lo cercano (en el recuerdo o en el texto) se opone a lo alejado mediante las unidades extremas *este* y *aquel,* quedando *ese* como término indiferente o neutralizado. En el texto siguiente, alguien comenta rechazando lo dicho por otro: *Eso no, esto de la caza es una lotería* (**39**.56); aludiendo a algo inmediatamente ocurrido, se exclama: *¡Esto sí que no te lo perdono!* (**39**.58); *Eso hay que verlo* (pero al comprobarlo) *Esto marcha* (**39**.94); *El pájaro perdiz aquel no volaba a menos de noventa metros* (**39**.96); *Esta es otra historia, los pulgares de las empleiteras son así* (**39**.106).

IX. LOS POSESIVOS

Posesivos átonos adjetivos

124. Entre los determinativos (o adjetivos del segundo tipo) se reconocen con el término de *posesivos* unas cuantas unidades de comportamiento funcional vario. Todas cumplen al menos una de las dos funciones propias de los adjetivos: la de adyacentes de un sustantivo (u otro elemento sustantivado) en grupo nominal unitario, y la de atributo de un verbo (§ 359). Se distinguen entre ellos con rasgos específicos tres series de posesivos.

La primera reúne unidades dependientes, que exigen la presencia de un sustantivo (o segmento equivalente) al cual preceden. Son los posesivos *mi, tu, su, mis, tus, sus,* que forman grupo en los siguientes ejemplos: *Mi primo, Tu coche, Su casa, Mis abuelos, Tus preferencias, Sus ocupaciones.* Desempeñan exclusivamente la función de adyacente del sustantivo. En el español de hoy (aunque no así en épocas precedentes y en algunos dialectos), su significante es incompatible con la aparición del artículo *(el mi primo,* etc.), pero su contenido incluye el valor identificador de este (según sucede también en los demostrativos, § 117). En consecuencia, estos posesivos no valen para distinguir entre clasificación e identificación: la oposición entre *Viejas actitudes* y *Las viejas actitudes* desaparece en *Mis viejas actitudes,* que hace por fuerza una mención identificadora. Esta serie de posesivos comporta el rasgo identificador del artículo y, de otra parte, carece de acento en el español general (aunque en las zonas centronorteñas peninsulares se profiera con acento tónico).

Posesivos tónicos

125. La segunda serie de posesivos reúne unidades autónomas que por sí mismas cumplen la función de atributo de un núcleo verbal, pero también desempeñan el papel de adyacentes del sustantivo pospuestas a este.

Se trata de *mío, mía, míos, mías, tuyo, tuya, tuyos, tuyas, suyo, suya, suyos, suyas*. En contra del comportamiento de los posesivos átonos de la primera serie, los de la segunda son tónicos y carecen de valor identificador alguno. Por tanto, el grupo nominal en que aparecen recupera la posibilidad de ir o no precedido del artículo: *Esa fue propuesta mía / Esa fue la propuesta mía; Este coche es mío / Este coche es el mío; Esas son ideas tuyas / Así son las ideas tuyas; Tales proyectos no parecen suyos / Tales proyectos no parecen los suyos; Esta carta no parece suya / Esta carta no parece la suya*. Puede observarse que las construcciones con artículo resultan equiparables a las de los posesivos de la serie primera, salvado, claro es, el valor enfático que aporta la posposición (tal como sucede con la de los demostrativos): *la propuesta mía = mi propuesta, las ideas tuyas = tus ideas*.

126. En la tercera serie de posesivos se agrupan los que sin modificaciones cumplen las dos funciones propias de los adjetivos: *nuestro, nuestra, nuestros, nuestras, vuestro, vuestra, vuestros, vuestras*. Como adyacente antepuesto al sustantivo poseen el valor identificador de los de la serie primera: *Nuestro primo, Vuestra casa, Nuestras preocupaciones, Vuestros abuelos* (a semejanza de *Mi primo, Tu casa, Mis preocupaciones, Tus abuelos*).

En cambio, si el posesivo se pospone al sustantivo, reaparece la posibilidad de variar entre mención clasificadora (sin artículo) y mención identificadora (con artículo): *No es amigo nuestro / No es el amigo nuestro (=Nuestro amigo); Eso serán creencias vuestras / Así serán las creencias vuestras (=Vuestras creencias)*.

Lo mismo se observa cuando el posesivo está sustantivado: *Este cuadro es nuestro / Es el nuestro; Las cartas parecen nuestras / Parecen las nuestras; La casa es vuestra / Es la vuestra; Los libros eran vuestros / Eran los vuestros*. El comportamiento de estos posesivos no difiere del general de los adjetivos *(Es verde / Es el verde; Es grande / Es el grande)*.

Posición y combinatoria

127. Como otros determinativos, los posesivos sufren restricciones en su libertad de posición respecto de otros adyacentes en el grupo unitario de que forman parte. Los de las series primera y tercera preceden siempre a los demás elementos del grupo: *Mis nuevos libros* o *Mis libros nuevos* (pero no *Nuevos mis libros); Tu espontánea ayuda* o *Tu ayuda espontánea* (pero no *Espontánea tu ayuda); Nuestro segundo equipo* o *Nuestro equipo segundo* (pero no *Segundo nuestro equipo); Vuestras amables palabras* o *Vuestras palabras amables* (pero no *Amables vuestras palabras)*.

Cuando los posesivos de la segunda y la tercera series (los tónicos) se posponen al sustantivo, la libertad de situación del otro adyacente es mayor, esté o no presente el artículo: *(Los) nuevos libros míos, (Los) libros nuevos míos, (Los) libros míos nuevos; (El) segundo equipo nuestro, (El) equipo segundo nuestro; (Las) amables palabras vuestras, (Las) palabras amables vuestras, (Las) palabras vuestras amables.*

Cuando en semejantes construcciones el posesivo coincide con otro determinativo, se pospone al sustantivo en los casos de mención no identificadora: *Un libro mío, Algunas aclaraciones tuyas, Muchos escritos vuestros* (diferente de *Vuestros muchos escritos* o *Los muchos escritos vuestros); Dos casas suyas* (con referencia distinta de *Sus dos casas* o *Las dos casas suyas).*

Hay excepciones a este ordenamiento: el determinativo *todo* puede preceder en el grupo: *Todos mis libros, Toda su fortuna* (y con menor frecuencia de uso también *Mis libros todos, Su fortuna toda).* En estilo arcaizante puede anteponerse al posesivo un demostrativo y algún cuantificador: *Esta mi intención* (pero más corriente *Esta intención mía), Un su amigo* (pero más natural *Un amigo suyo).*

Género y número

128. Dejando aparte el artículo (cuyo contenido, según se ha visto, está incluido en los posesivos átonos de la primera serie), las unidades posesivas, como el adjetivo en general, se combinan con los morfemas de número y de género. Se sabe que estos accidentes son, en principio, simples indicios de concordancia, impuestos por los que afecten al sustantivo con el que estén en relación.

Todos los posesivos enumerados poseen variación de número entre singular y plural: *mi-mis, tu-tus; mío-míos, mía-mías; nuestro-nuestros,* etc. En la primera serie no existe la variación de género: *mi, tu, su;* pero las otras dos series tónicas distinguen masculino y femenino: *mío-mía, tuyos-tuyas, nuestro-nuestra,* etc.; además, en los casos de sustantivación, adquieren la posibilidad del valor neutro mediante la adopción del significante /lo/ del artículo: *El mío-la mía-lo mío, El tuyo-la tuya-lo tuyo, El suyo-la suya-lo suyo, El nuestro-la nuestra-lo nuestro, El vuestro-la vuestra-lo vuestro.*

Algunas veces, el posesivo recibe modificaciones cuantificadoras según la llamada gradación (§ 110). Pero en tales casos, la referencia a la realidad hecha por el posesivo es distinta a la habitual: *Es más mío que tuyo, Era un chico bastante suyo, Eres muy tuyo de hacer lo que quieras, ¡Bien vuestras que son esas ideas!*

La «posesión»

129. En cuanto al significado común que contienen los posesivos, no hay inconveniente en seguir afirmando que estas unidades indican *posesión,* siempre que se entienda esta noción como mera relación establecida entre el objeto aludido por el sustantivo y una de las personas gramaticales. Por ejemplo, *mi libro* hace referencia a una realidad en que el objeto denotado por el sustantivo (esto es, «libro») tiene conexión con el ente a que se refiere el posesivo *mi* (es decir, la primera persona). Hay, en efecto, muchos modos reales de pertenencia o posesión: *su libro* pertenece, en la realidad, al que lo compra, pero también al que lo ha escrito; *mi sombrero* expresa una relación del objeto mentado con la primera persona no idéntica a la sugerida con *mi cabeza*, etc. Se trata de variedades de la realidad extralingüística; por su forma gramatical no se distinguen y son simples variantes de la relación única, establecida entre dos objetos, que llamamos posesión.

Posesivos y personales

130. Junto con este significado general, se asocia en los posesivos otro contenido que se refiere a cada una de las tres personas gramaticales (la primera, la segunda y la tercera, con sus correspondientes plurales). La íntima relación de los posesivos con los sustantivos personales (§ 84 y sigs.) se revela, sin más, en sus mismos significantes, que ofrecen evidente comunidad fonemática: *mío-mí, tuyo-tú, suyo-sí, nuestro-nosotros, vuestro-vosotros.*

Por ello, se ha pensado que los posesivos no son más que unidades derivadas de los sustantivos personales y destinadas a la función adjetiva: *yo-de mí-mío.* Apoyo para esta interpretación quiere verse en el hecho de que los posesivos de tercera persona no distinguen si el poseedor es único o múltiple (al contrario de la separación que ofrecen la primera y la segunda personas). Así, mientras el número de poseedores queda diferenciado mediante los opuestos *mío* y *nuestro, tuyo* y *vuestro,* resultan ambiguos en su referencia los posesivos de tercera persona: *su, sus, suyo, suya, suyos, suyas* pueden aludir a un poseedor único o múltiple, y, además, a un interlocutor (es decir, a una segunda persona) en los usos de tratamiento cortés. La posible ambigüedad referencial se evita especificando un término adyacente que contenga el oportuno sustantivo personal, e incluso sustituyendo por este el posesivo. Por ejemplo, *Su libro* puede sustituirse según la situación por *Su libro de él* (o *El libro de él), Su libro de ella* (o *El libro de ella), Su libro de ellos* (o *El libro de ellos), Su libro de ellas* (o *El libro de ellas), Su libro de usted* (o *El libro de usted), Su libro de ustedes* (o *El libro de ustedes).*

131. La equivalencia referencial del posesivo con el sustantivo personal precedido de la preposición *de* explica la introducción del posesivo en ciertos grupos de función adverbial: en lugar de *alrededor de mí* aparece *alrededor mío; en contra de ti* pasa a *en contra tuya; en torno de vosotros* se convierte en *en torno vuestro; delante de él* se hace *delante suyo* e, incluso, *en su delante.* Aunque alguno de estos usos no sea recomendable, es frecuente tanto en Hispanoamérica como en España: *Iban en conversación delante nuestro* (**95**.1598); (era sobrenatural que un hombre como él) *se turbara así en su delante* (**100**.230); *Es la sustancia material [...] que circula dentro nuestro* (**95**.1507); *Sentados ya alrededor suyo, de nuevo me tendió la mano* (**7**.409); *De detrás suyo surgen muchas figuras disparando* (**100**.444); *Tiene en contra suya aquello por negar lo cual es él un héroe* (**80**.395).

132. Son figurados los usos en que el posesivo desempeña un papel afectivo. Aparece cuando se sustantiva con el artículo neutro: *En aquella pelea recibieron lo suyo, Eso te habrá costado sudar lo tuyo, En este mundo loco, él ha tenido que pasar lo suyo* (**7**.471). En función adyacente manifiesta matices expresivos varios: *Siempre tomaba su copita y se fumaba un purito.*

En sentido inverso, hay que recordar la eliminación del posesivo cuando la relación del objeto denotado por el sustantivo respecto a su poseedor se desprende fácilmente de la circunstancia: *Se puso el abrigo, Le rompió la cara, Te has puesto las gafas nuevas,* etc.

X. RELATIVOS E INTERROGATIVOS

Inventario

133. Las palabras conocidas como *pronombres relativos,* aunque difieran entre sí en ciertos rasgos, poseen en común un comportamiento funcional que justifica su agrupación: son capaces de transponer o degradar (al menos bajo determinadas condiciones) los enunciados llamados oraciones (§ 311 y 395) a la función de adyacente dentro de un grupo nominal unitario, tal como actúa el adjetivo respecto del sustantivo. En este papel de transpositores o subordinadores, los relativos coinciden con las preposiciones y las conjunciones (caps. xvi y xvii).

El elenco de los relativos es limitado: *que, el cual* (y sus variaciones *la cual, los cuales, las cuales, lo cual), quien, cuyo, como, donde, cuando y cuanto.* Su función coincide con la mentada capacidad de transponer oraciones a oficios de rango inferior. En estos dos ejemplos:

> El lunes *que viene* le pagaré (**16**.9).
> Llueve sobre la tierra *que es del mismo color del cielo* (**29**.9),

el relativo *que* convierte las oraciones *viene* y *es del mismo color del cielo* en segmentos que funcionan como un adjetivo (igual que al decir: *El lunes venidero le pagaré o Llueve sobre la tierra oscura).*

134. Todos los relativos son dependientes, pues no pueden constituir sin otras palabras un enunciado. Son siempre átonos, salvo *el cual* (y sus variaciones). El significante de los relativos coincide fonemáticamente con el de las unidades *interrogativas* (§ 147), pero se distinguen porque estas adoptan gráficamente una tilde, indicadora de su carácter tónico y autónomo. Por otra parte, el relativo *que* concuerda en su significante con la conjunción *que* (§ 297).

Con independencia del papel transpositor de los relativos, estos cumplen su propio oficio en la oración transpuesta. En los dos ejemplos de arriba, *que* funciona como sujeto explícito de los núcleos verbales *viene* y *es*. El contenido propio del relativo se reduce a hacer referencia a otros contenidos manifestados previamente en el enunciado por otro elemento al que se llama *antecedente*. En esos ejemplos, el relativo *que* alude a los sustantivos antecedentes *el lunes* y *la tierra*. Pero si el antecedente se refiere a algo consabido en la situación de habla, se omite, con lo cual la oración en que aparece el relativo queda sustantivada (§ 399):

> *Quien bien te quiere* te hará llorar.
> Incluso hubo *quien me ponderó admirativamente* (**7.**425).
> *Quien haya leído lo que [...] dejé escrito [...]*, sabe el afecto que nos unía (**7.**433).

Quien

135. Dentro de la oración de que forman parte, los relativos asumen funciones propias de los sustantivos, de los adjetivos y de los adverbios. Hay relativos capaces de desempeñar cualquiera de los tres papeles, y otros restringidos a actuar en uno o dos de ellos.

Quien funciona solo como sustantivo, tenga o no antecedente. Solo varía en número: singular *quien,* plural *quienes.* Cuando lleva antecedente, este denota persona o cosa personificada:

> Tal se le antojaban a <u>don Saturno</u>, *quien* los había visto otras veces (**1.**31).
> Se creía [...] comprender [...] mejor que <u>las señoras</u>, *quienes* [...] tenían alguna disculpa (**1.**28).
> <u>El fuego</u>, contra *quien* no valdrá oro ni ruego (**65.**IV,74-75).

En ausencia de antecedente, la referencia de este relativo no varía, aunque sea indeterminada:

> Y *quien* anda con Frígilis se vuelve loco (**1.**390).
> Tal vez ya busca en el mundo *quien* la comprenda (**1.**407).
> No faltaba *quien* saliera sin despedirse (**1.**33).
> Ellos serán también *quienes* determinen las penas (**72.**179).

Del uso originario de *quien* como plural persisten ejemplos en escritores más o menos conservadores:

No os podéis quejar de mí, vosotros a *quien* maté (**106**.142).
Con ella y con él es con *quien* queremos entendernos (**1**.479).
Por eso pensó en sus tías, a *quien* no conocía (**1**.88).

Casos en que hoy se usaría normalmente el plural *quienes*.

Como sustantivo que es, *quien* desempeña dentro de la oración transpuesta los posibles papeles de esa categoría (§ 67):

Sujeto: Ni siquiera hoy [...] hay *quien se atreva a llamarse burgués* (**68**.l.81).
Objeto directo: Respeto mucho la memoria de Flórez Estrada, *a quien he conocido* (**1**.116).
Objeto indirecto: Mi hermana [...] *a quien le gusta mucho tocar el piano* (**16**.52).
Objeto preposicional: El hermano [...], *con quien las tías llegaron a encariñarse* (**16**.26).
Su esposa, *de quien piadosamente me abstendré de hablar* (**7**.511).
Circunstancial: Algunas veces discutía con Frígilis, *en quien reconocía la madera de un librepensador* (**1**.415).

Cuyo

136. *Cuyo* desempeña el oficio exclusivo de adjetivo y concuerda con el sustantivo de que es adyacente y al cual precede. Posee variación de género y número: singular masculino *cuyo,* femenino *cuya;* plural masculino *cuyos,* femenino *cuyas.* A su valor de relativo agrega el contenido de pertenencia propia de los posesivos. El poseedor es la persona o cosa a que se refiere el sustantivo antecedente. Obsérvese que *cuyo* concuerda con su núcleo sustantivo, pero no con el antecedente:

La patrona, *cuyo interés* mayor era conservar el huésped, comunicó la decisión a su criada (**16**.56).
Entre cuadro y cuadro ostentaban su dorado viejo algunas cornucopias *cuya luna* reflejaba apenas los objetos (**1**.23).
Emprendían solemnemente el ascenso por las escaleras *a cuyo final* estaba la calle (**72**.67).
Hombre delgado [...], *cuyos ojos* tenían rebrillos fugaces de cuchillo (**7**.319).

El relativo *cuyo* hoy es solo propio de la lengua cultivada y escrita. Incluso en esta, se disocian a veces los componentes de *cuyo* en dos unidades: la preposición *de,* que alude a la relación de pertenencia, y un relativo que apunta al antecedente:

> La cabeza que pende hacia delante y *de la que el negro pelo* cubre parte de la frente (**72**.58) (en lugar de *cuyo negro pelo).*
>
> No bastaba con un técnico *del que la vida personal* fuera imprevisible (**72**.356) (en vez de *cuya vida personal).*

Es vulgar la sustitución de *cuyo* por *que* y un posesivo: *Vino el muchacho que su padre es director del banco* (por *cuyo padre).* También es incorrecto el uso de *cuyo* sin valor posesivo: *Varios balcones dejaban entrar en el salón el aroma salobre del mar, cuyos balcones se adornaban con macetas vistosas,* en vez de *los cuales.*

Adverbios relativos: *donde, cuando, como*

137. Los relativos *donde, cuando* y *como* cumplen la función de adyacente circunstancial dentro de la oración que transponen. En su contenido acumulan la referencia léxica a las nociones de lugar, tiempo y modo, respectivamente, denotadas por su antecedente cuando existe. Por ello, a veces estos adverbios relativos son sustituibles por un relativo general provisto de una preposición idónea. En los ejemplos que siguen podrían cambiarse los adverbios relativos por las construcciones preposicionales que se indican entre paréntesis:

> Desconfiad de un *pueblo donde* no se blasfeme (**68**.1.77) *(=en que).*
>
> Ese fue el *barro santo de donde* sacó Cervantes la creación literaria más original de todos los tiempos (**68**.1.126) *(=del cual).*
>
> Soñó con un *establecimiento* [...] moderno, *a donde* iban en procesión todos los jóvenes (**16**.11) *(=al cual).*
>
> Y *algunas veces, cuando* usted tenga muchas cosas que decir, me avisa con tiempo (**1**.358) *(=en que; que).*
>
> ¿Te acuerdas del *año pasado cuando* fuimos [...]? (**72**.387) *(=en que).*
>
> En esta tesitura me encontraba *esta mañana cuando* llegó su carta (**36**.58) *(=en que).*
>
> Analizaría también *la manera* [...] *como* su padre [...] permitía [...] que ella le estirara el pelo de la nuca (**72**.428) *(=con que).*
>
> Ser mala no será sino *la forma como* los otros apreciarán la diferencia (**72**.432) *(=en que).*

Reflexionaba [...] sobre *el modo <u>como</u>* había conducido yo mi existencia (**7**.463) *(= con que)*.

138.   De las tres unidades relativas adverbiales, es *donde* la que presenta aplicación más amplia, pues puede llevar antecedente de significado léxico variado. Los otros dos relativos solo adoptan antecedentes de contenido afín a las nociones de tiempo y modo, pero siendo redundantes, en general se omiten, con lo cual la oración transpuesta queda sustantivada con oficio de adyacente circunstancial (§ 425, 426, 427). En estos ejemplos, el adverbio relativo, desprovisto de antecedente, sigue funcionando como adyacente circunstancial dentro de la oración degradada o transpuesta:

La verdad del hombre [...] empieza *donde* acaba su propia tontería (**68**.1.77).
Salía la criada, *cuando* se iluminaron los balcones (**16**.10).
Fue así *como* emprendieron la travesía de la sierra (**50**.27).

139.   La supresión del verbo en las construcciones con adverbios relativos puede dar origen a un uso de estos análogo al de las preposiciones. Es sobre todo frecuente con *como,* que algunos gramáticos han considerado preposición. En estos ejemplos cabe pensar en la elisión del verbo:

Y todos iban *donde* los demás (**40**.59) *(= donde iban los demás).*
Despreciaba las buenas proporciones y *cuando* chica comía tierra (**1**.326) *(= cuando era chica).*
Cuando niño el muchachito pasaba diariamente al piso (**7**.493) *(= cuando era niño).*
Doña Violante [...] no era *como* Calipso, inmortal (**16**.37) *(= como era).*
Si la historia es, *como* el tiempo, irreversible, no hay manera de restaurar lo pasado (**68**.1.89) *(= como es el tiempo).*

Pero no siempre es fácil suplir un verbo supuestamente elidido; en los siguientes casos el restablecimiento del verbo sería arbitrario:

Lo mandaron *donde* mí (**100**.187) *(= a mi casa).*
Se sintió definitivamente más cómodo *donde* Petra Cotes (**50**.217).
Advirtiéndole que iban *donde* su cuñada para que no les aguardase (**35**.94-5).
Una tarde nos contó *cuando* la primera república (**51**.1.187).
Hizo dinero con la maquila en la posguerra, *cuando* los años de hambre (**36**.22).

Como cada año por estas fechas, viajaba a Cádiz (**36**.150).

Iba a proponeros, *como* ejercicio de clase, un «Himno al trabajo» (**68**.1.91).

Cuanto

140. El relativo *cuanto* varía en género y en número conforme a los que ostente el sustantivo a que determina, como suelen hacer los adjetivos: singular masculino *cuanto,* femenino *cuanta;* plural masculino *cuantos,* femenino *cuantas.* Puede también inmovilizarse en la forma *cuanto* para desempeñar funciones adverbiales, y además sustantivarse sin necesidad de adoptar el artículo. Alguna vez lo precede un correlato de la clase de los cuantificadores *(todo* o *tanto,* con sus variaciones):

> *Tantas* eran las cuartillas rotas *cuantas* eran las escritas (**95**.501).
>
> Que nadie entre en nuestra escuela que no se atreva a despreciar en sí mismo *tantas* cosas *cuantas* desprecia en su vecino (**68**.1.272).
>
> *Todo cuanto* se mueve es inmutable (**68**.1.181).

La ausencia normal de antecedente conduce a que la oración transpuesta por *cuanto* funcione como un sustantivo. A su vez, dentro de esta oración, *cuanto* (o el grupo unitario en que se incluye) desempeña asimismo los oficios propios del sustantivo. Véase en estos ejemplos:

> Un estúpido que merecía *cuanto mal le viniera encima* (**1**.592).
>
> Lo corriente en el hombre es la tendencia a creer verdadero *cuanto le reporta alguna utilidad* (**68**.1.77).
>
> *Cuantos jóvenes elegantes [...] se atrevieron [...],* recibieron las fatales calabazas (**1**.252).
>
> Despreciaba todos los elogios que a su hermosura tributaban [...] *cuantos la veían* (**1**.94).
>
> Fue hija y hermana [...] *de cuantas juntas piadosas lo solicitaron* (**1**.407).
>
> *Cuanto hay de dinámico en el barroco* empieza en el Buonarotti (**68**.1.135).
>
> No respeta nada, destroza *cuanto toca* (**40**.58).
>
> Influyó *cuanto pudo* en aquel espíritu (**1**.451).

Como cuantificador de generalización el significado de *cuanto* permite que en su lugar aparezca *todo* combinado con otro relativo. En los ejemplos precedentes podría haberse dicho: *todo el mal que le viniera encima; todo lo que le reportara; todos los jóvenes que se atrevieron; todos los que la veían; todas las juntas piadosas que lo solicitaron; todo lo que hay de dinámico; todo lo que toca; todo lo que pudo.*

Que

141. El relativo invariable *que* abarca las posibilidades funcionales de sustantivos, adjetivos y adverbios. Lo más frecuente es que lleve por antecedente un sustantivo y que, por tanto, sea este oficio el que desempeñe en la oración que transpone. Nótense las diversas funciones sustantivas que cumple el relativo en los siguientes ejemplos:

Sujeto: El autor no llegó a conocer los inquilinos *que habitaban los pisos altos* (**16**.17).

El viento sur [...] empujaba las nubes [...] *que se rasgaban al correr hacia el norte* (**1**.7).

Objeto directo: ¡Lástima de la comida *que te dan!* (**16**.55).

Tampoco puede cantar [...] alegrías *que no siente el trabajador* (**68**.1.91).

Objeto indirecto: No vio terminada la obra *a que consagró tanto esfuerzo.*

Objeto preposicional: Los dioses *en que no se cree* (**68**.1.201).

El diálogo [...] *de que tanto usa y abusa el teatro moderno* (**68**.1.178).

La dura ley *a que Dios somete al hombre después del pecado* (**68**.1.90).

Adyacente circunstancial: Un mal ensayo de comedia *en que nadie sabe su papel* (**66**.1.92).

El cuaderno con pastas de hule *en que se escriben las cuentas* (**54**.127).

La ideología *sobre que se apoyaron las independencias* (**7**.336).

Adyacente nominal: Debió de sostenerlos [...] la conciencia airada frente a la injusticia *de que eran víctimas* (**7**.241).

La sociedad burguesa *de que formamos parte* [...] tiende a dignificar el trabajo (**68**.1.90).

Prestadme toda la atención *de que seáis capaces* (**68**.1.84).

142. Cuando el antecedente hace una referencia al tiempo (o más raramente al modo), el *que* en función circunstancial va precedido de la oportuna preposición. Se observa en los ejemplos siguientes:

Hoy era el día [...] *en que iba a ver con claridad lo que quería decir* (**54**.140).

La misma noche *en que su autoridad fue reconocida* [...] despertó sobresaltado (**50**.146).

Esta angustia [...] había empezado [...] en el momento *en que fue fran-queada la primera etapa* (**72**.436).
La primera vez *en que la vio con la venda* (**50**.150).
No se alarmó [...] sino por la forma *en que se anticipó* (**50**.146).

Pero con gran frecuencia se omite la preposición en estos casos de antecedente temporal o modal:

Te cree infalible; pero el día *que* le hagan ver tus escándalos [...] (**1**.216).
En los días *que* me escamotearon la dirección del periódico, sentí un cierto repeluzno (**36**.19).
Incluso las noches *que* no cenaba sufría pesadillas (**36**.31).
Una noche *que* hacía claro, se me ocurrió mirar al cielo (**94**.34).
Durante los años *que* fui profesor [...] mantuve una clase para estudiantes (**7**.473).
La primera vez *que* sirvió la mesa [...] presidía [...] la patrona (**16**.32).
Un momento *que* cesó el rasgueo, la Luqui murmuró (**83**.197).
Hay un momento *que* se convierte en aeroplano (**54**.144).
Este régimen de vida duró [...] hasta 1936 *que* se produjo el Alzamiento (**36**.39).
El lobo caza a la espera; de la forma *que* va el ganado, así obra él (**40**.90).
Me ahorro unas pesetillas, nada despreciables al precio *que* se están poniendo las boticas (**40**.15).

143. El antecedente de *que* puede ser un adjetivo. En la oración que transpone, el relativo funciona como atributo:

Quizá esta irritación [...] dependía de lo amontonadas *que* vivían (**16**.36).
[Las viejas] solo cubrían una piedra del Acueducto [...], viéndose en la comparación lo pequeño *que* era el gorgojo humano (**54**.141).
Era conmovedor el ver lo encantados *que* estaban el uno con el otro (**7**.238).
El hombre [...] necesita [...] alguna verdad absoluta, por modesto *que* sea lo absoluto de esta verdad (**68**.1.164).
Tiene agallas [...] para lo joven *que* es (**46**.217).
Por santo *que* fuera el esposo adorado, [...] no podría fingir continua-mente (**2**.312).
Al verlo de pie recordó [...] lo alto *que* era (**78**.61).

Se trata de construcciones enfáticas que realzan el valor del adjetivo. Deben agregarse los casos de antecedente sustantivo, como *Mi tío, funcio-*

nario colonial que fue en Guinea (**7**.425). Suprimiendo la ponderación, aparecería una construcción normal de relativo (§ 397): *Mi tío, que fue funcionario colonial en Guinea.* Y de igual modo en los ejemplos de arriba: *dependía de que vivían amontonadas; viéndose que el gorgojo humano era pequeño,* etc., desaparece el relativo.

144. El relativo *que* puede tener un antecedente adverbial, considerando como tales las expresiones temporales o modales que se han examinado en § 142. La función de *que* en la oración que transpone es la de adyacente circunstancial:

> Hoy, *que* ya no le tenemos entre nosotros (**48**.7).
> Incluso ahora *que* estoy en el umbral de eso que llaman tercera edad (**36**.19).
> Me informaron de lo bien *que* se portaba.

De estos usos procede la construcción, frecuente en América, que utiliza *que* sin preposición o en lugar de un adverbio relativo en las estructuras ecuacionales:

> Fue el día del accidente [...] *que* el Capitán [...] empezaría a repartir quinina (**90**.424) *(=cuando el Capitán).*
> Fue en esa época *que* le dio a Petra Cotes por rifar conejos (**50**.167) *(=cuando).*
> Fue por eso *que* decidió apartarla del mundo (**50**.172) *(=por lo que).*
> Es por eso *que* cuesta tanto trabajo encontrarlas (**50**.213) *(=por lo que).*

Por último, *que* puede llevar como antecedente una oración completa. Así, en estos dos ejemplos:

> Tuvo habilidad para llevar la disputa al terreno filosófico y de allí al teológico, *que* fue como echarle agua al fuego (**1**.356).
> Mas no todo es folklore en la blasfemia, *que* decía mi maestro (**68**.1.78),

el antecedente de *que* no es ninguna palabra concreta, sino el conjunto de lo significado en la secuencia precedente. Este tipo de oraciones degradadas son más frecuentes con otros relativos más explícitos de su valor neutro (véase más adelante, *lo que, lo cual*).

El cual

145. El relativo *el cual* posee variación de número y, gracias al artículo explícito, de género: singular masculino *el cual,* femenino *la cual;* plural masculino *los cuales,* femeninos *las cuales,* y neutro *lo cual.* En general, funciona como sustantivo y suele emplearse cuando pudiera resultar equívoca la referencia de otros relativos con el mismo oficio, o cuando van precedidos de preposición:

> Fue alertado [...] el ingeniero de la fábrica, *el cual* llamó por teléfono (**72**.395).
> Termina [...] en una edad de oro, *en la cual* solo, y a medias, creía Juan Jacobo Rousseau (**68**.90).
> En busca de filósofos y de pensadores, muchos *de los cuales* no le fue permitido leer (**72**.81-2).
> Los dos merenderos de arriba, *junto a los cuales* pasaba ahora [...], estaban llenos de gente (**93**.78).
> Que posea todas las virtudes políticas, *todas las cuales* se resumen en una (**68**.1.92).
> Se timaba con todas las niñas casaderas de la población, *lo cual* quiere decir que las miraba con insistencia (**1**.117).

Como el segmento que precede a este relativo suele modularse terminando en cadencia, puede casi siempre sustituirse por los demostrativos, que también hacen referencia anafórica a un antecedente. Por ello, es frecuente que *el cual* se inserte en enunciado aparte del que contiene el antecedente:

> Volvía a la calle a recoger rumores y a espiar al enemigo. *El cual* se presentaba amenazador (**1**.485).
> Entre tanto *la Regenta* era aún Ozores. *La cual* siempre había sido hija de confesión de don Cayetano (**1**.40).
> Dormían [...] en un cuarto interior, que daba al patio; *del cual* venía un olor a leche fermentada, repugnante (**16**.35).

En estos casos podría decirse: *Este se presentaba, Esta siempre había sido, De este venía un olor.*

El que

146. En el § 103 se ha visto que el artículo sustantiva al adjetivo cuando se suprime por consabido el sustantivo al que acompaña. De igual modo, una oración transpuesta a adjetivo por el relativo puede sustantivarse mediante el artículo si el sustantivo antecedente se elude. Así, *El alumno que estudie aprobará* se convierte en *El que estudie aprobará,* donde *El que estudie* es equivalente funcional de un sustantivo. De estas construcciones ha nacido el uso del relativo *el que* (con sus variaciones de género y número *la que, los que, las que* y *lo que*). Si exceptuamos la forma neutra, se trata de un relativo análogo a *quien, quienes,* al cual sustituye normalmente con la ventaja de indicar además las diferencias de género. Así sucede en estos casos:

> *El que no trabaje* que no coma (**68**.1.91).
> La Vizcaína fue *la que regó el cadáver con petróleo* (**16**.49).
> Mil incidentes, chuscos para *el que no tuviera que sufrirlos,* se producían a cada paso (**16**.35).
> *Al que te proponga amores formales,* no le toleres pellizcos (**1**.93).
> Desconfía de *la que te halague.*
> Enfocaba su tomavistas *hacia los que llegaban* (**51**.1.116).
> Hubo conciliábulo secreto *entre las que quedaron* (**16**.20).

También se ha hecho frecuente el relativo *el que* sustituyendo al simple *que* o desplazando a *el cual,* cuando su oficio dentro de la oración transpuesta requiere preposición:

> A este pasillo daban las alcobas, *en las que [...] solían verse por el suelo calcetines sucios, zapatillas rotas...* (**16**.19).
> Unos tesoros enterrados [...] *de los que las niñas no hablaban* (**72**.387).

Son, pues, sinónimas construcciones como *La ciudad en que vivió = en la que vivió; Los muchos asuntos en que está ocupado = en los que está ocupado; La novela de que te hablé = de la que te hablé; Varios amigos en que confiaba = en los que, en los cuales confiaba; Los hechos a que no daba crédito = a los que, a los cuales no daba crédito; Las razones por que no ha venido = por las que, por las cuales no ha venido,* etc.

En todos estos casos el artículo no añade ningún valor significativo; solo sirve para evitar la confusión que podría producirse entre el relativo y la conjunción *que* cuando van precedidos de preposición. Por ejemplo, *Se asomaba al balcón desde que la veía* (donde *desde que la veía* es adyacente circunstancial) es enunciado que queda distinguido gracias al artículo respecto de este otro *Se asomaba al balcón desde el que la veía* (donde *desde el que la veía* funciona como adyacente del sustantivo *balcón*).

La sustantivación de la oración transpuesta relativa con la unidad neutra *lo que* es frecuente cuando no existe antecedente:

> ¿Qué es *lo que* usted exige?... Exijo *lo que* tengo derecho a exigir *(1*.123).
> Pensaba *en lo que* se le tendría que decir a una muchacha así *(16*.46).
> Usted se figura que mi casa es *lo que* no es *(16*.12).
> *¡Lo que* sabemos entre todos! *(68*.1.79).

Esta forma neutra *lo que* solo puede tener antecedente cuando hace referencia anafórica al enunciado previo, y entonces es sustituible por *lo cual*. Así, en este ejemplo:

> Comenzó a contestarle violentamente, maldiciendo de todo [...], *lo que* provocó grandes risas de todos *(16*.34),

sería equivalente decir *lo cual provocó grandes risas de todos.*

Interrogativos y exclamativos

147. Más arriba (§ 134) se ha apuntado la comunidad de origen que las unidades *interrogativas* y *exclamativas* tienen con los relativos. El inventario de unas y otras unidades coincide en gran parte, salvo la diferencia marcada por la tilde en el significante de interrogativos y exclamativos, los cuales son tónicos y por tanto funcionan como autónomos. Si exceptuamos el hoy desusado *cúyo* (con sus variaciones de género y número *cúya, cúyos, cúyas*) que aparecía en enunciados como *¿Cúya es la casa?, ¿En cúya oreja suena?* sustituidos por *¿De quién es la casa?, ¿En la oreja de quién suena?,* existe una correlación entre las unidades relativas y las interrogativas o exclamativas: a *que* se corresponde *qué;* a *quien* se corresponde *quién,* y a las unidades cuantitativas, temporales, locales y modales se corresponden *cuánto* (y sus variantes), *cuándo, dónde* y *cómo.* Hay que añadir *cuál,* que en este papel interrogativo y exclamativo no se combina con el artículo (frente al relativo *el cual*), y el arcaizante *cuán,* relegado a la modalidad exclamativa (en relación histórica con *cuánto* y en general sustituido por *qué: ¡Cuál te late el corazón!,* **44**.m.459; *¡Cuán hermoso es su gallardo empeño!,* **44**.m.491; *¡Cuán bella es!* = *¡Qué bella es!).*

Usos de los interrogativos

148. En la modalidad interrogativa, esto es, cuando se inquieren ciertos significados (§ 52 y sigs.), todas las unidades mencionadas, salvo *cúyo* y *cuán,* pueden desempeñar las funciones del sustantivo:

Sujeto: *¿Qué* pasa? (**16**.9).

¿Quién conoce que es isla la Cité [...]? (**96**.74).

¿Quiénes vinieron a buscarme? (**9**.144).

¿Cuántos solicitaron el ingreso?

¿Cuál de los tres relojes estaba en lo fijo? (**16**.8).

Objeto directo: Pues *¿qué* hago yo en el balcón? (**16**.9).

¿A quién me veo entre el rebaño? (**9**.175).

¿Cuánto han subido hoy las acciones? (**26**.55).

¿A cuál de los dos quieres [...]? (**16**.173).

Objeto indirecto: *¿A qué* se debe el honor de verlo a usted por aquí a estas horas? (**27**.370).

Eso, *¿a quién* se lo dices? (**16**.293).

¿A cuántos les has contado ese cuento?

¿A cuáles se lo regaló?

Objeto preposicional: *¿A qué* te refieres? (**9**.177).

¿A qué huele? (**27**.129).

¿De qué se trata? (**9**.130).

¿En quién pensabais?

¿De cuáles no se fiaba?

¿Con cuánto se conforma?

Adyacente circunstancial: *¿A qué* nos llevará? (**96**.115).

¿En qué se diferencia un bulevar de una avenida [...]? (**96**.76).

¿Y por qué tengo de salir? (**16**.9).

¿Para qué lo mató, mi teniente? (**9**.118).

¿Para quiénes recogéis esos datos?

¿Con cuáles vinieron?

¿Para cuántos preparo comida?

Atributo: *¿Qué* es esto? (**9**.77).

¿Quién es don Telmo? (**16**.47).

¿Cuál sería el oficio de aquel comeúvas? (**9**.105).

¿Cuántos son los comensales?

¿De quién es este retrato? (**9**.176).

A veces, el interrogativo *qué* se refuerza intensivamente con el artículo en preguntas que denotan sorpresa o extrañeza:

—¡Realmente prodigioso! —*¿El qué?*—Su imitador de pájaros (**26**.136).

149. Las tres unidades *cuándo, cómo* y *dónde,* que son adverbios, cumplen la función de adyacente circunstancial:

¿Cuándo se lo entregas? (**9**.94).
¿Hasta cuándo me van a tener ocupado en trabajos inferiores? (**26**.113).
¿Dónde había ido a parar su antigua fortaleza? (**9**.127).
¿Adónde va usted ahora a llevar a Manuel? (**16**.57).
¿De dónde saca la tabaida su acre leche? (**96**.56).
¿Cómo no me habías dicho nada? (**9**.75).
¿Cómo puede ser tremendo un trueno aquí [...]? (**96**.53).

El interrogativo modal puede aparecer también en la función de atributo:

> *¿Cómo ha estado la fiesta?*, *¿Cómo será ella? (***26***.146).
> *¿Cómo acabaron la carrera?*

En la otra función adjetiva de adyacente en grupo nominal, los interrogativos más comunes son *qué* y *cuánto:*

> *¿Qué* trapisonda traerá? (**16**.12).
> *¿Con qué* disculpa? Cualquiera... (**26**.141).
> *¿De qué* color son los ojos de las sirenas? (**26**.172).
> ¿Y *en qué* año fue eso de la lotería? (**105**.499).
> *¿Cuántos* años tendría [...] cuando [...] acudió [...]? (**9**.113).
> *¿Cuántas* veces había querido hacerme caer en el cepo? (**9**.157).
> *¿A qué* hora llega ese maldito barco? (**26**.115).

En lugar de *qué*, aparece a veces *cuál: ¿A cuál hora prefieres venir?*

Los únicos interrogativos que presentan variación de género y número son *cuánto (cuánta, cuántos, cuántas)* y el desusado *cúyo (cúya, cúyos, cúyas)*. Solo la tienen de número *quién* y *cuál (quiénes y cuáles)*, aunque dialectalmente el último puede variar en género *(cuála, cuálo)*, lo que se considera vulgar.

Interrogativos indirectos

150. Como se verá más adelante (§ 388), los enunciados interrogativos pueden quedar transpuestos a función de rango inferior dentro de una oración, sin más modificación que la pérdida de la curva melódica interrogativa:

> Un paseo a campo traviesa [...] daba mucho *en qué* pensar (**1**.164).
> Saber *quién* era el criminal, saber *de qué modo* el crimen había sido

cometido, saber *por qué* y *con qué* cómplices y *cómo* y *de qué manera* había obrado el asesino (**72**.378).

Pudo hacer sus estudios, que ya se verá *qué* estudios fueron (**1**.118).

Sin que se llegara a saber nunca a *quién* echar la culpa (**9**.208).

Se detuvo [...] para preguntarme [...] *cuáles* eran las horas de yantar (**9**.216).

No recordaba *cuál* de las dos era la de su pariente (**16**.61).

Me instruyeron de *cuánto* había significado yo (**9**.181).

A mí me consta [...] *cuánta* aversión sentía por el seminario (**9**.159).

No tengo ni idea de *cuándo* vendrá.

No sé *dónde* está el conmutador (**9**.90).

Sus ojos se movían [...] disponiendo *dónde* habían de ser colocadas (**72**.432).

Yo mismo he oído *cómo* hablaba de él (**16**.20).

Óyelas, desde tu sueño, *cómo* rugen (**6**.80).

Me decía *cuán* prudente fui en no casarme con ella (**9**.157).

Con frecuencia se sustituyen estas estructuras por otras de relativo, anteponiendo el artículo al antecedente, si lo hay, o al propio *que:*

Ya se verá *qué* estudios fueron = ... *los* estudios *que* fueron.

Se fijó en *quiénes* habían faltado = ... en *los que* habían faltado.

No sabía de *qué* se quejaron = ... de *lo que* se quejaron.

Los exclamativos

151. En combinación con la modalidad exclamativa se encuentran las mismas unidades, pero son raros como sustantivos *quién* (¡*Quién puede saberlo*!, **26**.106) y *cuál* y nunca aparece por sí solo *qué*. Esta última unidad puede presentarse como adyacente de un sustantivo, de un adjetivo y de un adverbio:

¡*Qué razón* tenía el amigo...! (**96**.53).

¡*Qué* cerrado equilibrio, *qué* alameda! (**59**.I.104).

¡*Qué* horrible viaje, *qué* pesadilla sin retorno! (**6**.18).

Suelo bajar, enteramente solo —pero ¡con *qué* compañía dentro! (**96**.70).

¡*Qué* bruto! ¡*Qué* grandísimo terco! (**9**.89).

¡*Qué* más quisieran aquí sino que hubiese pantanos! (**96**.53).

¡*Qué* bien está en esta Pepito! (**27**.95).

En la lengua coloquial se utiliza la combinación *qué de* seguida de sustantivo en lugar del exclamativo *cuánto* (y sus variantes):

¡*Qué* de amarillos conjura, Lecho, tu oscura ventura! (**59**.I.194).
¡*Qué* de privaciones, *qué de* riesgos allá, solos! (**9**.124).

Pero se sigue usando el cuantificador exclamativo:

¡*Cuánto* abril! (**59**.I.57).
¡*Cuántos* colores soslayas! (**59**.I.217).
¡*Cuánta* playa nunca lisa! (**59**.I.251).
¡*Cuántas* veces ha acudido a mi memoria este pasaje...! (**96**.44).

En su lugar, ante adjetivos o adverbios, se usa *cuán,* hoy sustituido generalmente por *qué:*

¡*Cuán* tersa debe ser su voz! (**6**.31).
¡*Cuán* lentos navegan los orbes! (**6**.157).
Me hizo saber *cuán* enfermo estaba (**7**.409).
¡*Cuán* lejos de los crisantemos! (**96**.60).

Las unidades adverbiales también pueden adoptar la entonación exclamativa o ponderativa:

¡Hasta *cuándo* dejará de molestarnos!
¡Fíjate *adónde* hemos ido a parar!
¡*Cómo* te aprieto contra el corazón! (**96**.71).
¡*Cómo* me has arrastrado, *cómo* me has desarraigado...! (**6**.103).
¡Mas *cómo* se profundiza La presencia escurridiza Del país..! (**59**.I.244).
¡Pulso de la corriente! ¡*Cómo* late: delira! (**59**.I.506).
¡*Cómo* llenaremos su hueco, Señor! (**105**.279).

La ponderación introducida por las unidades exclamativas puede expresarse también por construcciones de relativo sustantivadas mediante el artículo:

¡*Qué* razón tenía el amigo...! = ¡*La* razón *que* tenía...!
¡*Qué* bien está en esta...! = ¡*Lo* bien *que* está en esta..!
¡*Cuántas* veces ha acudido...! = ¡*Las* veces *que* ha acudido...!
¡*Cuán* tersa debe de ser...! = ¡*Lo* tersa *que* debe de ser...!

XI. INDEFINIDOS Y NUMERALES

Características

152. El término indefinidos engloba una serie de palabras, con función sustantiva o adjetiva o con ambas alternativamente, cuyo rasgo común es de índole semántica. Hacen referencia a nociones como la cantidad, la intensidad, el grado, el número, el modo, etc., con que el hablante considera las realidades aludidas en el acto de habla. Mientras otras unidades, como los sustantivos personales, los demostrativos o los posesivos, efectúan menciones identificadoras en cada situación concreta, los indefinidos no señalan con precisión las realidades mentadas. Por ejemplo, la referencia que hace el demostrativo en *Estos niños* carece de ambigüedad, puesto que hablante y oyente conocen cuáles son los niños concretos a que apunta el demostrativo. En cambio, el indefinido en *Muchos niños* se limita a evaluar la cantidad de objetos clasificados con el sustantivo, sin identificar unos niños particulares, sino correspondiendo a distintos grupos reales de niños. Así, desde el punto de vista semántico, no es desacertado el término *indefinidos,* ya que estos cumplen una delimitación imprecisa de las realidades a que el hablante se refiere.

A los indefinidos hay que agregar el grupo de los *numerales,* que, si bien comportan un contenido más específico, tampoco contribuyen a identificar inequívocamente las realidades a que se asignan. Por ejemplo: *dos niños* limita con rigor el número de objetos considerados, pero no los identifica con individualidad; simplemente los clasifica como niños y los cuantifica.

153. La significación de indefinido se compagina mal, sin embargo, con algunas unidades cuyo contenido manifiesta uno de los dos polos extremos de la cantidad. Si decimos, por ejemplo, *Todos los hombres son* *mortales,* el indefinido *todos* identifica sin remedio al conjunto de los objetos que designamos con el sustantivo *hombres; si* decimos *Juan no asistió a ninguna sesión,* el indefinido *ninguna* identifica, excluyéndolos sin excepción, a todos los objetos que se consideran dentro de la clase del sustantivo *sesión.*

Aparte el contenido particular de cada indefinido, se ha señalado antes que el papel de estos en el enunciado es análogo al de los sustantivos o al de los adjetivos. Pertenecen a una u otra de las dos clases de palabras, pero ciertas peculiaridades funcionales obligan a establecer dentro de los indefinidos algunas subclases especiales.

Indefinidos sustantivos

154. Varias unidades indefinidas funcionan exclusivamente como sustantivos: *alguien, algo, nadie, nada* y el hoy poco frecuente *quienquiera.* El último adopta la forma plural *quienesquiera.* Los otros cuatro carecen de variación de género y número y nunca se combinan con el artículo, a no ser en usos figurados como *los algos, la nada,* donde dejan de ser propiamente indefinidos. *Alguien* y *nadie* hacen referencia a la noción de persona; *algo* y *nada* aluden a la noción neutra de cosa. Puesto que funcionan como sustantivos, admiten la presencia de un adyacente adjetivo, que adopta invariablemente el significante propio de los morfemas de masculino y singular:

En tan grave situación, ¿habrá *alguien satisfecho?*
No encontró a *nadie conocido* y se marchó.
Me resulta simpático, porque siempre cuenta *algo divertido.*
Tantos esfuerzos no han aportado *nada nuevo.*

Claro es que también pueden ir determinados por segmentos más complejos equivalentes al adjetivo, como estos casos:

Me lo ha dicho *alguien que te quiere bien.*
Ese plan no lo aceptará *nadie del consejo.*
Solo tomé *algo de chocolate.*
Ya no escribes *nada que nos interese.*

Como adyacente de estos indefinidos no suelen figurar segmentos con la preposición *de* seguida de sustantivo plural. Suele decirse *Alguien de aquí,* pero menos *Alguien de nosotros; Nadie del consejo,* pero menos *Nadie de los consejeros; Algo de chocolate,* pero no *Algo de bombones,* etc. Se utilizan más otros indefinidos concordantes en género: *Alguno de nosotros, Ninguno de los consejeros* o *Ningún consejero, Algunos bombones,* etc.

155.   La inmovilidad de estos indefinidos en cuanto al número permite que hagan referencia tanto al singular como al plural. A una pregunta como *¿Ha venido alguien?,* puede responderse con *Sí, tus hermanos,* o bien, *Sí, tu hermano,* especificándose así la referencia imprecisa de número señalada por el indefinido.

El sentido negativo incluido en *nadie* y *nada* facilita la eliminación en el enunciado de la unidad *no* cuando aquellos anteceden al núcleo verbal: *Nadie del consejo lo aceptará; Nada me importas tú, ciudad donde naciera* (**81.**27), en lugar de *No lo aceptará nadie..., Tú no me importas nada...*

Las dos parejas *alguien / nadie, algo / nada* pueden hacer equivalentes sus términos opuestos en enunciados interrogativos: *¿Ha llamado alguien?* = = *¿No ha llamado nadie?, ¿Quieres beber algo?* = *¿No quieres beber nada?* (aunque, claro es, con diferencias expresivas).

La función sustantiva de estos indefinidos no impide que, en combinación con un adjetivo, *algo* y *nada* se comporten como adyacentes de este, por tanto, como si fuesen adverbios. Por ejemplo, en *Su hermano era algo distraído, Se distinguen por cualidades nada envidiables,* donde *algo* y *nada* cuantifican la noción denotada por el adjetivo. Las dos posibles funciones de ambos indefinidos pueden cotejarse en estos casos: *Dame algo frío* (función sustantiva: «alguna cosa fría») y *El café está algo frío* (función adverbial: «un poco frío»); *No dijo nada importante* (sustantiva: «ninguna cosa importante») y *Eso es cuestión nada importante* (adverbial: «muy poco importante»).

La función adverbial de *algo* y *nada* (común con otros indefinidos que luego se verán) ocurre también cuando son adyacentes circunstanciales, como en *Algo se acordaba de nosotros, No le molestan nada esas críticas.*

Indefinidos adjetivos

156.   La mayoría de los indefinidos actúa como los adjetivos; esto es, ocurren, de una parte, como adyacentes de un sustantivo o como atributos de un verbo, y, de otra, en ciertas circunstancias, funcionan como sustantivos. Esta combinatoria concuerda con los adjetivos del segundo tipo o determinativos (§ 106), puesto que carecen en general de la libre permutación propia de los adjetivos del primer tipo o calificativos. Así, los indefinidos no admiten en un grupo nominal complejo la precedencia de otro adjetivo. Son válidas estas construcciones en español:

Unas ideas claras.	*Unas* claras ideas.
Algún leve comentario.	*Algún* comentario leve.
Cualquier buen pianista.	*Cualquier* pianista bueno.
Más manzanas maduras.	*Menos* palabras elogiosas.
Muchas bellas mujeres.	*Muchas* mujeres bellas.
Pocos sillones cómodos.	*Bastantes* años fecundos.
Cinco frescas merluzas.	*Cinco* merluzas frescas.

No sería correcto anteponer los calificativos al indefinido, diciendo: *Claras unas ideas, Leve algún comentario, Bueno cualquier pianista, Maduras más manzanas, Elogiosas menos palabras, Bellas muchas mujeres, Cómodos pocos sillones, Fecundos bastantes años, Frescas cinco merluzas.* Cuando el indefinido es susceptible de funcionar también como adverbio, queda descartada la posibilidad de que aparezca inmediatamente antes del otro adjetivo: así, en *Más maduras manzanas* o *Menos elogiosas palabras* (equivalentes por el sentido a *Manzanas más maduras* o *Palabras menos elogiosas),* los indefinidos invariables *más* y *menos* funcionan como modificadores adverbiales del adjetivo contiguo.

Cuantificadores

157. Muchos indefinidos comparten con la serie de los *numerales* cardinales el rasgo de hacer referencia a la cantidad atribuida a los objetos designados por el sustantivo a que acompañan. Tanto esos indefinidos como los numerales son, pues, adjetivos que pueden llamarse *cuantificadores.* Los numerales expresan la cantidad con precisión: *dos niños, tres peras, siete virtudes, veinte años, cien días,* etc.; los indefinidos manifiestan la cantidad de modo impreciso o vago: *algún niño, bastantes peras, más virtudes, menos años, muchos días,* etc.

La lengua puede indicar la cantidad con otros procedimientos: se ha visto (§ 75) que el morfema de número incluido en el sustantivo denota si se consideran o no varios objetos de la clase mentada por este *(niños, peras,* etc., frente a *niño, pera,* etc.). Este hecho repercute en el comportamiento y el sentido de los cuantificadores: *algún niño, poca merluza* en singular, frente a *algunos niños, pocas merluzas* en plural.

158. Entre los cuantificadores imprecisos, que como otros adjetivos determinativos (los demostrativos y los posesivos) se anteponen siempre en el grupo nominal unitario, hay cuatro indefinidos con rasgos peculiares: *uno, alguno, ninguno, cualquiera*. Ninguno de los cuatro consiente ante sí la aparición de demostrativos o posesivos (al revés de otros indefinidos). Son normales los grupos *Estas muchas ocasiones, Ese poco interés, Aquellos otros días, Sus muchos esfuerzos, Tu poca fe, Mis otras razones*, etc. Pero sería insólita la ordenación de los adyacentes en estos casos: *Estas unas mesas, Ese algún libro, Aquellos ningunos momentos, Este cualquier día, Sus unos esfuerzos, Tu alguna idea, Mis ningunas razones, Vuestro cualquier libro*. La indeterminación característica de los cuatro indefinidos que consideramos resulta incompatible con la identificación inequívoca aportada por los demostrativos y los posesivos. La concurrencia de ambos tipos de unidades solo es posible en construcciones donde el indefinido y el demostrativo o el posesivo queden desglosados en componentes distintos del grupo: por ejemplo, en *Unas mesas de estas, Algún libro de esos, Ningún momento de aquellos, Un día cualquiera de estos* (o *Cualquier día de estos*), *Unos esfuerzos suyos, Alguna idea tuya, Ninguna de mis razones, Cualquier libro vuestro* (o *Cualquiera de vuestros libros, Un libro vuestro cualquiera*).

159.   Los cuantificadores *más* y *menos*, aparte su invariabilidad, se comportan de otro modo. Son compatibles con el demostrativo, pero deben posponerse al sustantivo en el grupo nominal: se dice *Estos libros más, Esas sillas menos* (y nunca *Estos más libros, Esas menos sillas*). En cambio, cuando concurren con los posesivos, son estos los que se sitúan tras el sustantivo del grupo: *Más libros suyos, Menos sillas tuyas* (pero no *Sus más libros, Tus menos sillas*, ni *Sus libros más, Tus sillas menos*). Es cierto que pueden aparecer los dos cuantificadores en la posición inicial, pero entonces *más* y *menos* ya no cuantifican, sino que significan respectivamente suma y resta: *Más estos libros, Menos esas sillas; Más sus libros, Menos tus sillas;* por ejemplo, *Le regalaron esta máquina más estos libros, Se llevó todo menos tus sillas.* En los usos de *más* y *menos* como cuantificadores no hay que olvidar que implican comparación con un término consabido de los interlocutores: *Estos libros más (de los que hay), Menos sillas tuyas (que mías)*. Sobre las construcciones comparativas explícitas, véase § 407, y sobre la función adverbial de *más* y *menos*, § 156 y 162.

160.   La indeterminación característica de los cuantificadores imprecisos excluye lógicamente su combinación con el artículo, que es un identificador. No son posibles expresiones como *El ningún libro, La alguna mesa, Los unos árboles, El cualquier interés*, pues como estos cuantificadores seleccionan ejemplares indiferenciados de la clase de objetos designados por el sustantivo, queda vedada su identificación concreta. Sin embargo, la posibilidad de identificación mediante el artículo no queda excluida con otros cuantificadores cuando el contexto o la presencia de palabras delimitadoras lo permiten. Así, en *El mucho dinero que poseen, La poca atención que me prestan, Los bastantes días transcurridos, Las varias ocasiones en que coincidimos, Los otros días* (y no estos), *Las demás hermanas* (aparte de estas). En esta particularidad difieren de nuevo respecto de los otros cuantificadores las unidades *más* y *menos* cuando funcionan como adjetivos: cuando son adyacentes únicos de un sustantivo no admiten el artículo, pues se puede decir *Tengo más dinero* o *Quiero menos naranjas,* pero son imposibles *Tengo el más dinero* o *Quiero las menos naranjas.*

161.   Como todos los adjetivos, los cuantificadores pueden cumplir aisladamente las funciones propias del sustantivo. Los cuatro indefinidos singularizadores antes señalados *(uno, alguno, ninguno, cualquiera),* sin necesidad de artículo, pueden como los demostrativos desempeñar el papel de sustantivo: *Uno hace lo que puede, Algunas comparecieron, A ninguno le pareció bien su reacción, Eso lo sabe cualquiera.*

Los otros indefinidos requieren para sustantivarse la presencia del artículo algunas veces. No es necesario en ejemplos como los siguientes, donde el indefinido funciona como sustantivo porque el contexto sugiere al oyente la noción que designaría el sustantivo elidido:

> *Muchos* se opusieron a esa propuesta.
> Ha logrado *pocas* para sus méritos.
> Con los datos reunidos ya tenemos *demasiados.*
> Acudieron *bastantes* a escucharlo.
> Verdaderamente, no necesitaba *tantas.*
> *Varios* se han negado a firmar.
> *Otros* se habrán quedado insatisfechos.

Pero cuando cabe la oposición entre sustantivo clasificador y sustantivo identificador aparece el artículo, sobre todo con el indefinido acompañado de un adyacente: así, *Muchos que asistieron se opusieron a esa propuesta,* pero *Los muchos que asistieron se opusieron a esa propuesta; Pocas que ha logrado le satisfacen,* pero *Las pocas que ha logrado le satisfacen; Varios que lo leyeron se han negado a firmar,* pero *Los varios que lo leyeron se han negado a firmar.* Con *otro* no es necesario ningún adyacente: *Otros piensan así,* pero *Los otros piensan así.* Precisamente en correlación con *otro* es cuando admite artículo *uno: El uno aceptó, pero el otro rehusó.* En todos estos casos, el indefinido hace referencia a persona; por ello son posibles usos como *Los más creen esas promesas, Solo las menos lo han criticado.*

La construcción con artículo es frecuente con el neutro, por su referencia general a cosa: *Lo mucho enfada, Se contenta con lo poco que le da, Tenía lo bastante para vivir, Lo otro es imprescindible, Lo demás no importa.* La variación plena de género y número que ofrece *otro* se repite en cuanto al género con *demás: Los demás están equivocados, Las demás llegarán tarde.*

162.   Igual que los sustantivos indefinidos *algo* y *nada,* los cuantificadores pueden desempeñar la función adverbial inmovilizándose con valor neutro en su significante masculino singular: *Vivió mucho, Viene poco por aquí, No se preocupó más del asunto, Cada vez piensa menos en su éxito, Se cansaba demasiado, Tardas bastante.* '

A veces son compatibles dos indefinidos en un mismo grupo unitario. Resulta difícil discernir cuál de los dos es adyacente del otro. Por ejemplo, *otro* puede anteponerse o posponerse a un segundo indefinido: *Algún otro, Algunas otras, Ninguna otra, Cualquier otro, Otro cualquiera, Otros muchos, Muchos otros, Otros pocos, Varias otras, Otras varias.* Los invariables *más* y *menos* solo aparecen pospuestos: *Alguno más, Ninguno menos, Mucho más, Muchas menos, Pocos más, Pocos menos, Tantos más, Varias menos, Bastantes más, Otro menos.* Puede ocurrir que el orden respectivo de los dos indefinidos afecte al sentido del enunciado: *Tuvo pocas otras oportunidades* (esto es, «pocas oportunidades distintas»), pero *Tuvo otras pocas oportunidades* (es decir, «otras cuantas oportunidades»).

Los numerales

163.   Los numerales propiamente cuantificadores son solo los llamados *cardinales.* Los demás numerales (ordinales, fraccionarios, multiplicativos) son en realidad unidades derivadas que no efectúan una cuantificación directa y que se comportan como los adjetivos del tipo primero. Así, en el grupo nominal unitario pueden permutarse sin restricciones, aunque su referencia concreta varíe: *Los cálidos primeros días de mayo, Los primeros cálidos días de mayo, Los primeros días cálidos de mayo; Era su grata quinta visita, Era su quinta grata visita, Era su grata visita quinta, Era su quinta visita grata; La turbia doble imagen, La doble turbia imagen, La doble imagen turbia, La turbia imagen doble.*

Tampoco pertenecen a la serie de cuantificadores numerales, aunque coinciden con su significante, los sustantivos que designan los guarismos y los números enteros positivos. Estas unidades comportan género masculino y admiten número plural: *el uno, el dos, el tres, el cuatro..., el diez, el ciento, el mil..., el cero; los unos, los doses, los treses, los cuatros, los dieces, los cientos, los miles, los ceros.* Como auténticos sustantivos pueden recibir términos adyacentes: *este dos, algún cuatro, tres cincos amarillos,* etc. Su género masculino les viene impuesto por el del sustantivo a que especifican (es decir, *número).* Cuando en las construcciones apositivas como el *número dos, el año 27, el siglo XX, la página número cuatro, los años sesenta* (expresión de origen inglés, pero hoy consolidada), se produce la elipsis del sustantivo, se obtienen fórmulas como *el 27, el XX, la cuatro, los sesenta.*

164. Los cardinales son adjetivos del tipo segundo o determinativos, y como tales pueden funcionar también como sustantivos. No admiten (ya se vio en § 108) estar precedidos en grupo nominal unitario por adjetivo calificativo: *Dos días aciagos* o *Dos aciagos días* (pero no *Aciagos dos días), Cuatro espléndidos conciertos* o *Cuatro conciertos espléndidos, Diez lentas horas* o *Diez horas lentas.* Pero si estos grupos van provistos de artículo identificador y de otro adyacente, la anteposición del calificativo es posible: *Los aciagos dos días que pasamos, Los espléndidos cuatro conciertos del mes pasado, Las lentas diez horas de incertidumbre.* En enunciados exclamativos también ocurre la anteposición del calificativo: *¡Aciagos dos días!, ¡Espléndidos cuatro conciertos!, ¡Lentas diez horas!*

Pueden ir precedidos los cardinales por demostrativos y posesivos: *Estos cuatro años, Esas doce lecciones, Mis dos obras, Vuestras quince peticiones.* Los cardinales resultan sustantivados cuando se elimina, al ser consabido por el contexto, el sustantivo del cual son adyacentes, y entonces pueden presentar variación de artículo: *Llegan tres* y *Llegan los tres; Son cuatro* (los que vienen), *Son las cuatro* (de la tarde).

165. En cuanto al significante, hay numerales simples: *uno, dos, tres, cuatro, cinco, seis, siete, ocho, nueve, diez, once, doce, trece, catorce, quince;* las decenas *veinte, treinta, cuarenta... noventa; cien (ciento), quinientos, mil.* Los numerales *millón, billón, trillón* son sustantivos y se construyen con adyacentes igual que los sustantivos colectivos: *Un millón de pesetas, Dos billones de liras,* igual que *Una docena de huevos, Dos treintenas de corredores.*

Los otros cardinales son derivados de los simples mediante uno de dos procedimientos: el de conexión copulativa y el de yuxtaposición. En el primer caso, el numeral resultante denota la adición de los valores de sus componentes: *dieciséis, diecisiete, dieciocho, diecinueve, veintiuno, veintidós..., treinta y uno,* etc.

Los numerales yuxtapuestos indican también adición cuando el componente que precede es mayor que el segundo: *ciento uno, ciento cuatro, ciento veinte; mil diez, mil noventa, mil ciento.* Si el numeral pospuesto es mayor que el primero, este resulta multiplicador del segundo: *doscientos, trescientos.., dos mil, veinte mil.* El primero de los componentes (sea simple o complejo) pierde siempre su acento: *ochocièntos, ciento catorce mìl.*

166. Los cardinales en función adjetiva *uno* (y sus compuestos terminados en *uno*, como *veintiuno, ciento uno*) y *ciento* se apocopan. Así: *Un día, Veintiún folios, Ciento un dólares, Cien ocasiones* (y también *cien mil*). Solo tienen variación de género *uno* y sus compuestos *(una, veintiuna)* y las centenas *doscientos (doscientas), trescientos (trescientas), cuatrocientos (-as), quinientos (-as), seiscientos (-as), setecientos (-as), ochocientos (-as), novecientos (-as).* Nótese que *nuevecientos* es incorrecto. El género de estos numerales se adapta al que esté adscrito al sustantivo de que sean adyacentes: *Un gramo, Una milla, Veintiún años, Veintiuna semanas; Quinientos metros, Quinientas toneladas,* etc. Si los cardinales que contienen *uno* se yuxtaponen a otro, desaparece la concordancia: *Veintiún mil libros* y *Veintiún mil pesetas, Cuarenta y un mil liras.* En los otros casos persiste la concordancia genérica: *Doscientos mil habitantes, Seiscientas mil almas.* Son incorrectos los usos *Veintiuna mil pesetas* y *Veintiún semanas,* aunque frecuentes.

En la lengua coloquial es poco usado el numeral plural *ambos* (y femenino *ambas),* que equivale a *los (las) dos* con referencia a objetos concretos y consabidos: *Ambos caminos conducen al mismo sitio* («los dos; el uno y el otro»). Puede usarse como sustantivo: *Ambos se aburren.* Hoy han caído en desuso sus sinónimos *entrambos (-as), ambos a dos (ambas a dos), entrambos a dos (entrambas a dos).*

Uno y afines

167. El numeral *uno* se emplea también como cuantificador impreciso. La distinción tradicional entre *uno* numeral, *uno* pronombre indefinido y *un, una, unos, unas* como artículo indeterminado carece de justificación. Su comportamiento funcional es unitario y la referencia que efectúan análoga. No puede ser artículo por cuanto este *(el, la,* etc., § 79) carece de acento y no es palabra independiente. Separar, de otra parte, el sentido numeral respecto del indefinido es innecesario, ya que de todas las maneras se trata de un cuantificador.

Se ha visto (§ 158) que presenta variación de género y número, condicionada por los morfemas de esa suerte que contenga el sustantivo a que acompañe o a que represente (cuando está sustantivado): *un libro, una mesa, unos libros, unas mesas, un conocido, unas pérdidas.*

Cuando cuantifica a una unidad desprovista de género, *uno* adopta el significante del masculino singular: *Un no sé qué que quedan balbuciendo, Un incesante ir y venir.*

Para funcionar como sustantivo no requiere artículo y puede ir determinado por adjetivos: *Uno ya está cansado de promesas, Ha comprado unas preciosas; Llegaron unos cantando; Como si fuera uno solo* (**82.**20); *Está pensando en una; Para que uno cumpla con su deber* (**82.**28). Se utiliza también para señalar la indeterminación del sujeto explícito junto a verbos pronominales (§ 276): *Siempre se arrepiente uno tarde.* La referencia de *uno* puede apuntar a la primera persona cuando el hablante diluye su propia responsabilidad sustituyendo el personal *yo: Uno prefiere abstenerse, Es que no sabe una a quién atender* (**26.**144) (en lugar de *Prefiero abstenerme, Es que no sé a quién atender).*

A veces (§ 161), en usos sustantivos, *uno* adopta el artículo y aparece la triple variación de género de los adjetivos sustantivados: *el uno, la una, lo uno.* El uso es facultativo y, como se ha visto, exige un contraste en el enunciado con el indefinido *otro:* en lugar de *Unos reían, otros lloraban,* cabe decir *Los unos reían, los otros lloraban; No te aconsejo ni lo uno ni lo otro.* En estos casos de neutro, la ausencia de artículo es hoy literaria y dialectal: *De resultas de uno y otro resolví hacerme artista* (**83.**260); *Uno es la rutina, otro la libertad* (es más normal decir: *Una cosa es la rutina, otra la libertad).* Según muestran los ejemplos, *uno* sustantivado nunca se apocopa. Además es susceptible de recibir un adyacente con preposición: *Uno de los cómicos, Una de las mujeres.*

168. El papel esencial de *uno* consiste en la singularización de un objeto cualquiera de entre los de la clase designada por el sustantivo, o bien de una porción o variedad cualquiera de lo que denota este. Por ejemplo, en *Ladra un perro,* singularizamos un solo perro sin que nos importe su entidad concreta; en *Aquí se respira un aire purísimo,* singularizamos una variedad de aire especificada por el adjetivo.

La singularización no es incompatible con el morfema de plural, y por ello existen las formas *unos* y *unas.* A veces están exigidas por la concordancia con sustantivos caracterizados por plural (§ 77): *unas tijeras, unos gemelos, unas tenazas, unos ˈguantes.*

La imprecisión del valor singularizador de *uno* le permite unirse a numerales para designar cantidad o número aproximados: *Habría unos doscientos espectadores, Se han vendido unos cinco mil ejemplares de la obra, Lo conozco desde hace unos quince años.*

Figuradamente, la referencia de *uno* puede coincidir con la de otros adjetivos no cuantificadores: *Los políticos son todos unos* (= todos son iguales), *Dios es uno y trino.*

Con entonación exclamativa y tonema de suspensión, *uno* se utiliza en enunciados de intención enfática o encarecedora: *¡Hace un viento..!, ¡Dice unas cosas...!* La curva melódica y la suspensión sustituyen en tales casos al término que especificaría a los sustantivos provistos de *uno,* como al decir *Hace un viento insoportable, Dice unas cosas divertidísimas,* expresiones en que desaparece todo énfasis ponderativo. De ahí, el uso que se verá en construcciones «consecutivas» (§ 418).

169. Los indefinidos *alguno* y *ninguno* son derivados de *uno* y poseen sus mismas variaciones de género y número, e incluso la particularidad de apocoparse el significante del masculino singular delante del sustantivo a que determinan *(algún día, ningún mes).* Entre ambos hay cierta relación de antonimia; pero en contextos propicios (con negación implícita o explícita) alternan sin modificarse su referencia: *No lo he visto en parte alguna = No lo he visto en ninguna parte; En modo alguno,* pero *De ningún modo; Hablaba sin discreción alguna = Hablaba sin ninguna discreción.*

Alguno puede alternar con *uno* en su sentido singularizador, pero agrega mayor indeterminación cuantificadora, la cual permite en ocasiones la sinonimia del singular con el plural: *Algún autor piensa* puede ser sinónimo de *Algunos autores piensan.* La singularización es más unitaria y radical con *uno,* y, así, no se refieren a lo mismo *Un autor dice* y *Unos autores dicen.*

Se notan también gradaciones de indeterminación entre el singularizador *uno* y otros indefinidos aparte de *alguno: Un día, Algún día, Cualquier día, Cierto día* no son rigurosamente sinónimos. Son frecuentes ciertas alternancias: *Llegaron unas cuantas personas = Llegaron algunas personas = Llegaron varias personas.*

Indefinidos distributivos

170. Se denominan distributivos los indefinidos *sendos* y *cada.* El primero, hoy día poco usado, es adjetivo plural con variación de género (masculino *sendos,* femenino *sendas): Tenían las cuatro ninfas sendos vasos hechos a la romana* (**20**.198), «cada una un vaso»; *Dijo que le ayudasen en aquel trance con sendos paternostres y sendas avemarías,* «cada uno con un padrenuestro y una avemaría» (**30**.2.41). Su escasa frecuencia explica el uso incorrecto en el habla vulgar con el sentido de «descomunal, reiterado».

La unidad *cada* es invariable y nunca independiente, salvo en expresiones elípticas, como *Tocamos a diez cada* en lugar de *cada uno*. Aparece delante de numerales (aunque hoy se elide *uno*): *cada día, cada tres noches, cada cien puntos, cada mil metros, cada primer viernes, cada séptimo año, cada palo aguanta su vela,* y también ante algunos cuantificadores imprecisos: *cada pocos días.* Como adyacente de *uno* y *cual* ha originado las unidades sustantivas *cada uno (cada una), cada cual: Cada uno habla de la feria según le fue en ella; A cada uno lo suyo; Cada cual piensa lo que quiere.* También aparece, como *uno,* en construcciones encarecedoras: *¡Me preguntó cada cosa...!* (§ 168 y 418).

Todo

171. Es peculiar el comportamiento del indefinido *todo,* con sus variaciones de género y número *(todo, toda; todos, todas).* Lo más notable consiste en que puede preceder al sustantivo con que concuerda aunque este vaya provisto del artículo: *Todo el día, Toda la semana, Todos los años, Todas las mañanas, Todo lo necesario, Todos los que vinieron, Todo lo que dices, Todo lo de las niñas,* e incluso cuando el sustantivo tenga otro adyacente, como en *Todo el santo día, Todos los demás libros.* Por esto, también se antepone a las unidades que comportan el sentido identificador del artículo, como son los nombres propios, los demostrativos, los posesivos y los sustantivos personales: *Todo Madrid, Toda España, Todo mayo; Todo este campo, Todas esas, Todo aquello; Todos mis amigos, Todas vuestras excusas; Se estremeció toda ella, Estamos de acuerdo todos nosotros,* etc. La posición de *todo,* contraria a lo habitual de los adjetivos, hace pensar que el grupo nominal en que se inserta *todo* no es funcionalmente unitario, según sugieren los casos de elisión del sustantivo al ser este consabido de los interlocutores: mientras a una pregunta como *¿Has leído este libro?* se responde sustituyendo el grupo *este libro* por el mero referente *lo,* diciendo *Lo he leído,* a otra pregunta como *¿Has leído todo el libro?* puede contestarse con *Lo he leído todo,* donde persiste el cuantificador *todo* y donde *lo* representa independientemente a *el libro.*

172. Los grupos de *todo* con artículo y sustantivo se oponen a los que combinan directamente el indefinido y un sustantivo sin artículo: *Le interesa todo libro* frente a *Le interesa todo el libro.* Ambas construcciones, según lo visto, se oponen también en los casos de elisión del sustantivo: *Suprimió toda medicación* se convierte en *La suprimió,* mientras *Suprimió toda la medicación* resulta *La suprimió toda.*

La combinación de *todo* directamente con el sustantivo no ocurre en el caso del plural (no se diría *Le interesan todos libros* ni *Suprimió todas medicaciones*). Por otra parte, esa construcción en singular suele sustituir-se por la estructura *todo* con artículo en plural; así, son equivalentes *Le interesa todo libro = Le interesan todos los libros; Olvidó toda preocupa-ción = Olvidó todas las preocupaciones*. Sin embargo, precedido *todo* de preposición, la presencia del artículo es a veces facultativa sin que se modifique la referencia del enunciado: *Salieron en todas (las) direcciones, Lo recomendó con todo interés,* si bien cuando hay otro adyacente se utiliza el artículo: *Lo recomendó con todo el interés del mundo.*

En los usos de *todo* con sustantivo singular sin artículo, que son más bien literarios y cultos, pueden aparecer otros adyacentes: *Todo leve gesto, Toda ocasión oportuna, Toda otra pretensión, Toda pregunta más es ociosa.* Nótese que en estos casos podría usarse *cualquier* en lugar de *todo: Cual-quier leve gesto, Cualquier ocasión oportuna,* etc.

173. El cuantificador *todo* puede aparecer al final del grupo nominal cuando el sustantivo lleva artículo o cualquiera de las unidades que inclu-yen su valor identificador, como los demostrativos y los posesivos. Así, en *La mañana toda, Nosotros todos, Las demás cuestiones todas, Esos argumen-tos todos.* Es de uso más bien literario. Pero en la lengua coloquial se puede desglosar el cuantificador *todo* respecto del sustantivo al que se refiere anafóricamente y situarlo, con cierto énfasis, en otra parte del enun-ciado: *Los asistentes protestaron todos de la mala organización, Aquellos dis-turbios no parecían todos mera consecuencia del malestar.* Este hecho, junto con la citada (§ 171) perduración del cuantificador al eludirse el sustantivo *(Lo he leído todo)* sugiere que *todo,* aunque vaya concordado con el sus-tantivo, desempeña un papel análogo al que cumplen los segundos términos de las aposiciones. En los ejemplos propuestos, *todo* aporta un valor en-fático, intensivo, semejante al que aparece en usos adverbiales ante un adjetivo (o segmento equivalente): *Vio el puerto todo lleno de barcos, Toda vestida de blanco, Se quedó todo encogido, Soy todo oídos.* Como otros in-definidos, también *todo* puede sustantivarse sin necesidad de artículo: *To-dos estáis convencidos, Eso se lo dices a todas, No podía atender a todo, Todo va sobre ruedas.* En este papel de sustantivo rara vez admite un adyacente: *Todos juntos.* Cuando se convierte en verdadero sustantivo (y con significado peculiar), *todo* inmoviliza su género en masculino y adopta el artículo: *El todo y sus partes, El todo hace tres mil pesetas.*

Por último, la referencia de *todo* se diversifica según se combine con singular o plural: *Todo el día* y *Todos los días, Toda la carretera* y *Todas las carreteras.* El singular cuantifica como un bloque el objeto designado: *Todo el día* es «el día entero»; el plural abarca el conjunto completo de los objetos de la clase designada por el sustantivo: *Todos los días* equivale a «todos y cada uno de los días en el período que se toma en consideración».

Mismo

174. El indefinido *mismo* (con sus variaciones de género y número: *misma, mismos, mismas)* exige al asociarse con un sustantivo que este lleve artículo u otra unidad identificadora. Puede preceder o posponerse al sustantivo, pero su referencia concreta difiere, señalando en el primer caso identidad con algo que se menciona antes o después, y en el segundo indicando insistencia o intensificación: *El mismo día, El día mismo; Esta misma cuestión, Esta cuestión misma; Sus mismos padres, Tus obras mismas; El mismo Cervantes, Machado mismo.* Con los sustantivos personales solo se presenta la posposición: *Yo mismo, Vosotras mismas, Ellos mismos, A ti misma, Conmigo mismo, A sí mismo.*

Es igualmente compatible con el singularizador *uno: Un mismo libro, Una mujer misma, Unas mismas preguntas;* incluso cuando está sustantivado: *Uno mismo.*

Como los adjetivos en general, *mismo* puede sustantivarse y adoptar la triple variación de género que le confiere el artículo: *el mismo, la misma, lo mismo, los mismos, las mismas.* Por ejemplo: *Ya no eres el mismo, Aquella casa no parecía la misma, Siempre me dices lo mismo, Nunca vienen los mismos, Sigue usando las mismas.* No debe confundirse *Él mismo* (donde *mismo* funciona como adjetivo, ya que *él* es sustantivo personal) con *el mismo* (donde el indefinido está sustantivado con el artículo): *Me lo dijo él mismo* (precisamente *él* y no otro), pero *Me lo dijo el mismo* (la misma persona), con diferencias de sentido paralelas a las que ofrecen las construcciones correspondientes cuando se trata de plural o femenino: *Me lo dijeron ellos mismos* y *Me lo dijeron los mismos; Me lo dijo ella misma* y *Me lo dijo la misma.*

En la prosa periodística y administrativa se emplea a veces sin necesidad el indefinido *mismo: Esta Dirección General dará a conocer la convocatoria de la segunda vuelta, así como los resultados de la misma,* donde bastaría con escribir *sus resultados.*

Tampoco es normal el uso en función adverbial de *mismo* (inmovilizado en género y número), que aparece a veces en la lengua escrita por influjos dialectales y expresivos: *Detrás de las tapias, mismo donde comienza la barbechera* (**27.153**), *Entre las ruinas de la ermita..., mismo al lado de la verja* (**27.66**). Se emplea como intensivo en áreas americanas: *Una extensa tecnología aeronáutica, misma que servirá para renovar las aeronaves chilenas.*

XII. LOS ADVERBIOS

Función

175. En sentido estricto, *adverbio* designa una clase de palabras invariables en su significante y a menudo indescomponibles en signos menores, destinadas en principio a cumplir por sí solas el papel de adyacente circunstancial del verbo (§ 313). Esta función no impide que además, dentro de un grupo unitario nominal, se presente el adverbio como adyacente de un adjetivo o de otro adverbio distinto. Por ejemplo, el adverbio *también* es adyacente del verbo en *Porque también el cartujo tiene su jardincillo* (**96**.60); del adjetivo contiguo en *Así la tradición, líquida también, surca y corroe* (**96**.84); de la expresión adverbial en *Un soldado [...] y otro [...] se dan las manos, también en tablado* (**96**.70); del adjetivo determinativo en *Cantas o silbas a las altas estrellas también tuyas* (**57**.124); del adverbio en *También allí había llegado el rumor.*

Adverbialización de adjetivos

176. Muchos adjetivos pueden funcionar como adyacentes circunstanciales. En este oficio adverbial quedan inmovilizados en sus variaciones de género y número, y adoptan la expresión propia del masculino singular. En casos de ambigüedad, el contexto es suficiente para discernir entre la función de adjetivo y la de adverbio: en *fruto temprano* se trata de adjetivo, puesto que determina a un sustantivo; en *se acuesta temprano*, la misma palabra es adyacente de verbo y por tanto funciona como adverbio. Véanse estos otros ejemplos:

> [Su caligrafía] *bien claro* deletrea [...] sus siniestros designios (**57**.271).
> *Pronto* se pondrá bueno, don Juan (**88**.259).

[El silencio] entra, golpea *sólido,* suena en el hueso (**88**.275).
Se lo dije *medio* divertido, *medio* malévolo (**9**.215).
De todas maneras, Juana madrugará *bastante* (**9**.96).
Esos carros salen *mucho* antes que el sol (**9**.97).

Si las unidades *claro, pronto, sólido, medio, bastante, mucho* de esos ejemplos funcionasen como adjetivos quedarían afectadas por la concordancia de género y número (según sucede en: *Su caligrafía clara, Estaban prontos a intervenir, Sólidos sillones de caoba, Madrugaba bastantes días, Lo dijo con medias palabras, Había mucha gente*).

177. Otras veces el adjetivo adopta para la función adverbial un significante derivado mediante la terminación *-mente* que se agrega a la forma femenina o indiferente del singular: *buenamente, sosegadamente, decididamente, solamente, fácilmente, vorazmente, primeramente, posteriormente, mayormente, doblemente.* Estos adverbios se caracterizan por conservar el acento propio de cada uno de sus componentes, lo cual permite, en los casos de coordinación, eliminar el afijo del primero y decir: *pura y simplemente, lisa y llanamente, solemne y gravemente.* Algunos adjetivos comparativos *(mejor, peor, menor)* e indefinidos como *mucho, poco, bastante, harto,* no aceptan la derivación con *-mente,* ya que inmovilizados en masculino singular se usan en función adverbial, según se ha visto: *Vive mejor, Llueve mucho, Se oye poco,* etc.

Clasificación de los adverbios

178. Suelen clasificarse los adverbios en varios grupos teniendo en cuenta sus valores léxicos y, por tanto, las referencias que hacen a la realidad. Se enumeran, pues, adverbios de tiempo (como *ahora, antes, después, tarde, luego, ayer,* etc.), adverbios de lugar (como *aquí, cerca, lejos, fuera,* etc.), adverbios de modo (como *así, bien, mal, lentamente, arreo,* etc.), adverbios de cantidad (como *tanto, mucho, demasiado, casi,* etc.), de afirmación (como *sí, también, asimismo),* de negación (como *no, tampoco),* de duda (como *acaso, quizá).* A la par de esta clasificación semántica, se baraja otra que obedece a criterios en parte funcionales: se mencionan entonces adverbios demostrativos (como *aquí, entonces, ahora, así, tal, tanto),* relativos (como *donde, como, cuanto,* ya tratados en § 137) e interrogativos (también examinados en § 149).
No cabe duda de que lo que permite distinguir unos adverbios de otros

es la significación. Si entendemos como comunicaciones diferentes *Ven aquí* y *Ven ahora* es porque los adverbios *aquí* y *ahora* se refieren a circunstancias distintas de la experiencia que transmitimos. Sin embargo, es preferible para clasificar los adverbios atenerse a las relaciones que cada uno contrae dentro de los enunciados, bien en su papel primario de adyacente circunstancial, bien por su combinación con otras unidades en el interior de un grupo nominal unitario.

Posición del adverbio

179. Según se verá (§ 353), los segmentos que funcionan como adyacente circunstancial (entre ellos los adverbios) tienen con el núcleo verbal una relación más laxa que otras especies de adyacentes, lo cual permite su eliminación sin que la estructura del enunciado varíe en esencia. Por ello mismo, los adverbios en general pueden permutar su puesto en la secuencia sin que el contenido manifestado se modifique, como se observa cotejando estos ejemplos con variada situación del adverbio *ayer: Ayer hizo buen día, Hizo buen día ayer, Hizo ayer buen día.* En casos de esta suerte cabe preguntarse si el adverbio afecta únicamente a las referencias denotadas por el verbo, o más bien a las del conjunto de los componentes del enunciado. Parece, en efecto, que la realidad señalada por *ayer* constituye el telón de fondo sobre el que se destaca la experiencia designada por *hizo buen día.* El cambio de *ayer* por otras unidades con la misma función (al decir, por ejemplo, *El lunes hizo buen día,* o *Allí hizo buen día,* o *Por fin hizo buen día,* o *Felizmente hizo buen día),* igual que su eliminación sin más, no modificaría la realidad referida por el enunciado *Hizo buen día:* este alude siempre a una misma experiencia, si bien los posibles adyacentes añaden detalles de ella.

180. Sin embargo, otros adverbios, aun gozando de la misma libertad de posición en el enunciado, parecen tener un vínculo más fuerte con el núcleo verbal y modifican en parte la referencia de este a la realidad. En estos tres ejemplos: *Escribió bien la carta, Escribió la carta bien, Bien escribió la carta,* el adverbio *bien* parece incidir primariamente sobre el significado del verbo *escribió,* de manera que la experiencia de escribir queda matizada por las referencias hechas por el adverbio. No sugieren idéntica experiencia *Escribió bien, Escribió deprisa, Escribió mal, Escribió despacio.* Semejantes adverbios denotan aspectos *internos* de la significación del verbo, mientras que los otros adverbios, como *ayer,* indican circunstancias *externas* al propio significado del verbo.

No y otros adverbios negativos

181. Entre los adverbios, presenta un comportamiento particular el negativo *no*. En primer lugar, carece de posibilidades de permutación: siempre se antepone al segmento con que está en relación, generalmente el núcleo verbal. Puede a veces dudarse de si la negación expresada por *no* afecta a todo el enunciado o solo a alguno de sus componentes. Por ejemplo, en *Juan no cometió el delito* se presupone una situación en que «alguien cometió el delito»; luego parece que lo que niega o excluye *no* es la participación del ente designado como *Juan* (como si se dijese «no fue Juan quien cometió el delito»). En estos casos, la negación *no* se aplica al contenido de toda la oración y no solo a la significación del verbo, puesto que lo negado no es «cometer», sino «Juan cometió el delito». Esta particularidad sugiere que la negación *no,* más que simple adverbio, es una unidad que marca una modalidad de la oración: a la modalidad interrogativa expresada por *¿Cometió Juan el delito?,* puede responderse con la modalidad afirmativa *Juan cometió el delito* o con la negativa *Juan no cometió el delito.* Pero como la modalidad interrogativa implica tanto lo afirmativo como lo negativo, ocurre que suele ser equivalente la ausencia y la presencia de *no* en tales casos: *¿No cometió Juan el delito?* viene a coincidir (salvo en la intención del hablante) con *¿Cometió Juan el delito?*

182. Cuando *no* se antepone a otra unidad distinta del núcleo verbal, a ella sola se aplica su capacidad negativa: *Tacha lo no pertinente, Escribió no menos de veinte folios, Contestó no sin ironía, Es un espectáculo no poco interesante, Acordaron la no beligerancia.* Ante adjetivos y sustantivos, el uso de *no* es propio de la lengua escrita y culta, y equivale por su sentido al prefijo negativo *in-* (cf. *impertinencia* y *no pertinencia, inoportuno* y *no oportuno,* etc.).

A veces ciertas secuencias pueden resultar ambiguas: en la oración *No vinieron por eso,* ¿el valor negativo afecta exclusivamente al verbo (como si dijésemos *Por eso, no vinieron),* o bien a todo el conjunto (como si se negase no el venir sino su causa: *Vinieron, pero no por eso)?* Solo el recurso de introducir una leve pausa tras el verbo permitiría discernir el primer sentido y descartar el segundo.

Por tanto, la posición de *no* resulta a veces distintiva, como se ve comparando *No podemos entrar* (donde la negación engloba todo el enunciado) y *Podemos no entrar* (donde solo se niega su último componente).

183. Hay otros adverbios que acumulan a su propia referencia el valor negativo de *no: nunca, jamás, tampoco.* Tienen estos adverbios la particularidad (común en algunos indefinidos, § 154) de manifestar solo lo negativo cuando van antepuestos al verbo; en caso contrario, situados detrás de él, exigen la presencia previa de *no* u otra palabra negativa:

> Ayer: el día incomparable que ya *nadie nunca* volverá a ver *jamás* sobre la tierra (**57**.85).
> Un confuso palacio [...] al que ya *nunca* volveremos (**57**.269).
> Algunos *jamás* llegaron a saberlo (**57**.285).
> No ignoraba *tampoco* la complicada trama de su alma (**57**.201).

En estos ejemplos hubiera sido equivalente, en el sentido lingüístico, haber dicho «ya no volverá nadie a ver nunca jamás», «ya no volveremos nunca», «algunos no llegarán jamás», «tampoco ignoraba».

El adverbio *sí*

184. La unidad *no* puede utilizarse como enunciado completo al proferir una respuesta. A *¿Vendrás mañana?* puede contestarse *No* (abreviación de *No vendré mañana).* Y en el estilo indirecto ocurre lo mismo: *Le pregunté si estaba de acuerdo y dijo que no* (esto es: «dijo que no estaba de acuerdo»).

La misma particularidad ofrece en su comportamiento el adverbio afirmativo *sí.* A la pregunta de antes *¿Vendrás mañana?,* puede responderse *Sí* (en lugar de *Vendré mañana);* de igual modo, en el segundo ejemplo, podría decirse *Le pregunté si estaba de acuerdo y dijo que sí* (esto es: «dijo que estaba de acuerdo»). Pero a diferencia de *no,* que debe explicitarse para conferir al enunciado la modalidad negativa, el adverbio *sí* solo aparece manifiesto en la oración aislado por pausas o bien separado de ella con otros recursos: *Estaba, sí, convencido de su éxito; Sí (que) estaba convencido de su éxito.* En estos casos, *sí* es una unidad enfática que subraya el contenido afirmativo de la secuencia, puesto que la modalidad es afirmativa cuando no lleva indicios explícitos de lo contrario. A diferencia de la negación, el adverbio *sí* no es propiamente un adyacente circunstancial, sino un término que respecto al enunciado establece una relación semántica análoga a la que el atributo contrae con el sujeto explícito de las oraciones copulativas (§ 359), es decir, el papel que desempeña *cierto* en *Cierto es que estaba convencido de su éxito.*

185. La función de *sí,* que pudiéramos llamar de adyacente oracional (§ 358), la cumplen también otros adverbios (u otros segmentos equivalentes). Se caracteriza y se reconoce esta función porque la unidad que la cumple presenta el rasgo de aislamiento marcado por las pausas respecto del resto del enunciado. Sean estos ejemplos:

> Felizmente, ha concluido este episodio.
> Ha concluido, felizmente, este episodio.
> Este episodio ha concluido, felizmente.
> Este episodio, felizmente, ha concluido.

En cualquier puesto de la secuencia, el adverbio *felizmente,* en su papel de adyacente oracional, queda aislado entre pausas. Así se distingue del oficio de adyacente circunstancial que el mismo adverbio cumpliría si se hubiese dicho: *Este episodio ha concluido felizmente,* donde el adverbio ya no se refiere al hecho de que se haya producido la conclusión del episodio, sino solo a la naturaleza misma de la conclusión.

Locuciones adverbiales

186. Otras unidades que funcionan como adverbios se revelan al análisis como compuestas por una preposición unida a sustantivos, adjetivos o adverbios: *apenas, enfrente, encima, deprisa, despacio, debajo, acaso, afuera, adentro,* etc. Si se consideran estas unidades como adverbios, no hay ningún fundamento para no estimar como tales también otros conjuntos análogos, aunque la grafía mantenga separados sus componentes: *a veces, a golpes, en tanto, a oscuras, de pronto, de súbito, de veras, de frente, de manos, por fuera,* etc. A estos compuestos (y a otros más complejos: *a duras penas, sin ton ni son, a pies juntillas, de hoz y de coz,* etc.) que funcionan como adyacentes circunstanciales, suele aplicárseles el término de *locuciones adverbiales*.

Como demuestra la composición de estos adverbios, esta clase de palabras no deja de ser como la de los sustantivos, salvo que carecen de variación morfemática y funcionan como adyacente circunstancial.

Combinatoria

187. El adverbio admite, dentro del grupo nominal unitario, combinarse con otras palabras de modo semejante a como lo hace el sustantivo. Recibe en aposición otras unidades. Así, pueden ir contiguos dos adverbios (o expresión equivalente):

Hoy, jueves, se celebra la fiesta.
Ahora, a las cinco, ha empezado a llover.
Aquí cerca había varios merenderos (**93**.77).
Ahí debajo no encontraréis más que basura.
Allí en los rápidos discurría somera entre cantos rodados (**93**.77).
¿No ves *allá arriba* una cabaña?
Lo hicieron *así, tranquilamente.*

Asimismo, algunos adverbios pueden adoptar términos adyacentes que especifican su aplicación referencial (mediante un sustantivo con preposición o una oración transpuesta con relativos):

Después de la comida, estuvieron hablando largo rato.
La oficina estaba *cerca de la estación.*
Encima de la mesa se amontonaban libros y papeles.
Se detuvo *delante de la verja.*
Siempre que escribías, te contestaba.
Aquí donde me ves, todavía no he comido.
Mañana que es fiesta podremos ir de excursión.

En construcciones semejantes, la fusión del adverbio y el relativo *que* ha originado algunas de las llamadas conjunciones (§ 299). Así, en *Aún hace frío,* la especificación del adverbio *aún* con una estructura de relativo produce *Aunque es primavera hace frío,* y de *Date prisa ya* resulta *Date prisa ya que es tarde.*

188. Algunos adverbios puntualizan su función o su designación de tiempo o lugar mediante preposiciones (a veces aglutinadas en la ortografía):

Murió *por entonces* Juan Aldave (**14**.29).
Lo que *hasta ahora* he hecho son chapuzas (**52**.154).
Por hoy, hemos cumplido.
Prometieron que estaría listo *para ayer.*
Desde mañana rige el nuevo horario.
Todos esos problemas vienen *de antes.*
El asunto es tan complicado que lo dejaron *para después.*
Desde luego la paredilla está hecha a conciencia (**52**.147).
Público *de hoy* o público *de mañana* (**14**.76).
Su intrepidez *de siempre* (**15**.154).
Por aquí se va a Madrid

Hacia ahí iban sus tiros.

Vinieron *de allí.*

Las costumbres *de acá.*

Los libros *de allá* (**14**.92).

Árboles [...] que salen *por encima* de largos tapiales caídos (**15**.212).

Sacó *de debajo* de ella una petaca (**90**.53).

Por delante y *por detrás.*

La de adentro está bien *adentro* (**15**.181).

Id *afuera,* que estorbáis.

Llegaron *hasta arriba.*

Se ve mejor *desde abajo.*

De lejos se oyó el grito.

Lo examinaron *de cerca.*

189. Muchos adverbios admiten los procedimientos derivativos propios del sustantivo y del adjetivo y adoptan significantes análogos a los que aparecen en los diminutivos, en los aumentativos y en los superlativos: *despacito, allá arribita, ahorita, lueguito, cerquita, bastantico, poquito, prontito, tempranico, arribota, lejísimos, prontísimo, tardísimo, tempranísimo, cerquísima, muchísimo, poquísimo.*

De igual modo, algunos son susceptibles de la gradación propia de los adjetivos mediante la anteposición de cuantificadores: *Muy lejos, Más cerca, Muy arriba, Más acá, Mucho antes, Poco después, Menos claramente, Llegan más adentro en el espíritu* (**14**.19).

También pueden combinarse a veces con el indefinido *mismo,* que va pospuesto: *Aquí mismo, Ahí mismo, Hoy mismo,* y el ya unitario *asimismo.*

A veces ciertos adverbios se combinan con el artículo neutro *lo,* de manera que pasan a funcionar como sustantivos. En realidad, lo que resulta sustantivado es una primitiva oración transpuesta, en la cual se ha querido realzar ponderativamente la referencia efectuada por el adverbio. En el enunciado *Se sorprendió de que hablases bien,* si se quisiese ponderar la bondad a que hace referencia el adverbio *bien,* se diría: *Se sorprendió de lo bien que hablabas,* donde *lo* sustantiva todo el segmento *bien que hablabas* y no solo el adverbio. Otros ejemplos: *No voy nunca a su casa por lo lejos que está, Con lo tarde que es ya debería haber llegado, Lamentó lo atrás que había quedado, No se comprende lo fácilmente que han huido.*

Por último, los adverbios de referencia locativa o temporal pueden llevar antepuesto un término adyacente de tipo sustantivo: *calle arriba, mar adentro, boca abajo, patas arriba, carretera adelante, kilómetros atrás, años antes, siglos después, unos minutos más tarde* (**14**.58), *semanas atrás, dos pasos más allá* (**15**.153), *Varios días más tarde* (**7**.512).

190. Aunque cada adverbio, o cada grupo de adverbios, presenta combinatorias parcialmente diferentes, todas ellas son comunes con las que admiten las unidades sustantivas. La divergencia de los adverbios respecto de estas se basa esencialmente en su estructura interna, que, insistimos, consiste en su inmovilidad ante las variaciones de número y género, la imposibilidad de artículo y su función primaria como adyacente circunstancial.

Desde el punto de vista del significado, pueden establecerse pequeños sistemas de oposiciones entre algunos adverbios, que se distinguen entre sí por rasgos de contenido característicos. Por ejemplo, la oposición positivo/negativo agrupa las parejas de adverbios *sí* y *no, siempre* y *nunca, también* y *tampoco, bien* y *mal, mejor* y *peor*. Se encuentran otras parejas binarias: de referencia temporal o espacial serían *antes* y *después* (o *luego*), *entonces* y *ahora, pronto* (o *temprano*) y *tarde; encima* y *debajo, arriba* y *abajo, dentro* y *fuera, adentro* y *afuera, delante* y *detrás, adelante* y *atrás, cerca* y *lejos, acá* y *allá*. Unos cuantos adverbios se configuran en triple oposición semejante a la de los demostrativos (y por ello en relación con las tres personas gramaticales): *aquí, ahí* y *allí*, de referencia en principio espacial. Análogo es el trío equivalente temporal: *ayer, hoy, mañana*.

XIII. EL VERBO

Estructura. La conjugación

191. Se llama verbo a una clase de palabras que funcionan como núcleo de la oración (§ 311), y que, en consecuencia, son susceptibles de aparecer representándola sin necesidad de otras unidades, como al decir *Llovía, Venid, Voy.* Si, como se verá, toda oración implica la *relación predicativa* que se establece entre dos términos denominados por tradición *sujeto* y *predicado,* se comprenderá que el verbo, capaz de funcionar por sí solo como oración, debe contener dos componentes entre los cuales se manifieste dicha relación. En efecto, el verbo combina un signo de referencia léxica (que sería el predicado) y un signo complejo de referencia gramatical (con significado, entre otros, de *persona,* que sería el sujeto gramatical). Ambos signos se presuponen mutuamente y son imprescindibles para que haya verbo.

Sus respectivos significantes no siempre son separables: con cierta frecuencia están amalgamados. Pero el cotejo con otros significantes verbales permite desgajar los componentes del contenido, tanto el significado léxico como los morfemas gramaticales. Volviendo a un ejemplo ya citado, en *es* no hay posibilidad de asignar cada uno de los contenidos que expresa a una determinada porción de su significante. Sin embargo, la comparación de ese significante con otros ayuda a discernir la presencia en *es* de varios significados: la noción léxica de «ser» (como en *eres, son* frente a *comes, come, comen),* el significado gramatical «tercera persona» (como en *come,* frente a «segunda persona» en *eres* o *comes),* el significado «singular» (frente al «plural» de *son* o *comen),* etc. No obstante, en general, el significante del verbo puede ser dividido en dos porciones que se corresponden, una, con el significado léxico, y otra, con el gramatical, como en *cantamos,* donde el significante *cant* evoca el significado léxico «cantar», y el significante *amos* sugiere los morfemas o accidentes gramaticales «primera persona», «plural», etc.

192. El signo léxico del verbo no posee, en principio, ningún rasgo exclusivamente verbal; son los morfemas gramaticales que se combinan con él los que confieren a la unidad resultante esa categoría u otra cualquiera (§ 67). Por ejemplo, el contenido «amar» expresado por el significante *am* solo se revela como verbo al integrarse con ciertos morfemas verbales (así, en *amé, amamos, amaría),* pero combinado con otro tipo de morfemas puede originar un sustantivo (como *amor)* o un adjetivo (como *amable).*

La partición de los significantes verbales en segmentos menores, cada uno asociado a contenidos distintos, lleva a separar lo que se conoce como *raíz, característica* y *desinencia.* Suele aludirse al conjunto de raíz y característica con el término de *tema.*

Como no siempre es posible, según se ha visto, aislar en la secuencia fónica lo que corresponde al contenido léxico (la raíz), lo que manifiesta los morfemas exclusivamente verbales (la característica) y lo que expresa los morfemas de número y persona propios del sujeto gramatical (la desinencia), es preferible limitarse a segregar la porción del significante relativa al contenido léxico (que seguiremos llamando raíz) y la que manifiesta en conjunto los contenidos gramaticales (que denominaremos simplemente *terminación).* Así, en *cantábamos* no diremos que hay una raíz *cant,* una característica *ába* y una desinencia *mos,* sino solo una raíz *cant* y la terminación *ábamos.*

193. Unos mismos significados gramaticales pueden ser expresados por diferentes significantes, dependiendo de los significantes léxicos con que se combinan. Por ejemplo, los morfemas gramaticales incursos en unidades como *ama, amaba, ame, amase* (cuyo significante léxico común es *am-)* son los mismos que aparecen en *come, comía, coma, comiese* (cuyo significante léxico es *com-)* a pesar de la disparidad fónica de las terminaciones: *-a* / *-e, -aba* / *-ía, -e* / *-a, -ase* / *-iese.*

El conjunto de significantes diversos que resulta de combinar un mismo signo léxico con los variados morfemas gramaticales, es decir, de fundir una misma raíz con las distintas terminaciones, constituye la *conjugación* de un verbo. De la diversidad de significantes propios de las terminaciones se desprende que existen varios tipos de conjugación verbal, aunque los significados gramaticales que distinguen entre sí las formas de cada conjugación son siempre constantes. Los paradigmas de las conjugaciones y las características fónicas correspondientes se expondrán más adelante (§ 234 y sigs.).

Persona y número verbales

194. Si cotejamos formas verbales como las siguientes:

canto / cantas	canto / canta	cantas / canta
cantamos / cantáis	cantamos / cantan	cantáis / cantan
viví / viviste	viví / vivió	viviste / vivió
vivimos / vivisteis	vivimos / vivieron	vivisteis / vivieron

se observa que los contenidos correspondientes a los significantes de cada pareja coinciden salvo en un rasgo: cada término tiene sujeto gramatical diferente, es decir, una de las llamadas personas (primera, segunda o tercera). Igualmente, comparando esta otra serie:

canto / cantamos	cantas / cantáis	canta / cantan
viví / vivimos	viviste / vivisteis	vivió / vivieron

comprobamos que los contenidos son idénticos en cada pareja, excepto que el sujeto gramatical de cada miembro se asocia con número diferente (singular o plural). En el signo morfológico del verbo se manifiestan, pues, variaciones de los morfemas de *persona* y *número,* que cumplen la función de sujeto gramatical y hacen referencia a un ente comprometido en la actividad o el proceso designado por el signo léxico del verbo. Los morfemas de persona y número no son exclusivos del verbo, puesto que afectan también a otras clases de palabras. Las distinciones de la primera serie citada de parejas se corresponden con las que oponen entre sí a las unidades llamadas sustantivos personales *(yo / tú, yo / él, tú / ella, nosotros / vosotros, nosotros / ellos, vosotras / ellas),* si bien en estos la noción de persona forma parte de su contenido léxico y no del morfológico (§ 84 y sigs.).

195. El morfema de *persona* inserto en el verbo hace alusión a uno de los entes que intervienen en un acto de habla. En estos siempre existe un hablante, un oyente y todo lo demás. Se dice que el verbo lleva primera persona cuando el hablante coincide en la realidad con el ente a que hace referencia el sujeto gramatical (así en *canto* o *vivo);* se habla de segunda persona cuando lo denotado por el sujeto gramatical coincide con el oyente (como en *cantas* o *vives);* se considera que hay tercera persona cuando la referencia real del sujeto gramatical no coincide ni con el hablante ni con el oyente (tal que *canta* o *vive).* Esta tercera persona se manifiesta también cuando no interesa o no se puede puntualizar en la realidad la referencia del sujeto gramatical, es decir, cuando es imposible un sujeto explícito (como al decir *Llueve, Nieva, Se canta,* etc.). En estos casos, la ausencia habitual de sujeto explícito no impide que el verbo siga provisto de un sujeto gramatical de tercera persona, con su valor extensivo de «cualquier persona indiferentemente». La indistinción ocasional de las personas, propia del morfema de tercera, explica por qué un hablante puede contestar a una pregunta como *¿Qué haces?* diciendo en tercera persona: *Nada, se medita* (en lugar de la forma de primera persona *Medito).*

196. El *número* es morfema solidario con la persona dentro del verbo. En la segunda serie de parejas citadas (§ 194), la oposición entre los dos miembros de cada una consistía en que el sujeto gramatical se refería bien a uno, bien a varios entes de la realidad. Se trata, en principio, de la misma distinción señalada en los sustantivos (*casa / casas, pared / paredes,* etc.). Pero en el verbo (igual que en los sustantivos personales, § 90), lo denotado por la oposición entre singular y plural no es exactamente lo mismo que designa con los sustantivos. En estos, el plural señala que se hace referencia a varios objetos de la misma clase *(casas* equivale a la suma de *casa + casa + casa,* etc.) y el singular designa o bien un ente único (de la clase manifestada por el signo léxico), o bien el conjunto indiferenciado de todos los entes adscritos a la misma clase (valor genérico). Así, en *Piafaban los caballos* se alude a la pluralidad de objetos designados por el significante *caballos,* y en *Piafaba el caballo* se hace referencia a «un solo caballo concreto»; pero en *El caballo es un solípedo,* el sustantivo *caballo* no indica ni unidad ni variedad de objetos, sino el conjunto genérico de todos los de la misma clase.

En el verbo, la oposición singular/plural es de otra índole. Por ejemplo, *cantamos,* en plural, no se refiere a un conjunto de varias primeras personas, sino que su sujeto gramatical abarca simultáneamente la referencia a la primera persona, que es el hablante, y a otras personas no primeras; *cantáis* denota la segunda persona del oyente junto con otras; solo *cantan* alude a un conjunto de terceras personas, siendo así su comportamiento semejante al del plural de los sustantivos.

197. Según se ha visto, los significantes que manifiestan los contenidos de persona y número no siempre pueden aislarse respecto de los que expresan otros morfemas ni de los que aluden al significado léxico del verbo. Tampoco es uniforme el significante asociado con cada uno de los morfemas de persona y número. Por ejemplo, el contenido de «primera persona, singular» se revela (según su contexto) como *-o* en *canto,* como *-e* en *cante,* como *-a* en *coma,* como *-é* en *canté,* como *-í* en *comí.* Solo algunos significados se manifiestan constantemente con el mismo significante. Por ejemplo, la combinación de las vocales *a, e* ante *-s* indica siempre «segunda persona singular» *(cantas, vives);* la terminación *-is* señala «segunda persona plural» *(cantáis, vivís, cantaseis, vivisteis);* vocal seguida de *mos* evoca «primera persona plural» *(cantamos, comemos, vivimos, somos);* vocal seguida de *n* alude a «tercera persona plural» *(cantan, viven, son).* Pero no es fácil decidir si esas vocales pertenecen al significante del signo léxico verbal o al del signo morfológico. Para mayor sencillez, las consideramos incluidas en la terminación y no en la raíz de la forma verbal.

La voz o diátesis

198. Además de la persona y el número, accidentes no exclusivamente verbales, se incluyen en el verbo otros morfemas propios, que, aunque puedan estar amalgamados con los primeros en el significante, no afectan más que a la significación de la raíz léxica. Son los morfemas o accidentes conocidos con los términos de *voz, modo, tiempo* y *aspecto.*

La *voz,* o *diátesis,* hace patente el tipo de relación que se establece entre el significado de la raíz y el morfema de persona que actúa como sujeto gramatical. Muchas veces, la experiencia comunicada comporta un actor de la actividad designada por el verbo, y un paciente afectado por ella. Cuando la persona sujeto se refiere al actor se suele hablar de «sujeto agente», y cuando se refiere al objeto que la padece se habla de «sujeto paciente». Hay lenguas en que estas diferencias se reflejan en los morfemas verbales. En español no es así, puesto que la expresión de los contenidos «activo» y «pasivo» no afecta a la estructura de la forma verbal, sino solo a la construcción del enunciado. Si en *El campeón fue vencido* se dice que hay un contenido «pasivo» y en *El campeón fue vencedor* no, se debe exclusivamente a la significación de la unidad *vencido,* y en ningún modo a la forma verbal, que en ambos casos presenta los mismos morfemas gramaticales.

Tampoco presenta características especiales la forma verbal en las construcciones que se llaman «pasivas reflejas», como en *Se construyen casas.* El hecho de que el objeto designado por el sujeto explícito *(casas)* sea en la experiencia comunicada el paciente de la actividad denotada por el verbo no impone en la estructura gramatical ningún rasgo particular. Se trata de una forma verbal incrementada por el «reflexivo» *se,* que alude a la misma persona designada por el sujeto gramatical («tercera persona») y el sujeto explícito *(casas).* Sucede lo mismo en los casos, denominados a veces de «voz media», de estos ejemplos: *Juan se levanta, El culpable se arrepiente,* etc., donde la forma verbal sigue presentando las mismas relaciones que en cualquier otro caso de construcciones «reflexivas» (es decir, aquellas en que la referencia personal del incremento *se* coincide en la realidad con la persona señalada por el sujeto gramatical, como en *Juan se lava*, § 270).

Morfemas o accidentes verbales

199. Excluidos persona y número, que no son exclusivamente verbales, y la voz o diátesis, que no tiene configuración morfemática en el verbo español, quedan otros morfemas o accidentes gramaticales que oponen entre sí las diferentes variaciones de la conjugación del verbo. Si cotejamos las siguientes formas verbales (provistas todas del mismo significante léxico e idénticos morfemas de persona y número): *cantas, cantabas, cantaste, cantarás, cantarías, cantes, cantaras, cantases, cantares, canta (tú),* observamos que no se emplean indiferentemente y que entre sí ostentan diversidad de contenido. Igual diríamos del grupo de formas compuestas, en que se funden una forma del verbo *haber* y un participio, y que, si bien separados sus dos componentes en la grafía, son unidades globales en cuanto al sentido: *has cantado, habías cantado, hubiste cantado, habrás cantado, habrías cantado, hayas cantado, hubieras cantado, hubieses cantado, hubieres cantado.* La oposición entre la primera serie de formas y esta segunda revela cierta diferencia morfemática. Las formas compuestas señalan respecto de las otras un contenido de *anterioridad*. Al cotejar las formas de cada serie entre sí, se revelan ciertos paralelismos de las diferencias y algunas proporciones. Así, las parejas *cantas* y *cantabas, cantarás* y *cantarías, cantes* y *cantases* se oponen entre sí por un rasgo que se corresponde con el morfema denominado *modo*. Y a la vez, la proporcionalidad de esas diferencias, *cantas / cantabas; cantarás / cantarías; cantes / cantases,* manifiesta la presencia del morfema llamado *tiempo* (o más precisamente *perspectiva).* A estas tres distinciones de *anterioridad, modo, perspectiva,* se ha de agregar la del morfema de *aspecto* (§ 225).

Formas derivadas del verbo

200. Se incluyen en la conjugación verbal tres unidades que, si bien comportan el mismo signo léxico que las otras formas del verbo, se caracterizan por rasgos particulares: en primer lugar, la imposibilidad de funcionar como núcleo de oración (§ 312), y, luego, la carencia de los morfemas propios de aquellas. Se trata de los llamados *infinitivo, gerundio* y *participio*, considerados, no sin razón, como *formas nominales del verbo*. En realidad, son unidades derivadas del signo léxico de los verbos y que funcionan, respectivamente, en los papeles de los sustantivos, de los adverbios y de los adjetivos. Sin embargo, tales unidades derivadas conservan en parte las posibilidades combinatorias admitidas por el signo léxico verbal. Es decir, las formas nominales del verbo (también conocidas como *formas no personales del verbo* o *verboides*), aun cuando por su función ni son verbos ni constituyen oración, se comportan dentro de un grupo complejo unitario como núcleo de él y son susceptibles de llevar adyacentes análogos a los que el verbo recibe en la oración. Por ejemplo, en un grupo nominal cuyo núcleo sea un sustantivo, el adyacente de este llevará el índice preposicional propio de la adjetivación: *Por el temor de las represalias*, mientras que en un grupo nominal cuyo núcleo sea un derivado verbal, el adyacente adoptará los índices propios que llevaría con un verbo: *Al temer las represalias, Temiendo las represalias* (como en *Temes las represalias*). En suma, las unidades derivadas verbales están constituidas por el signo léxico y un derivativo que les confiere otras posibilidades funcionales y la capacidad de aceptar morfemas de tipo nominal.

El infinitivo

201. El *infinitivo* es un derivado verbal cuyo significante agrega al del signo léxico del verbo un sufijo que adopta una de las formas *ar, er, ir*, como en *cantar, comer, vivir*.

Sus funciones coinciden con las del sustantivo (§ 67): *Necesito descansar*, igual que *Necesito descanso; Le gusta comer*, igual que *Le gusta la comida*. Por consiguiente, aunque el infinitivo carece de variación morfemática de género y número y las unidades que a él se refieren adoptan en exclusiva los rasgos propios del masculino singular (como en *Es necesario trabajar y descansar)*, su comunidad de función con el sustantivo le permite a veces adoptar por énfasis el artículo: *El comer*. Cuando este uso se hace frecuente, el infinitivo se convierte en un verdadero sustantivo que puede presentar variación de número: *El saber, Los saberes; Los andares, Los placeres, Los deberes*.

De este modo, el infinitivo (aislado o acompañado en grupo por términos adyacentes) aparece en todas las funciones propias de los sustantivos: sujeto explícito en *Beber agua es muy sano*; objeto directo en *Quiero comer carne*; objeto preposicional en *Trató de explicarlo*; objeto indirecto (poco frecuente) en *No da ninguna importancia a vivir bien*; adyacente circunstancial en *No por mucho madrugar amanece más temprano*; atributo en

Esto es vivir; adyacente de sustantivo en *Tenía ganas de dormir;* adyacente de adjetivo en *Es un problema fácil de resolver;* adyacente de adverbio en *Se lo advirtieron antes de empezar.*

202. El infinitivo es incompatible con los morfemas propios del verbo, excepto el que llamamos *anterioridad:* junto a los infinitivos simples como *cantar, comer, vivir,* etc., existen las formas compuestas *haber cantado, haber comido, haber vivido,* etc. A diferencia de las simples, que sitúan la noción designada en un momento dado, las compuestas la señalan como anterior a este. Obsérvese en estos ejemplos:

> A este escritor [...] le falta, para ser humorista, *el haberse reído* alguna vez de sí mismo (**68.**1.167).
> Guardad en la memoria estas palabras, que mi maestro confesaba *haber oído* a su abuelo (**68.**1.217).
> Pienso, además, que [la verdad] pudiera existir, precisamente *por haber pensado* lo contrario (**68.**1.161).
> Ser es también *haber sido* (**59.**II.292).

Por otra parte, según lo dicho en § 200, el infinitivo adopta términos adyacentes propios de los verbos: *Quiero decir unas palabras,* donde *palabras* es objeto directo del infinitivo (como lo sería con un verbo personal: *Diré unas palabras); Debes creer en sus promesas,* donde *promesas* es objeto pre-posicional del infinitivo; *Te conviene escribir al director,* donde el último sustantivo es objeto indirecto del infinitivo; *Pensaba pasar las vacaciones en el monte,* donde *monte* es adyacente circunstancial del infinitivo; *No te conviene ser sincero,* donde *sincero* es atributo del infinitivo.

Además de estos adyacentes, el infinitivo puede ir acompañado de otro que, en una oración con verbo personal, funcionaría como sujeto explícito: en *El apoyar tú la propuesta me satisface,* el sustantivo personal *tú* sería sujeto explícito en el enunciado *Tú apoyas la propuesta y ello me satisface.* No hay inconveniente en llamar a esa unidad sujeto del infinitivo, pero teniendo en cuenta que, al carecer el infinitivo de morfemas personales, no existe la forzosa concordancia entre sujeto explícito y morfema personal del verbo (§ 320), es preferible llamarlo *adyacente temático.* Otras particu-laridades de las construcciones en que interviene el infinitivo se verán más adelante (§ 315-318).

El gerundio

203. El *gerundio* es también un derivado del signo léxico del verbo. Su significante ostenta las terminaciones *ando* y *iendo,* como en *cantando, comiendo, viviendo.* Sus funciones, en principio, son las que cumple el adverbio, y de este modo aparece como adyacente circunstancial en la oración. De los rasgos morfemáticos verbales solo conserva, como el infinitivo, la expresión de la anterioridad: *habiendo cantado, habiendo comido, habiendo vivido*, con la misma significación de anterioridad respecto del núcleo verbal:

> El azul que tenemos adelante lo vemos como *habiendo sido* otro azul más intenso (**80**.336).

Pero en lo demás, carece de variaciones morfemáticas como los adverbios: *Contestó riendo* (como *Contestó jovialmente*), *Hablaba gritando* (como *Hablaba desaforadamente*). También, como los adverbios, el gerundio disfruta en general de libertad de posición en el enunciado: *Hablando se entiende la gente; La gente se entiende hablando; Se entiende, hablando, la gente.*

Cuando el gerundio se combina, igual que el infinitivo, en grupo unitario con otras palabras, lleva términos adyacentes, los cuales son determinaciones o especificaciones de su signo léxico y presentan los rasgos propios de los adyacentes verbales. Así, en estos ejemplos: *Te enterarás del asunto leyendo este artículo* (gerundio con objeto directo); *Pensando en tales tonterías no hizo nada* (gerundio con objeto preposicional); *Enviando esta nota a la empresa, te recibirán* (gerundio con objeto directo e indirecto); *Pasaba la tarde descansando en la terraza* (gerundio con adyacente circunstancial); *Siendo tenaces, lograréis vuestros propósitos* (gerundio con atributo).

También el gerundio, como el infinitivo, admite un adyacente temático: *Asistiendo tú, no habrá discusión; Estando presentes los testigos, se reconstruyeron los hechos.*

204. El gerundio puede ser adyacente de un sustantivo. En enunciados no oracionales (§ 456), tales como titulares o pies alusivos a imágenes, se encuentran ejemplos como *El rector inaugurando la nueva Facultad, Las ranas pidiendo rey*. Esta capacidad, análoga a la de los adjetivos, permite al gerundio aparecer en funciones de tipo atributivo (§ 359): *Vieron el coche rodando por la ladera, Se oyó la sirena rasgando el silencio*. Incluso, algunos gerundios se han estabilizado en funciones de adjetivo: *Hay que pelarlo con agua hirviendo, La vida es el texto eterno, la retama ardiendo al borde del camino* (**80**.357). Por las mismas razones, a veces sustituye a las estructuras de relativo: en los ejemplos anteriores podría decirse *Vieron el coche que rodaba por la ladera, Se oyó la sirena que rasgaba el silencio*. Sin embargo, la equivalencia del gerundio y la construcción de relativo en esos casos o en *Mira al niño saltando la tapia = que salta la tapia*, es imposible cuando la referencia semántica del gerundio es de índole estática: no se dirá *Tiene un hijo siendo miope,* sino forzosamente *Tiene un hijo que es miope.*

La función adjetiva del gerundio lo habilita para desempeñar el papel de atributo en las oraciones copulativas (§ 359). Pero con restricciones: puede decirse *El presidente está descansando, Todos me estáis ocultando algo* (**26**.46), pero no es admisible *Es descansando, Sois ocultando* (a no ser en las construcciones enfáticas de tipo ecuacional, como en *Es descansando como me encuentro mejor,* § 362). Ahora bien, la relación léxica entre la raíz del núcleo verbal y el gerundio es demasiado íntima en estos casos, a pesar del paralelismo con estructuras como *El presidente está tranquilo,* por lo cual parece mejor estimar la combinación de las formas de *estar* con el gerundio como núcleos complejos o perífrasis verbales (§ 319).

Por último, mientras el infinitivo, por su función primaria sustantiva, puede ir precedido de preposiciones, el gerundio solo admite *en,* uso poco frecuente, pero que permite distinguir a veces referencias diversas: *Leyendo el periódico se durmió* («mientras leía el periódico») frente a *En leyendo el periódico se durmió* («en cuanto leyó...»); *En entrando ahí, daban tentaciones de echarse a la larga* (**1**.142). También el gerundio es susceptible de desarrollar, como ciertos adverbios (§ 189), derivados de carácter afectivo: *Lo dijo callandito, Se acercó corriendillo.*

205. La significación que el derivativo aporta al gerundio es en esencia la indicación de la duración. Ello implica que la referencia de la raíz del gerundio se toma como noción simultánea de la que manifiesta el núcleo de la oración. Así, en el ejemplo *Pasaba la tarde descansando en la terraza,* las nociones «descansar» y «pasar» se conciben como simultáneas, igual que el «jugar» y el «oír» de *Desde allí oía a los niños jugando en la calle.* Según se vio arriba, la forma compuesta, *habiendo cantado,* asocia el sentido de duración con la anterioridad: *Habiéndose incendiado el registro, fue imposible determinar su fecha de nacimiento,* donde la referencia de la noción «incendio» se sitúa con anterioridad al intento de determinar la fecha.

Estos rasgos semánticos del gerundio justifican la constante condena del empleo de esta forma para referirse a momentos posteriores a los considerados en el núcleo verbal. No es correcto *El agresor huyó, siendo detenido horas después* en lugar de *El agresor huyó y fue detenido horas después,* ya que las nociones expresadas de «huida» y de «detención» no son cronológicamente simultáneas. Solo es aceptable este tipo de combinación del gerundio cuando la posterioridad es inmediata, como en *Entró en la casa dando un portazo.*

El participio

206. El *participio* se deriva de la raíz verbal mediante un derivativo que confiere a la unidad resultante la función propia del adjetivo. El significante del derivativo es variable según el de la raíz verbal: los más frecuentes son *ado, ido* como *cantado, comido, vivido*. Pero hay otras expresiones irregulares en que se produce una refundición más o menos profunda del derivativo con el significante de la raíz, como en *hecho, roto, visto, puesto, dicho*, participios derivados de la raíz presente en los infinitivos *haber, romper, ver, poner, decir*. Han existido muchos participios de este tipo, pero en general se han ido regularizando. He aquí algunos casos: de *prender, preso* y *prendido;* de *encender, enceso* y *encendido;* de *ver, visto* y *veído;* de *querer, quisto* y *querido;* de *volver, vuelto;* de *resolver, resuelto;* de *freír, frito* y *freído;* de *romper, roto* y *rompido;* de *traer, trecho* y *traído;* de *cocer, cocho* y *cocido;* de *conducir, conducho* y *conducido;* de *ceñir, cinto* y *ceñido;* de *teñir, tinto* y *teñido;* de *nacer, nado* y *nacido;* de *abrir, abierto;* de *escribir, escrito;* de *morir, muerto*.

Como los adjetivos, los participios poseen variación de género y número y admiten gradación. Los significantes del morfema de género son /-o/ para el masculino y /-a/ para el femenino, y los del número plural son respectivamente /-os/ y /-as/. Las variaciones dependen del género y el número que ostente el sustantivo con que el participio esté en relación. En los casos de sustantivación con el artículo, se encuentran las tres posibilidades de los adjetivos: *el citado, la citada, lo citado*. En cuanto a la gradación, se emplean los mismos procedimientos que con el adjetivo: *muy avanzado, más avanzado, tan avanzado, menos avanzadas, demasiado avanzado, poco avanzadas, bastante avanzados, avanzadísimo*, etc.

207. El participio funciona como adyacente de un sustantivo en un grupo unitario, y como atributo junto a los verbos. Es adyacente de un sustantivo en: *Hojas del árbol caídas, [...], Las ilusiones perdidas* (44.2.68), *Los libros editados, Una persona honrada;* es atributo en *El cocinero es honrado, Su tía está cansada, Los contribuyentes no parecen satisfechos,* y en las estructuras llamadas pasivas (§ 363): *Los delegados no fueron convencidos, La nota será recusada*. En estos casos, tanto el participio como el adjetivo, cuando son consabidos, dejan junto al verbo un referente invariable *lo: El cocinero lo es, Su tía lo está, Los contribuyentes no lo parecen, No lo fueron, Lo será*.

Aunque por su origen el participio efectúa una referencia «pasiva», en muchas ocasiones se emplea también con sentido «activo». Así, en *Es un hombre leído*, «que lee», frente a *He aquí los libros más leídos*, «que han sido leídos»; y en *Era muy considerado con sus colaboradores*, frente a *Era muy considerado por sus colaboradores*.

Tampoco falta el participio, igual que los adjetivos, en funciones atri-butivas de tipo adverbial, como en *Llegaron muy fatigados a la cumbre, Vendrán retrasadas como siempre, Pasaréis la tarde muy divertidos.*

Por último, también admite adyacentes varios como los adjetivos: *Ese artículo está escrito con los pies, Le regalaron un cuadro pintado a la acuarela, Son gentes predestinadas al ocio, Le erigieron un busto esculpido en granito, Lo encerraron en un barracón desprovisto de ventanas, Lo han encontrado atado de pies y manos, No era hombre preocupado por el futuro,* etc.

208.   Es frecuente la aparición del participio en las llamadas construc-ciones absolutas. En ellas, una unidad de función adjetiva, como lo es el participio, constituye grupo unitario con otras palabras, cumpliendo en con-junto el papel de adyacente oracional (§ 358). Suele anteponerse este grupo al resto del enunciado, aunque no forzosamente, como en los ejemplos siguientes:

> *Terminada la alocución,* el general fue muy aplaudido.
> *Concedido el permiso,* puso manos a la obra.
> Por fin desistimos, *convencido Juan de nuestros argumentos.*
> El médico, *examinada la enferma,* dudaba en confirmar el diagnóstico.

Tampoco es preceptivo que el participio preceda al resto del grupo: *El gesto fruncido, la voz apagada, el secretario se despidió secamente.*

Una variante de esta construcción, propia de la lengua escrita o afec-tada, consiste en la conexión del participio con el otro elemento mediante una estructura de relativo: *Vistos que fueron los expedientes, el juez dicta-minó; Llegado que fue a su casa, se acostó* (§ 143).

La relación entre el participio y el otro término de la construcción absoluta se revela mediante la concordancia: el participio exhibe los mor-femas de género y número del sustantivo. Debe notarse que este está provisto del valor identificativo del artículo (o las unidades que lo contie-nen, como los nombres propios, los demostrativos, los posesivos y los sus-tantivos personales). Resultaría absurdo eliminar ese valor y dejar los ejem-plos anteriores así: *Terminada alocución, el general fue muy aplaudido; Con-cedido permiso, ...; Examinada enferma,* etc. (a no ser en circunstancias especiales, como al redactar un telegrama). Por otra parte, en las cons-trucciones absolutas, son precisos los dos términos: el participio no puede eliminarse, y el sustantivo solo cuando el contexto lo suple. Sería insólito, en los casos anteriores, *Su alocución, fue muy aplaudido; El permiso, puso manos a la obra,* etc. Pero si en el contexto previo se han mencionado ya los sustantivos, no serían necesarios y podría decirse: *Terminada, fue muy aplaudido; Concedido, puso manos a la obra*, etc. Todo ello demuestra que en la construcción absoluta, el participio es el núcleo y el sustantivo su adyacente temático.

Por último, el participio, inmovilizado en el significante del masculino singular, entra a formar parte inseparable de los núcleos verbales llamados formas compuestas: *he cantado, habías comido, habrán vivido*. En estilo algo arcaizante, cuando el participio de estas formas queda solo para evitar la repetición de la forma verbal, puede recibir referentes enclíticos, según hacen el infinitivo y el gerundio, pero este uso es escrito y escaso: *¡Con qué gusto hubiera modelado él la estatua de Don Juan [...] y puéstola entre las víctimas del héroe...!* (**68**.1.107), *Su filosofía [...] le había conducido a muy distintas conclusiones, y reveládole convicciones muy otras* (**68**.1.238), *Algún ángel había descendido a mí y consoládome durante mi sueño* (**85**.1283).

Los modos verbales y la modalidad del enunciado

209. Se suele distinguir entre el *dictum* (o contenido de lo que se comunica) y el *modus* (o manera de presentarlo según nuestra actitud psíquica). Los procedimientos gramaticales que denotan la actitud del hablante respecto de lo dicho, constituyen las variaciones morfemáticas del verbo conocidas como *modos*. De lo expuesto previamente se deduce que los derivados verbales infinitivo, gerundio y participio, que no pueden ser núcleo oracional, carecen de tal variación y no pueden ser llamados modos.

Antes de examinar los morfemas de modo, hay que señalar la relación que mantienen con cada una de las modalidades del enunciado que, según se vio en § 52, quedan distinguidas por el contorno de entonación. Este, en especial por su tonema final, separa los significados de aserción, interrogación y apelación. No se menciona el contenido de exclamación (reflejo del sentimiento del hablante) por cuanto puede asociarse a cualquiera de los otros tres; por ejemplo, se observa aserto exclamativo en *¡Qué mal lo pasamos!*, interrogación exclamativa en *Pero ¿qué dices?*, apelación exclamativa en *¡Dilo ahora mismo!*

Las variaciones del verbo no son todas compatibles con las tres modalidades del enunciado. Con la interrogación, no pueden aparecer las formas [4] *cantes, cantaras, cantases, cantares, canta (tú):* sería incorrecto decir

---

[4] Cada grupo de formas de la conjugación lo representamos con el significante de la segunda persona. Al leer *cantas*, ha de entenderse el grupo entero: *canto, cantas, canta, cantamos, cantáis, cantan* y los correspondientes a otras conjugaciones: *come, comes...*, *vivo, vives*, etc.

¿Cuándo vengas?, ¿Quién viniese?, ¿Cómo vinieras?, ¿Dónde estuvieres?, ¿Qué cantad? (aunque sí pueden aparecer dependiendo de otro núcleo verbal, como en *¿No te han dicho que vengas?, ¿Quién dijo que viniese?, ¿Cómo pensó que vinieras?*, etc.). Con modalidad apelativa no se encuentran las formas *cantas, cantabas, cantaste, cantarías.* En fin, con la modalidad aservativa son compatibles todas las variaciones morfemáticas del verbo, salvo una, la del llamado modo *imperativo,* cuyo uso se restringe a la modalidad apelativa: *Canta, Comed, Vivid.*

El imperativo

210. El contenido morfemático del *imperativo,* opuesto al de las demás formas verbales, se puede designar con el término de apelación. La particularidad de su significado, que se asocia solo con significantes diferenciados cuando el sujeto gramatical es de segunda persona, se corresponde con su peculiaridad fónica distinta a la del resto de significantes verbales de segunda persona. El significante de segunda persona (salvo el caso de *cantaste, comiste, viviste*) ostenta siempre una *-s* final *(cantas, cantáis, comías, vivirás,* etc.). En cambio, el imperativo presenta siempre terminaciones sin *-s:* con vocal *(canta, come, vive)* o la mera raíz verbal *(ten, pon, sal)* en combinación con singular; con *-ad, -ed, -id* para el plural *(cantad, comed, vivid).*

Un segundo rasgo diferencial del imperativo respecto de las demás formas verbales consiste en añadir como enclíticos los referentes pronominales átonos (§ 85, 288 y sigs.), en lugar de situarlos proclíticos: *cómpralo, cuéntamelo, enviádsela, recibidlas, temednos* (mientras se dice *lo compras, me lo cuentas, se la enviáis, las recibís, nos teméis).* Cuando se agrega al plural del imperativo el referente átono *os,* la *-d* final del verbo desaparece: *alegraos, proponeos, arrepentíos;* se exceptúa el imperativo del verbo *ir: idos.*

Es muy frecuente, aunque no correcto, el uso oral del significante del infinitivo en lugar del imperativo plural: *Venir, venir acá* (**93.**212) por *venid; Iros, iros, nos tiene sin cuidado* (**93.**202) por *idos; Ayudarme a sacar esto de aquí* (**93.**195) por *ayudadme, Imaginaros que [...] habla del Manuscrito* (**73.**21) por *imaginaos.* Deben evitarse las formas dialectales o vulgares en que la *-d* se omite *(decí, pasá, poné)* o se sustituye, como en otros casos de *-d* final *(sez* por *sed, verdaz,* etc.), por la articulación interdental de *z (tenez, pasaz, veniz).*

211. Las particularidades del imperativo inducen a segregarlo de la categoría de los modos, a pesar de la concomitancia que sus referencias de sentido presentan con ellos. Por ejemplo, cuando una oración con núcleo imperativo (siempre propio del estilo directo de la apelación) queda transpuesta dentro de otra en el estilo indirecto, los significantes del imperativo se sustituyen por los correspondientes del llamado modo subjuntivo: así, en lugar del enunciado *Le dice: ven*, podemos manifestar el mismo contenido con este otro enunciado: *Le dice que venga*, donde el imperativo ha sido desplazado por el subjuntivo *venga* y donde a la vez desaparece el sentido de apelación.

Es cierto que la apelación resulta a veces sugerida por otras formas verbales: *¡Vendrás a la fuerza!, ¡Levantemos el corazón!* Pero en estos casos, la modalidad apelativa no se expresa por el verbo, sino simplemente por el contorno peculiar de la entonación, que representamos en la escritura con los signos *¡!*

El imperativo tampoco distingue las diferencias morfemáticas de perspectiva temporal existentes en las otras formas verbales. Si los contenidos de los enunciados *Le dice que venga* y *Le dijo que viniese*, que se oponen por su diferente referencia temporal (uno al presente, otro al pasado), se restituyesen al estilo directo mostrando la apelación, resultaría *Le dice: ven* y *Le dijo: ven*, donde se observa que el imperativo es indiferente a la situación temporal divergente de ambas secuencias.

212.   Aparte la obligatoria entonación apelativa (y, por tanto, el estilo directo), el imperativo está restringido por tres condiciones: debe tener sujeto gramatical de segunda persona (singular o plural); ha de situarse en perspectiva temporal de presente, y su oración tiene que ser afirmativa (nunca negativa). Cuando alguna de estas tres condiciones no se cumple, aunque persista la intención apelativa, aparecen formas verbales del llamado subjuntivo: *Cantemos, Salgan; No cantes, No comáis.* Por ello, se ha pensado que el imperativo no es más que una variante del subjuntivo en ciertos casos. Pero el imperativo comporta un valor enfático en la apelación, señalado por sus propios significantes y por el hecho ya mentado de llevar en enclisis los referentes pronominales. Precisamente este rasgo del imperativo se contagia a las formas de subjuntivo de primera y tercera personas, cuando manifiestan el valor apelativo en lugar de los suyos propios. Compárense las secuencias apelativas *Veámoslo, Sálvese el que pueda, Preséntenmelo en seguida, Hágase su voluntad* (con el referente pronominal enclítico), y las puramente desiderativas: *Que todos lo veamos, Ojalá se salven todos, Acaso me lo presenten, Que se haga su santa voluntad* (con referentes proclíticos).

213.   Habría que explicar la incompatibilidad de las formas de imperativo con la negación (aunque a veces se utilicen incorrectamente, acaso por restauración gráfica de la -d en lugar de la -r del infinitivo usado coloquialmente en estos casos: en lugar de *No salir,* se escribe *No salid en toda la tarde).* Analizando cualquier imperativo, por ejemplo *venid,* se observa que su contenido consta del significado de la raíz *ven* (noción de «venir») y de los morfemas de «apelación u orden» y «segunda persona de plural» (manifestados conjuntamente por la terminación *id).* Su sentido, pues, equivale a «os ordeno venir». Cuando la apelación u orden se refiere a algo negativo, o sea, cuando se sugiere una prohibición, la negación no afecta al morfema de apelación (no se niega la orden), sino solo el contenido léxico de la raíz verbal, como si dijésemos «os ordeno no venir». Utilizar la negación con el imperativo, diciendo *No venid,* comportaría la negación de la orden de realizar lo expresado por la raíz verbal, con el sentido de «no os ordeno venir», en lugar de lo que se pretende comunicar, la prescripción de algo negativo como «os ordeno no venir». Por ello, el uso impone la construcción *No vengáis,* sin imperativo pero con entonación apelativa, donde lo negativo afecta exclusivamente al contenido de la raíz verbal («os ordeno que no vengáis»).

Indicativo, subjuntivo y potencial (condicionado)

214. Descontado el imperativo, el resto de las formas verbales se reparte, según lo visto en § 209, en dos grupos dependiendo de su compatibilidad con las modalidades del enunciado. Uno reúne las formas posibles con entonación interrogativa, como *cantas, cantabas, cantaste, cantarás, cantarías.* El otro engloba las que carecen de esa posibilidad: *cantes, cantases, cantaras, cantares.* Estos dos grupos coinciden con los establecidos por Andrés Bello según su diferente dependencia sintáctica en las oraciones transpuestas: de un lado, las que aparecen en *Creo que viene, Creo que venía, Creo que vino, Creo que vendrá, Creo que vendría,* y de otro las que ocurren en *No creo que venga, No creo que viniera* o *viniese.* Se trata de los modos denominados *indicativo* (las formas del primer conjunto) y *subjuntivo* (las demás). Ambos términos son válidos como tales, aunque imprecisos y heterogéneos: en su manera de designar, el indicativo «indica», señala una determinada noción; el subjuntivo alude a un comportamiento sintáctico (se subordina a algo).

También se ha empleado el término de *potencial* o *condicional* para denominar el modo particular de la forma *cantarías.* Pero si su comportamiento combinatorio es análogo a las formas del indicativo, y si sus peculiaridades son compartidas por la forma *cantarás,* también incluida en el indicativo, convendrá o dejar las dos dentro de este modo, o bien segregarlas como un modo especial intermedio entre indicativo y subjuntivo.

215. Estos dos criterios (el de la combinabilidad con la modalidad interrogativa, y el de las diferentes dependencias sintácticas en oraciones transpuestas) no son suficientes para determinar los morfemas de modo de las formas verbales cuando todas ellas son susceptibles de aparecer, es decir, cuando su presencia no está condicionada por el contexto, sino que depende en exclusiva de la libre elección del hablante, el cual pretende comunicar ciertos valores y no otros. Cotéjense estas tres series de ejemplos:

> 1) Aunque *ganas,* ese negocio no es bueno.
> Aunque *ganabas,* ese negocio no era bueno.
> Aunque *ganaste,* ese negocio no fue (era) bueno.
> 2) Aunque *ganarás,* ese negocio no es (será) bueno.
> Aunque *ganarías,* ese negocio no es (será, era, sería) bueno.
> 3) Aunque *ganes,* ese negocio no es (será) bueno.
> Aunque *ganases (ganaras),* ese negocio no es (será, era...) bueno.
> Aunque *ganares,* ese negocio no será bueno.

Aparte las diferencias de contenido introducidas por los morfemas de perspectiva, que sitúan los hechos denotados en diversos momentos temporales *(ganas* frente a *ganabas* o *ganaste,* etc.), se observa que en la serie 1) la ganancia a que se alude se considera real o efectiva; que en la serie 2) esa ganancia se estima posible (o sea, se ignora pero no se excluye la eventualidad de la ganancia), finalmente, en la serie 3) la ganancia se manifiesta como ficticia (es decir, el hablante cree que lo real es que no se gana). Este triple enfoque depende exclusivamente de cómo considera el hablante los hechos, esto es, de su actitud al evaluar el grado de realidad que atribuye a los hechos denotados.

216. Por consiguiente, el significado del modo queda configurado gramaticalmente en tres zonas diferenciadas por significantes distintos:

a) La de los hechos estimados reales o cuya realidad no se plantea por ser indiferente en la situación del hablante.

b) La de los hechos cuya realidad es factible siempre que se cumplan ciertas condiciones (el paso del tiempo, el cambio de circunstancias u otros factores).

c) La de los hechos ficticios, cuya eventual realidad se ignora o cuya irrealidad se juzga evidente (hechos que se imaginan, se desean, se sospechan, etc.).

Por tanto, existen tres modos, con significantes diferentes y que evocan significados diversos:

1.º El *indicativo,* que comprende las variaciones *cantas, cantabas, cantaste* (distinguidas entre sí por otros morfemas) y los correspondientes significantes para cada persona *(canto, cantas, canta,* etc.). Es el modo de mayor amplitud de uso; designa la «no ficción» de lo denotado por la raíz léxica del verbo, esto es, todo lo que el hablante estima real o cuya realidad o irrealidad no se cuestiona.

2.º El *condicionado* (llamado por lo común potencial o *condicional),* que incluye las formas *cantarás* y *cantarías* (con sus variaciones de persona y número) y que designa los hechos aludidos por la raíz verbal como sometidos a factores varios que los harán posibles.

3.º El *subjuntivo,* que abarca las formas *cantes, cantases, cantaras, cantares* (diferenciadas entre sí por otros morfemas) junto con sus variaciones de persona y número. Es el modo de menor capacidad de aplicación y señala el carácter ficticio, no real, de lo que denota el significado de la raíz verbal.

217. Las oposiciones modales así establecidas (cuyos rasgos semánticos diferenciales se basan en la actitud del hablante ante los hechos que comunica) se corresponden con su comportamiento respecto de las modalidades del enunciado. Así, la modalidad interrogativa solo tiene sentido para inquirir la realidad de los hechos y no cabe aplicarla para lo que ya se estima como ficticio. Si, por ejemplo, se dice *¿Quién canta?,* el morfema de indicativo que contiene la forma verbal implica la realidad de lo denotado (la noción de «cantar»); no tendría sentido preguntar *¿Quién cante?,* inquiriendo sobre el actor de una actividad que ya el morfema de subjuntivo declara ficticia. Ocurre también que las diferencias modales se suprimen en beneficio de la más general (la marcada por el indicativo) cuando el contexto manifiesta ya algún elemento que presupone la no realidad de lo comunicado. Por ejemplo, la unidad *si* (cuyo contenido implica un condicionamiento) elimina en ciertos casos la posibilidad de variación modal: se dice siempre *Si llueve, nos quedaremos en casa* y no *Si lloverá* ni *Si llueva,* con independencia de que el hablante enfoque la noción de «llover» como real, posible o ficticia.

En ciertos casos, el criterio de la dependencia sintáctica impone el uso de uno u otro modo en la forma verbal de la oración transpuesta, sin que haya posibilidad de elección diversificadora. Por ejemplo, según se vio en § 214, el verbo subordinado a otro como *creer*, que presupone referencia a algo no ficticio, no puede adoptar los morfemas de ficción anejos al subjuntivo: se dirá *Creo que viene, Creí que venía*, etc., y no *Creo que venga, Creí que vinieses*, etc. En cambio, verbos cuyo signo léxico denote nociones inseguras, no reales, ficticias, exigirán en la forma verbal dependiente morfemas propios de la ficción: *Espero que venga, Dudó de que viniese, Temíamos que viniera* (no son posibles *Espero que viene, Dudó de que venía, Temíamos que vino*).

218. En la clasificación modal propuesta, queda por aclarar si es adecuado reunir *cantarás* y *cantarías* como poseedores en común del morfema *condicionado*. Es normal asignar a las dos formas un contenido referente a la posterioridad de lo que denota su raíz respecto a un punto de partida temporal donde está situado el hablante: el momento en que se habla o uno previo a este. De ahí los términos con que se designan: *futuro* para *cantarás* y (como sugirió Bello) *pospretérito* para *cantarías*. Sin embargo, a veces ambas formas no denotan posterioridad al punto temporal en que nos situemos, sino simultaneidad con él; con lo cual se refieren a hechos que se estiman posibles o probables en el momento dado pero cuya realidad se ignora: *Serán las diez*, «puede que sean ahora las diez»; *Serían las cuatro cuando salió de casa*, «probablemente eran las cuatro»; *Tendrá mucho dinero, pero no lo demuestra*, «quizá tiene mucho dinero»; *Estudiaría mucho, pero hizo un examen pésimo*, «acaso estudió»; *El chico tal vez no sabrá lo que hizo* (**2**.73); *Aquella señora [...] sería, es claro, como las demás mujeres en el fondo* (**2**.62). En estos ejemplos, los valores comunes de *cantarás* y *cantarías* son modales. Cada forma, dentro de su perspectiva, se refiere a hechos cuya realidad está condicionada al paso del tiempo o al cumplimiento de factores ignorados o supuestos.

El tiempo o perspectiva: presente, pasado, futuro

219. Otros morfemas, señalados por sus respectivos significantes, oponen entre sí a las formas verbales agrupadas en cada uno de los tres modos. Los rasgos de significación que separan a *cantas* de *cantabas* y *cantaste*, a *cantarás* de *cantarías*, a *cantes* (y el desusado *cantares*) de *cantases* y *cantaras*, se suelen adscribir a la referencia del *tiempo* en que el hablante sitúa la noción denotada por la raíz verbal.

Pero el uso de estas formas temporales no es tan simple, porque no indican siempre una referencia concreta y precisa a un momento o a un segmento del decurso del tiempo objetivo. Nuestra interpretación psicológica del transcurso temporal discierne tres zonas: el período más o menos amplio en que experimentamos y comunicamos nuestra vivencia (que llamamos *presente)*, el período precedente que abarca todos nuestros recuerdos (que llamamos *pretérito* o *pasado)* y el período todavía no realizado ni vivido de lo que imaginamos, deseamos, proyectamos (que llamamos *futuro* o *porvenir);* o con expresión adverbial, un «ahora», un «antes» y un «después». Reflejando esta concepción del tiempo externo, se han fijado en la terminología tres etiquetas para las formas verbales que señalarían la situación de los hechos comunicados en la secuencia temporal: el *presente,* el *pretérito* y el *futuro.* Ya se ha visto arriba que lo situado en el futuro (todavía no real) incurre en los valores modales.

220.   Para designar los contenidos de tipo temporal, se arrastra una terminología poco precisa y nada transparente que, sin duda, es inferior y menos práctica que la propugnada por Andrés Bello. Según este, hay un *presente (cantas),* un *pretérito* y un *copretérito (cantaste* y *cantabas),* un *futuro (cantarás)* y un *pospretérito (cantarías).* Con el modo subjuntivo se desdibujan esas diferencias temporales. Pero la referencia de estos morfemas no alude siempre a la relación de anterioridad, simultaneidad o posterioridad respecto del acto de habla.

El *presente,* por ejemplo, no denota siempre la estricta simultaneidad de la noción evocada por la raíz verbal en el momento de habla. En *Ya sube la escalera,* el «subir» coincide, sin duda, con el momento en que se profiere ese enunciado; pero en *Llaman a la puerta,* el «llamar» es inmediatamente anterior al acto de habla, y en *Ahora mismo subo,* el «subir» será inmediatamente posterior a la expresión de esa secuencia. Así, el *presente* no significa la mera coincidencia de la noción verbal con el acto de habla, sino un segmento temporal en que ese acto está incluido. Por esta latitud de aplicación, puede usarse el *presente* para denotar hechos que en la realidad temporal están situados en zonas anteriores o posteriores al «ahora», o punto cronológico en que se manifiesta el yo que habla.

221.   Se llama *presente histórico* al empleo, tanto en la narración escrita como en el vivo relato coloquial, de las formas de presente para aludir a hechos cronológicamente ocurridos en el pasado: *Entro en la oficina y va el conserje y me dice que qué demonios hago allí; La madre cose. El niño, con la cara pegada a los cristales, sueña, mira a la calle, medita..., pregunta* (**51.**I.91).

Otras veces se utiliza el presente para aludir a hechos o «verdades» de siempre, anteriores y posteriores al «ahora» del hablante. Son los llamados *presente habitual* y *presente gnómico: El sol se pone por el oeste; El electrotrén llega a las nueve; El hombre es mortal; La sangre circula por las venas; Los suspiros son aire y van al aire* (**19**.XXXVIII).

También se recurre a las formas de presente para denotar hechos todavía no ocurridos, pero cuyo cumplimiento se espera con seguridad en el porvenir. Es el llamado *presente de anticipación.* Así, en *Este año acaba en viernes; El mes que viene me voy de vacaciones; Dentro de dos semanas empieza la vuelta a Francia; En setiembre se jubila don Pedro.*

El presente, pues, no alude estrictamente al presente cronológico, sino que sirve para denotar cualquier época, porque el contexto en que se inserta y la situación de habla en que se emplea determinan y fijan el lugar que ocupan los acontecimientos comunicados en el decurso temporal. El presente no indica un tiempo concreto, sino que se refiere al acaecer de los hechos de manera indeterminada y vaga.

También se ha visto antes cómo el futuro *cantarás* y el pospretérito *cantarías* no restringen su capacidad referencial a situar los hechos en la posterioridad, sino que pueden señalar una posibilidad simultánea respecto del momento de habla o de uno anterior.

Y en fin, las formas verbales asignadas habitualmente a señalar el pretérito pueden a veces aludir a hechos o nociones que se incluyen en la zona del porvenir: *Llegaba mañana, pero no tiene billete; Se casaban el mes que viene, pero se oponen las familias; Esta tarde había concierto, pero el pianista está enfermo.*

El sistema verbal

222. Por todo ello es preferible renunciar al término *tiempo* para designar los morfemas que consideramos, y adoptar el de *perspectiva temporal.* El hablante sitúa el acontecimiento que comunica o bien en la esfera de su circunstancia viva, en la que participa física o psicológicamente (perspectiva de presente o de participación), o bien lo relega a zona ajena a su circunstancia vital, por alejamiento físico o psicológico (perspectiva de pretérito o de alejamiento). Unos mismos sucesos, acaecidos objetivamente en un segmento concreto del decurso cronológico, pueden expresarse, según la intención participativa o inhibidora del hablante, con cualquiera de las dos perspectivas morfemáticas. Léase, por ejemplo, el siguiente pasaje:

... la Rosita *cantó* muy requetebién [...] *Llevaba* un micrófono redondo y largo en la mano y se *movía* divinamente por la pista [...] Y fíjate, [...] cuando nuestras mujeres *estaban* ya de verdad molestas por tanto celebrar a tu

Rosita, pues de pronto, después de los aplausos, la chica se *viene* a nuestra mesa. *Llega,* se *para* y me *larga* la mano (**51.**I.115).

Es un fragmento narrativo; el hablante se refiere a hechos pretéritos y utiliza las formas verbales de esa perspectiva *(cantó, llevaba, se movía, estaban),* y súbitamente, continúa con formas de perspectiva de presente *(se viene, llega, se para, me larga)* para actualizar los hechos pasados en que se participa.

Igualmente, hechos simultáneos con el acto de habla pueden ser expresados con formas verbales propias de la perspectiva del pretérito, como sucede cuando se trata de ocultar el interés por lo comunicado aparentando un alejamiento ficticio por cortesía o respeto. Así, cuando se dice *Quería pedirle un favor, Preferiría abstenerme,* en lugar de *quiero, prefiero.*

En conclusión, al entrecruzarse los morfemas de perspectiva (temporal o psicológica) con los de modo, quedan organizadas así las formas verbales:

PERSPECTIVA   **MODOS**

	Indicativo	Condicionado	Subjuntivo
Presente	cantas	cantarás	cantes
Pretérito	cantabas cantaste	cantarías	cantaras cantases

Cantaras y *cantases*

223. El valor de algunas de esas formas requiere explicación. En primer lugar, hay que aclarar lo que concierne a *cantaras* y *cantases,* englobadas ambas como subjuntivo pretérito. Aunque por su origen latino diverso designaban valores diferentes, la lengua moderna ha terminado por identificarlas, de manera que hoy se trata de dos significantes que abarcan un mismo significado, siendo el primero de uso más frecuente en la expresión oral y el segundo más propio de la escrita, sobre todo como recurso de variación estilística. En los siguientes pasajes, tanto da utilizar *cantara* como *cantase:*

> Por más que en Flores *protestasen* una porción de nobles sentimientos, [...] antes de que la reflexión *pudiera* deshacer el encanto, el corazón le latió con fuerza (**2.**42).
>
> [Su] valor en venta había de subir a un precio fabuloso el día en que

don Eufrasio *cerrase* el ojo y se *vendiera* aquel tesoro de ciencia en pública almoneda (**2**.138).

Sin embargo, en la lengua escrita se encuentran usos de *cantaras* que impiden su sustitución por *cantases*. Son restos de los primitivos valores de *cantaras*, mantenidos por arcaísmo afectado en la lengua de algunos escritores, o reflejo de los empleos dialectales propios de las zonas leonesas y galaicas. No pertenecen, pues, a la norma moderna del español. Estos casos de *cantaras* con sentido diferente a *cantases* son reemplazables en la lengua normal por otras formas verbales más apropiadas:

1.° Se utiliza *cantara* como arcaísmo o dialectalismo en lugar de la forma compuesta *habías cantado* (§ 229), con valor modal de indicativo e indicando anterioridad respecto a un punto del pretérito:

> Solo sabía [del mundo] por lo que dicen las novelas y por lo poco que le *enseñara* una observación constante (**2**.40).
> El 41 corría ya, y aún no había cumplido aquella especie de penitencia que se *impusiera* (**9**.125).
> Recordó entonces el sobre azul que *dejara* al acostarse sobre la desvencijada mesilla (**37**.10).
> Anda, tonto —dijo Rosa, que *escuchara* algo de la conversación (**41**.31).
> Si se le curó o no aquella matadura que le *hiciera* la lanza la semana pasada (**51**.I.191).

2.° Hay un uso afectado, periodístico y dialectal, de *cantaras* que la identifica con el indicativo pretérito *cantaste:*

> Se comenta el discurso que anoche *pronunciara* el presidente.

3.° También es arcaizante y afectado equiparar *cantaras* con el pospretérito *cantarías: Si tuviese ocasión, se lo dijera* (en lugar de se lo *diría); Sí; él también tenía una idea, y no la cambiara por otra alguna* (**85**.878); *Error considerable fuera confundir el entender con el conocer (***80**.II,64). No obstante, este uso permanece vivo en algunas fórmulas más o menos fosilizadas como *Otro gallo me cantara* (por *cantaría), Dijérase que no lo habían entendido* (**9**.133), y con algunos verbos cuya raíz tiene significado modal (como *querer, deber* y *poder): ¿Sabes lo que quisiéramos?* (por *querríamos,* (**9**.98), *No debieras decir eso* (por *deberías), Todo pudiera suceder* (por *podría*).

A veces, la igualación normal de *cantaras* y *cantases* induce a usar esta última forma en lugar de la primera con su sentido arcaizante: *Cantaron aquel son que tantas veces tocase el Ciego* (**51**.I.223), en lugar de *había* *tocado; ¿Y qué diría [...] ante aquel hombre [...], réplica absurda de quien fuese su héroe...?* (**62**.355), por *había sido.*

En suma, para el subjuntivo pretérito hoy no existe más que una sola unidad verbal que adopta indiferentemente los significantes *cantaras* y *cantases.* Los casos de no identificación son equivalentes a otras formas verbales.

Cantares

224. Del esquema anterior se ha descartado la forma *cantares* que hoy, salvo en alguna zona conservadora, es mero arcaísmo de la lengua escrita. Perdura en fórmulas sueltas como *Sea de esto lo que fuere, Adonde fueres haz lo que vieres*, etc., o en los usos de la tradicional lengua jurídica y administrativa: *Si alguien infringiere esta disposición, será obligado a pagar la indemnización a que hubiere lugar.* Aparece esporádicamente en la lengua literaria con regusto arcaizante: *Dejé a la perezosa fantasía vagar a su antojo, llevando el pensamiento por donde ella fuere* (**2**.140). Ya Andrés Bello consignaba el desuso de *cantares* y apuntó sus equivalencias: *Si alguien llamare (llama) a la puerta, le abriré; Estamos apercibidos para lo que sobreviniere (sobrevenga).* Cuando el uso de *cantares* se mantenía vivo, sus morfemas de perspectiva temporal eran sin duda los de presente, puesto que si en los últimos ejemplos de Bello se introdujesen los valores de pretérito en lugar de los de presente, la forma *cantares* sería reemplazada por formas de pretérito: *Ya advertí que si alguien llamaba a la puerta, le abriría; Ya dijimos que estábamos apercibidos para lo que sobreviniese (sobreviniera).* En cuanto a su valor modal, se observa que su primer sustituto es el subjuntivo presente *cantes*, como en *Cuando pueda y deba tener lugar la equidad, no cargues todo el rigor de la ley al delincuente* (en lugar de *pudiere* y *debiere*, en **30**.II.42); *Al culpado que caiga debajo de tu jurisdicción, [...] muéstratele piadoso y clemente* (en lugar de *cayere*). Pero hay contextos que excluyen el subjuntivo presente, de manera que aparece la forma verbal más extensa, menos específica, la del indicativo presente *cantas*. Por ejemplo, la unidad condicional *si* impide la presencia del subjuntivo presente y del futuro (es decir, el condicionado presente): no puede decirse *si cantes* ni *si cantarás;* por tanto, el sustituto de *cantares* en esos casos es por fuerza *cantas,* según muestran ejemplos anteriores *(Si alguien infringe esta disposición, Si alguien llama).*

Cantabas y cantaste

225. Las formas *cantabas* y *cantaste* coinciden en su valor modal de indicativo y en su perspectiva temporal de pretérito. El morfema de indicativo las opone a las formas también pretéritas del condicionado *canta-*

rías y del subjuntivo *cantaras-cantases,* y el morfema de pretérito las opone al indicativo presente *cantas.* Así, de un lado, *Dijo que venías ayer* y *Dijo que viniste ayer* se oponen por el modo a *Dijo que vendrías ayer* y a *Dijo que vinieses* (o *vinieras*) *ayer,* y de otro, por la perspectiva temporal, *Dice que estudiabas* y *Dice que estudiaste* se oponen al presente *Dice que estudias.*

No obstante, los enunciados *Dijo que venías* y *Dice que estudiabas,* de una parte, y *Dijo que viniste* y *Dice que estudiaste,* de otra, no se emplean para aludir a las mismas situaciones; hay entre ellas una diferencia significativa, aunque se refieren todas a hechos efectivos (propios para expresarse en indicativo) y situados en un momento temporal pasado (característico de la perspectiva de pretérito). Se discrepa al designar esta diferencia entre *cantabas* y *cantaste,* pero nadie la discute. Según Bello, *cantaste* es un pretérito y *cantabas* es un copretérito, con lo cual da a entender que siendo la referencia de las dos formas coincidente en la zona temporal, la de copretérito *cantabas* es más amplia y abarca en su transcurso los momentos denotados por el pretérito *cantaste.* De esta manera, se dice que *cantaba* posee sentido imperfectivo o durativo, mientras *cantaste* es perfectivo o puntual; en otras palabras, que el primero es *no terminativo* y el segundo es *terminativo* y señala la consumación de la noción designada por la raíz verbal.

A este tipo de distinciones se suele aplicar el término de *aspecto,* de suerte que así se evita aludir a diferencias cronológicas. Pero el mismo término se ha atribuido también a las particularidades de la noción denotada por la raíz verbal, y se dice, por ejemplo, que un significado como «tirar» es perfectivo o puntual (pues al producirse concluye) y otro como «vivir» es imperfectivo o durativo (porque al iniciarse se prosigue). Estos datos adscritos a la noción designada por la raíz verbal no tienen nada que ver con los valores que los morfemas aspectuales expresan en las formas *cantabas* y *cantaste,* pues su referencia no terminativa o terminativa es compatible tanto con raíces durativas como puntuales. En efecto, se dice lo mismo *La quiso con locura* que *La quería con locura;* en un caso, el morfema terminativo de *quiso,* aunque asociado al valor durativo de la raíz de *querer,* indica la conclusión de la noción aludida; en el otro, el morfema no terminativo de *quería,* asociado al significado de la raíz, indica la persistencia y la no conclusión precisa de esa noción. Pero este sentido de persistencia también es posible con los morfemas terminativos: *Toda la vida la quiso con locura.* La conclusión señalada por los morfemas de *cantaste* no implica para nada que el significado léxico de la raíz tenga que ser puntual o durativo; lo que indica es el cese, en un momento dado del pasado, de esa noción, sea momentánea, sea reiterada o sucesiva.

De igual modo, con una raíz de significado puntual como «disparar», los dos morfemas de aspecto son compatibles: con el terminativo se manifiesta el cumplimiento de lo designado: *Disparó con puntería;* con el no terminativo, se señala la reiteración indefinida de esa noción, cuyo cese ni interesa ni se considera: *Disparaba con puntería.* Por tanto, la duración o momentaneidad de la noción significada por la raíz léxica es independiente de cómo la enfoca el hablante: bien en su conclusión, bien desentendiéndose de ella. Cuando se dice *Aquí vivían mis abuelos,* no se hace referencia al término concreto de su morada; mientras que al decir *Aquí vivieron mis abuelos,* señalamos el cese de su vivir en el período pretérito a que aludimos.

226. Tampoco tiene nada que ver con el valor morfemático de las formas *cantaste* y *cantabas* el carácter inceptivo o global del significado de la raíz verbal. El significado «saber» implica su continuación ulterior (pues sabida una cosa, se sigue sabiendo), mientras el significado «llegar» exige su total cumplimiento en el momento considerado. Cotejando *Lo supe ayer* y *Llegué ayer* se observa que lo que comunican consiste en que las nociones «saber» y «llegar», aparte de que perduren o no sus consecuencias, se cumplen en el pretérito (no importa que el «saber» persista una vez conseguido, y que el «llegar» concluya con su consecución). En cambio, si se dice *Lo sabía ayer* y *Llegaba ayer,* se manifiesta no el logro o el establecimiento del «saber» o del «llegar», sino que se postula su existencia sin más en el período de la perspectiva de pretérito. En consecuencia, la distinción *cantaste-cantabas* no depende de la perspectiva temporal, ni de la calidad puntual o durativa de la noción léxica de la raíz verbal. Si dependiese de la perspectiva, sería de esperar que la distinción se produjese en otros casos. Por ejemplo, es imposible manifestarla cuando se sustituye el valor común pretérito de *Lo supe ayer, Llegué ayer* y de *Lo sabía ayer, Llegaba ayer,* por la perspectiva de presente; las nociones de consecución o mera existencia del «saber» y del «llegar» quedan confundidas en formas únicas: *Lo sé hoy, Llego hoy.*

227. Los morfemas aspectuales *terminativo* y *no terminativo* pueden incluir otros matices de lo que se quiere expresar. En la narración, *cantaste* se utiliza como significante de los hechos sucesivos aislados, mientras que *cantabas* sirve para mostrar el indiferenciado plano de fondo sobre el cual se desarrollan y destacan aquellos. De ahí la adecuación y conveniencia de los términos acuñados por Bello de pretérito y copretérito, como se ve en este pasaje:

En medio de la nave se *arrodillaron.* La madre *volvió* la cabeza hacia el hijo, con un signo familiar; *quería* decir que *empezaba* el rezo; *era* por el alma del padre, del esposo perdido. Ella *rezaba* delante, el hijo *representaba* el coro y *respondía* con palabras que nada *tenían* que ver con las de la madre (**2**.292).

El valor referencial más amplio del morfema no terminativo que se incluye en *cantabas* justifica la posibilidad de que aparezca a veces en lugar del morfema terminativo más específico de *cantaste*. Así:

> En la vendimia de 1935, no sé si porque *acudieron* más forasteros que nunca o porque el fruto *fue* corto, *quedó* sin trabajo mucha gente de la que *solía* venir de Andalucía para coger la uva (**51**.ii.101).

Si eliminamos el segmento temporal delimitativo *(de 1935),* todas las formas *cantaste* son sustituibles por las opuestas *cantabas:*

> En la vendimia, no sé si porque *acudían* más forasteros que nunca o porque el fruto *era* corto, *quedaba* sin trabajo mucha gente de la que *solía* venir para coger la uva.

También cuando partimos de una situación en perspectiva de presente, como en *Hoy hay concierto,* lo que se comunica es la simple existencia en el presente de lo denotado. Si, en cambio, colocamos los hechos en la perspectiva del pretérito, pueden quedar diferenciados dos contenidos: refiriéndose a la mera existencia en el pretérito de lo designado se dirá *Ayer había concierto;* pero afirmando la consecución o el cumplimiento de los hechos aludidos, se dirá *Ayer hubo concierto.*

228. Por su peculiar carácter, se explica que la forma no terminativa *cantabas* de esta oposición pueda emplearse para manifestar situaciones que en realidad comportan la negación de la noción significativa de la raíz verbal. Cuando se dice *Hoy llegaba Juan,* o *Mañana había concierto,* lo sugerido es la ignorancia o la negación de los hechos: «hoy llegaba, pero no llega», «hoy llegaba pero ignoro si ha llegado o no o si aún llegará»; «no sé si por fin mañana habrá concierto», «se piensa que mañana habría concierto, pero no se sabe».

Con la forma *cantabas* se expresa también el llamado *pretérito de conato,* en el cual la prevista intención de producirse un hecho queda anulada mediante su negación: *Salía de casa cuando llegó mi amigo* (esto es, «no salí»); *Se marchaba en octubre próximo, pero tuvo que quedarse* (es decir, «no se marcha»). Con la forma *cantaste* en los últimos ejemplos, el significado sería otro *(Hoy llegó Juan; Salí de casa cuando llegó mi amigo)* o sería imposible *(Mañana hubo concierto* no tiene sentido, tampoco *Se marchó en octubre próximo, pero tuvo que quedarse).* Según se ha apuntado (§ 222), se usa la forma no terminativa *cantabas* en lugar del presente, por cortesía, precaución o deferencia (cosa imposible con el terminativo *cantaste): Quería pedirle a usted un favor, Venía a consultarle un asunto, Otro Santo Oficio hacía falta para limpiar el país de esa contaminación* (**99**.XI) (en lugar de *quiero, vengo, hace).*

De modo análogo se emplea *cantabas* en lugar del pospretérito en la apódosis de las construcciones condicionales (§ 449): *Me daba por contento, si apruebas en setiembre* (en lugar de *Me daría por contento, si aprobases en setiembre).*

Los efectos variables de sentido, las referencias diversas que se comunican con *cantabas* (duración, iteración, incepción, previsión, negación, etc.) y con *cantaste* (conclusión, puntualidad, momentaneidad, efectividad, etc.) son mera consecuencia del contacto con la significación de la raíz verbal o con las otras unidades presentes en el enunciado. En todos los casos, persiste la diferencia morfemática entre el valor no terminativo de *cantabas* y el terminativo de *cantaste.*

Las formas compuestas y la anterioridad

229. Más arriba (§ 199) se han mencionado las formas compuestas del verbo: *has cantado, habías cantado, hubiste cantado, habrás cantado, habrías cantado, hayas cantado, hubieses cantado, hubieras cantado, hubieres cantado.* En principio, la relación opositiva de estas formas sería paralela a la que se ha visto entre las formas simples. Descartando la forma *hubieres cantado* (que como su correlato simple *cantares* ha desaparecido casi del uso hodierno), las demás se oponen entre sí por los mismos morfemas de modo y perspectiva temporal indicados, y constituyen un esquema análogo:

PERSPECTIVA	MODOS		
	Indicativo	Condicionado	Subjuntivo
Presente	has cantado	habrás cantado	hayas cantado
Pretérito	habías cantado hubiste cantado	habrías cantado	hubieras cantado hubieses cantado

Se ha indicado ya la diferencia de significado que opone las formas compuestas a las simples: el morfema de *anterioridad,* que sitúa la noción denotada por la raíz verbal en un período precedente al momento señalado por las formas simples correspondientes. Así, en las parejas *cantas / has cantado, cantabas / habías cantado, cantaste / hubiste cantado, cantarás / habrás cantado, cantarías / habrías cantado, cantes / hayas cantado, cantaras / hubieras cantado, cantases / hubieses cantado*, los segundos miembros aluden siempre a anterioridad temporal respecto de lo designado por los primeros. Ello justifica plenamente la terminología adoptada por Andrés Bello, que llamó *ante-presente* a *has cantado*, *ante-futuro* a *habrás cantado*, *ante-pospretérito* a *habrías cantado*, etc. Obsérvese en los siguientes ejemplos:

Dice que *ha venido* (el «venir» se sitúa antes del «decir»).

Dijo que *había venido*.

Luego que *hubo amanecido,* se levantó.

Yo le trato mucho [...] y nada *he observado* en él (**95**.488).

Era difícil de averiguar lo que en él había de ingénito y lo que había de estudiado: de tal manera *había sabido* confundir naturaleza y arte (**95**.485).

Luego que *hubo muerto,* registraron el cajón de su mesa (**95**.499).

Lástima que lo *haya leído* en este invernizo febrero (**95**.571).

Su extrañeza misma, que en otro país les *hubiera atraído* lectores, espantábalos aquí de ellos (**95**.496).

Hubo tiempo en que se aficionó a la exégesis [...] no a escudriñar y rebuscar lo que *hubieran querido* decir los que escribieron los libros sagrados... (**95**.508).

230. El sentido del morfema de anterioridad parece penetrar en la esfera de lo que denotan los morfemas de perspectiva de pretérito, al menos en ciertas ocasiones. Ocurren, así, conflictos en el uso de las formas verbales que contienen uno o dos morfemas de esas clases. El punto de vista del hablante determina la perspectiva de presente o la de pretérito: utiliza la primera cuando lo comunicado se considera dentro del círculo de las actuales circunstancias (físicas o mentales), y se echa mano de la segunda para transmitir los hechos que se mantienen alejados de aquellas. En cambio, con el morfema de anterioridad se manifiesta simplemente que la noción referida por la raíz verbal se sitúa previamente a lo que denotan las perspectivas.

Con la perspectiva de presente (o de participación) en combinación con el morfema de anterioridad, la referencia real puede situarse en un *antes* del momento de habla (como al decir *Ya ha venido,* donde el «venir» es anterior al acto locutorio); pero también puede apuntar a un *después* de ese momento, siempre que preceda a una posterioridad (como en *Mañana habrá llegado,* donde el «llegar» es posterior al acto de habla, pero indica

anterioridad del «llegar» respecto de «mañana»). Con la perspectiva de
pretérito, que muchas veces se refiere a un *antes* del momento de habla,
el morfema de anterioridad puede resultar redundante.

Diferencias entre *cantaste* y *has cantado*

231. Consideremos las diferencias y las confusiones entre el pretérito
cantaste y el antepresente *has cantado*. En cuanto al modo, ambos llevan
el morfema de indicativo; pero aunque los dos pueden referirse a hechos
precedentes al momento de habla, *cantaste* lo hace porque contiene el
morfema de perspectiva de pretérito, mientras *has cantado,* con su perspectiva de presente, alude a ellos por su morfema de anterioridad. En
otras palabras, las dos formas no se oponen directamente, sino a través del presente *cantas:* con esa misma perspectiva se opone a este el
antepresente *has cantado,* y por su distinta perspectiva se le opone el pretérito *cantaste*. Pero es claro que la perspectiva de pretérito y la anterioridad en la perspectiva de presente pueden coincidir en sus referencias y
producir la confusión en el uso de las dos formas. Una misma realidad puede designarse con una u otra forma, dependiendo de la perspectiva (temporal o psicológica) que adopte el hablante. Compárense estas dos
secuencias:

> El día 2 se iniciaron las hostilidades.
> Este mes se han iniciado las hostilidades.

La diferencia de contenido estriba en que se sitúa un mismo hecho, anterior al momento de habla, en dos segmentos temporales diversos: al decir
el día dos nos referimos a un segmento temporal en que no está incluido
el momento de habla; al decir *este mes,* en cambio, el inicio de las hosti-
lidades se coloca en un trecho temporal que también abarca el momento
en que se habla. Así, un mismo acontecimiento, objetivamente anterior, se
expresa, según la perspectiva adoptada, con el antepresente o con el pretérito.

Igualmente, cuando alguien interroga ¿*Ha vuelto Juan?,* se emplea la
forma compuesta, el antepresente, porque el regreso por el que se inquiere puede estar situado en cualquier instante del periodo que concluye al
formular la pregunta; sin embargo, a ella puede responderse *Sí, regresó el
sábado,* con el pretérito, porque el regreso en sábado indica un momento
ajeno a aquel en que se habla. No se trata, pues, de que los hechos
comunicados sean más o menos próximos al acto de habla, sino de que,

explícita o implícitamente, el hablante los inserte en un periodo común o ajeno a ese momento. Por ejemplo, si se dice *No ha venido esta mañana* o *No vino esta mañana,* ello es consecuencia de que «esta mañana» se considere parte del «hoy» en que se habla o se sienta como opuesto a la «tarde» en que se dice ese enunciado.

El mismo juego de las dos perspectivas se observa si comparamos *Al principio creí que lo habían agarrado a él* (**88**.224) (donde hay que interpretar: «ya no lo creo», con perspectiva de pretérito), con *Desde el principio he creído que lo habían agarrado* (con perspectiva de presente porque «sigo creyéndolo»). O en este otro ejemplo: *Era uno de los hombres más regulares y más sencillos que he conocido; no coleccionaba nada [...], ni le conocí monomanía alguna* (**95**.486), donde el antepresente *he conocido* implica «hasta ahora», y el pretérito *conocí* se sitúa en un «entonces» que excluye el presente de la elocución.

En la lengua oral de Galicia y Asturias predomina el uso de la forma *cantaste* sobre el antepresente *has cantado,* que a veces se utiliza incorrectamente por ultracorrección (por ejemplo, *El año pasado he estado en París,* en lugar de *estuve);* la expresión espontánea coloquial siempre utiliza el pretérito: *¿Comiste ya?* por *¿Has comido ya?* Este uso también se registra en América: *Yo no sé cómo no le encontraron hasta ahora... ¡Ahí solito no registraron todavía!* (**88**.225), en lugar de *han encontrado, han registrado.* Por el contrario, se señala la mayor frecuencia del antepresente en las hablas de Madrid y de las zonas andinas de Argentina.

Hubiste cantado

232.   Sería de esperar que las formas compuestas *hubiste cantado,* antepretérito, y *habías cantado,* antecopretérito, se distinguiesen entre sí de forma paralela a como se discierne entre las formas simples correspondientes, el pretérito *cantaste* y el copretérito *cantabas.* Sin duda, respecto de estas, aquellas expresan anterioridad. Pero el estado actual del uso muestra que *hubiste cantado* queda relegado a la lengua escrita y al estilo afectado o arcaizante. Hace tiempo se consigna su escasa frecuencia, restringida a construcciones de sentido temporal encabezadas con locuciones como *después que, luego que, así que, cuando, no bien,* etc. Lo que en tales casos denota *hubiste cantado* es la precedencia inmediata de su noción léxica a la que designa el núcleo de la oración:

> Conocí al doctor Montarco *no bien hubo llegado* a la ciudad (**95**.485).
> Me alegro... —exclamó *así que me hubo visto* (**95**.493).

Escribí primero un cuento, y, *apenas lo hube concluido,* caí en la cuenta de que podía servir de núcleo [...] de una novela (**95**.589).

Luego que se hubo vestido Manuel, salieron madre e hijo (**16**.61).

Apenas la hubo terminado, se encaminó [...] hacia las señas (**9**.128).

Cuando hubo tragado bien el jamón, Lillo abrió los ojos (**51**.I.153).

Pero lo más corriente es sustituir el antepretérito por el pretérito *cantaste* o el antecopretérito *habías cantado.* Ya explicó Bello que en *Luego que hubo amanecido, salí* «se emplean dos signos para la declaración de la misma idea»; en efecto, *luego que* y el morfema de anterioridad de *hubo amanecido* (junto con su valor terminativo) denotan lo mismo, y, por tanto, la forma compuesta resulta redundante y ha podido desaparecer. En los ejemplos de arriba, la sustitución del antepretérito por el pretérito o el antecopretérito no harían variar el contenido comunicado: *Conocí al doctor Montarco, no bien había llegado; Exclamó así que me vio; Apenas lo había concluido...; Luego que se vistió;* y compárense estos nuevos ejemplos:

Apenas se había separado de la puerta, le alcanzó [...] la voz (**9**.103).

No bien me encontré allí y recordé [...], la idea de [...] tropezar con Abeledo, me paralizaba (**9**.147).

Apenas salimos del colegio [...], nos plantamos donde Juanaco (**51**.I.175).

Así que nos animamos un poco [...] los que estaban sentados delante empezaron a volver la cabeza (**51**.I.127).

Hubieras, hubieses y *habrías cantado*

233. Se ha visto que en las formas simples perduran usos arcaicos o dialectales en que alternan el pospretérito *cantarías* con los dos significantes del subjuntivo pretérito *cantaras* y *cantases* (§ 223). Con las formas compuestas, la anterioridad y la perspectiva de pretérito suelen borrar la distinción modal entre *habrías* y *hubieras* o *hubieses cantado.* Son equivalentes:

Si no hubiera ido, sí que *hubiera sido* feo (**88**.224).

Si hubiera tenido una bomba [...], acaso la *hubiera* arrojado sobre aquellos señoritos (**2**.169).

Hubiera partido con ella una peseta y un puchero [...], pero era incapaz de adularla (**2**.170).

Por seguir esta vocación había abandonado a un tío suyo que le *hubiera metido* en un pueblo (**2**.171).

Si hubiesen venido, se *habrían gozado* con el balón (**51**.i.108).

En tales ejemplos, los significantes *hubieras* y *hubieses cantado* pueden alternar libremente en la prótasis de esas construcciones (de donde, igual que el pospretérito *cantaría,* queda excluido *habrías cantado,* salvo en usos dialectales); en la apódosis, a diferencia de las formas simples, son indiferentes *habrías cantado* y *hubieras* o *hubieses cantado.*

XIV. CONJUGACIONES VERBALES: PARADIGMAS

Las tres conjugaciones

234. Según la estructura fónica de las terminaciones, los verbos se distribuyen en tres tipos de *conjugación*. Se llaman regulares aquellos cuya raíz presenta un significante invariable en todas sus formas, salvo algunas diferencias en la posición del acento. Se denominan irregulares los que presentan diversidad fónica en sus significantes.

Para designar el conjunto de formas de la conjugación de un verbo, se utiliza el significante del derivado llamado infinitivo: *cantar, comer, vivir.* Los verbos que se conjugan como *cantar* constituyen la primera conjugación; los que siguen el modelo de *comer,* la segunda conjugación, y los que se adaptan a la pauta de *vivir,* la tercera conjugación.

Cada grupo de formas verbales caracterizado por unos mismos morfemas o accidentes, excepto las variaciones de número y persona, se llama tradicionalmente *tiempo,* aunque no sea la noción así llamada la que distingue siempre los unos de los otros. Para cada uno de estos grupos se utilizará un término basado en la clasificación ideada por Bello, si bien se pondrá entre paréntesis la terminología que venía usándose hasta ahora.

235. *Primera conjugación:* CANTAR

a) *Derivados verbales* (formas no personales)

	Simples	Compuestos
Infinitivo	cantar	haber cantado
Gerundio	cantando	habiendo cantado
Participio	cantado	—

b) *Formas personales*

Modo indicativo

Presente	Antepresente (Pretérito perfecto)
1.ª cant-o	he cantado.
2.ª cant-as	has cantado
3.ª cant-a	ha cantado
1.ª cant-amos	hemos cantado
2.ª cant-áis	habéis cantado
3.ª cant-an	han cantado

[anotación manuscrita: Andrés Bello → tradicional]

Copretérito (Pretérito imperfecto)	Antecopretérito (Pretérito pluscuamperfecto)
cant-aba	había cantado
cant-abas	habías cantado
cant-aba	había cantado
cant-ábamos	habíamos cantado
cant-abais	habíais cantado
cant-aban	habían cantado

Pretérito	Antepretérito (Pretérito anterior)
cant-é	hube cantado
cant-aste	hubiste cantado
cant-ó	hubo cantado
cant-amos	hubimos cantado
cant-asteis	hubisteis cantado
cant-aron	hubieron cantado

Modo condicionado (potencial, condicional)

Futuro (de indicativo)	Antefuturo (Futuro perfecto)
cant-aré	habré cantado
cant-arás	habrás cantado
cant-ará	habrá cantado
cant-aremos	habremos cantado
cant-aréis	habréis cantado
cant-arán	habrán cantado

Pospretérito (Potencial)	Antepospretérito (Potencial perfecto)
cant-aría	habría cantado
cant-arías	habrías cantado
cant-aría	habría cantado
ant-aríamos	habríamos cantado
cant-aríais	habríais cantado
cant-arían	habrían cantado

Modo subjuntivo

Presente	Antepresente (Pretérito perfecto)
cant-e	haya cantado
cant-es	hayas cantado
cant-e	haya cantado
cant-emos	hayamos cantado
cant-éis	hayáis cantado
cant-en	hayan cantado

Pretérito	Antepretérito (Pretérito pluscuamperfecto)
cant-ara o cant-ase	hubiera o hubiese cantado
cant-aras o cant-ases	hubieras o hubieses cantado
cant-ara o cant-ase	hubiera o hubiese cantado
cant-áramos o cant-ásemos	hubiéramos o hubiésemos cantado
cant-arais o cant-aseis	hubierais o hubieseis cantado
cant-aran o cant-asen	hubieran o hubiesen cantado

Futuro	Antefuturo (Futuro perfecto)
cant-are	hubiere cantado
cant-ares	hubieres cantado
cant-are	hubiere cantado
cant-áremos	hubiéremos cantado
cant-areis	hubiereis cantado
cant-aren	hubieren cantado

Imperativo

cant-a
cant-ad

236. *Segunda conjugación:* COMER

a) *Derivados verbales* (formas no personales)

	Simples	Compuestos
Infinitivo	comer	haber comido
Gerundio	comiendo	habiendo comido
Participio	comido	—

b) *Formas personales*

Modo indicativo

Presente	Antepresente (Pretérito perfecto)
com-o	he comido
com-es	has comido
com-e	ha comido
com-emos	hemos comido
com-éis	habéis comido
com-en	han comido

Copretérito (Pretérito imperfecto)	Antecopretérito (Pretérito pluscuamperfecto)
com-ía	había comido
com-ías	habías comido
com-ía	había comido
com-íamos	habíamos comido
com-íais	habíais comido
com-ían	habían comido

Pretérito	Antepretérito (Pretérito anterior)
com-í	hube comido
com-iste	hubiste comido
com-ió	hubo comido
com-imos	hubimos comido
com-isteis	hubisteis comido
com-ieron	hubieron comido

Modo condicionado (potencial, condicional)

Futuro	Antefuturo (Futuro perfecto)
com-eré	habré comido
com-erás	habrás comido
com-erá	habrá comido
com-eremos	habremos comido
com-eréis	habréis comido
com-erán	habrán comido

Pospretérito (Potencial)	Antepospretérito (Potencial perfecto)
com-ería	habría comido
com-erías	habrías comido
com-ería	habría comido
com-eríamos	habríamos comido
com-eríais	habríais comido
com-erían	habrían comido

Modo subjuntivo

Presente	Antepresente (Pretérito perfecto)
com-a	haya comido
com-as	hayas comido
com-a	haya comido
com-amos	hayamos comido
com-áis	hayáis comido
com-an	hayan comido

Pretérito	Antepretérito (Pretérito pluscuamperfecto)
com-iera o com-iese	hubiera o hubiese comido
com-ieras o com-ieses	hubieras o hubieses comido
com-iera o com-iese	hubiera o hubiese comido
com-iéramos o com-iésemos	hubiéramos o hubiésemos comido
com-ierais o com-ieseis	hubierais o hubieseis comido
com-ieran o com-iesen	hubieran o hubiesen comido

Futuro	Antefuturo (Futuro perfecto)
com-iere	hubiere comido
com-ieres	hubieres comido
com-iere	hubiere comido
com-iéremos	hubiéremos comido
com-iereis	hubiereis comido
com-ieren	hubieren comido

Imperativo

com-e
com-ed

237. *Tercera conjugación:* VIVIR

a) *Derivados verbales* (formas no personales)

	Simples	Compuestos
Infinitivo	vivir	haber vivido
Gerundio	viviendo	habiendo vivido
Participio	vivido	—

b) *Formas personales*

Modo indicativo

Presente	Antepresente (Pretérito perfecto)
viv-o	he vivido
viv-es	has vivido
viv-e	ha vivido
viv-imos	hemos vivido
viv-ís	habéis vivido
viv-en	han vivido

Copretérito (Pretérito imperfecto)	Antecopretérito (Pretérito pluscuamperfecto)
viv-ía	había vivido
viv-ías	habías vivido
viv-ía	había vivido
viv-íamos	habíamos vivido
viv-íais	habíais vivido
viv-ían	habían vivido

Pretérito	Antepretérito (Pretérito anterior)
viv-í	hube vivido
viv-iste	hubiste vivido
viv-ió	hubo vivido
viv-imos	hubimos vivido
viv-isteis	hubisteis vivido
viv-ieron	hubieron vivido

Modo condicionado (potencial, condicional)

Futuro (de indicativo)	Antefuturo (Futuro perfecto)
viv-iré	habré vivido
viv-irás	habrás vivido
viv-irá	habrá vivido
viv-iremos	habremos vivido
viv-iréis	habréis vivido
viv-irán	habrán vivido

Pospretérito (Potencial)	Antepospretérito (Potencial perfecto)
viv-iría	habría vivido
viv-irías	habrías vivido
viv-iría	habría vivido
viv-iríamos	habríamos vivido
viv-iríais	habríais vivido
viv-irían	habrían vivido

Modo subjuntivo

Presente	Antepresente (Pretérito perfecto)
viv-a	haya vivido
viv-as	hayas vivido
viv-a	haya vivido
viv-amos	hayamos vivido
viv-áis	hayáis vivido
viv-an	hayan vivido

Pretérito	Antepretérito (Pretérito pluscuamperfecto)
viv-iera o viv-iese	hubiera o hubiese vivido
viv-ieras o viv-ieses	hubieras o hubieses vivido
viv-iera o viv-iese	hubiera o hubiese vivido
viv-iéramos o viv-iésemos	hubiéramos o hubiésemos vivido
viv-ierais o viv-ieseis	hubierais o hubieseis vivido
viv-ieran o viv-iesen	hubieran o hubiesen vivido

Futuro	Antefuturo (Futuro perfecto)
viv-iere	hubiere vivido
viv-ieres	hubieres vivido
viv-iere	hubiere vivido
viv-iéremos	hubiéremos vivido
viv-iereis	hubiereis vivido
viv-ieren	hubieren vivido

Imperativo

viv-e
viv-id

Irregularidades gráficas

238. La mayoría de los verbos siguen la conjugación de estos tres modelos. No obstante, hay que recordar que la ortografía impone a veces cambios de letras, aunque no repercuten en la forma fónica. Así, en los verbos cuya raíz acaba en el fonema /j/, como *dirigir,* la *g* se muda en *j* cuando la terminación comienza con /o/ o con /a/: *dirijo, dirijamos.* Cuando la raíz termina en el fonema /g/, como *cargar,* las terminaciones iniciadas con /e/ exigen la grafía *gu* en lugar de *g: cargué.* Los verbos cuya raíz acaba en /z/ presentan la letra *z* ante las vocales /a/, /o/, y la letra *c* delante de la palatal /e/, como en *rozar: rocé, rocemos.* Cuando la raíz termina en la consonante velar /k/, en lugar de grafiarse con *c,* aparece la combinación *qu* delante de terminaciones que comienzan por /e/, como de *aplicar: apliquemos.*

Irregularidades impuestas por la combinatoria fonológica

239. En otros casos las normas fonológicas han impuesto el paso de un sonido a otro. Las terminaciones *-ie...,* *-ió* contienen en primer lugar la semiconsonante [j]; si las precede la vocal final de una raíz, la semiconsonante se convierte en consonante /y/ (escrita también *y)*, de forma paralela a como los singulares sustantivos con semivocal final *rey* y *ley* convierten ese sonido en la consonante plena /y/ en los plurales *reyes, leyes.* Así, en lugar de *le-ió, le-iera, le-ieses, le-iendo,* decimos y escribimos *leyó, leyera, leyeses, leyendo.*

Semejante es el reajuste fonológico producido cuando las terminaciones que comienzan con semiconsonante quedan en contacto con las consonantes palatales /ñ/ y /l̮/ (ort. *ll)* finales de la raíz; estas consonantes absorben las semiconsonantes siguientes: en lugar de *tañió, riñieron, mullió, zambulliera,* etc., se dice y se escribe *tañó, riñeron, mulló, zambullera.* No ocurre, sin embargo, hoy ese fenómeno detrás de la también palatal /ĉ/ (ort. *ch)*: *hinchiendo, hinchiese.* Pero también desaparece la semiconsonante de la terminación cuando la vocal final de la raíz ha resultado /i/: así, de *reír,* tenemos *rió* (por *ri-ió);* de *engreír, engriera* (por *engri-iera);* de *freír, friendo* (por *fri-iendo),* etc.

240.   Aunque en verbos como *huir, construir, concluir* (y demás acabados en *-uir)* se suele considerar la alternancia *u-uy* como irregularidad por «interposición de consonante», parece más simple postular en el verbo *huir* una raíz /uy/ que se modifica por motivos de combinación fonológica. El fonema final de la raíz /y/ se conserva delante de las terminaciones que carecen de /i/ silábica inicial: así en *huy-o, huy-es, huy-a, huy-amos;* pero ese fonema absorbe la /i/ semiconsonante inicial de las otras terminaciones, como en *huyó, huyeras, huyendo* (en lugar de *huy-ió, huy-ieras, huy-iendo*); finalmente, la consonante palatal /y/ queda fundida en la /i/ silábica que comienza la terminación en *huimos, huís, huía, huisteis, huirá* (por *huy-imos, huy-ís, huy-ía, huy-isteis, huy-irá).*

El mismo reajuste fonológico aparece en verbos que contienen otras irregularidades (§ 249 III) como *oír.* Su raíz es /oy/; mantiene su fonema palatal ante las terminaciones que carecen de /i/ silábica, como en *oy-es, oy-en;* se funde con la semiconsonante inicial de la terminación, como en *oyó, oyera, oyendo* (en lugar de *oy-ió, oy-iera, oy-iendo);* se pierde ante /i/ silábica como en *oí, oímos, oís, oía, oísteis, oirás* (por *oy-í, oy-imos, oy-ís, oy-ía, oy-ísteis, oy-irás).*

Cambios de acento, hiato y su eliminación

241.   En la primera conjugación, los verbos cuya raíz acaba en /i/ (como *fiar, confiar, liar, piar,* etc., o como *aliviar, acariciar, cambiar, renunciar,* etc.) adoptan dos tipos de acentuación: unos, en las tres personas del singular y en la tercera del plural de los presentes de indicativo y subjuntivo, y en el singular del imperativo, acentúan la /i/ de la raíz, que por tanto forma sílaba aparte de la vocal que empieza la terminación: *fí-o, confí-an, lí-a, pí-en*, etc.; otros combinan la /i/ final de la raíz con la vocal siguiente formando un diptongo y desplazan el acento a la vocal de la sílaba precedente: *alivio, acaricias, cambia, renuncies*, etc.

La existencia de este doble esquema acentual produce vacilaciones en ciertos verbos: predominan *afilio, auxilias, concilian* sobre *afilío, auxilías, concilían;* por el contrario, se prefieren las formas con hiato en *glorío, agrías, ansían, vacíes* frente a las propias del habla dialectal popular como *glorio, agrias, ansian, vacies* (si bien es normal el diptongo en *vanaglorio*).

Por otra parte, los verbos con vocal /e/ final en la raíz, que siempre forma hiato con la vocal inicial de la terminación (como en *creo, arreo, merodeo, coloreas, ladean*, etc.) pueden atraer a los otros verbos con /i/ radical (o son atraídos por ellos) en usos populares o dialectales, y, así, se registran formas incorrectas como *cambeo* por *cambio, ladiamos* por *ladeamos*, etc.

242. Análoga es la vacilación de los verbos cuya raíz termina en /u/. Las formas personales citadas de los presentes de indicativo y subjuntivo y el singular del imperativo presentan en unos hiato y acentúan la vocal, como *perpetúo, atenúas, gradúen, insinúa*, y en otros combinan en diptongo las dos vocales contiguas y trasladan el acento a la sílaba precedente, como *averiguo, desagua, apropincues, licua* (aunque se dan vacilaciones como *licúo - licuo, promiscúas - promiscuas*).

243. También es consecuencia de la supresión del hiato la anomalía del verbo *ver* (y algunos de sus derivados como *antever, entrever, prever, rever*, frente a *proveer*). Su raíz *ve-* se ha reducido a *v-* delante de /e/ de la terminación: *ver, ves, ve, vemos, veis, ven, ve, ved* (por *ve-er, ve-es, ve-e*, etc.), mientras *ve-o, ve-as, ve-ían*. Esta reducción de la raíz, por motivos históricos, se ha producido también en las formas de indicativo pretérito, de subjuntivo pretérito y futuro y del gerundio: *vi, viste, vio, vimos, visteis, vieron, viera, vieses, viéremos, viendo*.

Supresión de vocales

244. Se elimina la vocal final de la terminación en algunos casos. El imperativo singular de los verbos *hacer, poner, tener, salir, venir* pierde la /e/ característica: *haz, pon, ten, sal, ven* (en lugar de *hace, pone, tene, sale, vene*).

En el modo condicionado la /e/ o la /i/ inicial de las terminaciones se elimina en algunos verbos: *cabré, cabrías; sabrá, sabríamos; podremos, podríais; habrán, habría; querréis, querría* (en lugar de *cab-eré, cab-erías, sab-eré, sab-eríamos,* etc.). Cuando en estos casos la última consonante radical es /n/ o /l/, al entrar estas en contacto con la /r/ de la terminación, se introduce entre ellas una /d/ de enlace: así, *tendré, tendrías; pondrás, pondría; valdremos, valdríais; vendrán, vendría; saldrás, saldríamos* (en lugar de *ten-eré, ten-erías, pon-erás, pon-ería, val-eremos, val-eríais, ven-irán, ven-iría, sal-irás, sal-iríamos*).

Solo históricamente se justifican las anomalías del imperativo singular de *decir,* que es *di,* y del futuro y pospretérito del mismo verbo y de *hacer: diré, dirías, hará, haríamos.* En verbos derivados de estos dos, como *contradecir, desdecir, predecir, deshacer, contrahacer, satisfacer* aparecen las mismas anomalías, si bien el imperativo de los tres primeros es *contradice, desdice, predice.* También son regulares en estos aspectos *maldecir* y *bendecir,* que resultan *maldice* y *bendice* en imperativo, y *maldeciré, bendeciría* en los dos condicionados.

Irregularidades de la raíz verbal

245. Muchos verbos no mantienen la invariabilidad de la raíz que se aprecia en los paradigmas de las tres conjugaciones. Las irregularidades son, sin embargo, según señaló Bello, en cierto modo sistemáticas, pues se presentan en determinados grupos de formas verbales. La alteración puede afectar a la vocal tónica de la raíz o bien a alguna consonante.

El cambio de la vocal acentuada se produce en las tres personas del singular y la tercera del plural del indicativo presente y en el singular del imperativo; en este caso, un grupo de verbos ofrece la misma modificación en las correspondientes personas del subjuntivo presente, y otro grupo, además, extiende la variación de la vocal a las personas primera y segunda de plural de ese presente, a las dos terceras personas del pretérito de indicativo y a todas las del pretérito y el futuro de subjuntivo.

En cuanto a la alteración de la última consonante de la primera persona singular del presente de indicativo, se extiende a todas las personas del presente de subjuntivo (sin que afecte al imperativo). Algunos verbos presentan simultáneamente ambos tipos de alteraciones.

Verbos con vocal /e, i, o, u/

246. 1.° Verbos con vocal /e, i, o, u/ que en las formas tónicas la sustituyen por los diptongos /ie, ue/. Ejemplos:

a) CERRAR:

Imperativo:	cierra, (cerrad)
Presente indicativo:	cierro, cierras, cierra,
	(cerramos, cerráis), cierran.
Presente subjuntivo:	cierre, cierres, cierre,
	(cerremos, cerréis), cierren.

b) PERDER:

Imperativo:	pierde, (perded)
Presente indicativo:	pierdo, pierdes, pierde,
	(perdemos, perdéis), pierden
Presente subjuntivo:	pierda, pierdas, pierda,
	(perdamos, perdáis), pierdan

c) RECORDAR:

Imperativo:	recuerda, (recordad)
Presente indicativo:	recuerdo, recuerdas, recuerda,
	(recordemos, recordéis), recuerdan
Presente subjuntivo:	recuerde, recuerdes, recuerde,
	(recordemos, recordéis), recuerden

d) MOLER:

Imperativo:	muele, (moled)
Presente indicativo:	muelo, mueles, muele,
	(molemos, moléis), muelen
Presente subjuntivo:	muela, muelas, muela,
	(molamos, moláis), muelan

e) ADQUIRIR:

Imperativo:	adquiere, (adquirid)
Presente indicativo:	adquiero, adquieres, adquiere,
	(adquirimos, adquirís), adquieren
Presente subjuntivo:	adquiera, adquieras, adquiera,
	(adquiramos, adquiráis), adquieran

f) JUGAR:

Imperativo:	juega, (jugad)
Presente indicativo:	juego, juegas, juega,
	(jugamos, jugáis), juegan
Presente subjuntivo:	juegue, juegues, juegue,
	(juguemos, juguéis), jueguen

Son numerosos los verbos con alternancias *e~ie, o~ue;* la alternancia de *i, u* con los diptongos se limita a estos modelos *adquirir, jugar,* y además a *inquirir.*

Verbos con vocal /e, o/

247. 2.º Verbos con vocal /e, o/ modificada en las personas tónicas y además en todas las del presente de subjuntivo. Existen tres variedades:

a) Verbos de tercera conjugación con alternancia /e/~/i/ extendida también a las personas terceras del pretérito de indicativo y a todas las del pretérito y el futuro de subjuntivo, así como al gerundio: MEDIR.

Imper.	Pres. ind.	Pres. subj.	Pret. ind.	Pret. subj.	Fut. subj.
mide	mido	mida	(medí)	midiera, midiese	midiere
(medid)	mides	midas	(mediste)	midieras, -ieses	midieres
	mide	mida	midió	midiera, -iese	midiere
Ger.	(medimos)	midamos	(medimos)	midiéramos, -iésemos	midiéremos
midiendo	(medís)	midáis	(medisteis)	midierais, -eseis	midiereis
	miden	midan	midieron	midieran, -iesen	midieren

b) Verbos también de tercera conjugación que combinan la modificación de /e/ en /i/ con la diptongación en /ie/ propia de los verbos del tipo 1.º; la alteración en /i/ se limita, pues, a las personas de primera y segunda plural del presente de subjuntivo, a las dos terceras del pretérito y futuro de subjuntivo, así como al gerundio; y el diptongo /ie/ aparece en las personas singulares y la tercera de plural de los dos presentes y en el imperativo singular. Así en MENTIR:

Imper.	Pres. ind.	Pres. subj.	Pret. ind.	Pret. subj.	Fut. subj.
miente	miento	mienta	(mentí)	mintiera, -iese	mintiere
(mentid)	mientes	mientas	(mentiste)	mintieras, -ieses	mintieres
	miente	mienta	(mintió)	mintiera, -iese	mintiere
Ger.	(mentimos)	mintamos	(mentimos)	mintiéramos, -iésemos	mintiéremos
mintiendo	(mentís)	mintáis	(mentisteis)	mintierais, -ieseis	mintiereis
	mienten	mientan	mintieron	mintieran, -iesen	mintieren

Algún verbo de esta clase, como *erguir* (que hace *yergo, yergues, erguimos, yerga, irgamos, erguí, irguió, irguiera, irguieses, irguiere)*, generaliza a veces el uso de /i/ en lugar del diptongo *(irgo, irgues, irga,* etc.) como los de la clase *a*).

c) Verbos con concurrencia del diptongo /ue/ (propio de los verbos con /o/ del tipo 1.º, y el cierre en /u/, distribuyéndose las formas de manera paralela a como lo hacen los de la clase *b*). Hoy ya no existe alternancia /o/~/u/, salvo en usos dialectales, y la /o/ primitiva se mantiene solo en el participio *podrido* del verbo *pudrir* que ha extendido la /u/ a todas las formas *(pudro, pudrimos, pudrió, pudramos,* etc.).

Ejemplo de la alternancia /ue/~/u/~/o/, en el verbo MORIR:

Imper.	Pres. ind.	Pres. subj.	Pret. ind.	Pret. subj.	Fut. subj.
muere	muero	muera	(morí)	muriera, -iese	muriere
(morid)	mueres	mueras	(moriste)	muriesas, -ieses	murieres
	muere	muera	murió	muriera, -iese	muriere
Ger.	(morimos)	muramos	(morimos)	muriéramos, -iésemos	muriéremos
muriendo	(morís)	muráis	(moristeis)	murierais, -ieseis	muriereis
	mueren	mueran	murieron	murieran, -iesen	murieren

Verbos que alteran la última consonante de la raíz

248. 3.º Verbos que alteran la última consonante de la raíz exclusivamente en la persona primera del presente de indicativo y en todas las del presente de subjuntivo. Algunos de estos verbos acumulan otras irregularidades.

a) *Alternancia de la interdental* /z/ *y la velar* /g/ (ort. *c, g*). Ejemplo HACER: *hago* (frente a *haces, hace, hacemos, hacéis, hacen), haga, hagas, haga, hagamos, hagáis, hagan.* Lo mismo sus derivados *rehacer, satisfacer, deshacer.* Se han señalado (§ 244) o se señalarán (§ 250) otras anomalías de este verbo (imperativo *haz*, futuro *haré*, pospretérito *haría*, pretérito y afines *hice, hiciera, hiciese, hiciere,* etc.)

El verbo DECIR comparte esta variación consonántica junto con el cambio vocálico de los verbos tipo 2.º *a*), la alternancia /e/ ~ /i/ (aparte de otras irregularidades ya mencionadas o por mencionar [§ 244, 250]: imperativo *di*, condicionados *diré* y *diría*, pretérito y afines *dije, dijera): así,* presente de indicativo *digo, dice, dices, dice, decimos, decís, dicen,* y de subjuntivo *diga, digas, diga, digamos, digáis, digan.*

Con la misma distribución de formas se presenta la alternancia mixta vocálica y consonántica /ab/ ~ /ep/ en los verbos CABER y SABER: *quepo, quepa, quepas, quepa, quepamos, quepáis, quepan* (frente a *cabes, cabe, cabemos, cabéis, caben),* y *sé, sepa, sepas, sepa, sepamos, sepáis, sepan* (frente a *sabe, sabes, sabe, sabemos, sabéis, saben).* Presentan además las anomalías citadas del futuro y el pospretérito *(cabré, sabría,* § 244) y otras irregularidades que se verán (§ 250): *cupe, supiera.*

249.   b)   *Inserción de una consonante velar /k/ o /g/ al final de la raíz,* cuando esta termina en /z, s, n, l/:

I.   Son numerosos los verbos que agregan una /k/ a la /z/ final de la raíz: los que en infinitivo terminan en *ecer, nacer* y *pacer* (con sus derivados), *conocer* (y derivados), *lucir* (y derivados), los terminados en *ducir* y el verbo *placer* (y sus derivados). Ejemplos:

MERECER: Merezco, (mereces, merece, merecemos, merecéis, merecen)
  merezca, merezcas, merezca, merezcamos, merezcáis, merezcan
CONDUCIR: conduzco, (conduces, conduce, conducimos, conducís, conducen)
  conduzca, conduzcas, conduzca, conduzcamos, conduzcáis, conduzcan

II.   La inserción de la sonora /g/ aparece (aparte de otras posibles irregularidades) en los verbos SALIR y VALER (y sus derivados): *salgo, salga, salgas, salgamos,* etc. (frente a *sales, sale, salimos,* etc.), *valgo, valgas, valga, valgamos...* (frente a *vales, vale, valemos,* etc.); en PONER, TENER, VENIR (y sus derivados): *pongo, ponga, pongas, pongamos,* etc. (frente a *pones, pone,* etc.), *tengo, tenga, tengas, tengamos,* etc. (frente a *tienes, tiene, tenemos,* etc.), *vengo, venga, vengas, vengamos,* etc. (frente a *vienes, viene, venimos,* etc.); en el verbo ASIR (y su derivado *desasir): asgo, asga, asgamos,* etc. (frente a *ases, ase, asimos,* etc.); en el verbo YACER, donde se encuentran formas concurrentes con el tipo I y con el tipo *a): yazco ~ yazgo ~ yago, yazga ~*

yazcas ~ yagas, yazga ~ yazca ~ yaga, etc. (frente a *yaces, yace, yacemos,* etcétera).

III. La inserción de /g/ se ha producido también tras algunas raíces acabadas en vocal más semivocal en las citadas siete personas verbales, con lo cual se produce una alternancia /a/ - /aig/. Así, en CAER y TRAER (con sus derivados):

> *Presente indicativo:* caigo, (caes, cae, caemos, caéis, caen)
>   traigo, (traes, trae, traemos, traéis, traen)
> *Presente subjuntivo:* caiga, caigas, caiga, caigamos, caigáis, caigan
>   traiga, traigas, traiga, traigamos, traigáis, traigan

También ocurre en RAER, aunque /aig/ alterna en el uso con /ay/: *raigo - rayo, raiga - raya, raigamos - rayamos,* etc. (frente a *raes, rae, raemos,* etc.). El verbo ROER alterna esas dos irregularidades con las formas normales: *roo ~ roigo ~ royo, roas ~ roigas ~ royas,* etc. (frente a *roes, roe, roemos,* etc.) En relación con esta /g/ inserta, se ha señalado ya (§ 240) el caso de *oigo, oigas, oiga, oigamos,* etc. (frente a *oyes, oye, oímos, oís, oyen,* y los primitivos *oyo, oyas, oyamos,* etc.).

Irregularidades especiales

250. 4.º Irregularidades especiales se dan en los dos pretéritos de indicativo y subjuntivo y en el futuro de este modo. Afectan tanto al vocalismo como a la consonante final de la raíz e implican la modificación de algunas terminaciones. Como estos grupos de formas verbales proceden históricamente del *perfectum* latino, algunas de cuyas personas llevaban el acento en la raíz, se suelen llamar *perfectos fuertes.* El acento ha podido mantenerse en la raíz de las personas primera y tercera singular del pretérito de indicativo, mientras que en los paradigmas normales el acento recae en la terminación (como en *canté, comió, viví*).

Hay verbos que han alterado la vocal en estos casos: *hice, hiciste, hizo, hicimos, hiciera, hiciese, hiciere* (frente a *hago, haces, hacemos, haga,* etc.); *vine, viniste, vino, vinimos, vinisteis, viniera, viniesen* (frente a *vengo, vienes, venimos); hube, hubiese* (frente a *haber); pude* (frente a *poder, podía*).

Otros han alterado la consonante final de la raíz: *conduje, condujeras* (frente a *conducir, conducías*), o la han agregado: *traje, trajeses* (frente a *traer, traíamos*).

En fin, alguno cambia la vocal y la consonante: *dijo* (de *decir), quise* (de *querer*), *cupe* (de *caber*), *supe* (de *saber*), *puse* (de *poner*), *tuve* (de *tener*), *plugo* (de *placer*), *repuse* (de *responder*, si bien hoy predomina *respondí*), o incrementan la raíz como *anduve* (de *andar*) y *estuve* (de *estar*).

En cuanto a la terminación, todos estos verbos tienen /e/ átona para la primera persona y /o/ átona para la tercera persona del pretérito. Las demás terminaciones son normales.

251. 5.° En la primera persona del presente de indicativo aparecen otras anomalías. Se ha citado la forma contracta de *saber: sé*. Es análoga *he* del verbo *haber*. Otros cuatro verbos, *ser, estar, dar* e *ir*, agregan a la terminación de esa persona una semivocal: *soy, estoy, doy* y *voy*. Aparte del verbo *saber* (cuyas irregularidades quedan reseñadas arriba), se indicarán aquí completos los paradigmas de los otros cinco verbos.

HABER. Salvo en los usos impersonales (en tercera persona del singular y sin sujeto explícito, y con el significante especial *hay* en lugar de *ha* en la tercera persona singular del presente de indicativo), este verbo solo se emplea en las formas compuestas de los verbos; remitimos, pues, a los modelos de conjugación (§ 235). También se mantiene *ha* en fórmulas fijas, como *No ha lugar, Tiempo ha*. Pertenece a la lengua escrita (o a usos dialectales) el uso de *haber* en perífrasis: *he de cantar, has de comer, hubo de vivir*, etc.

252. SER:

Infinitivo: ser. *Gerundio:* siendo. *Participio:* sido.

Indicativo:
Presente: soy, eres, es, somos, sois, son. **Antepresente:** he sido, etc.
Copretérito: era, eras, era, éramos, erais, eran. **Antecopretérito:** había sido, etc.
Pretérito: fui, fuiste, fue, fuimos, fuisteis, fueron. **Antepretérito:** hube sido, etc.

Condicionado:
Futuro: seré, serás, será, seremos, seréis, serán. **Antefuturo:** habré sido, etcétera.
Pospretérito: sería, serías, sería, seríamos, seríais, serían. **Antepospretérito:** habría sido, etc.

Subjuntivo:
Presente: sea, seas, sea, seamos, seáis, sean. **Antepresente:** haya sido, etcétera.

Pretérito: fuera o fuese, fueras o fueses, fuera o fuese, fuéramos o fuésemos, fuerais o fueseis, fueran o fuesen. **Antepretérito:** hubiera o hubiese sido, etc.

Futuro: fuere, fueres, fuere, fuéremos, fuereis, fueren. **Antefuturo:** hubiere sido, etc.

Imperativo: sé, sed.

253. ESTAR:

Infinitivo: estar. *Gerundio:* estando. *Participio:* estado.

Indicativo:
Presente: estoy, estás, está, estamos, estáis, están. **Antepresente:** he estado, etc.
Copretérito: estaba, estabas, estaba, estábamos, estabais, estaban. **Antecopretérito:** había estado, etc.
Pretérito: estuve, estuviste, estuvo, estuvimos, estuvisteis, estuvieron. **Antepretérito:** hube estado, etc.

Condicionado:
Futuro: estaré, estarás, estará, estaremos, estaréis, estarán. **Antefuturo:** habré estado, etc.
Pospretérito: estaría, estarías, estaría, estaríamos, estaríais, estarían. **Antepospretérito:** habría estado, etc.

Subjuntivo:
Presente: esté, estés, esté, estemos, estéis, estén. **Antepresente:** haya estado, etc.
Pretérito: estuviera o estuviese, estuvieras o estuvieses, estuviera o estuviese, estuviéramos o estuviésemos, estuvierais o estuvieseis, estuvieran o estuviesen. **Antepretérito:** hubiera o hubiese estado, etc.

Imperativo: está, estad.

254. DAR: La peculiaridad de este verbo, cuya raíz es /d/, consiste en que siendo de la primera conjugación adopta las terminaciones propias de la segunda y de la tercera en las formas del pretérito y afines:

Infinitivo: dar. *Gerundio:* dando. *Participio:* dado.

Indicativo:
Presente: doy, das, da, damos, dais, dan. **Antepresente:** he dado, etc.

Copretérito: daba, dabas, daba, dábamos, dabais, daban. **Antecopretérito:** había dado, etc.

Pretérito: di, diste, dio, dimos, disteis, dieron. **Antepretérito:** hube dado, etcétera.

Condicionado:
Futuro: daré, darás, dará, daremos, daréis, darán. **Antefuturo:** habré dado, etc.

Pospretérito: daría, darías, daría, daríamos, daríais, darían. **Antepospretérito:** habría dado, etc.

Subjuntivo:
Presente: dé, des, dé, demos, deis, den. **Antepresente:** haya dado, etc.

Pretérito: diera o diese, dieras o dieses, diera o diese, diéramos o diésemos, dierais o dieseis, dieran o diesen. **Antepretérito:** hubiera o hubiese dado, etc.

Futuro: diere, dieres, diere, diéremos, diereis, dieren. **Antefuturo:** hubiere dado, etc.

Imperativo: da, dad.

255. IR:

Infinitivo: ir. *Gerundio:* yendo. *Participio:* ido.

Indicativo:
Presente: voy, vas, va, vamos, vais, van. **Antepresente:** he ido, etc.

Copretérito: iba, ibas, iba, íbamos, ibais, iban. **Antecopretérito:** había ido, etc.

Pretérito: fui, fuiste, fue, fuimos, fuisteis, fueron. **Antepretérito:** hube ido, etc.

Condicionado:
Futuro: iré, irás, irá, iremos, iréis, irán. **Antefuturo:** habré ido, etc.

Pospretérito: iría, irías, iría, iríamos, iríais, irían. **Antepospretérito:** habría ido, etc.

Subjuntivo:
Presente: vaya, vayas, vaya, vayamos, vayáis, vayan. **Antepresente:** haya ido, etc.

Pretérito: fuera o fuese, fueras o fueses, fuera o fuese, fuéramos o fuésemos, fuerais o fueseis, fueran o fuesen. **Antepretérito:** hubiera o hubiese ido, etc.

Futuro: fuere, fueres, fuere, fuéremos, fuereis, fueren. **Antefuturo:** hubiere ido, etc.

Imperativo: ve, id.

Con entonación apelativa, en lugar de *vayamos,* suele usarse *vamos.*

Verbos defectivos

256. Se llaman así aquellos cuyo uso se limita a ciertas formas de la conjugación. Omitimos los que solo se presentan como derivados verbales: los infinitivos *usucapir* y *adir,* o los participios, que funcionan como adjetivos, *aguerrido, buido, denegrido, despavorido, fallido, manido, desvaído, arrecido, aterido, preterido, descolorido,* etc., con sus infinitivos; aunque se encuentran a veces: *Se desvae y se vuelve lila* (**96.**90), *Se arrecía de frío* (**96.**14).

Algunos verbos designan una noción que solo puede predicarse de sujetos explícitos referentes a cosas y que, por tanto, excluyen su combinación con las personas primera y segunda. Tal ocurre con *atañer, concernir, acontecer, acaecer,* como en *Esos problemas no me conciernen.*

Tampoco es frecuente, fuera de la tercera persona, el uso de los verbos que denotan fenómenos naturales como *llover, nevar, atardecer, alborear.* Sin embargo, pueden utilizarse con otras personas cuando se denota la simultaneidad con esos fenómenos: *Anochecimos en la ciudad; Amanece, amanezco* (**59.**1.272), *Hoy mi remedio amaneces* (**104.**160).

El verbo *soler* (que se emplea solo en perífrasis con infinitivo) pocas veces aparece fuera de los presentes *suelo* y *suela,* el copretérito *solía* y el antepresente *he solido* (y sus correspondientes variaciones de persona y número: *sueles, solía, han solido,* etc.).

Ciertos verbos de la tercera conjugación se utilizan, y no con frecuencia, solo en las formas cuya terminación empieza por /i/: *abolió, abolimos, aboliese* (de *abolir*), *agredir, transgredir* (aunque en la lengua periodística se encuentran formas como *agrede, agride, agriede, transgriede*), *compungir* (si bien esporádicamente, además de *compungió,* aparece *compunge* y *compunja*).

En algunos de estos verbos se ha producido la regularidad mediante un cambio de conjugación. Así, en lugar de *garantir* (usado todavía en América: *garanto*) se prefiere *garantizar;* en lugar de *balbucir* (usado aún en *balbucí, balbuciera,* etc., y alguna forma como *balbuce:* [el río] *balbuce vagidos entre peñascos* [**96.**95]) se emplea *balbucear.*

Índice de verbos irregulares y defectivos

257.   Se envía a los párrafos en que se señalan sus particularidades.

Abnegar. v. Negar.
Abolir. § 256.
Absolver. § 246 *d.*
Abstenerse. v. Tener.
Abstraer. v. Traer.
Abuñolar. § 246 *c.*
Acaecer. § 249 I, 256.
Acertar. § 246 *a.*
Aclocar. v. Clocar.
Acontecer. § 249 I, 256.
Acordar. § 246 *c.*
Acornar. § 246 *c.*
Acostar. § 246 *c.*
Adestrar. § 246 *a.*
Adherir. § 247 *b.*
Adir. § 256.
Adormir. v. Dormir.
Adquirir. § 246 *e.*
Aducir. § 249 I, 250.
Advertir. § 247 *b.*
Afluir. v. Fluir.
Afollar. v. Follar.
Agredir. § 256.
Aguerrir. § 256.
Alebrarse. § 246 *a.*
Alentar. § 246 *a.*
Aliquebrar. v. Quebrar.
Almorzar. § 246 *c.*
Amelar. v. Melar.
Amoblar.§ 246 *c.*
Amolar. § 246 *c.*
Andar. § 250.
Antedecir. v. Decir.
Anteponer. v. Poner.
Antever. v. Ver.
Apacentar. § 246 *a.*
Apernar. § 246 *a.*

Aplacer. v. Placer.
Apostar. § 246 *c.*
Apretar. § 246 *a.*
Aprobar. v. Probar.
Argüir. § 240.
Arrecir. § 256.
Arrendar. § 246 *a.*
Arrepentirse. § 247 *b.*
Ascender. § 246 *b.*
Asentar. v. Sentar.
Asentir. v. Sentir.
Aserrar. v. Serrar.
Asir. § 249 II.
Asolar § 246 *c.*
Asonar. v. Sonar.
Atañer. § 256.
Atardecer. § 249 I, 256.
Atender. v. Tender.
Atentar. v. Tentar.
Aterir. § 256.
Aterrar. § 246 *a.*
Atraer. v. Traer.
Atravesar. § 246 *a.*
Atribuir. v. Tribuir.
Atronar. v. Tronar.
Avenir. v. Venir.
Aventar. v. Ventar.
Avergonzar. § 246 *a.*
Azolar. § 246 *c.*

Balbucir. § 256.
Bendecir. v. Decir.

Caber. § 244, 248, 250.
Caer. § 249 III.

Calentar. § 246 *a.*
Cegar. § 246 *a.*
Ceñir. § 247 *a.*
Cerner. § 246 *b.*
Cernir. v. Discernir.
Cerrar. § 246 *a.*
Cimentar. § 246 *a.*
Circuir. § 240.
Clocar. § 246 *c.*
Cocer. § 246 *d.*
Coextenderse. v. Tender.
Colar. § 246 *c.*
Colegir. § 247 *a.*
Colgar. § 246 *c.*
Colorir. § 256.
Comedir. § 247 *a.*
Comenzar. § 246 *a.*
Competir. § 247 *a.*
Complacer. v. Placer.
Componer. v. Poner.
Comprobar. v. Probar.
Compungir. § 256.
Concebir. § 247 *a.*
Concernir. § 246 *b,* 256.
Concertar. § 246 *a.*
Concluir. § 240.
Concordar. v. Acordar.
Condescender. v. Ascender.
Condoler. v. Doler.
Conducir. v. Aducir.
Conferir. § 247 *b.*
Confesar. § 246 *a.*
Confluir. v. Fluir.
Conmover. v. Mover.
Conocer. § 249 I.
Conseguir. v. Seguir.
Consentir. v. Sentir.
Consolar. § 246 *c.*
Consonar. v. Sonar.
Constituir. § 240.
Constreñir. § 247 *a.*

Construir. § 240.
Contar. § 246 *c.*
Contender. v. Tender.
Contener. v. Tener.
Contradecir. v. Decir.
Contraer. v. Traer.
Contrahacer. v. Hacer.
Contraponer. v. Poner.
Contravenir. v. Venir.
Contribuir. v. Tribuir.
Controvertir. v. Advertir.
Corregir. § 247 *a.*
Costar. § 246 *c.*

Dar. § 254.
Decaer. v. Caer.
Decir. § 244, 247 *a,* 248, 250.
Deducir. v. Aducir.
Defender. § 246 *b.*
Deferir. v. Conferir.
Degollar. § 246 *c.*
Demoler. § 246 *d.*
Demostrar. v. Mostrar.
Denegar. v. Negar.
Denegrir. § 256.
Denostar. § 246 *c.*
Dentar. § 246 *a.*
Deponer. v. Poner.
Derrenegar. v. Negar.
Derrengar. § 246 *a.*
Derretir. § 247 *a.*
Derrocar. § 246 *c.*
Derruir. § 240.
Desabrir. § 256.
Desacertar. v. Acertar.
Desacordar. v. Acordar.
Desadvertir. v. Advertir.
Desalentar. v. Alentar.
Desapretar. v. Apretar.
Desaprobar. v. Probar.
Desarrendar. v. Arrendar.

Desasentar. v. Sentar.

Desasir. v. Asir.

Desasosegar. v. Sosegar.

Desatender. v. Tender.

Desatentar. v. Tentar.

Desatraer. v. Traer.

Desavenirse. v. Venir.

Descender. v. Ascender.

Desceñir. v. Ceñir.

Descolgar. v. Colgar.

Descolorir. § 256.

Descollar. § 246 c.

Descomedirse. § 247 a.

Descomponer. v. Poner.

Desconcertar. v. Concertar.

Desconocer. v. Conocer.

Desconsentir. v. Sentir.

Desconsolar. v. Consolar.

Descontar. v. Contar.

Desconvenir. v. Venir.

Descordar. § 246 c.

Descornar. v. Acornar.

Desdecir. v. Decir.

Desdentar. v. Dentar.

Desempedrar. v. Empedrar.

Desencerrar. v. Cerrar.

Desencordar. v. Descordar.

Desengrosar. v. Engrosar.

Desentender. v. Tender.

Desenterrar. v. Enterrar.

Desenvolver. v. Volver.

Deservir. v. Servir.

Desflocar. § 246 c.

Desgobernar. v. Gobernar.

Deshacer. v. Hacer.

Deshelar. v. Helar.

Deshervar. v. Hervar.

Desherrar. v. Herrar.

Desinvernar. v. Invernar.

Desleír. § 247 a.

Deslendrar. § 246 a.

Deslucir. v. Lucir.

Desmajolar. § 246 c.

Desmedirse. v. Medir.

Desmelar. v. Melar.

Desmembrar. § 246 a.

Desmentir. v. Mentir.

Desnegar. v. Negar.

Desnevar. v. Nevar.

Desoír. v. Oír.

Desolar. § 246 c.

Desoldar. v. Soldar.

Desollar. § 246 c.

Desosar. § 246 c.

Despavorir. § 256.

Despedir. v. Pedir.

Despernar. v. Apernar.

Despezar. § 246 a.

Desplacer. v. Placer.

Desplegar. v. Plegar.

Despoblar. v. Poblar.

Destemplar. v. Templar.

Destentar. v. Tentar.

Desteñir. v. Teñir.

Desterrar. § 246 a.

Destituir. v. Constituir.

Destrocar. v. Trocar.

Destruir. v. Construir.

Desvaír. § 256.

Desventar. v. Ventar.

Desvergonzarse. v. Avergonzar.

Desvestir. v. Vestir.

Detener. v. Tener.

Detraer. v. Traer.

Devenir. v. Venir.

Devolver. v. Volver.

Diferir. v. Conferir.

Difluir. v. Fluir.

Digerir. § 247 b.

Diluir. § 240.

Discernir. § 246 b.

Disconvenir. v. Venir.

Discordar. v. Acordar.
Disentir. v. Sentir.
Disminuir. § 240.
Disolver. v. Absolver.
Disonar. v. Sonar.
Displacer. v. Placer.
Disponer. v. Poner.
Distender. v. Tender.
Distraer. v. Traer.
Distribuir. v. Tribuir.
Divertir. v. Advertir.
Dolar. § 246 c.
Doler. § 246 d.
Dormir. § 247 c.

Educir. v. Aducir.
Elegir. § 247 a.
Embaír. § 256.
Embestir. § 247 a.
Emparentar. § 246 a.
Empedernir. § 256.
Empedrar. § 246 a.
Empezar. § 246 a.
Emporcar. § 246 c.
Encender. § 246 b.
Encerrar. v. Cerrar.
Enclocar. v. Clocar.
Encomendar. § 246 a.
Encontrar. § 246 c.
Encorar. § 246 c.
Encordar. v. Descordar.
Encorvar. § 246 c.
Endentar. v. Dentar.
Engorar. § 246 c.
Engreírse. § 239, 247 a.
Engrosar. § 246 c.
Enhestar. § 246 a.
Enlenzar. § 246 a.
Enlucir. v. Lucir.
Enmelar. v. Melar.
Enmendar. § 246 a.

Ensangrentar. § 246 a.
Ensoñar. v. Soñar.
Entender. v. Tender.
Enterrar. § 246 a.
Entortar. § 246 c.
Entrelucir. v. Lucir.
Entremorir. v. Morir.
Entreoír. v. Oír.
Entrepernar. v. Apernar.
Entretener. v. Tener.
Entrever. v. Ver.
Envolver. v. Volver.
Equivaler. v. Valer.
Erguir. § 247 b.
Errar. § 246 a.
Escocer. v. Cocer.
Escolar. v. Colar.
Esforzar. v. Forzar.
Estar. § 253.
Estatuir. v. Constituir.
Estregar. § 246 a.
Estreñir. v. Constreñir.
Excluir. v. Concluir.
Expedir. v. Pedir.
Exponer. v. Poner.
Extender. v. Tender.
Extraer. v. Traer.

Fallir. § 256.
Fluir. § 240.
Follar. § 246 c.
Forzar. § 246 c.
Fregar. § 246 a.
Freír. § 239, 247 a.
Fruir. § 240.

Garantir. § 256.
Gemir. § 247 a.
Gobernar. § 246 a.
Gruir. § 240.

Haber. § 251.
Hacer. § 244, 248, 250.
Heder. § 246 *b*.
Helar. § 246 *a*.
Henchir. § 247 *a*.
Hender. § 246 *b*.
Hendir. § 247 *b*.
Heñir. § 239, 247 *a*.
Herbar. § 246 *a*.
Herir. § 247 *b*.
Herrar. § 246 *a*.
Hervir. § 247 *b*.
Hibernar. v. Invernar.
Holgar. v. Colgar.
Hollar. § 246 *c*.
Huir. § 240.

Imbuir. § 240.
Impedir. v. Pedir.
Imponer. v. Poner.
Improbar. v. Probar.
Incensar. § 246 *a*.
Incluir. v. Concluir.
Indisponer. v. Poner.
Inducir. v. Aducir.
Inferir. v. Conferir.
Infernar. § 246 *a*.
Influir. v. Fluir.
Ingerir. v. Digerir.
Injerir. § 247 *b*.
Inmiscuir. § 240.
Inquirir. § 246 *e*.
Instituir. v. Constituir.
Instruir. v. Construir.
Interdecir. v. Decir.
Interponer. v. Poner.
Intervenir. v. Venir.
Investir. v. Vestir.
Ir. § 255.
Irruir. v. Derruir.

Jugar. § 246 *f*.

Licuefacer. § 256.
Lucir. § 249 I.
Luir. § 240.

Llover. § 246 *d*, 256.

Maldecir. v. Decir.
Malherir. v. Herir.
Malsonar. v. Sonar.
Mancornar. v. Acornar.
Manifestar. § 246 *a*.
Manir. § 256.
Mantener. v. Tener.
Mecer. § 249 I.
Medir. § 247 *a*.
Melar. § 246 *a*.
Mentar. § 246 *a*.
Mentir. § 247 *b*.
Merecer. § 249 I.
Merendar. § 246 *a*.
Moler. § 246 *d*.
Morder. § 246 *d*.
Morir. § 247 *c*.
Mostrar. § 246 *c*.
Mover. § 246 *d*.

Nacer. § 249 I.
Negar. § 246 *a*.
Nevar. § 246 *a*, 256.

Obstruir. v. Construir.
Obtener. v. Tener.
Oír. § 240, 249 III.
Oler. § 246 *d*.
Oponer. v. Poner.

Pacer. § 249 I.
Parecer. § 249 I.
Pedir. § 247 *a*.
Pensar. § 246 *a*.

Perder. § 246 *b.*
Perniquebrar. v. Quebrar.
Perseguir. v. Seguir.
Pervertir. v. Advertir.
Placer. § 249 I, 248, 250.
Plegar. § 246 *a.*
Poblar. § 246 *c.*
Poder. § 246 *d,* 250.
Podrir. v. Pudrir.
Poner. § 244, 248, 250.
Posponer. v. Poner.
Preconocer. v. Conocer.
Predecir. v. Decir.
Predisponer. v. Poner.
Preferir. v. Conferir.
Prelucir. v. Lucir.
Premorir. v. Morir.
Preponer. v. Poner.
Presentir. v. Sentir.
Presuponer. v. Poner.
Preterir. § 256.
Prevalecer. § 249 I.
Prevaler. v. Valer.
Prevenir. v. Venir.
Prever. v. Ver.
Probar. § 246 *c.*
Producir. v. Aducir.
Proferir. v. Conferir.
Promover. v. Mover.
Proponer. v. Poner.
Proseguir. v. Seguir.
Prostituir. v. Constituir.
Provenir. v. Venir.
Pudrir. § 247 *c.*

Quebrar. § 246 *a.*
Querer. § 244, 246 *b,* 250.

Raer. § 239, 249 III.
Rarefacer. § 256.
Reapretar. v. Apretar.

Reaventar. v. Aventar.
Recaer. v. Caer.
Recalentar. v. Calentar.
Recentar. § 246 *a.*
Receñir. v. Ceñir.
Recluir. v. Concluir.
Recocer. v. Cocer.
Recolar. v. Colar.
Recolegir. v. Colegir.
Recomendar. v. Encomendar.
Recomponer. v. Poner.
Reconocer. v. Conocer.
Reconstruir. v. Construir.
Recontar. v. Contar.
Reconvenir. v. Venir.
Recordar. § 246 *c.*
Recostar. v. Acostar.
Redargüir. v. Argüir.
Reducir. v. Aducir.
Reelegir. v. Elegir.
Reexpedir. v. Pedir.
Referir. v. Conferir.
Refluir. v. Fluir.
Reforzar. v. Forzar.
Refregar. v. Fregar.
Refreír. v. Freír.
Regar. § 246 *a.*
Regimentar. § 246 *a.*
Regir. § 247 *a.*
Regoldar. § 246 *c.*
Rehacer. v. Hacer.
Rehenchir. v. Henchir.
Reherir. v. Herir.
Reherrar. v. Herrar.
Rehervir. v. Hervir.
Rehollar. v. Hollar.
Rehuir. v. Huir.
Reír. § 239, 247 *a.*
Relucir. v. Lucir.
Remedir. § 247 *a.*
Remendar. v. Enmendar.

Remorder. v. Morder.
Remover. v. Mover.
Renacer. v. Nacer.
Rendir. § 247 *a.*
Renegar. v. Negar.
Renovar. § 246 *c.*
Reñir. § 247 *a.*
Repacer. v. Pacer.
Repensar. v. Pensar.
Repetir. § 247 *a.*
Replegar. v. Plegar.
Repoblar. v. Poblar.
Reponer. v. Poner.
Reprobar. v. Probar.
Requebrar. v. Quebrar.
Requerir. § 247 *b.*
Resaber. v. Saber.
Resalir. v. Salir.
Resegar. v. Segar.
Reseguir. v. Seguir.
Resembrar. v. Sembrar.
Resentir. v. Sentir.
Resolver. v. Absolver.
Resollar. § 246 *a.*
Resonar. v. Sonar.
Responder. § 250.
Resquebrar. v. Quebrar.
Restituir. v. Constituir.
Restregar. v. Entregar.
Retemblar. v. Temblar.
Retener. v. Tener.
Retentar. § 246 *a.*
Reteñir. v. Teñir.
Retorcer. v. Torcer.
Retostar. v. Tostar.
Retraer. v. Traer.
Retribuir. v. Tribuir.
Retronar. v. Tronar.
Retrotraer. v. Traer.
Revenir. v. Venir.
Reventar. § 246 *a.*

Rever. v. Ver.
Reverter. v. Verter.
Revertir. v. Advertir.
Revestir. v. Vestir.
Revolar. v. Volar.
Revolcar. v. Volcar.
Revolver. v. Volver.
Rodar. § 246 *c.*
Roer. § 249 III.
Rogar. § 246 *c.*

Saber. § 244, 248, 250, 251.
Salir. § 244, 249 II.
Salpimentar. § 246 *a.*
Sarmentar. § 246 *a.*
Sarpullir. § 256.
Satisfacer. v. Hacer.
Seducir. v. Aducir.
Segar. § 246 *a.*
Seguir. § 247 *a.*
Sembrar. § 246 *a.*
Sentar. § 246 *a.*
Sentir. § 247 *b.*
Ser. § 252.
Serrar. § 246 *a.*
Servir. § 247 *a.*
Sobreentender. v. Tender.
Sobreponer. v. Poner.
Sobresalir. v. Salir.
Sobresembrar. v. Sembrar.
Sobresolar. v. Solar.
Sobrevenir. v. Venir.
Sobreverterse. v. Verter.
Sobrevestir. v. Vestir.
Sofreír. v. Freír.
Solar. § 246 *c.*
Soldar. § 246 *c.*
Soler. § 246 *d,* 256.
Soltar. § 246 *c.*
Sonar. § 246 *c.*
Sonreír. v. Reír.

Soñar. § 246 c.

Sorregar. v. Regar.

Sosegar. § 246 c.

Sostener. v. Tener.

Soterrar. v. Enterrar.

Subarrendar. v. Arrendar.

Subentender. v. Tender.

Subseguir. v. Seguir.

Substraer. v. Traer.

Subtender. v. Tender.

Subvenir. v. Venir.

Subvertir. v. Advertir.

Sugerir. v. Digerir.

Superponer. v. Poner.

Supervenir. v. Venir.

Suponer. v. Poner.

Sustituir. v. Constituir.

Sustraer. v. Traer.

Temblar. § 246 a.

Templar. § 246 a.

Tender. § 246 b.

Tener. § 246 b, 249 II, 250.

Tentar. § 246 a.

Teñir. § 247 a.

Torcer. § 246 d.

Tostar. § 246 c.

Traducir. v. Aducir.

Traer. § 249 III, 250.

Transcender. v. Ascender.

Transferir. v. Conferir.

Transgredir. § 256.

Translucir. v. Lucir.

Transponer. v. Poner.

Trascender. v. Ascender.

Trascolar. v. Colar.

Trascordarse. v. Acordarse.

Trasegar. § 246 a.

Trasferir. v. Conferir.

Trasfregar. v. Fregar.

Traslucir. v. Lucir.

Trasoír. v. Oír.

Trasoñar. v. Soñar.

Trasponer. v. Poner.

Trastocar. v. Tocar.

Trastrocar. v. Trocar.

Trasverter. v. Verter.

Trasvolar. v. Volar.

Trasvestir. v. Vestir.

Tribuir. § 240.

Trocar. § 246 c.

Tronar. § 246 c.

Tropezar. § 246 a.

Usucapir. § 256.

Valer. § 244, 249 II.

Venir. § 247 b, 249 II, 250.

Ventar. § 246 a.

Ver. § 443.

Verter. § 246 b.

Vestir. § 247 a.

Volar. § 246 c.

Volcar. § 246 c.

Volver. § 246 d.

Yacer. § 249 I, 248.

Yuxtaponer. v. Poner.

Zaherir. v. Herir.

XV. INCREMENTOS PERSONALES ÁTONOS DEL VERBO

Pronombres personales átonos

258. Se ha visto en § 84 que se agrupan bajo la etiqueta de *pronombres personales* dos suertes de unidades: los sustantivos personales (examinados en el capítulo VI) y las partículas átonas que se unen al verbo. Dos motivos se aducen para reunirlas: su comunidad histórica de origen, y su parcial identidad semántica, puesto que unos y otras contienen un componente común: el designar a una de las tres personas gramaticales. Pero los sustantivos personales son palabras autónomas que por sí solas cumplen una función en el enunciado, mientras los incrementos átonos nunca aparecen aislados sino formando un todo con el verbo, aunque la ortografía los presente separados en proclisis (como en *Se figuran*) o unidos en enclisis (como en *Figúranse*). El uso actual prefiere la proclisis con las formas verbales personales, menos el imperativo, y con este y los derivados verbales utiliza la enclisis: *Lo veo, La viste, Me verá, Te verían,* frente a *Vedlo, Verla, Viéndome.* Sin embargo, hoy es rara junto con el participio (§ 208). En la lengua escrita, y en zonas dialectales, perdura el empleo de la enclisis cuando la forma verbal viene tras la pausa: *Vanse las leyendas* (**96**.145), *O, mejor, entróse en ella* (**96**.118), *Tiénese el asunto por retórico* (**80**.365), *Diríase que lo hacía tan solo por llevarme la contraria* (**9**.163), *Encontráronme como loco y hasta el día siguiente no volví en mí* (**83**.254), y con entonación exclamativo-interrogativa: *¿Habríase visto?* (**9**.89).

Por otra parte, los sustantivos personales suelen referirse a entes de la situación en que se habla, y los incrementos personales aluden (por anáfora o por catáfora) a otras unidades mentadas en el contexto lingüístico (es decir, a palabras citadas previamente o a palabras que se mencionarán posteriormente). Estas unidades personales átonas hoy usadas son las siguientes: *me, te, le, lo, la, nos, os, les, los, las* y *se*.

Funciones

259. La función de estos incrementos personales adosados al verbo se reduce a indicar que este comporta adyacentes de objeto directo o indirecto, o de ambos a la vez (§ 333, 347), cuando la mención explícita de estos es innecesaria por desprenderse su referencia de la situación en que se habla.

Así como las terminaciones verbales señalan la persona que funciona como sujeto gramatical y no hace falta un sujeto explícito si la situación es inequívoca, los incrementos personales permiten eludir las unidades léxicas que cumplirían las funciones de objeto directo o indirecto. Los incrementos indican, al unirse al verbo, que este posee un objeto directo o indirecto de primera, segunda o tercera persona, el cual no se especifica con otra palabra por ser su referencia consabida de los interlocutores.

Pero cuando interesa a efectos comunicativos, se hace explícita con un sustantivo la persona objeto directo o indirecto aludida por los incrementos personales. Así, las oraciones *No le importa*, *Los hemos comprado baratos* (3.ª persona); *No te admitirán nunca*, *Os han escrito* (2.ª persona); *No me cuentes historias*, *Ya no nos respetan* (1.ª persona), pueden especificarse, cuando sea preciso (a menudo con énfasis expresivo), mediante una unidad sustantiva con la misma función marcada por los incrementos: *A Juan no le importa*, *Esos libros los hemos comprado baratos*, *A ti no te admitirán nunca*, *Os han escrito a vosotros*, *A mí no me cuentes historias*, *A nosotros ya no nos respetan*.

260. Los incrementos personales varían en cuanto al número, que depende del que ostente la unidad a que se refieren. A los singulares de primera persona *me*, de segunda *te*, de tercera *le, lo, la*, se corresponden los plurales *nos* de primera, *os* de segunda y *les, los, las* de tercera. La unidad *se*, también de tercera persona, carece de variación, esto es, vale tanto para singular como para plural.

El otro morfema nominal, el género, solo se refleja en algunos de los incrementos de tercera persona. En principio, *lo* y *los* reproducen el masculino que comporte el sustantivo eliminado; *la* y *las*, el femenino que caracterice a este. La unidad *lo*, además, sirve para la referencia de segmentos no marcados por el género (como son los llamados neutros y las unidades complejas sustantivadas):

Es cuestión de ponerse a ello cuando la necesidad *lo* exige (**9**.75).

Cuando te quieras dormir, me *lo* dices (**9**.83).

¿Qué le parece a usted nuestro clima? Y *lo* preguntan algunos (**96**.52).

Ya me *lo* habéis oído: listo sin talento es peor que tonto sencillo (**96**.57).

Y *todo ello* se *lo* come el camello (**96**.59).

No queda otro remedio que vender, liquidar*lo todo* (**40**.14).

Que ¿cómo vive el personal? Pues se *lo* voy a decir a usted (**40**.15).

Las unidades *le, les* y *se* son indiferentes a las distinciones de género.

261. Las funciones de objeto directo e indirecto a que aluden los incrementos personales solo están diferenciadas, aunque no siempre, por los de tercera persona. Los incrementos de primera y segunda persona valen para ambas funciones: *me, te, nos* y *os* señalan el objeto directo, por ejemplo, en *Me lavo, Te vieron, Nos dejaron, Os felicitó*, o el objeto indirecto en *Me lavo las manos, Te vieron las intenciones, Nos dejaron el coche, Os felicitó las pascuas*.

El incremento *lo*, entre los de tercera persona, se emplea además como referente a la función de atributo, adyacente propio del grupo de verbos llamados copulativos *(ser, estar, parecer)*. En esta función (§ 359), suelen aparecer adjetivos y sustantivos, los cuales, según sus posibilidades, pueden concertar en número y en género con los que comporte el sustantivo del sujeto explícito (por ejemplo: *El niño es alto, Las niñas son altas)*. Cuando la palabra que funciona como atributo puede eludirse, porque sus referencias léxicas son consabidas, persiste, sin embargo, un representante suyo que incrementa al verbo, la unidad invariable *lo*, que es, por tanto, compatible con sujetos de cualquier número y de cualquier género. Por ejemplo: en *Todo el siglo ha sido carnaval y sigue siéndolo* (**96**.136), *lo* se refiere al singular y masculino *carnaval;* en *Yo no la quiero zancuda. Ya verás si lo es* (**51**.I.92), *lo* representa un singular femenino; en *Distintos entre sí como lo son, [...] ambos remiten a ella* (**9**.68), *lo* alude a un plural masculino; en *Parecían fantásticas sus ideas, pero no lo eran,* la referencia *lo* indica un plural femenino.

Variedades en el uso de los átonos de tercera persona

262. Las unidades de tercera persona ofrecen en su uso una situación poco clara y vacilante. Existen varias normas, de difusión originaria diferente, que se interfieren en muchos hablantes y producen confusiones de los géneros, de los números y de las funciones propias de cada una de las formas. Son los fenómenos conocidos con los términos de *leísmo, laísmo* y *loísmo*.

La norma primitiva, o uso etimológico, les asigna los valores reflejados en el siguiente cuadro (donde no se incluyen los usos de *lo* invariable en la función de atributo):

	objeto directo			objeto indirecto
	masc.	fem.	neutro	(sin género)
singular	lo	la		le
			lo	
plural	los	las		les

Es el uso más extendido en el dominio español: predomina en Asturias, Aragón, Andalucía, Canarias y América (salvo en parte de Ecuador, en Paraguay y en la Guayana venezolana). Se recomienda en el uso culto. Véanse ejemplos de esta norma:

Al lector desamparado, debe aquél [el autor] procurar*le* las aclaraciones que estén de su mano, y orientar*lo* algo (**9**.66).

Es seguro que *lo* vio, puesto que *le* sirvió la cena (**9**.87).

[Silencio] que él mismo ignoraba, pero que *lo* saturaba por completo (**88**.169).

Tenté a tirar*le* la lengua (**88**.168).

La miré con sorpresa, y me dispuse a no hacer*le* demasiado caso (**9**.94).

La ve aun sin mirar*la,* a Su Serenidad Cibeles, rompiendo el aire azul y recogiéndo*lo* [...] *le* rompió una mano a esa misma Cibeles (**96**.138).

Aprovechaba la operación para encender un cigarro sin cambiar*le* el papel ni ensalivar*lo* (**51**.I.194-5).

Iremos a dibujar al campo [...] *lo* dijo sin dar*le* importancia (**51**.I.224).

Ahora no era lo mismo [...], pero era algo que se *le* parecía (**95**.504).

Los piensos naturales [...] no *los* hacen más que los molinos. Luego *les* añaden los correctores (**40**.37).

Ese destino [...] que [a los personajes] *les* ha caído encima [...], el enorme acontecimiento *los* abruma (**9**.68).

Mis hermanas [...] ya las conoces [...] para las mujeres la medida del tiempo es otra: *les* cuenta más (**9**.73).

¡Hay que ver la antropología, la etnografía, la filología que se *les* empapiza a esas frívolas juventudes [...]! ¡Cómo *las* están poniendo [...]! (**96**.156).

A tantas miradas ávidas solo *les* oponía el orgullo de ignorarlas.

El leísmo, el laísmo y sus alternancias

263.   El llamado *leísmo* ofrece variedades. Consiste en el empleo de *le,* y con menor frecuencia de su plural *les,* como referentes de la función de objeto directo. El leísmo más extendido, y con mayor aceptación en la tradición literaria, es el que establece distinción entre la alusión a persona (o ente personificado) y lo que no es persona, cuando el sustantivo eludido comporta masculino y singular. Se produce así una confusión parcial con el referente a objeto indirecto:

	objeto directo			objeto indirecto
	masc.	fem.	neutro	(sin género)
	pers. no pers.			
singular	le lo	la		le
			lo	
plural	los	las		les

Este esquema alterna con el del uso originario, y es sobre todo el más corriente entre escritores castellanos y leoneses. No rechazado por la norma académica, es un compromiso entre el uso conservador y las tendencias que luego se verán. A veces, la distinción de la persona y la no persona del masculino se extiende al plural, y se emplea *les* para masculino personal y *los* para masculino de cosa. Otras veces, la preferencia de *le* y *les* como directo para el masculino se deriva de la distinción entre seres animados e inanimados. En fin, especialmente en Castilla la Vieja, el leísmo se refleja en las referencias a seres contables (como *niño, perro, árbol, coche,* etc.), en tanto que los sustantivos no contables o continuos (como *vino, trigo, carbón, barro,* etc.) siguen siendo referidos por las formas *lo, los.*

En relación con este uso, el habla rural de esas zonas representa con *lo* a todo sustantivo no contable, sea masculino o femenino, mientras que *le* y *la* se reservan para los sustantivos contables masculinos y femeninos respectivamente. Por ejemplo: *El café ya no lo pruebo* y *La leche tenían que llevarlo en camiones* con *lo,* porque *café* y *leche* se refieren a objetos no contables; mientras *El coche no le mueven de ahí* y *La camisa no la pierde,* llevan *le* y *la* respectivamente porque el masculino *coche* y el femenino *camisa* se refieren a objetos contables.

264.   La tendencia a suprimir la diferencia de funciones entre objeto directo e indirecto en beneficio de la distinción de género se refleja también en el *laísmo.* Consiste en generalizar *la* y *las* para las referencias a sustantivos femeninos en la función de objeto indirecto. Es fenómeno de menor difusión que el leísmo, más frecuente en singular que en plural y sobre todo en la mención de personas. Caracteriza la lengua de autores de la Castilla duriense. Quien practica el laísmo es a la vez leísta.

En la realidad del uso, según las zonas o según el saber del hablante, hay muchos grados de hibridación entre la situación conservadora y la que tiende a eliminar la distinción funcional entre objeto directo e indirecto. Lo predominante en la lengua literaria es un moderado leísmo, limitado a las referencias a masculinos de persona, si bien es relativamente frecuente el uso del laísmo. Un mismo usuario puede variar de una ocasión a otra sus preferencias. Véanse a continuación ejemplos literarios de las alternancias producidas por el leísmo y el laísmo:

1.º *Alternancias le/lo:*

> Se quedó mirándo*le* sin atreverse a despertar*lo* (**88**.192).
> Dijo el oficial, como ayudándo*lo*... Estoy tratando de ayudar*le* (**88**.197-8).
> *Lo* habían visto ya todos [...] declaró por último haber*le* visto (**9**.82).
> *Lo* abro al azar y leo (**96**.53).
> [al parque] No *le* cruza ni *le* bordea tranvía ni autobús (**96**.69).
> Yo trataba de persuadir*lo*... Aduje para persuadir*le* (**9**.91-2).

2.º *Alternancia les/los:*

> El mar *los* apuña juntos [mar y cielo] (**96**.58).
> Los rótulos de algunas calles *les* recuerdan [a los hidalgos] (**96**.91).
> *Les* conozco a esos pobres diablos; *les* tuve que sufrir antaño [...] ¿*les* toma en serio? (**96**.157).
> Había que sacar*los* de sí, provocar*los,* amedrentar*los* (**96**.139).
> Los cantares monótonos con que *les* durmieron de pequeños (**54**.198).
> Ahí hemos cogido ahora veinte cangrejos y *los* hemos metido en el río (**40**.165).
> El silencio, pese a no ser total, *les* sobrecoge (**40**.98).

3.º *Alternancia la/le:*

> *La* hablaban de la vida de fuera (**1**.440).
> Los afectos que más *la* importaban [...] *Le* bastaba una singular sonrisa (**2**.129).
> Y *la* hablaba tan de cerca que parecía que *le* estaba besando (**2**.147).
> Con la libertad de palabras que *le* caracterizaba, la Justa tenía conversaciones escabrosas; contaba [...] lo que *la* decían en la calle (**16**.277).

A esta península se *le* conoce por el nombre de Jandía (**96**.49).

Le decía él a ella buscándo*la* las manos (**54**.194).

Agustín *le* ayudó a ponerse la piel [...] luego *la* tomó del brazo [...] para ayudar*la* a subir por la escala triunfal (**72**.69).

Resulta insólito un muchacho consagrado a su madre enferma, haciéndo*la* un té, poniéndo*la* música en el tocadiscos, acompañándo*la* (**36**.127).

4.º   *Alternancia las/les:*

¿Qué vais a tomar? —*las* preguntó Leandro (**16**.148).

Y a las dos [cosas] *les* ha hecho esta fuerteventurosa Fuerteventura (**96**.66).

A las muchachas de hoy no es infrecuente escuchar*las* que ellas no pierden el tiempo cocinando (**36**.10).

Pero es preciso tirar*las* a tiempo [a las avutardas], eso sí, no dejar*las* pasar (**40**.45).

A las piedras *las* quedaba bastante frío esponjado (**54**.218).

El loísmo

265.   El *loísmo* consiste en el uso de *lo* y *los* en la función de objeto indirecto cuando el sustantivo eludido es del género masculino. Es fenómeno paralelo al laísmo, pero siempre ha sido menos frecuente y se ha considerado vulgar. Aunque esporádicamente aparece en la lengua escrita, debe evitarse. Por ejemplo, en lugar de *le,* vemos *lo* en *Fue romano, no lo dé vueltas* (**54**.210) como *la* en *Ya se podía iniciar la conversación..., que ella [...] la daba la vuelta* (**36**.103); *Estudiaba lógica: lo admiraba el diáfano mecanismo del pensamiento* (**97**.32) por *le admiraba; ¿Qué lo preocupa?* [al coronel] (**100**.193); *Luego viene el recogerlos* [los cepos], *sacarlos los conejos, destriparlos* (**40**.19); *Que los gusta zaherir, no es otra cosa* (**93**.300).

Otras particularidades

266.   La frecuencia de *le* y *les* redundantes lleva a veces a inmovilizarlo en número, utilizando el significante *le* también para el plural. Es uso más americano que peninsular, aunque gana terreno. Por ejemplo:

Demoré más de lo necesario y conveniente el dar*le a mis tíos* señales de vida (**9**.151).

Ella sabe que me como el garbanzo remojado que *le* doy a los puercos gordos y el maíz seco que *le* doy a los puercos flacos (**91**.129).
Mientras *le* afeitaba el pescuezo a los gallos (**50**.162).
Le revolvía el hígado a las esposas de los presidentes (**50**.274).
Siempre *le* había tenido temor a los temblores de tierra (**47**.413).
Eso *le* pasa a todos (**27**.148).
Le decía a sus amigas (**28**.336).

Obsérvese que siempre *le* precede al objeto indirecto léxico. En caso contrario, se mantiene la diferencia de número: *A Margot no se l̲e̲ dio bien la noche* (**27**.148) frente a *A los muertos ya nada l̲e̲s̲ importa nada* (**27**.141).

267. En resumen, es recomendable mantener el uso tradicional, solo con algunas concesiones al leísmo; esto es, *lo* como referente de masculino singular en función de objeto directo (aunque se acepte *le* en este caso cuando aluda a persona), *la* para femenino singular en la misma función; *los* para plural masculino y *las* para femenino como objeto directo; *le* y *les* para los objetos indirectos, singulares y plurales respectivamente, sin distinción de géneros; finalmente, *lo* como referente invariable de valores neutros en los papeles de objeto directo y de atributo.

Combinación de dos personales átonos

268. Pueden concurrir junto al verbo un incremento de objeto directo y otro de objeto indirecto, ambos proclíticos o, en su caso, enclíticos. En general, se trata de combinaciones de un referente de cualquier persona con otro de tercera: el primero alude al objeto indirecto y el segundo al directo. Así, en *Déjam̲e̲l̲o̲, T̲e̲ l̲o̲ regalo, N̲o̲s̲ l̲a̲ quitó, O̲s̲ l̲a̲s̲ mandaré.*

Cuando el incremento de objeto indirecto en estas combinaciones es de tercera persona, los significantes habituales *le* y *les* se sustituyen por otro invariable *se* (que es homófono con el *se* llamado «reflexivo», del cual se trata en § 270): *Mi hermana [...] a quien s̲e̲ lo di a guardar* (**9**.86), *Creyó necesario buscárs̲e̲l̲o̲s̲* [límites a la gratitud] (**1**.282), *S̲e̲ la quieren echar en los brazos* [a él] (**1**.298), *Como el capitán s̲e̲ las reía, aquel necio volvía a sus patochadas* (**9**.119), *Las pocas* [atenciones] *que requieren s̲e̲ las da la madre* (**40**.151), *Eso no s̲e̲ lo consiento a ustedes.*

Es incorrecto introducir una marca de plural (cuando *se* equivale a *les)* en el otro incremento singular, como sucede a veces en el español americano y canario: *El dinero se l̲o̲s̲ regaló* [a ustedes] (**90**.125) por *se lo; Eso se l̲o̲s̲ dejé a ustedes* (**47**.458) por *se lo; Se sentían [...] privilegiados, como* *se los decía cada tarde el hombre del manto* (**100**.94); *Ustedes dos son unos mentirosos... En su cara se los digo* (**103**.301).

269. Del orden habitual de estas combinaciones de incrementos escapan los llamados por Bello *dativos superfluos* o *de interés* (§ 351), que pueden coexistir en un mismo enunciado con los que desempeñan las referencias a objeto directo e indirecto: *No te me manches* (donde *te* alude al objeto directo, y *me* indica con énfasis la participación de la persona interesada, el hablante); *No me le deis caramelos* (donde *me* es enfático y *le* objeto indirecto); *A ver si ustedes me lo emborrachan* (**1**.261) donde *me* es enfático y *lo* objeto directo).

En estas combinaciones se dan asimismo incrementos personales en sustitución de algún adyacente preposicional del verbo. En lugar de *Me acerqué a ti, Te presentarás a mí, Me ofrezco a él, Te sometes a ellas,* etc., se dice a veces *Te me acerqué, Te me presentarás, Me le ofrezco, Te les sometes.* Es más raro este uso cuando la preposición del adyacente personal no es *a*. Ejemplos:

> El chico se le aproximó (**88**.192) (= se aproximó a él).
> Se te adelantó un segundo (**26**.104) (= se adelantó a ti).
> Es mucho galgo, se le puede apostar con toda confianza (**27**.153) (= apostar por él).
> El perro ventea a la perra, se le acerca (**27**.85) (= se acerca a ella).
> Quisiera escapársele con las joyas (**27**.136) (= escaparse de él).
> El demonio de la seducción le sujetaba los brazos [...] y se le burlaba con palabras de fuego al oído (**1**.192) (= se burlaba de él).
> Si supiera que [...] tomaba un anteojo por un fusil, se le reiría en las narices (**1**.13) (= se reiría de él).
> Un grupo de chiquillos y de viejos se les acercó (**16**.116).

El reflexivo *se*

270. Queda por examinar lo referente al incremento *se*, llamado reflexivo. Se ha dicho ya que carece de variación de género y número (§ 260) y que su significante coincide con el que sustituye a los incrementos de tercera persona en función de objeto indirecto cuando se junta con otro (§ 268).

Por otra parte, *se* se alinea con *me, te* (y *nos, os*) porque todos ellos desempeñan las dos funciones de objeto directo e indirecto sin distinguirlas. En cambio, *se* solo es compatible con verbos cuyo sujeto gramatical sea de tercera persona *(se lava, se lavan).* En consecuencia, *se* se opone a los otros incrementos de tercera persona: lo que distingue a *Se lava* (respecto de *Lo lava, La lava, Los lava, Las lava,* todos ellos objetos directos) y a *Se lavan* (respecto de los también directos *Lo lavan, La lavan, Los lavan, Las lavan),* o bien lo que distingue a *Se lava las manos* y *Se lavan las manos* respecto de *Le lava las manos* y *Les lavan las manos* (donde los incrementos cumplen el papel de objeto indirecto), es la noción a que se alude con el término de *reflexivo,* la cual consiste en indicar que la persona denotada por el sujeto gramatical y la persona designada por el objeto directo o indirecto coinciden en una misma referencia a la realidad.

Como en cada acto de habla solo existe una primera persona (el hablante) y una sola segunda (el oyente), se comprende que la distinción entre lo reflexivo y lo no reflexivo ocurra exclusivamente con las terceras personas, puesto que solo estas pueden ser múltiples en cada situación. Cuando coinciden en una misma referencia la tercera persona sujeto y la tercera adyacente del verbo se produce la reflexividad, como en los ejemplos anteriores.

No es necesario distinguir el *se* reflexivo del que aparece en los usos llamados *recíprocos,* es decir, en las construcciones que tienen «por sujeto dos o más personas o cosas, cada una de las cuales ejerce una acción sobre la otra o las otras y la recibe de éstas», según señala Bello. Una oración como *Los dos amigos se separaron* puede referirse, conforme a la situación, a que «ambos se separaron de algo» o a que «se separaron el uno del otro»; el sentido de *se* resulta idéntico: coincidencia de lo designado por el sujeto con lo denotado por el objeto directo (o el indirecto en *Los dos amigos se dieron la mano).*

271. Del valor inicial reflexivo de *se* proceden las construcciones llamadas *pasiva refleja* e *impersonal.* En el uso reflexivo, la identidad de la referencia hecha por el sujeto gramatical y el incremento (esto es, la coincidencia de persona) señala que en la experiencia comunicada la actividad aludida por el verbo es desempeñada por un actor sobre sí mismo: en *Te lavas,* el actor de segunda persona designado por el sujeto realiza el «lavar» sobre sí mismo. En cambio, las construcciones pasiva refleja e impersonal carecen de referencia explícita al actor que desempeña la actividad denotada por el verbo, mientras muestran con otra palabra lo que ha sido afectado o efectuado por dicha actividad. Si imaginamos una situación real con tres componentes, a saber, la actividad «esperar», un actor que la desarrolla y un objeto afectado por ella, podemos comunicarla confiriendo a esos tres elementos la función de núcleo verbal, la de sujeto explícito y la de objeto directo, respectivamente, y, así, decir, por ejemplo, *Juan espera* *el premio* o bien *Juan espera al delegado.* Nuestro interlocutor puede conocer ya que el actor es *Juan* y podemos suprimir su mención, diciendo *Espera el premio* o *Espera al delegado;* pero también puede ser consabido el objeto directo y lo eliminamos representando su función por un incremento, con lo que se dirá para ambos casos *Lo espera.*

Pero a veces ocurre que el hablante ignora quién sea el actor (o si lo sabe, no le interesa comunicarlo); no puede decir simplemente *Lo espera,* porque así, aunque la calla, no se evita la referencia al actor; tiene que recurrir a otro expediente que excluya tal denotación. En tal caso, para los primeros ejemplos, se dirá *Se espera el premio* o *Se espera al delegado,* con lo cual la experiencia que se comunica se reduce a manifestar una actividad y lo afectado por ella. El primer enunciado es una construcción pasiva refleja, el segundo una impersonal.

272. La presencia de *se* en estos casos (que veda toda alusión a un actor concreto) transforma las relaciones entre el verbo y los demás elementos de la oración. Si en los dos ejemplos, *Se espera el premio* y *Se espera al delegado,* los dos sustantivos fuesen consabidos y prescindibles, su función ya no puede representarse, como antes, por el incremento personal: no se diría *Se lo espera* (que es ambiguo), porque los dos sustantivos, *el premio* y *al delegado,* ya no funcionan como objeto directo. En un caso se eliminaría sin más *el premio* y se diría *Se espera;* en el otro, eliminado *al delegado,* aparecería un incremento de objeto indirecto, diciendo *Se le espera.*

Ahora bien, si comparamos *Se espera el premio* con *Se esperan los premios,* la concordancia en número del verbo con el sustantivo (§ 320) demuestra que este es el sujeto explícito, y por ello eliminable cuando su referencia es consabida: *Se espera, Se esperan.* Por consiguiente, *se* es un incremento reflexivo de objeto directo, igual que en *Juan se lava* y *Los niños se lavan,* o en *La casa se hunde* y *Las casas se hunden,* donde el sujeto gramatical de tercera persona (singular y plural) queda especificado por los sujetos explícitos correspondientes *(Juan, Los niños, La casa, Las casas)* concordes con el número del verbo. No importa que en la realidad de la experiencia comunicada los entes aludidos por esos sustantivos no desempeñen el papel de actor.

En el ejemplo *Se espera al delegado,* se dan otras relaciones de sus componentes. Si, como se hizo antes, se introduce el plural en el sustantivo, ahora no altera este morfema el número del verbo, que seguirá en singular: *Se espera a los delegados.* Al prescindir de la mención de estos sustantivos *(al delegado, a los delegados)* si son consabidos, su función queda reflejada por un incremento personal junto al verbo: *Se le espera, Se les espera.* Aquí no es posible la aparición de ningún sujeto explícito, y, de ahí, el término de impersonales que se asigna a estas construcciones.

273. En estas oraciones impersonales, la forma *le, les* del incremento, que se refiere a los adyacentes suprimidos, sugiere que la función de estos es la de objeto indirecto. No obstante, la interferencia de los fenómenos del leísmo y el laísmo (vistos arriba, § 263-264) induce muchas veces a reemplazar los invariables *le* y *les* por los incrementos con variación genérica propios del objeto directo. Los usos actuales son poco estables; la mayor precisión de la referencia que hacen *la* y *las* contribuye al laísmo en estos casos; la equivalencia de *le* y *les,* en los empleos leístas, con *lo* y *los* referidos a persona en función de objeto directo, favorece la permanencia de aquellos en las construcciones impersonales, si bien (especialmente en el español americano) es frecuente el uso de *lo* y *los*. Véanse ejemplos de estas vacilaciones:

1.º **Combinación** *se le:*

> Y no *se le* había de replicar [al médico] (**1**.223).
> *Se le* fue dejando poco a poco [al obispo] ... *Se le* dejó (**1**.240).
> Si no quiere usted no *se le* obliga (**1**.156).
> No *se le* oye ya, ni *se le* ve, al río Nansa (**96**.34).
> Y no volvería [el lechero] si no *se le* abriese (**54**.192).
> Y me mandaba, como *se le* manda a un niño, que me durmiera (**9**.86).
> Al esposo a quien *se le* ha dicho que no *se le* ama, no *se le* piden cuentas (**85**.906).
> A la minoría no pudo reunír*sele* (**27**.199).
> A la lujuria no suele relacionár*sele* con la misericordia (**27**.173).
> En sus últimos años solo *se le* vio [a la viuda] dos veces en la calle (**50**.189).
> No *se le* vio [a ella] llorar (**50**.236).
> Primero se debilita al enemigo y luego *se le* vence (**103**.188).

Nótese que *le* hace referencia tanto a masculino como a femenino, ya de persona, ya de cosa.

2.º **Combinación** *se les:*

> Y luego decir que *se les* oprime, que *se les* desprecia [a ellos] (**96**.157).
> Se lamentaba del abandono en que *se les* dejaba a los chicos (**16**.294).
> Los militares lo que quieren es que *se les* escuche (**27**.200).

No *se les* tuvo [a los gramófonos] como objetos para entretenimiento (**50**.195).

Los obreros aspiraban a que no *se les* obligara a cortar [...] banano (**50**.252).

A las mujeres *se les* debe tratar con mucho respeto y consideración (**27**.165).

A los muertos no *se les* entierra a ninguna hora (**27**.161).

3.º **Combinación** *se la:*

Se la admitió sin reparos en la clase (**1**.91).

Se la oye de lejos (**1**.137).

No basta con que se respete a la Iglesia y hasta *se la* proteja (**1**.229).

Se intensifica la vida pública y *se la* renueva (**96**.136).

A la luz de la lamparilla [...] *se la* veía vagamente [a ella] (**16**.9).

Toda necesidad, si *se la* potencia, llega a convertirse en un nuevo ámbito de cultura (**80**.320).

Cada parte solo alcanza su verdad si *se la* entiende como tal (**71**.70).

Se la distingue enseguida [a la abeja reina] (**40**.178).

La gente vieja, cuando *se la* quiere alegrar y dar ánimos (**70**.228).

4.º **Combinación** *se las:*

Hay cosas que parecen dificilísimas y peliagudas cuando no *se las* mira de cerca (**85**.1520).

[a las actitudes] *Se las* caracteriza [...] como resultado de una búsqueda de la propia identidad (**7**.554).

Hay que estar sobre ello [...] y [...] si *se las* ve que andan apretadas [las abejas], echarlas un poco de comida (**40**.181).

Son obras literarias, y así *se las* suele considerar justificadamente (**71**.18).

[a las palabras] Se les da importancia. O no, pero *se las* ha oído (**70**.267).

5.º **Combinación** *se lo:*

[al cadáver/ *Se lo* veló con gran solemnidad (**7**.408).

Impidieron que *se lo* tomase en serio como escritor [a él] (**7**.563).

Se lo sentía presente [a él] (**33**.355).

Gritaba que *se lo* oía hasta Pontoise (**33**.357).

El Coronel ha empalidecido. *Se lo* nota tenso (**100**.193).

Nunca *se lo* veía por Castilla (**101**.240).

Al lenguaje de la niñez *se lo* da de baja, *se lo* retira (**70**.221).

Todo está ahí, esperando a que *se lo* haga volver (**70**.246).
El tiempo tan perceptible cuando *se lo* está matando (**70**.213).

Es más frecuente la ausencia de incremento cuando se trata de cosa *(a que se haga volver, cuando se está matando)* y más común *le* si se elude un sustantivo provisto de *a (se le sentía, se le da de baja, se le oía, se le veía)*.

6.º **Combinación *se los*** (poco frecuente):

Hay sacrificios que parecen imposibles cuando no *se los* prueba (**85**.1520).

[a aquellos] *Se los* oía con divertido, cuando no indignado, asombro (**7**.480).

Los demás parecen serlo [inteligibles] porque no *se los* pone a prueba (**71**.3).

Se los notaba serenos (**103**.236).

274. El parentesco de la construcción de pasiva refleja y la impersonal radica en la eliminación que ambas hacen del actor, lo cual explica su uso paralelo. En el pasaje siguiente se sucede una serie de impersonales (reducidas al núcleo verbal con *se,* y por ello en singular) y otra de reflejas (en que son sujetos explícitos los sustantivos alusivos a las realidades afectadas por la actividad que denota el verbo):

Allí se trabajaba, se holgaba, se bebía, se ayunaba, se moría de hambre; allí se construían muebles, se falsificaban antigüedades, se zurcían bordados antiguos, se fabricaban buñuelos, se componían porcelanas rotas, se concertaban robos, se prostituían mujeres (**16**.86).

No es extraño, pues, el cruce de ambos esquemas, el impersonal y el reflejo, adoptando este los rasgos del primero. Se ha visto en los ejemplos del párrafo anterior. Se confiere al adyacente que designa cosa (como *el premio* en *Se espera el premio = Se espera*) la función del adyacente que denota persona (como *el delegado* en *Se espera al delegado = Se le espera*). Es lo que se observa en *Se van sacando de un saco las fichas... y se las va colocando en tierra* (**96**.35), donde la construcción refleja del principio *(se van sacando las fichas)* se ve sustituida en la segunda parte por la impersonal *(se las va colocando,* en lugar de *se van colocando); ¿No es Madrid un lugar? Se le siente cuando a la hora del alba se ve cruzar un rebaño*

(**96**.133) en lugar de *Se siente (eso); Si se la deja* [la materia muerta de la carnicería], *si no se la come, se pudre. No obstante, por el momento, [...] allí se deja* (**72**.115-6) en lugar de *Si se deja, si no se come; Aquí al pino se le tira a muerte, se le abren cuatro caras y, cuando llevan cuatro o cinco años sangrándole, se le corta y a otra cosa* (**40**.146) en lugar de *se corta...*

275. En suma, la diferencia entre las pasivas reflejas y las impersonales depende del papel que desempeña el adyacente que acompaña al verbo. No se debe a que este se refiera a personas o a cosas: en ambos casos, las dos construcciones son posibles, como se ve, de una parte, en *Se busca secretaria* o *Se buscan secretarias* (= *Se busca* o *Se buscan*), y de otra en *Se busca a la secretaria* o *Se busca a las secretarias* (*Se le busca* o *Se les busca*), o en *Al pino se le corta* o *A los pinos se les corta* frente a *Se corta el pino* o *Se cortan los pinos*. Lo esencial consiste en que la aparición de *se* impone al sustantivo adyacente la función de sujeto cuando carece de preposición (se trata de pasiva refleja): *Se espera el premio, Se esperan los premios;* pero cuando lleva preposición, *se* le confiere el oficio de objeto indirecto e inmoviliza al verbo en singular: *Se espera al delegado* o *Se espera a los delegados* (*Se le espera, Se les espera*). La inmovilización en singular del verbo ocurre asimismo cuando el adyacente es un objeto preposicional, como en *Se habla de música, Se hablaba de las elecciones, Se dejó de trabajar en el almacén* (**16**.177).

276. Hay verbos que obligatoriamente van acompañados de un incremento personal que alude a la misma persona propia del sujeto gramatical: *Me jacto, Te quejas, Se arrepiente, Nos vanagloriamos, Os atrevéis, Se suicidan.* Se conocen como *verbos pronominales.* Cuando la noción léxica de estos verbos requiere una especificación con término adyacente, este funciona como objeto preposicional. Si su referencia es consabida, queda representado por un sustantivo personal tónico provisto de la misma preposición: *Se ha arrepentido Juan de su mala acción* (= *Se ha arrepentido de ello*), *Te quejas de su indolencia, Me jacto de mi constancia,* etc. (§ 342).

Otros verbos pueden ir o no provistos de incremento reflexivo. Pero la presencia de este *(me, te, se, nos, os, se,* según la persona y el número) altera más o menos el sentido a que se refiere la raíz verbal. Si esta requiere especificación, el adyacente funciona sin reflexivo como objeto directo y con reflexivo como objeto preposicional: *Las tropas ocuparon la ciudad* (sin *se* y con objeto directo) frente a *Los concejales se ocupan de la ciudad* (con *se* y con objeto preposicional); *Por fin han acordado el convenio* frente a *Por fin se han acordado del convenio; Esos chicos preocupan a sus padres,* frente a *Esos chicos se preocupan de sus padres.*

277. Algunos verbos, que normalmente no se emplean con adyacente de objeto directo (los llamados intransitivos, § 337), se construyen a veces con incremento personal de la serie reflexiva, es decir, que designa la misma persona que funciona como sujeto gramatical. Alternan ambas posibilidades (§ 352): *Voy a casa* y *Me voy a casa*, *¿Duermes?* y *¿Te duermes?*, *Está quieto* y *Se está quieto*, *Salimos del teatro* y *Nos salimos del teatro*, *Volvisteis temprano* y *Os volvisteis temprano*, *Todos morían de hambre* y *Todos se morían de hambre*.

No siempre son sinónimas las referencias en cada pareja. La aparición del incremento modifica, como en los casos del párrafo anterior, en mayor o menor grado, lo que se significa. Naturalmente el incremento de tercera persona de singular es forzoso cuando se elimina la mención del actor, con lo cual los enunciados correspondientes se convierten en impersonales. Estos reflexivos intransitivos alternan en la secuencia con construcciones de pasiva refleja:

> En aquellas horas tempranas no *se oía* [...] el menor ruido [...] Si *se echaba* una mirada a su interior [...] *se veía* constantemente una mujer gorda [...] Si a esta mujer [...] *se la preguntaba* algo, contestaba con voz muy chillona [...] *Se seguía* adelante [...] *Se pasaba* dentro de la casa [...] (**16**.16-7).

> El tal oficio le disgustaba, porque en el teatro adonde iba no se moría nadie en la escena, ni salía gente de luto, ni *se lloraba* (**16**.112).

XVI. UNIDADES DE RELACIÓN: LAS PREPOSICIONES

Preposiciones y locuciones

278. En los enunciados, junto con las palabras autónomas clasificadas como verbos, sustantivos, adjetivos y adverbios, aparecen otras unidades que presuponen a las primeras y que sirven para marcar las relaciones mantenidas entre ellas. Son unidades carentes de autonomía, cuyos significantes, en general, son átonos y forman con la palabra a la que preceden una sola entidad fónica. Se han examinado ya otras unidades átonas y dependientes (el artículo, algunos relativos, los incrementos personales), cuya función es diferente de la que desempeñan las que ahora se van a considerar: las llamadas *preposiciones* y *conjunciones*.

279. Las *preposiciones* son unidades dependientes que incrementan a los sustantivos, adjetivos o adverbios como índices explícitos de las funciones que tales palabras cumplen bien en la oración, bien en el grupo unitario nominal. Por ejemplo, la preposición *de,* dentro del enunciado *Juan habla de la guerra,* enlaza el núcleo verbal *habla* con su término adyacente *la guerra,* de manera que el segmento *de la guerra* queda marcado como objeto preposicional del verbo; en cambio, en el grupo unitario nominal *el recuerdo de la guerra* (inserto en el enunciado *Persiste todavía el recuerdo de la guerra),* el segmento *de la guerra* es adyacente del sustantivo precedente *el recuerdo.*

En ambos casos, es evidente que la preposición por sí sola no cumple función alguna especial dentro del enunciado, y solo sirve como índice del papel que desempeña el segmento en que está integrada. No obstante, hay funciones en que pueden aparecer preposiciones diferentes, y entonces son estas las que establecen distintas referencias a la realidad.

Así, cotejando los enunciados *Se sentaron a la mesa* y *Se sentaron en la mesa,* se observa que ambos llevan un adyacente circunstancial de función idéntica, pero cada uno hace diversa referencia en virtud de los sentidos distintos de las dos preposiciones *a* y *en.* Lo cual indica que las preposiciones, aparte de su función, están dotadas de un significado más o menos explícito según los contextos. De otro modo: las preposiciones, además de ser índices funcionales, comportan un valor léxico.

280. Este rasgo explica el hecho frecuente de sustituir la preposición por un segmento complejo que parece traducir su sentido, escindiendo su referencia léxica y su papel funcional. Sea, por ejemplo, el segmento *Sobre la mesa;* la preposición *sobre* señala, por una parte, que el conjunto desempeña el oficio de adyacente circunstancial *(Puso el libro sobre la mesa),* y, por otra, hace una referencia concreta de situación *(sobre* y no *bajo* ni *ante,* ni *tras la mesa);* la alusión léxica podría sustituirse por un adverbio de localización especificándolo con una preposición y el sustantivo del caso, diciendo *Puso el libro encima de la mesa.* Tales combinaciones de adverbio (o sustantivo adverbializado) con preposición *(encima de, delante de,* etc.) suelen llamarse *locuciones prepositivas.* Lo mismo se notaría en *Se enfadaron por una tontería* respecto de *Se enfadaron a causa de una tontería,* donde el valor léxico y el índice funcional fundidos en la preposición *por* quedan como desglosados en los elementos componentes de la locución *a causa de.*

Existen dos tipos de locuciones prepositivas: unas, como en el ejemplo *encima de la mesa,* contienen un adverbio capaz de funcionar por sí solo *(Lo puso encima);* otras, como en *a causa de una tontería,* requieren siempre un adyacente especificador (no sería posible decir solo *Se enfadaron a causa,* ya que *a causa* no es unidad autónoma y exige un adyacente). Locuciones de este segundo tipo son *acerca de, con arreglo a, en virtud de, con objeto de, gracias a, por culpa de,* etc., cuyos componentes iniciales *(acerca, con arreglo, en virtud, con objeto, gracias, por culpa)* no pueden funcionar por sí solos en papeles adverbiales. En las locuciones del primer tipo, por el contrario, el elemento inicial es adverbio o cumple su oficio.

281. Ese proceso sustitutorio hace comprender la desaparición —o al menos, el raro empleo— de algunas preposiciones, hoy reemplazadas por locuciones analíticas. En lugar del arcaizante *cabe la fuente*[5], se dice *junto*

---

[5] Resulta ligeramente afectada, o con intención irónica: *Cabe las tonitruantes glorias de otras ciudades ilustres, presenta Nuremberga esta gloriecilla sentimental* (**80**.427).

a la fuente; la preposición *so* (mantenida solo en construcciones adverbiales unitarias como *so pretexto, so capa, so color, so pena*) ha cedido ante la sinónima *bajo (bajo la mesa, bajo los árboles)* que, a su vez, decae ante la locución *debajo de (debajo de la mesa, debajo de los árboles).*

Otras preposiciones, utilizadas con naturalidad en la lengua escrita o cuidada, son raras en el uso coloquial, desplazadas por nuevas locuciones. En lugar de *ante* aparece el adverbio *delante* especificado con un adyacente:

> *Ante* tu familia estás preparando oposiciones (**27**.16).
> El problema de hablar confiadamente *ante* un espejo (**27**.18).
> *Ante* los ojos del Señor es una especial devoción muy digna (**27**.76).

Aquí podría decirse también *delante de* en vez de *ante.*

En lugar de *tras,* se emplean las locuciones *detrás de* (preferentemente de referencia locativa: *detrás de la casa), después de* (sobre todo para referencia temporal: *después de tantos años)* y *además de* (con referencia amplia de adición: *además de estas advertencias).* Estas equivalencias han producido la aparición, en lo escrito o esmerado, de la forma híbrida *tras de,* como en *Tras de mucho buscar, he sabido que estabas aquí* (**9**.175), *Nuestras miradas buscan, tras de las bardas, al vigilante* (**80**.473).

Unidades convertidas en preposiciones

282. La función adverbial, asignada en general por la preposición al segmento en que se inserta, se corresponde a la inversa con el hecho de que ciertos adverbios (u otras palabras transpuestas a la misma función) se hayan convertido en índices funcionales como aquella.

Algunos adjetivos, inmovilizados en su significante masculino singular, han llegado a emplearse en la lengua de hoy como meras marcas del oficio circunstancial desempeñado por el sustantivo al que se anteponen. Tal como ocurre con *durante* y *mediante:*

> El viento, frío, sopló *durante* toda la noche con violencia (**16**.239).
> Mucho ha cambiado la vida *durante* los últimos años.
> Lo consiguieron *mediante* tu apoyo.
> Se pone en marcha *mediante* esta palanca.

Nótese que *mediante* es mero recurso estilístico que evita la reiteración de *con.*

Más dudoso es el carácter de ciertos adjetivos, también inmovilizados en masculino singular, como *excepto, salvo, incluso,* y los cuantificadores *más* y *menos.* Si bien adoptan la atonicidad propia de las preposiciones y constituyen con el sustantivo a que acompañan un adyacente circunstancial, no son propiamente preposiciones:

> Apenas se la veía en casa, *excepto* en las primeras horas de la mañana y de la noche (**16**.45).
> Nadie se baña dos veces en el mismo río. *Excepto* los muy pobres. (**57**.302).
> En todas las grandes plazas [...] las muchedumbres tienen movimientos rítmicos, *menos* en la Puerta del Sol (**96**.113).

Inventario y particularidades

283. Del inventario de las preposiciones deben descartarse algunas unidades que en él se incluyen a veces. Una es *pro:* se trata de un cultismo de uso limitado a ciertas fórmulas como *cupón pro ciegos, manifestación pro amnistía,* y difícil de separar del prefijo *pro: Don Roque se alegra porque es pro italiano y partidario de Mussolini* (**27**.187).

Tampoco son usuales, salvo en lo escrito, las locuciones *allende* y *aquende* (originariamente combinación de los adverbios *allén* y *aquén* con la preposición *de): Aquende y allende el Atlántico, la lengua española es bastante uniforme,* que se sustituyen por *a este lado de* y *al otro lado de* (o por *a esta parte* y *a aquella parte*). De igual modo, el empleo como preposición del sustantivo *vía* está reducido al estilo administrativo de las comunicaciones: *Tren con destino a Orense vía Zamora, Las imágenes se recibirán vía satélite.*

284. Tras lo expuesto, el inventario de preposiciones más o menos vivas en el uso se reduce a las siguientes: *a, ante, bajo, con, contra, de, desde, en, entre, hacia, hasta, para, por, sin, sobre, tras.* Se excluye *según,* porque es unidad tónica (y no átona como las otras) y puede aparecer aislada, por ejemplo en respuestas: —*¿Qué harías en esos casos?* —*Según.* Puede combinarse directamente con verbos. Al aparecer ante sustantivos, como sucede con las unidades relativas dependientes *(donde, cuando, como,* § 138) puede pensarse que el verbo se ha elidido. Así, en estos casos:

> Bailó [...] con menos gracia que un albañil, *según* dijo la patrona (**16**.43).
> *Según* se mire de un lado o del otro, la derecha se hace izquierda y la izquierda derecha (**96**.77).

No faltaron, *según* se podía colegir, los episodios de violencia (**9**.200).
Está ciega y *según* dicen también loca (**27**.208).
Andaba por los estribos [...] blasfemando *según* la cara del tiempo (**105**.16).
Según costumbre, se sentó junto a la estufa (**51**.I.205).

Asimismo, los sustantivos personales de primera y segunda persona en singular no adoptan precedidos de *según* los significantes que les son propios tras la preposición: no se dice *según mí* ni *según ti,* sino *según yo* y *según tú* (igual que con los citados relativos: *donde yo, cuando tú, como él,* aunque hay ejemplos americanos como *Lo mandaron donde mí,* **100**.187).

Peculiaridades de *entre* y *hasta*

285.   Dos preposiciones de la lista precedente, *entre* y *hasta,* suscitan dudas respecto a su función en ciertas construcciones.

La referencia léxica de *entre* exige que el segmento a que se antepone (sea sustantivo o grupo sustantivado) comporte un sentido de pluralidad, bien expresado por el morfema de plural, bien por la coordinación de dos o más singulares (o plurales), bien por el valor colectivo, bien por el carácter no contable del signo léxico, bien por tratarse de unidades invariables en número. Así, en estos ejemplos:

Trenes [...] de los que llevaban cubierto el paso *entre vagones* (**105**.16).
Yo me acuerdo como *entre sueños* (**105**.17).
Entre las dos luces de la amanecida se toparon con el cadáver (**27**.26).
Entre los razonamientos [...] de Balzac [...] y las idealidades de Goethe [...], el pobre hornero vivía en el más irreal de los mundos (**16**.186).
Entre la fila de viejas había algunas chiquillas (**16**.119).
Las mujeres de la limpieza barren el local *entre una nube de polvo* (**27**.157).
Discutían *entre sí*. Razonó *entre sí* perplejo.

Cuando los términos de esta preposición son sustantivos personales, ha ido sustituyéndose el significante normal con las demás preposiciones, tal como en *Entre mí y el cielo* (**31**.2.120), *Puesto entre ti y mí este fiel abogado* (**58**.216) o en *Me dije entre mí* (= «dije para mis adentros»). Hoy se emplean los significantes *tú* y *yo,* tanto combinados entre sí como con otro sustantivo: *entre tú y yo, entre ella y yo, entre tú y tus amigos, entre mi socio y yo.*

En todos esos ejemplos el segmento encabezado por *entre* cumple una función de adyacente circunstancial. Se ha discutido en estos otros casos: *Lo haremos entre tú y yo; Entre dos hombres se llevaron a Rosario* (**51**.ɪ.66); *Entre todos jugábamos hasta un real* (**51**.ɪ.232); *Entre varios milicianos pasaban por delante de casa a don Luis* (**51**.ɪ.237). El segmento con *entre* concuerda aquí con el número del verbo, según hace el sujeto, pero como este (§ 326) es incompatible con la preposición, se trata también de un adyacente circunstancial.

La preposición *hasta* marca adyacentes circunstanciales que denotan límite en el tiempo o el espacio: *No vuelve hasta el jueves; Se pasearon hasta la estación; Aguantáis hasta las nueve y media* (**27**.20); *Paulina continuaba hasta la calle de la Independencia* (**51**.ɪ.189).

Pero sin perder su carácter átono, se presenta con valor adverbial denotando límite ponderativo (como los adverbios *aun, incluso* e *inclusive):*

A ella se lo debía todo, *hasta* el no haber ido a presidio (**1**.315).

Estaba locuaz, *hasta* se atrevía a decir lisonjas (**1**.332).

Y *hasta* pensé [...] que pudiera sacar alguna eventual utilidad (**9**.186).

Y le roban la comida *hasta* al león (**27**.66).

Tiene una cicatriz en la cara que *hasta* le hace gracioso (**27**.27).

Un par de viejas [...] que *hasta* ponían cara de asco a los dulces (**105**.19).

Hasta sacaban la cabeza por las ventanillas (**51**.ɪ.40).

La diferencia entre la función prepositiva y la adverbial se advierte al comparar, por ejemplo, *Subieron hasta la cima* y *Hasta subieron a la cima,* y al considerar el distinto significante del sustantivo personal en cada caso: *Llegaron hasta mí,* pero *Hasta yo me asusté; La petición llegará hasta ti,* pero *Hasta tú te convencerás.*

Preposiciones obligatorias

286. Se ha visto que todas las preposiciones confieren (o confirman) el papel de adyacente al segmento que encabezan, ya sea respecto del núcleo verbal en la oración, ya respecto del sustantivo nuclear (o unidad equivalente) en el grupo nominal. En todos los casos, señalan que tal segmento no funciona como sujeto explícito (§ 326).

Pero hay casos en que una sola preposición es exigida como índice funcional oportuno, y otros en que pueden alternar (con sentidos diversos) distintas preposiciones. Lo primero ocurre (§ 347) en la función de objeto indirecto, que obligatoriamente debe ir señalado por *a:*

De vez en cuando echaba una mirada severa *al grupo* (**16**.120).
Pasan revista *a las familias del pueblo* (**105**.482).

La función de objeto directo (§ 335) carece en principio de índice funcional; pero si la unidad que la cumple hace referencia a entes capaces de ser actores de la noción designada por el verbo, la necesidad de distinguirlo del sujeto impone en el objeto directo la preposición *a*: *Florencio ve entre nieblas y espantos al general* (**105**.187); lo mismo sucede cuando el segmento que funciona como sujeto y el que cumple como objeto directo aluden a cosas: *A la tiniebla invade nuestra mente* (**59**.III.550), donde la supresión de *a* (diciendo *la tiniebla invade nuestra mente*) impediría la distinción entre ambas funciones y produciría la consiguiente ambigüedad. En estos casos, se anula el valor léxico de la preposición.

287. De igual modo, la preposición *de* enlaza un adyacente con el sustantivo nuclear de un grupo nominal, sin que sean pertinentes sus valores léxicos; es un simple índice de la dependencia del sustantivo adyacente respecto de su núcleo, y puede por tanto referirse a muy variadas relaciones reales entre los entes denotados. Puede aludir a cualidad *(artista de mérito)*, a asunto o materia *(museo de escultura; candelabro de plata)*, al contenido *(tomó una taza de café)*, a la procedencia *(cangrejo de río)*, a la pertenencia *(la casa del guarda)*, al modo *(noche de luna)*, al uso *(ropa de cama)*, etc.

En algún caso, la relación entre ambos componentes del grupo nominal puede ir marcada por otras preposiciones, pero no cabe variarlas: *hombre a caballo*, pero *hombre en bicicleta; pintura al óleo*, pero *pintura de porcelana*. En estos ejemplos la elección de la preposición está condicionada por el valor léxico del sustantivo al que se antepone.

La exigencia de una determinada preposición puede asimismo obedecer a la noción léxica del núcleo verbal, que la impone a su adyacente. Así, los significados «aspirar», «contar», «hablar», «pensar», «velar» requieren en sus objetos, respectivamente, las preposiciones *a, con, de, en, por*, según se ve en *Aspira a la gloria, Contamos contigo, Hablaban de la mocedad, Piensa en sus asuntos, Vela por tu salud*. Hay como una especie de concordancia semántica entre el significado de la raíz verbal y el de la preposición, con lo cual esta se convierte en un mero índice funcional obligatorio (§ 339). Así, en:

No podía atender *a* mis asuntos debidamente (**105**.30).
Confórmate *con* [...] las migas del banquete (**27**.19).
Mi madre padecía *de* asma (**105**.23).

No cree *en* el pecado de la carne (**27**.21).
Te esfuerzas *por* alimentar ideas solidarias (**27**.18).

Semejante estabilidad de la preposición ocurre además con otros verbos provistos de un adyacente de tipo atributivo (§ 370), mediante el cual se designa el papel que desempeña una persona o una cosa (o el que se le asigna):

Estaba *de* factor aquí (**105**.17).
Estaba *de* comparsa en un teatro (**16**.111).
La colocó *de* secretaria.
Se ha metido *a* pintor.

En estos ejemplos el adyacente adopta el mismo número (y género, si ha lugar) de la unidad con que se relaciona. Tal ocurre también con adjetivos: *Pasaban por tontos; Ha pecado de ingenuo; Tildó al maestro de severo; Se tienen por geniales.*

Significación

288. Por consiguiente, el valor léxico de cada preposición solo se pone de manifiesto y sirve a la información cuando forma parte de un segmento que funcione como adyacente circunstancial (o adyacente oracional, § 357-358). En estas ocasiones es donde las preposiciones se oponen entre sí para denotar sentidos diferentes, según se observa en la serie siguiente:

Deja el paquete *a* la puerta
Bajo la puerta asomaba el periódico
Arrimad la cómoda *contra* la puerta
No dejes la llave *en* la puerta
Me dirijo *hacia* la puerta
Le regaló un felpudo *para* la puerta
Me gusta más la vitrina *sin* la puerta

Se detuvo *ante* la puerta
Se ha lastimado *con* la puerta
Desde la puerta los vieron alejarse
Hay un cuadro *entre* puerta y ventana
La pelota llegó *hasta* la puerta
Entraban y salían *por* la puerta
Alguien esperaba *tras* la puerta

Pero no siempre son posibles todas las preposiciones en un mismo contexto: a veces el sentido de estas es incompatible con las realidades designadas por cualquiera de las palabras en relación con ellas. Asimismo, pueden combinarse dos preposiciones para matizar la referencia que se pretende dar a entender:

Se veía escapar al toro [...] *por entre* los toreros (**16**.110).

Le siguieron crédulos buscando *por entre* los arcos (**54**.290).

Yo tengo *para entre* mí que [...] no puede ni comprarse (**40**.84).

En el cementerio [...] prestan servicio fuerzas *de a* pie y *de a* caballo (**27**.164).

Él, *de por* sí, no movía las tripas (**105**.352).

No recibe a nadie *hasta por* la tarde.

Fue muy bueno *para con* todos.

Aunque es muy frecuente en la lengua oral, se evita a veces en la expresión culta el uso de la combinación *a por*: *Vete a por la leche.*

289. El componente léxico de cada preposición es aplicable, en mayor o menor medida, a muy variadas referencias reales: de tiempo, de lugar, de causa, de fin, de instrumento, de agente, de materia, de modo, etc. Es lo que se observa al leer las abundantes acepciones del diccionario. Resulta, pues, complejo y dificultoso determinar el valor esencial de cada una de ellas y los rasgos precisos que oponen las unas a las otras.

Las preposiciones *a, contra, de, desde, hacia, hasta, para, por* se agrupan por un rasgo dinámico común que permite aplicarlas a referencias en que interviene el movimiento (físico o figurado). En cambio, las preposiciones *ante, bajo, con, en, entre, sin, sobre, tras* se utilizan indiferentemente para nociones estáticas o dinámicas.

Las ocho preposiciones orientadas o dinámicas quedan escindidas en dos grupos: *a, contra, hacia, hasta* y *para,* que implican acercamiento a la noción designada por su término, frente a las que aluden a alejamiento, a saber, *de* y *desde,* y la intermedia *por,* compatible con ambas nociones. De las cinco que denotan aproximación, *a, hasta* y *contra* señalan atingencia al límite, mientras *hacia* y *para* sugieren mera dirección hacia él; además, *contra* indica el límite como obstáculo, según se aprecia comparando *Tiró a la puerta, Tiró hasta la puerta, Tiró contra la puerta, Tiró hacia la puerta, Tiró para la puerta.*

Entre las dos que denotan alejamiento, *desde* insiste en su mismo proceso, mientras *de* marca solo su origen: *Vengo de casa, Vengo desde casa,* con una distinción paralela, aunque inversa, a la de *a* y *hasta*: *Voy a casa* sugiere el mero límite del destino, mientras *Voy hasta casa* señala el trecho que conduce a él. La vaga orientación indicada por *hacia* se vuelve precisa con *para*: *Iba hacia casa, Iba para casa.*

Las otras ocho preposiciones que pueden sugerir o no relación estática se dividen en dos grupos: cuatro de ellas *(ante, tras, bajo, sobre)* muestran situación bien definida y concreta, oponiendo en dos parejas la dimensión horizontal y vertical *(ante la puerta / tras la puerta; sobre la puerta / bajo la puerta);* las otras cuatro *(con, en, entre, sin)* señalan la situación más imprecisamente: el rasgo de compañía o concomitancia (positivo en *con,* negativo en *sin)* separa estas dos preposiciones de *en* y *entre,* las cuales difieren porque la segunda, dentro del rasgo de imprecisión, implica límites de la situación (compárense: *agua con gas / agua sin gas; tener en mano / tener entre manos).*

Ejemplificación de sus usos

290. A partir de esos rasgos significativos y esenciales de las preposiciones, caben innumerables efectos de sentido en los usos concretos, que dependen de los significados que comporten tanto el término regente de la preposición como el regido por ella. A continuación se despliega un ejemplario de la multiplicidad de usos:

A: Pasan los trenes *a* la carrera (**105**.13).
Se reflejan sobre el agua del pantano *a* la salida del túnel (**105**.14).
Al regreso, vienen medio dormidos (**105**.15).
Van y vienen efluvios del uno *al* otro continente, del retablo *a* la estancia (**80**.381).

Hasta: Llegaron *hasta* el final del paseo de coches (**16**.214).
Sintió el frío que le penetraba *hasta* los huesos (**16**.209).
Son malas y crueles *hasta* el espanto (**54**.222).
Los hombres se gastan los cuartos [...] *hasta* que se quedan sin un real y tienen que volver andando *hasta* sus casas (**27**.165).

Contra: Y la sonrisa es el remedio *contra* la risa (**96**.63).
Se daba tan grandes cabezadas *contra* sus piedras que se iba chiflando (**54**.286).
La gente [...] se estrella *contra* un muro de muertos impasibles (**27**.156).
Y arrancan con [...] dichos *contra* el gobierno, o *contra* los curas (**105**.15).

Hacia: Los de la cuadrilla volvieron *hacia* atrás (**16**.208).
Hacia Carabanchel palidecían las luces de los faroles (**16**.209).
Le dolía *hacia* el colodrillo (**54**.276).
Mire usted *hacia* allí, *hacia* el disco (**105**.21).

Para: ¿La llevaré conmigo bajo tierra cuando me arrope *para* el sueño final en ella? (**96**.72).

Aquello debió ser una choza *para* un hombre solo (**16**.259).

No estaban casados como habían pensado *para* esa fecha (**54**.221).

No vale *para* criada ni *para* doncella porque da risa (**27**.28).

Por: Transcurren rebaños de ovejas *por* la cañada de la mesta (**96**.123).

Le basta la roca *por* cobertor (**96**.144).

Por aquí los llaman cahorzos (**96**.150).

Por todas partes, de las paredes y del techo, colgaban trapos viejos (**16**.261).

Por el recado le daba un cigarro (**16**.38).

El miedo [...] *por* el Acueducto, era miedo *por* él mismo (**54**.287).

Tú sueñas que bajas *por* las escaleras de piedra de un jardín (**27**.160).

Yo vivo *por* mi cuenta (**27**.163).

Los grupos de chiquillos, ya impresionados *por* la oscuridad, van y vienen por las naves (**105**.145).

De: Luego, *de* muy mal humor, se puso a mirar a todos lados (**16**.149).

De este patio, [...] se pasaba a un largo corredor (**16**.183).

Brotaba *de* las huertas un olor a albahacas frescas (**54**.275).

El primer rey [...] nació *de* un monstruoso huevo *de* golondrina (**27**.265).

Solían pasar *de* madrugada y no paraban aquí (**105**.13).

Fue el tiempo más oportuno para conocer *de* veras al prójimo (**105**.17).

Desde: Había llegado a Madrid *desde* un pueblo de Lugo (**16**.179).

Aquella frase [...] que no había olvidado *desde* que leyó el libro (**54**.276).

Lo viene pensando *desde* hace ya algún tiempo (**27**.169).

Desde la terraza se ven pasar los trenes (**105**.14-4).

Por poco se ahoga al subir *desde* el hoyo (**105**.19).

Con: La carretera [...] trazaba una línea quebrada, *con* sus dos filas de casas grises y sucias. Aquel [...] triste paisaje [...] *con* su hosquedad torva y fría le llegaba [...] al alma (**16**.172).

Tú eres un hombre vulgar, *con* más miedo que valor, *con* más goteras que salud, *con* más desgana que voluntad, *con* más memoria que talento (**27**.163).

Me casé aquí *con* mi Angustias (**105**.15).

Sin: Trepó a la carroza de Su Serenidad, *sin* miedo a los leones (**96**.138).

Aquel templo *sin* capiteles ni adornos (**96**.145).

Jamás sale a la calle *sin* sombrero y guantes (**27**.27).

Puedes mirarte al espejo con todo descaro, *sin* disimulo alguno (**27**.156).

Esperan que llegue el tren [...] *sin* parar de cantar (**105**.15).

En: *En* otra mesa rodeaba el cadáver [...] un grupo de personas (**16**.175).

En estos miserables no se lee más que la suspicacia (**16**.95).

Se levantaba un edificio [...], *en* otra época iglesia o convento (**16**.77).

Esquinados sillares que han ganado *en* dulzura (**54**.165).

Pasan [...] por la Riviera, donde compran patatas *en* abundancia (**105**.14).

Mi pensamiento [...] tiende a recoger *en* una fuerte integración toda la herencia familiar (**80**.356).

Entre: ¡Qué pocas caras humanas hay *entre* los hombres! (**16**.95).

Se quedan por el suelo, *entre* polvo o fango (**96**.136).

Se recogieron monjes benedictinos [...] *entre* anacoretas y guerreros (**96**.143).

Los árboles [...] aparecían [...] esqueléticos *entre* el follaje de los de hoja perenne (**16**.172).

A los muertos que van a la fosa común no se les entierra a ninguna hora sino *entre* horas (**27**.161).

Ante: *Ante* el brazo inmóvil de Leandro, [...] el matón se desconcertó (**16**.160).

Ante ese conflicto don Pablo estaba cuadrado (**54**.275).

Los lienzos [...] se yerguen *ante* nosotros como acantilados (**80**.405).

Todas las disculpas son buenas *ante* uno mismo (**27**.185).

Tras: *Tras* larga pausa, [...] volvió a expresarse con la misma agitación (**85**.1841).

Cuando tomó el hilo, contó, una *tras* otra, historias y anécdotas (**16**.167).

Tras las tapias de cal vibrante asomaban las cruces más caras (**51**.I.226).

Paulina, acera adelante, echaba a andar *tras* él (**51**.I.189).

Año *tras* año había venido ocurriendo así (**9**.136).

Sobre: Están *sobre* los regímenes y por debajo de ellos (**96**.117).

Sobre el alma del hombre de la calle resbala la retórica jacobina (**96**.139).

Se veía Madrid en alto [...] *sobre* la arboleda del Canal (**16**.196).

Se trasluce *sobre* el cielo luminoso (**52**.290).

Sobre el que muere cae y se desmorona la presunción del fin del mundo (**54**.287).

Sobre las cuatro de la tarde llega al cementerio una representación (**27**.162).

Bajo: Como un loco *bajo* la ducha, se paraba entonces *bajo* el frío arco (**54**.275).

Velázquez hace llegar sus cuadros *bajo* nuestras plantas (**80**.405).

Tuvo sensual docilidad *bajo* la mano del paciente artífice (**80**.426).

XVII. UNIDADES DE RELACIÓN: LAS CONJUNCIONES

Clases de conjunciones

291. Con el término de *conjunciones* se reúnen en una misma categoría las unidades lingüísticas que permiten incluir oraciones dentro de un mismo enunciado. Se distinguen las de *coordinación* y las de *subordinación* (§ 374-375). Considerando la función que desempeñan, se observa la divergencia entre unas y otras. Las primeras son *conectores* que funden en un único enunciado dos o más oraciones que de suyo podrían manifestarse aisladas como enunciado; el papel de estas conjunciones, aunque aporten ciertos contenidos particulares al mensaje global, se agota en la mera conexión de las oraciones entre sí, sin intervenir para nada en la estructura de cada una de ellas: en *Estaba cansado y se aburría,* el conector *y* no influye en absoluto sobre las relaciones internas de cada una de las dos oraciones (tanto *Estaba cansado* como *Se aburría* son oraciones capaces de aparecer como enunciado independiente).

Por otra parte, los conectores pueden cumplir el mismo oficio de enlace entre unidades menores que la oración, como el grupo nominal o la palabra: *Estaban cansados y aburridos,* donde el conjunto que *y* conecta, *cansados y aburridos,* desempeña la misma función de atributo que cumpliría por sí solo cada uno de los dos adjetivos.

Las conjunciones de subordinación, en cambio, degradan (al igual que los relativos, § 133) la oración en que se insertan y la transponen funcionalmente a una unidad de rango inferior que cumple alguna de las funciones propias del sustantivo, del adjetivo o del adverbio, esto es, la de ser adyacentes subordinados a un núcleo verbal o, en su caso, sustantivo. Se trata, pues, de *transpositores,* o elementos que habilitan a determinada unidad para funciones distintas de las propias de su categoría. En este sentido se asemejan a las preposiciones, por cuanto estas señalan también la función del segmento que encabezan. En *Dijo que estaba harto,* es indudable que *Estaba harto* podría funcionar como enunciado independiente y sería una oración; pero aquí tenemos *que estaba harto,* donde la conjunción o transpositor *que* impide que la secuencia sea oración independiente y la convierte en equivalente funcional de un sustantivo. Asimismo, la preposición *de,* en la oración *La mesa es de caoba,* transpone el sustantivo *caoba* a la función de atributo y, por tanto, *de caoba* equivale a un adjetivo.

Coordinación

292. Del inventario de los conectores o conjunciones de coordinación hay que eliminar algunos adverbios que parecen sustituirlos. Si comparamos estos dos enunciados (aplicables uno y otro a la misma situación real):

> Eso es improcedente y no lo aceptamos.
> Eso es improcedente, además no lo aceptamos,

se observa que en el primero se funden mediante *y,* en un grupo oracional, dos oraciones; en el segundo, las dos oraciones son independientes y *además* funciona como adverbio (podría decirse *No lo aceptamos, además,* § 179). Lo mismo sucede en estos otros dos ejemplos:

> Ha habido que vencer muchas dificultades, pero estamos satisfechos.
> Ha habido que vencer muchas dificultades, sin embargo, estamos satisfechos,

se corresponden con una misma referencia; en el primero, *pero* conecta las dos oraciones en un solo grupo oracional; en el segundo, *sin embargo* es adverbio (podría decirse *Estamos satisfechos sin embargo),* y las dos oraciones son independientes.

Se comprueba que el conector y el adverbio desempeñan función diversa por cuanto son compatibles en una misma oración: *Eso es improcedente y, además, no lo aceptamos; Ha habido que vencer muchas dificultades, pero estamos satisfechos sin embargo.* Por tanto, quedan descartadas del inventario de conectores todas esas unidades que funcionan como adverbios *(además, sin embargo, no obstante, así, pues,* etc.).

Conjunciones copulativas

293. Se distinguen tres tipos de conectores según el significado con que matizan la relación de los elementos que unen: conjunciones *copulativas, disyuntivas* y *adversativas.*

Las *copulativas* sirven para reunir en una sola unidad funcional dos o más elementos homogéneos, los cuales podrían, cada uno de por sí, cumplir el mismo oficio (palabras, grupos u oraciones); simplemente indican su adición. Son *y* y *ni.*

El conector *y* adopta en la lengua culta y escrita el significante *e* cuando le sigue palabra que comienza por el fonema /i/, según se ve en *aguja e hilo* (frente a *hilo y aguja), miel e higos* (frente a *higos y miel); pero no sucede así ante el fonema /y/, aunque se represente con la misma grafía: *nieve y hielo, escombros y hierbajos.* He aquí ejemplos de palabras y grupos oracionales conectados por *y:*

> Muchos pensaban que ese era su deber, y hasta les entretenía el espectáculo de la propia abnegación (**9.**163).
> Mi hermano y yo nos asomamos al balcón (**51.**I.52).
> Yo no sabía lo que pensaba mi padre con el sombrero sobre las cejas y el cigarro en la boca (**51.**I.57).
> Siempre leyó tebeos y así vivió feliz (**51.**I.114).

La conjunción *ni* señala también la mera adición de dos o más términos, pero implica que ellos sean negativos: *No tenía ganas ni tiempo.* Por afán expresivo se antepone a veces a todos los miembros unidos: *No tenía ni ganas ni tiempo.* Tal reiteración es obligatoria si los segmentos conectados preceden al verbo:

> Ni estos contactos, ni su desapego, ni las ideas [...] de que [...] alardea, empalidecen mi afecto (**36.**128).

Si el primer miembro no es negativo y el segundo sí, este va precedido por *y* y el adverbio negativo, no por *ni:* así en *Están descontentos y no les falta razón* (frente a *No están descontentos ni les falta razón).* Otros ejemplos de *ni:*

> Dada mi insignificancia, ni mi muerte se hubiera notado ni se habría notado mayormente mi ausencia (**9.**139).
> No sabía cómo era el mar, ni llegaría a saberlo (**51.**I.120).
> No me busque en un mitin ni en un partido de fútbol (**36.**71).

Como otros conectores, las conjunciones copulativas se emplean a veces para introducir ciertas secuencias después de pausa. Se convierten en unidades enfáticas con función adverbial:

> ¿Y dejas, Pastor santo, tu grey en este valle...? (**63**.XVIII).
> Pepi ¿y mamá? (**51**.I.19).
> ¿Y por qué os regaló la liebre? (**51**.I.66).
> Y aún puedo decirle más (**36**.68).
> Ni lo pienses. Ni que decir tiene.
> Sienten pensando y piensan sintiendo. Ni se detuvieron en el momento estético o contemplativo (**96**.38).
> Lo alcanzaré con un palo. Ni por esas (**83**.269).

En locuciones que funcionan como adyacentes adverbiales puede aparecer con valor copulativo *que*. Se trata de fórmulas bastante fijas:

> ¡Y las campanas *toca que tocarás!* (**1**.331).
> De ello llevaban trazas; *erre que erre* sin venir a las buenas (**83**.99).
> Y la Paya, *ríe que te reirás* (**83**.194).
> *Quieras que no* mi padre me llevó a la escuela de minas (**83**.251).
> Y yo, *cambia que te cambia* de postura (**9**.229).
> Ahí le tiene usted, *tieso que tieso* (**105**.314).

En estos casos, se manifiesta intensificación más que adición.

Algunas construcciones de apariencia comparativa (§ 411) funcionan en ocasiones como equivalentes de la conjunción copulativa para hacer hincapié en la conexión de los términos: *Tanto la madre como el recién nacido se encuentran en perfecto estado* (en lugar de *La madre y el recién nacido*).

Conjunciones disyuntivas

294. Se utiliza *o* como conjunción disyuntiva, bien situada entre los términos que conecta, bien antepuesta a cada uno de ellos. En la lengua escrita se emplea el significante *u* cuando precede a palabra iniciada con el fonema /o/ (en épocas anteriores, también si la palabra precedente acababa en ese fonema, o si seguía *de)*: así, en *Es aventurado fallar por una u otra virtud* (**83**.91).

Frente al sentido aditivo de las conjunciones copulativas, la disyuntiva *o* confiere al enlace un valor de alternativa. Unas veces alude a la incompatibilidad simultánea de aquello a que se refieren en la realidad los términos conectados:

> ¿Fue él, este hombre, el que domesticó al toro, o fue el toro el que domesticó a él? (**96**.31).
> O yo estoy loco, o ayer [...] supe que no te considerabas una pecadora (**83**.294).

Otras veces, *o* indica que los términos unidos son equivalentes para designar con ellos una misma realidad:

> Todos estos paisajes se ven o se sueñan en esas horas abismáticas (**96**.15).
> Prestóse [...] a ser el protagonista o primer intérprete del bromazo (**83**.213).

Como la disyunción efectúa una especie de enumeración distributiva (§ 378) de los elementos enlazados, se incrementa a menudo *o* con unidades de tipo adverbial como *bien, ya,* etc. Así, en estos ejemplos:

> Fuera por la mezquina luz de su camerino, o ya por estar bastardeados los cosméticos, o tal vez con propósito deliberado..., lo cierto es que las cejas aparecían negras (**83**.101).
> No ha sido a humo de pajas, o bien por el prurito de emplear epítetos (**83**.184).

Sobre todo si los términos conectados son equivalentes, se utiliza también como refuerzo de la disyuntiva la forma verbal inmovilizada *sea.* Por ejemplo:

> Confiesa uno muchas veces lo inconfesable, ya sea por alarde exhibicionista o sin darse cuenta (**7**.503).
> No percibo de los países —sea el propio donde nací y me crié o cualquier otro— más que lo que a mi personal experiencia toca (**7**.504).
> Claro que gasta [...] por lo bajo dos galeras de tamuja, o sea, hablando en plata, siete u ocho mil pesetas hornada (**40**.122).
> Las demás la traen de fuera, de Soria, del Espinar y hasta de Finlandia, Guinea y eso, o sea, mayormente del extranjero (**40**.131).
> No toda la gente va a morir como un héroe, o sea, como mi marido (**105**.329).
> Siempre es un inconveniente [...] o sea, hay que arreglarlo (**105**.293).

Conjunciones adversativas

295. Las conjunciones adversativas más empleadas son *pero* y *sino*. Variante de la primera, reducida hoy a la lengua escrita, es *mas*.

Son unidades adverbiales *empero, sin embargo, no obstante, con todo,* etc., aunque introduzcan en el enunciado un sentido adversativo. Tampoco funciona como conector, a pesar de su parentesco semántico con *pero*, la unidad *aunque* (§ 299, 441).

Si son casi equivalentes los enunciados *Es inteligente aunque distraído* y *Es inteligente pero distraído,* no por ello es identificable la función de *pero* y de *aunque*: este, con el segmento que encabeza, puede preceder al otro, mientras *pero* se interpone forzosamente entre los dos segmentos contrapuestos (puede decirse *Aunque distraído es inteligente,* y nunca *Pero distraído es inteligente).*

Mientras los conectores copulativos y disyuntivos admiten la reunión de más de dos segmentos coordinados, los adversativos solo pueden agrupar dos y señalan que las nociones evocadas por estos están contrapuestas. El conector *pero* indica solo restricción; *sino* expresa incompatibilidad entre lo designado por cada uno de los dos segmentos, de manera que el segundo excluye al primero. Ejemplos del primero:

> El ara de los sacrificios está solitaria, pero no fría (**96**.25).
>
> El fogonazo de ira empurpuró su rostro; pero la timidez pudo más y calló de nuevo (**83**.75).
>
> Volvió al cuarto a contarle a su esposo lo que había visto, pero él no le hizo caso (**50**.26).
>
> Al principio la sangre mana como el agua de la fuente, pero pronto se seca (**27**.155).
>
> Duro contraste entre el trajecito lujoso, pero raquítico, y la primeriza [...] sombra del bozo (**105**.181).

Ejemplos de *mas:*

> Aquí empezó la Reconquista, mas, mientras, fue defensa (**96**.37).
>
> En Valera había primero un ropaje exquisito de hombre moderno [...], mas tras ello solía aparecer un cortijero andaluz (**80**.161).
>
> Por cumplir examinaron los bagajes, mas en vano (**83**.271).
>
> Juzgáronse despanzurrados; mas Dios, que aprieta, pero no ahoga, vino en su ayuda (**83**.186).

Las dos conjunciones *pero* y *mas* pueden encabezar una secuencia sin conexión directa con algo precedente. Adoptan, así, un valor enfático que les comunica función más bien adverbial:

> Pero es que el páramo suele ser también montaña (**96**.14).
>
> Pero la verdadera comunión [...] de estos montañeses [...] es la que se celebra en el Prado del Concejo (**96**.33).
>
> ¡Pero niña, si tú has estado todo el tiempo sola!... (**83**.189).
>
> Pero ¿es que usted les toma en serio? (**96**.157).
>
> Pero esta escaramuza preliminar [...] parecíale imprescindible (**83**.75).
>
> Pero [...] te querrás callar... (**105**.322).
>
> Mas lo seguro es que las cumbres anhelaban bajar al valle (**96**.14).
>
> Mas ¿dónde está el conjunto de ideas [...] que sirvan de fe motriz a esta minoría...? (**80**.302).
>
> Mas esto no empequeñece el humano linaje (**83**.281).

296. El conector *sino* exige que el segmento precedente comporte una negación, y cuando el segundo componente es una oración, adopta normalmente la forma *sino que*. Véanse ejemplos:

> Alguna vez tengo que hablarte [...] *no* de lo de antes, *ni* de lo de ahora, *ni* de lo de después, *sino* de lo de siempre y de nunca (**96**.89).
>
> Toda esta convulsión [...] *no* fue plutónica [...], *sino* obra de agua lenta (**96**.84).
>
> *No* era una labor homogénea y regular, *sino* mudanza continua de una tarea a otra (**83**.72).
>
> *No* se trata de avalorar, *sino* de comprender lo español (**80**.355).
>
> *No* podía sentarse *sino* de medio lado, acomodada en cojines (**50**.24).
>
> Entonces *no* la quería como era en el granero, *sino* como había sido aquella tarde (**50**.29).
>
> *No, no* pasan los años por uno, *sino que* es uno quien pasa por los años (**96**.110).
>
> *No* era conquistador tímido y vergonzante, *sino que* lanzaba sus fuegos frente a frente (**83**.73).
>
> Úrsula *no* le hizo caso, *sino que* se llevó a los niños a rezar (**50**.13).
>
> Los que recibían el gol *no* se abrazaban, *sino que* volvían a su línea con la cabeza reclinada (**51**.i.143).

El sentido aditivo que a veces puede expresar *sino* depende de la presencia de la combinación *no solo* en el primer miembro del enunciado (o *no solamente*), según se aprecia en estos ejemplos:

Los únicos animales prohibidos *no solo* en la casa, *sino* en todo el poblado, eran los gallos de pelea (**50**.15).

No solo ha comprobado la casi absoluta desaparición del conejo, *sino que* ha encontrado perdices muertas (**40**.91).

Y *no solo* se conoce la que está hecha a mano *sino* hasta la mano que la ha fabricado (**40**.122).

No es solamente subirse al árbol, *sino* luego acarrear las piñas (**40**.148).

La construcción *no solo...sino* carece, pues, de sentido adversativo y es equivalente a otras señaladas *(tanto...como)* para reforzar expresivamente la simple conjunción copulativa.

Subordinación y transpositores

297. Más arriba (§ 291) se ha afirmado que las conjunciones de subordinación son propiamente transpositores de oraciones. Estas quedan convertidas funcionalmente en unidades que equivalen a los sustantivos, adjetivos o adverbios. Se señaló también en su momento (§ 133) que los relativos cumplen asimismo el papel de transpositores de oraciones, pero, a diferencia de las conjunciones, desempeñan determinado oficio dentro de la estructura de la oración degradada. En el enunciado *Los políticos que capitalizaban la guerra desde el exilio habían repudiado públicamente las determinaciones drásticas del coronel* (**50**.144), el segmento *Los políticos que capitalizaban la guerra desde el exilio,* que funciona como sujeto explícito del núcleo verbal *habían repudiado,* es un grupo nominal complejo donde el adyacente del sustantivo *políticos* consiste en una oración transpuesta mediante el relativo *que,* unidad transpositora que al mismo tiempo desempeña el papel de sujeto del verbo *capitalizaban.* En cambio, en el enunciado *Comprendió entonces que no lo tendría en la casa por mucho tiempo* (**50**.151), la oración originaria *no lo tendría en la casa por mucho tiempo* queda degradada a sustantivo en la función de objeto directo del núcleo *comprendió* gracias a la conjunción *que,* la cual no desempeña otra función que la de mero transpositor. El relativo introduce la oración transpuesta como término adyacente de un grupo nominal unitario; la conjunción asigna a la oración que transpone una de las funciones propias de los sustantivos.

Que y locuciones derivadas

298.   Si la conjunción *que* transpone oraciones a la función del sustantivo, adoptará como estos, cuando sea preciso el índice funcional oportuno, una determinada preposición. De este modo, aparecen locuciones conjuntivas formadas por una preposición y el transpositor *que*, unidades que aparecen unidas o separadas en la escritura conforme al uso (así: *porque*, pero *para que*).

Como sujeto, la oración degradada carece, igual que el sustantivo, de preposición:

> Se le figuró *que aquel sapo había estado oyéndola pensar* (**1**.170).
> Bastaba *que él dijera blanco* para que ella afirmase negro (**16**.22).
> Me dio lástima *que ella ya no volviera a ver el juego del viento en los jazmines* (**90**.98).

Tampoco aparece preposición en el papel de objeto directo:

> Sintió *que la hebilla del chaleco estallaba en su espalda* (**1**.424).
> Uno de los compañeros de viaje anunció *que ya estaban en Madrid* (**16**.27).
> Pensaba *que esa música estaba en el mundo* (**50**.179).

Para la función de objeto indirecto (que es menos frecuente) se requiere la preposición *a:*

> Daba poca importancia *a que protestasen.*
> Dedicó todo su esfuerzo *a que el negocio prosperara.*

Como objeto preposicional, la oración transpuesta exige ante *que* la preposición impuesta por el verbo nuclear:

> La quedaba la esperanza *de que el muchacho se convenciera de que le convenía más estudiar [...] que aprender un oficio* (**16**.31).
> Había convenido *en que aquellas expansiones de la amistad eran inocentes* (**1**.461).
> La diferente calidad sonora de ambas [...] me incita *a que las distancie* (**80**.335).

Si la oración transpuesta funciona como adyacente circunstancial, se encabeza también con la oportuna preposición:

Su matrimonio era previsible *desde que vinieron al mundo* (**50**.25).

No despertó *hasta que la luz alumbró los ladrillos rojos* (**90**.115).

Mañana mandas matar ese animal *para que no siga sufriendo* (**90**.88).

Y no me causéis un disgusto, *porque, a la vuelta, os juro que os reviento* (**83**.167).

Se empeñó en mudarse de casa *porque no le gustaba aquel barrio* (**16**.23).

Transcurría el tiempo *sin que el tren reanudase su marcha* (**83**.201).

La preposición aparece también para convertir en adjetivo adyacente de un sustantivo a la oración sustantivada por *que:*

Le agitaba el temor *de que no lo viesen.*

Es insoportable su afición *a que le halaguen.*

Se observa, pues, que las combinaciones de preposición y la conjunción *que* no son propiamente conjunciones especiales; en ellas, *que* es un mero sustantivador de la oración, y la preposición que le precede no afecta solo a *que*, sino a toda la oración. Es situación contraria a lo que ocurre cuando la preposición se antepone al relativo *que:* solo incide sobre este y no sobre la oración transpuesta. Ya se vio (§ 146) algún caso de homofonía entre la combinación de la preposición con el transpositor o con el relativo, que adopta a veces el artículo para evitar la ambigüedad *(Me mandó el libro porque me interesaba,* con conjunción, frente a *Me mandó el libro por el que me interesaba,* con relativo).

299. A veces el transpositor *que* va precedido por una unidad capaz de funcionar aislada como adverbio. Si los adverbios desempeñan el papel de adyacentes circunstanciales (§ 175), es natural que el grupo constituido por un adverbio y una oración degradada por *que* cumpla el mismo oficio circunstancial. En el enunciado *Siempre me dices lo mismo,* el adyacente circunstancial *siempre,* que es un adverbio, puede recibir un adyacente: por ejemplo en *Siempre que te veo me dices lo mismo.* En tal caso, la unidad *que* degrada la primitiva oración *te veo* y le confiere un papel de término adyacente de *siempre.* Al mismo tiempo, *que,* siendo reproductor de adverbio, funciona como adyacente circunstancial de *veo.* Será, pues, un relativo equivalente por su sentido a *cuando: Siempre, cuando te veo, me dices lo mismo:*

No me importa tener cochinillos, *siempre que puedan hablar* (**50**.25).

De esta suerte, con la fusión más o menos íntima de un adverbio y *que,* se han originado algunas llamadas conjunciones y locuciones conjuntivas. Cierto que en ocasiones la referencia originaria del adverbio ha podido modificarse. Así, en *aunque* se observa el paso hasta el sentido concesivo desde los primitivos del adverbio *aún* temporal o *aun* inclusivo: *Aún no ha venido* frente a *Aunque es tarde no ha venido; Aun confabulados no podrán derrotarnos,* frente a *Aunque se hayan confabulado no podrán derrotarnos.* He aquí algunos ejemplos recogidos:

> En el otro mercado, el espíritu muerto no estaba muy vivo, *aunque se agite* (**96**.130).
>
> La pasión por la naturaleza es mucho peor que la del vino, *aunque esta llegue a la borrachera* (**83**.247).
>
> *Aunque daba lástima verlos* [...], los niños resistieron el viaje mejor que sus padres (**50**.27).

El valor de relativo de este *que* parece apoyado por su posibilidad de ser reemplazado por *cuando,* como en este ejemplo:

> *Aun cuando quería parecer sereno e indiferente,* no las tenía todas consigo (**50**.202).

En la combinación *ya que* se aprecia la desviación del primitivo sentido temporal de *ya* a la referencia predominante de hoy día, la causal, según se ve en estos ejemplos:

> Pongámonos en lo peor, *ya que esa gente no da señales de tener prisa ninguna* (**9**.246).
>
> Los móviles del crimen permanecieron inciertos, *ya que la cantidad* [...] *robada fue en todo caso inferior* (**72**.394).
>
> Y *ya que te duermas* nadie te despertará (**90**.145).

El paso del sentido temporal al causal puede notarse en casos como *Ya es la una menos cuarto. Voy a relevarte* (**5**.11), que sin modificar apenas la referencia se convertiría en *Ya que es la una menos cuarto, voy a relevarte.*

Locuciones conjuntivas análogas en que interviene el *que* relativo o la conjunción homófona aparecen en los siguientes ejemplos:

> No necesitaba mirar al escabechero para sentirse trémula y encendida, *así que escuchaba su paso* (**83**.73).
>
> *Cada vez que releo el [...] canto a la retama* [...], brotan [...] en mi memoria las ruinas de Pompeya (**96**.23).

Fuese a ejecutar las instrucciones, *en tanto que los otros apiñaban sus cabezas detrás de la mirilla* (**83**.213).

Una vez que entra en la casa, nadie escapa a la peste (**50**.45).

Puesto que su casa fue [...] la mejor [...], las otras fueron arregladas a su imagen y semejanza (**50**.15).

Para la función de estas estructuras, véase § 426, 436, 442.

Si

300.   Fuera de los dos *que* subordinantes y las locuciones que los contienen, apenas existen transpositores en español.

En el significante *si* coinciden dos unidades, ambas átonas y dependientes (y distintas del adverbio afirmativo tónico *sí*). La primera sirve para transponer una oración interrogativa (§ 393) a funciones propias del sustantivo: *Me han preguntado si quería estar allá o venir a Madrid* (**16**.28), donde la oración transpuesta y encabezada por *si* cumple la función de objeto directo del núcleo verbal *(han preguntado)* y se corresponde con una interrogativa primitiva *(¿quería estar allá o venir a Madrid?)*. Lo mismo en *Hablaban de si habría crisis, Está preocupado por si ya es tarde,* etc.

El otro *si,* transpositor de oración a adyacente circunstancial, es la conjunción llamada *condicional,* por ser frecuente este sentido en sus usos (§ 446). Ejemplos:

Si la niña sigue respirando en aquel medio [...], no hay salvación (**1**.224).

Si has seguido mis explicaciones, habrás visto que no quedan más parientes (**16**.222).

Si anduviesen más despacio, su meditación sería más profunda (**54**.239).

Nunca se hubiera atrevido a eso *si hubiera sido mi sobrina* (**54**.268).

Del *si* condicional se derivan las locuciones *como si* y *si bien,* cuya función sigue consistiendo en la transposición de oraciones al papel de adyacentes circunstanciales. Puede ocurrir la eliminación del núcleo verbal transpuesto: *Todo estaba en aquel cuarto mugriento, como si el polvo de muchos años se hubiese depositado sobre los objetos* (**16**.32), en lugar de *como estaría si...* En el caso de *si bien* (equivalente más culto de *aunque),* se trata de la repercusión que el adverbio *bien* ejerce en el contenido: *Híceme el sordo [...], según aconseja la regla [...], si bien para ello es menester* *acendradísima humildad* (**83**.303); *Supo [...] hacer nacer animosas intenciones en el pecho de su hermana, [...] si bien esto fue más tarde* (**72**.209). Véase más adelante, § 428, 443.

Conjunción y adverbio

301.   Otras conjunciones que se enumeran no son propiamente transpositores, pues mantienen sus rasgos funcionales de adverbio. No establecen ninguna relación sintáctica entre las unidades contiguas, a no ser la simple continuidad. Un ejemplo sería *pues* (§ 385, 435), de variable situación en el enunciado, y que efectúa vagas referencias de posterioridad, de consecuencia o de causa, aunque es a menudo puro recurso de continuidad. Como la función de *pues* se examinará más adelante, basten aquí unos ejemplos de los sentidos mentados:

> No podía evitar el darle estas contestaciones, pues solo de la confrontación con la herejía, la verdadera teología se enriquece (**72**.214).
>
> Me llevé, pues, el papelito (**9**.81).
>
> ¿Sí? Pues me lo llevo (**1**.149).
>
> Pues no hay más que pedírselo (**105**.290).
>
> ¿Pues qué hago yo en el balcón? (**16**.12).

XVIII. LA INTERJECCIÓN

Interjección y modalidad exclamativa

302. Se designa como *interjección* una clase de palabras autónomas que, a diferencia de los sustantivos, los adjetivos, los verbos y los adverbios, no se insertan funcionalmente dentro de la oración y constituyen por sí solas enunciados independientes. Por ello, algunos piensan que la interjección es una unidad fuera de la sintaxis. No obstante, la interjección puede establecer relaciones con otras unidades y formar con ellas enunciados complejos.

El rasgo común de los enunciados interjectivos, ya sean simples, ya compuestos, consiste en el contorno de entonación exclamativo; lo cual concuerda con la intención comunicativa general de aquellos, a saber, la expresión de las actitudes, los sentimientos y las sensaciones del hablante, así como también la apelación al oyente. No es extraño, pues, que haya relaciones, por sustitución o por contigüidad, entre las interjecciones y las unidades interrogativo-exclamativas (estudiadas en § 147-151) o las unidades verbales o nominales propias de la apelación (el imperativo y el llamado vocativo, § 210): *¡Oh, qué maravilla!, ¡Eh, tú!*

En fin, la interjección denota en bloque un contenido inanalizable en elementos significativos menores. Por ello, con frecuencia, equivale a una oración cuyos componentes fueran solo discernibles gracias al contexto y hubieran quedado fundidos en un solo signo aplicable a múltiples situaciones. Aislada de todo contexto o situación, una interjección no comunica más que la injerencia explícita de la actitud del hablante. El contenido concreto de esta solo se puede dilucidar a través del contexto.

Interjecciones onomatopéyicas

303. Según su función comunicativa, las interjecciones pueden agruparse en tres tipos:

a) Las que muestran, de modo incidental y redundante, con un significante onomatopéyico y expresivo, lo que está ya designado por otras unidades de la lengua. Suelen ser adaptaciones fonemáticas de ruidos o acciones. Su marginalidad no las excluye del sistema lingüístico. Su carácter mimético está supeditado a las posibilidades del sistema fonológico. El papel representativo y figurativo de las onomatopeyas no impide su función lingüística. Aunque su inventario es totalmente abierto, pues el hablante puede crearlas con entera libertad, las onomatopeyas funcionan dentro de la economía de la lengua y no escapan, por mucha que sea su perfección imitativa, de las reglas de la combinación fonemática de la lengua. Además, las que se usan con frecuencia y se estereotipan llegan incluso a convertirse en sustantivos con sus rasgos: *El tictac del reloj, El chischás de las espadas, Baja el gluglú digestivo haciendo escalas desafiadoras* (**27**.59). He aquí ejemplos de su uso accesorio e ilustrativo en el enunciado:

El lechero llamó... *Rin... Rin... Rin... Riiiiin...* (**54**.182).

Todas las mujeres de la vecindad sacaban su trapajo y *¡zas!, ¡zas!,* lo sacudían (**54**.284).

Por lo demás, actividad, industria y artes... mucha comedia, mucha caza y mucho martillazo. *¡Zas, zas, zas, pum!* ¡Viva la vida! (**1**.528).

Y sonaban los cascos de los caballos: *pla, pla, pla* (**51**.ı.184).

El agua que goteaba [...] Sonaba: *plas, plas* y luego otra vez *plas* (**90**.17).

El hombre estaba [...] sin meterse con nadie [...] cuando de repente, *¡zas!,* llega el camión y lo deja como una oblea (**27**.126).

Echó a andar y de pronto, *paf* [...] en la cara, un mosquito enorme (**16**.168).

Yo corría hacia un cocotero, y *tras... tras... tras...,* subí por él hasta arriba (**16**.169).

Corté los faldones de mi levita, y *¡cataplún!,* [...] el cangrejo se cayó al suelo (**16**.169).

Tras, tras. Muerto. Está muerto, Luis. Te he matado (**5**.149).

Chac.., chac... El convoy se alejó arrastrándose cada vez más rápidamente (**88**.91).

Hacen *chas, chas* contra las páginas abiertas (**47**.383).

Interjecciones apelativas

304. *b*) Otras interjecciones se destinan primordialmente a apelar al interlocutor, bien para llamar su atención, bien para tratar de imponerle alguna actitud; entre ellas hay que incluir las unidades que se utilizan al saludar: *Con sobria palabra dijo: —¡Hola!* (**54**.157); *¡Hola, rica!* (**83**.68); *Buenas tardes, señores —dijo... sentándose en el corro* (**1**.122); *Abur, señores; donde hablan los sabios sobramos los ignorantes* (**1**.128), etc.

He aquí otros ejemplos de apelación:

> *¡Eh,* tú, golfo, ahueca! (**16**.189).
>
> *¡Eh,* locos!, ¡locos!, que os echo los perros (**1**.581).
>
> *¡Eh!,* ¿dónde van ustedes? (**51**.I.274).
>
> No me diga que no es mal cuadro, *¿eh?* (**105**.25).
>
> A los ricos no se les castiga, *¿eh?* (**72**.374).
>
> *¡Ey,* tú! —llamé (**90**.56).
>
> *¡Ea, ea,* don Santos, basta de desatinos! (**1**.320).
>
> *¡Chito,* Nay, que es el amo! (**1**.307).
>
> Se vuelve y sonríe, *¡chist,* silencio! (**27**.302).
>
> *¡Chissstt...!* No se habla mal. ¡Multan! (**105**.93).
>
> Otros le gritaban: *¡Hala,* Barriga! (**16**.184).
>
> *Hala, hala,* buenas noches (**105**.85).

Interjecciones sintomáticas

305. *c*) Son muy abundantes las interjecciones de este tercer grupo. Manifiestan en primer lugar el estado de ánimo del hablante sobre lo que comunica, sobre sus propias vivencias o sobre la situación. Según se ha apuntado arriba, cada interjección es aplicable a variadas experiencias, y su sentido solo se deduce del contexto. A la vez incluyen algún componente representativo o apelativo. Su significación constante se reduce a mostrar que el hablante injiere su punto de vista en el mensaje. Su sentido concreto depende de los significados del contexto y de las sugerencias de la situación. Examinamos a continuación, con ejemplos, los usos de las más frecuentes:

Ah. Como respuesta se utiliza para manifestar la comprensión de lo que se ha dicho antes:

> También habla español. Posee las dos lenguas. —*¡Ah!,* posee las dos lenguas (**51**.I.90).

Voy a ver a mi padre. —*¡Ah!* —dijo él (**90**.8).
«¡El-pla-gio!» «*¡Ah!* ¿Algo del divorcio?» (**105**.109).

Cuando no se trata de respuestas viene a indicar que se cae en la cuenta de algo o que a uno se le ocurre algo de improviso:

Si hay novedad, avisar. *¡Ah!*, y no echarle encima demasiada ropa (**1**.394).
¡Ah, pícara memoria! [...] tenemos que hablar largo (**1**.42-3).
¡Ah, no! No puedo despedirme todavía de Tudanca (**96**.33).
¿Qué debería dar a leer a este muchacho exigente? *¡Ah,* sí! La ética del judío portugués (**72**.290).
¡Ah!, se me olvidaba, aquí hay un reembolso (**105**.34).

Ajá, ajajá. Suelen indicar aquiescencia o aprobación:

—*¡Ajá!* —exclamé yo, festivo, al verlo [el clarinete] (**10**.126).
Pues bueno, *¡ajajá!* Que traigan el Calepino (**1**.128).
«¡El plagio!» «*Ajajá,* eso» (**105**.109).

Ay. En general señala dolor, sobresalto, lamentación, protesta:

¡Ay si renaciera la fe! (**1**.674).
¡Ay si lo supiera Isabelita! (**27**.270).
Naranjas, *¡ay!*, que como las magnolias [...] se vinieron a tierra (**96**.44).
¡Ay, qué tío pelma! Pues vamos a correr un juergazo (**83**.171).
¡Ay, qué gran sorpresa me aguardaba allí! (**9**.174).
Era un grito arrastrado como el alarido de algún borracho: «*¡Ay,* vida, no me mereces» (**90**.43).
No se oían toses ni crujidos, solo suspiros hondos y tristísimos: *¡Ay,* Dios mío! (**51**.I.133).
¡Ay, hija, a veces me cuesta trabajo dispensarte mi confianza (**105**.107).
¡Ay qué vergüenza tengo, qué vergüenza tan grande! (**93**.231).

En algún caso se mezcla la complacencia a la queja:

¡Ay, amor mío, a qué cosas me obligas! (**27**.278).

Y hasta por antífrasis puede aplicarse a situaciones opuestas:

¡Ay, ay! ¡Qué bueno es eso! (**1**.261).
Ay, ay, mirad, aquí llega Nachito, campeón (**105**.91).

Cuando esta interjección se profiere con intención apelativa y seguida de un término adyacente, se origina un sentido de amenaza o de conmiseración hacia lo que este denota:

> *¡Ay* del que al llegar el ardoroso estío de la vida [...] no conserva en el alma la blanca nieve de la infancia...! (**96**.19).
> *¡Ay* aquel por quien viene el escándalo! (**72**.151).
> *¡Ay* del dulce abandono! *¡Ay* de la gracia mortal de la dormida primavera! (**6**.130).

Bah. Suele aparecer como manifestación contraria a lo expresado previamente, sea desdén, incredulidad, rechazo. Véanse estos ejemplos:

> —¿Se ha hablado de eso? —*¡Bah!* En San Vicente... (**1**.359).
> ¡Pero ya hablaré! —*¡Bah, bah, bah!* [...] usted no puede ser juez ni testigo en este proceso (**1**.200).
> ¿Pesimismo? *¡Bah!* (**96**.56).
> ¿Popularidad? *¡Bah!*, lo apetecible es pueblería, no plebeyez (**96**.133).
> *¡Bah!*, eso se dice [...]; pero a ti no te hubiera gustado que te insultaran por todas partes (**16**.73).
> *¡Bah!*, tocaba con un solo dedo la mayor parte de lo que sabía...! (**105**.279).

Ca, quiá. Por su origen (la exclamación negativa *¡Qué ha de ser!*) alterna con la fórmula abreviada *¡Qué va!* (procedente de la construcción exclamativa *¡Qué va a + infinitivo*) y señala negación o incredulidad ante lo expuesto anteriormente:

> ¿Tienes miedo? —*Ca* (**1**.53).
> Estará [...] poniéndose perdida... —*¡Quiá* perdida! ¿Cree usted que son tontos? (**1**.588).
> ¿Que es ridículo? *¡Qué ha* de ser! (**1**.568).
> ¿Se ha lastimado usted?... *¡Quiá!* Ni lo más mínimo (**83**.241).
> —Por allí [...] no veis estas cosas, ¿a que no? —*Ca* (**93**.207).
> «Nos van a tomar por locas» «*Qué va,* al revés» (**105**.102).

Caramba, caray (y variantes). Denotan sorpresa o enfado, en sustitución eufemística de expresiones «malsonantes»:

> Entonces no es ella. *¡Caramba,* cuánto lo siento! (**16**.134).
> *¡Caramba,* qué susto he pasado! (**83**.241).

¡Carape! Esto está muy alto (**83**.241).

¡Caray si está buena, que te lo digan a ti! (**27**.32).

Yo ya soy muy vieja [...] que ya no se me secan las flores, *¡caray!* (**105**.82).

Ea. Subraya la conformidad con lo dicho y la resolución en lo que se va a decir o se ha decidido:

—¿Qué, tomando el sol un poquito? —*¡Ea!* (**51**.I.57).

Esta capilla me parece a mí muy bonita... *¡Ea!,* se había cansado (**1**.46).

¡Ea!, ya que estoy levantado voy a dar un vistazo a mi gente (**1**.59).

Ea, ea, hasta mañana que no acabamos nunca de despedirnos (**105**.84).

Hola. Aparte su uso apelativo como saludo, se emplea para manifestar sorpresa, con algo de connivente participación:

Que le doy a usted un cachete. —*¡Hola, hola!,* eso no estaba en el programa... (**1**.148).

Ronzal se puso serio. —*¡Hola!* —dijo—, ¿también *espifor*? (**1**.122).

Huy (o ***uy****).* Revela sorpresa o extrañeza ante el contexto precedente o la situación, con cierta intención ponderativa o de rectificación de lo dicho:

—*¡Uy!* —exclamó Rosina, asombradísima, con leve sobresalto (**83**.190).

¡Huy qué romántico estás! (**27**.325).

¡Huy, amor! —sonreía (**93**.228).

¡Huy, cómo estás esta noche! (**93**.258).

¡Huyyyy...! Ya lo creo que se armó (**105**.25).

Huy, ¿qué tiene eso de particular? (**105**.311).

Ja, ja (y variantes). Participa de las características de las onomatopeyas. La variación vocálica procura reflejar los matices desde la carcajada franca a la sonrisa reticente:

Rió con lo que llaman en las comedias risa sardónica: —*¡Ja, ja, ja!*— venía a decir con la garganta y las narices (**1**.319).

Además, para tenor ahí tenemos a Castelar... *¡Ja!, ¡ja!, ¡ja!* (**1**.343).

Se trataba [...] de los refuerzos espirituales que [...] busca o no busca en la dirección moral de don Fermín... *¡Je, je!...* (**1**.122).

Pero si no me llega al hombro [...] Si es un bisturí... *¡Ji, ji, ji!* (**51**.I.105).

Oh. Además de su uso enfático anticuado ante un vocativo *(¡Oh Dios mío! ¡Oh gran Dios!,* **6**.114), sirve para encarecer cualquier sentimiento (admiración, temor, decepción, sorpresa, dicha, tristeza...) que se desprenda del contexto o exista en la situación:

> El deán se escandalizó. —*¡Oh!, ¡oh!* —dijo (**1**.355).
>
> *¡Oh,* no, no!..., yo no puedo seguir así (**1**.408).
>
> *¡Oh!,* déjela usted, ... yo respeto todas las opiniones (**1**.47).
>
> Suspiraba: «*¡Oh,* si hubiésemos vivido!» (**96**.76).
>
> *¡Oh,* tú, maravilloso ser de una especie que no necesita pareja! (**54**.273).
>
> Me hace usted que se me vayan los colores... *¡Oh!* qué vergüenza (**90**.51).
>
> *¡Oh* si pudiera ahora darte otra vez la vida...! (**6**.70).
>
> Extendió todos los billetes en la cama y [...] la abuela dijo: «*¡Oh!,* qué hermosura» (**51**.I.180).

Ojalá. Expresa deseo intenso de algo en el futuro o añoranza de lo no ocurrido. Exige subjuntivo en el verbo con que se combina y puede acompañarse este del transpositor *que* en el uso coloquial, acaso por su sinonimia originaria con *Quiera Dios:*

> ¡Cómo me reconforta escucharle a usted...!, en fin *¡ojalá* acierte! (**27**.326).
>
> Deseaba que amaneciera. Y *ojalá que* no lo hubiera deseado (**51**.I.374).
>
> *¡Ojalá y que* revientes igual que una castaña...! (**93**.302).

Olé. Indica entusiasmo y aplauso:

> Que se vean los hombres. —*¡Olé!* —gritó entusiasmado (**16**.160).
>
> *¡Olé* tu cuerpo! (**83**.69).
>
> *¡Olé* la madre que te parió! (**105**.94).

Ps, pss, psh, pché. Se emplea para manifestar reserva, indecisión, indiferencia y aun desprecio:

> *¡Ps...,* qué sé yo! Me parece un capricho caro y extravagante (**1**.50).
>
> ¿Es cosa grave? —*¡Ps!...,* es y no es (**1**.394).
>
> ¿Qué te parece de esto? —*¡Ps!...,* allá ella. Sus razones tendrá (**1**.453).
>
> Es guapa la Justa, ¿verdad? —*Psch...* sí (**16**.274).
>
> Entonces, ¿todo ha sido una broma? —*¡Pss!* Ya ves (**83**.241).
>
> ¿Qué piensa la juventud?, *¡pche!,* yo creo que cada cual piensa a su manera (**27**.87).

Pu, puf, puaf. Se utiliza para sugerir sensaciones o sentimientos de repugnancia o desprecio:

> Un licor dulce que ahora le estaba dando náuseas, un licor que le había convertido el estómago en algo así como una perfumería... *¡Puf!,* ¡qué asco! (**1**.498).
>
> Bebe un sorbo del vaso de agua..., *¡puf,* está como caldo! (**27**.271).
>
> Este señaló el corazón con ademán jocoserio. —*¡Puf!* —hizo con los labios Paco. —¿Lo dudas? (**1**.133).
>
> Pues dígales a estos pijos que este país está gagá, y que unos y otros... *¡Puaf!* (**105**.100).

Tatata. Es adaptación fonemática del clic alveolar. En sentido apelativo es una advertencia que equivale a *¡Cuidado!;* revela, además, la disconformidad con lo dicho y hasta cierto propósito disuasivo:

> Su humor es desigual... ¡Pasa unas encerronas! —*¡Ta, ta, ta!* Eso no es decir nada (**1**.159).
>
> ¿Cómo entiende esta gente el respeto a las cosas sagradas? —*¡Ta, ta, ta, ta!* Envidia, pura envidia (**1**.216).
>
> ¡Si la oyeran a usted!... —*¡Ta, ta, ta!* Si me oyeran, me callaría (**1**.304).

Uf. Señala encarecimiento de las referencias dadas por el contexto:

> Y ella va contenta... —*¡Uf!* Ya lo creo (**1**.104).
>
> Habría mujeres guapas, ¿eh? —*¡Uf,* así! —contestó [...] uniendo sus dedos (**16**.141).
>
> ¿Hace mucho que ocupan esta casa? —*¡Uf,* sí! Bastantes años (**9**.173).
>
> ¿Cómo te sientes después...? —*¡Uf!* —exclama... —En el quinto cielo, ¿no? (**10**.31).
>
> *¡Uf,* vaya! ¡Gracias a Dios! (**10**.73).
>
> ¿Y orinan? —*¡Uf,* un horror! (**29**.63).
>
> El cura dijo: —*¡Uf,* qué calor! (**5**.28).
>
> —*¡Uf!* —gritó el señor veterinario—. República, republicanos... Y se volvió hacia nosotros con gesto furibundo (**51**.I.233).

Habilitación de interjecciones

306. Muchas palabras usadas aisladamente con entonación exclamativa, quedan transpuestas a la función propia de la interjección. Son las llamadas interjecciones impropias. Se encuentran sustantivos, adjetivos, adverbios y verbos, así como algunos grupos nominales.

Aparte su uso apelativo, *hombre* suele revelar objeción o disentimiento; y en otros casos asentimiento:

> Se atrevió a murmurar: —*Hombre*, eso de exigir... (**1**.123).
> *Hombre*, no sea usted barullón ni embustero (**1**.200).
> *¡Hombre!*, se lo preguntas a mi padre, a ver qué te dice (**93**.276).
> ¡Te gustan? *¡hombre!* (**27**.130).

Desprovistos de su sentido originario de impetración, señalan extrañeza, temor, etc., algunos nombres propios religiosos:

> *¡Jesús, Jesús!* Vámonos de aquí (**1**.480).
> *¡Dios mío!* ¿Habrá aquí ratones? Yo creo sentir... (**1**.32).
> *¡Virgen santísima*, con lo que huelen! [los gatos] (**93**.136).

El grupo nominal *mi madre* (o *madre mía*), a veces seguido de adyacentes, es un encarecedor aplicable a cualquier sentido:

> *¡Mi madre*, qué trompa! De campeonato (**105**.98).
> *¡Su madre*, el extranjero, lo cursi que se pone! (**93**.263).

Entre los adjetivos, es frecuente el uso interjectivo de *bueno*, que muchas veces es solo fórmula de relleno en la elocución:

> *Bueno, bueno* [...] Son ellas (**1**.137).
> *Bueno*, hombre, *bueno*. ¿Qué les dicen en ese papel...? (**5**.203).
> Continúa. —*Bueno*, pues la Rosita cantó muy requetebién (**51**.I.115).
> *Bueno*, te tengo que pagar las copas y los cafeses (**93**.243).

El uso de *bravo*, también inmovilizado en su significante masculino singular, se reduce a manifestar aplauso:

> *¡Bravo, bravo!* —gritaron aquellos señores, que aplaudían el heroísmo ajeno (**1**.271).
> *¡Bravo, bravo*, eureka! —repetía el Marqués (**1**.572).

El adjetivo *claro* sirve de apoyatura del discurso y se usa a veces como recurso enfático junto a *sí* o en su lugar:

> Pues *claro*. El gusto está en la variación (**93**.71).
> Sí, eso también es cierto, *claro* (**93**.316).

Los adverbios usados como interjecciones mantienen su sentido fundamental, ligeramente modificado. Así, *arriba* pasa a designar el acto de levantarse, y *fuera* señala anulación o eliminación de algo:

> *Arriba*, señor pintorzuelo, o echo abajo la puerta (**83**.218).
> Daba batutazos sobre el atril y decía: *¡Fuera! ¡Fuera!* Otra vez (**51**.i.124).

307. Las formas verbales de imperativo son las que se transponen a interjección con más frecuencia (y algunas otras con valor yusivo). Pierden, en general, su significado originario y adoptan papel apelativo o encarecedor. Así en estos ejemplos:

> *¡Anda, anda*, buen mozo, que se te nota el colorete! (**1**.9).
> *¡Arrea*, otra alarma! ¿Sabes que este Fideo se las trae? (**105**.105).
> *Atiza*, si ha sacado la linterna (**51**.i.236).
> *Quita, quita*, eres una pobre ilusa (**105**.103).
> ¿Y por qué te llaman Expósito? —*¡Toma!* Porque soy inclusero (**16**.204).
> *¡Venga*, quitaos de delante! (**27**.295).
> *Venga*, cantad. Si desde aquí también se puede cantar (**51**.i.127).
> *Venga*, que se pronuncie (**93**.244).
> La medio enamora y *¡hala!* al asunto (**27**.75).
> Ya se ha empezado el queso y ahora *¡hala!* hasta el final (**27**.106).
> ¡Vosotros! *¡Hala!* ¿Qué hacéis ahí como pasmados? (**93**.97).
> *¡Vaya!*, ya llegó el agua (**51**.i.78).
> *¡Vaya*, me alegro! (**27**.291).

Con la forma *vamos* parece insinuarse a veces la atenuación de lo expresado:

> Le servía de trotaconventos [...] Es decir, no tanto; pero *vamos*, que la acompañaba y... (**1**.39).
> *¡Vamos*, retírense todos con orden a sus puestos...! (**93**.286).
> Adivinaban que la traca fina, o sea, *vamos*, la meta, era pagar (**105**.29).

Otras formas verbales pierden su propio valor semántico y, como en los tres últimos ejemplos siguientes, se convierten en eufemismos de expresiones malsonantes:

> *¡Habráse visto!* Este chico es de la piel de Barrabás (**35**.48).
> *¡Moler!* Con las mujeres de Dios... (**16**.99).
> *¡Jodó* con tus tíos! Además de republicanos son unos puteros (**35**.163).
> *¡Jo*, qué tío!... Ahora se pone que yo he metido la pata (**93**.174).

Oficios de la interjección

308. Examinados los ejemplos propuestos en los párrafos precedentes, se observa que la interjección, bien propia o primitiva, bien impropia o resultado de transposición, desempeña oficios varios:

1.º Aparece como enunciado completo por sí sola: *¡Ah!, ¡Puaf!, ¡Bah!, ¡Vaya!, ¡Jesús!, ¡Cuidado!, ¡Bravo!, ¡Menudo!,* etc.

2.º Se le agrega con frecuencia, pero con función independiente, otro enunciado, que puede ser exclamativo (*¡Uf, qué calor!; ¡Oh, qué pena!; ¡Mi madre, qué trompa!*), asertivo (*¡Ah!, posee las dos lenguas; ¡Vaya!, ya llegó el agua; ¡Toma! porque soy inclusero*) o imperativo (*Venga, cantad; ¡Oh!, déjela usted; ¡Ay, ay!, mirad*).

3.º A menudo precede a un sustantivo en función apelativa (esto es, en vocativo): *¡Ay, hijo! no sé; ¡Eh, tú, golfo!; ¡Ea, ea, don Santos!; ¡Oh, tú, maravilloso ser...!; ¡Venga, vosotros!,* etc.

4.º Alguna interjección recibe un término adyacente y juntos constituyen una unidad exclamativa. El adyacente suele ser un sustantivo o grupo sustantivado precedido de la oportuna preposición: *¡Ah de la casa!; ¡Ay de mí!; ¡Caramba con la niña!; ¡Quita de ahí!; ¡Jodó con tus tíos!; ¡Pues vaya con las ventajas que da usted!* (**93**.142).

5.º Ocurre también que la interjección equivalga a la unidad exclamativa *qué* (§ 151), con lo cual funciona como si fuese adyacente del sustantivo o adjetivo que siguen. Es frecuente *vaya:*

> *¡Vaya* un siglo de las luces! (**1**.319).
> *Vaya* juventud (**72**.297).
> *Vaya* río hermoso que tienen ustedes (**93**.97).
> *¡Vaya* lío, entonces! (**93**.288).
> *¡Vaya* vida! (**93**.318).
> *¡Vaya* un diíta! (**93**.238).
> ¡Pues *vaya* unos virajes, la órdiga! (**93**.275).
> Pues *vaya* una forma de cogerlo entre medias a uno (**93**.174).
> *Vaya* manos que tienes (**93**.248).
> *¡Vaya* listo que eres! (**93**.74).
> *Vaya* intrigante que estás tú (**93**.267).

6.º A veces el término adyacente de la interjección es una oración transpuesta. Se ha visto arriba (§ 305) el caso de *ojalá,* que exige subjuntivo en su oración subordinada: *¡Ojalá fuera otra mujer!* (**27**.125). Otras interjecciones de origen verbal o nominal admiten como adyacente una oración transpuesta por *que* o *si:*

> *Anda que* no han cambiado las facetas de la vida (**93**.296).
> *¡Anda que* si no te quisiera como te quiero! (**27**.169).
> *¡Anda, y que* no son famosas! (**93**.141).
> *¡Vaya si* es capaz! (**27**.220).
> *¡Vaya si* huele a muerto! (**27**.129).
> El diablo existe, *¡vaya si* existe! (**27**.290).
> Los hay que creen, *¡vaya si* los hay! (**27**.76).
> ¡Tú subes igual que yo! *¡Vaya si* subes! (**93**.74).
> «La cosa parece que tiene sus bemoles». *¡Vaya si* los tenía! (**9**.79).
> *¡Mira que* es pesadez! (**27**.81).
> *¡Mira tú que* matar a ese joven oficial...! (**27**.160).
> *¡Mire usted* que ha sido desgracia! (**27**.84).
> ¡Qué tío más raro! *Cuidado que* hace cosas difíciles con la cara (**93**.16).
> Pero *cuidado que* hablan ustedes (**93**.118).
> *¡Cuidado que* lo veo yo eso mal! (**93**.78).
> *Claro que* me doy cuenta (**27**.316).

Por último, debe recordarse la inmovilización morfemática de todas las palabras transpuestas a interjección: se convierten en invariables y se entonan con los contornos melódicos de la interrogación o la exclamación. Por ejemplo, las formas verbales *venga* o *vamos,* empleadas como interjección, no varían en absoluto sea cual fuere el número singular o plural de los otros elementos de la construcción: así *Venga, cantad* frente a *Vamos: dilo.* En cuanto a la entonación, observamos que ella es lo que permite distinguir entre el uso interjectivo de *¡Ahí va lo que pides!* (o *¡Ahí va los que pides!*) y el enunciado asertivo *Ahí va lo que pides* (o *Ahí van los que pides*).

ESTRUCTURA DE LOS ENUNCIADOS: ORACIONES Y FRASES

XIX. ENUNCIADO Y ORACIÓN: FUNCIONES ORACIONALES

Constitución interna de los enunciados

309. En los capítulos precedentes se han empleado los términos de *enunciado* y *oración* como marcos en donde funcionaban las diferentes clases de palabras examinadas. Ahora hay que precisar lo que debe entenderse con ellos.

La secuencia de signos proferida por un hablante (manifestada por una combinación de fonemas sucesivos) queda delimitada entre el silencio previo a la elocución y el que sigue a su cese, y va acompañada por un determinado contorno melódico o curva de entonación. El signo (o el conjunto de signos) que emite el hablante, y ha de captar el oyente, consiste en un mensaje con sentido cabal y concreto dentro de la situación en que se produce. Se llama *enunciado* a esta unidad mínima de comunicación.

Existen mensajes más amplios, que no son sino combinación de varios enunciados concatenados por el sentido de sus referencias a la experiencia comunicada, sin que entre ellos se establezcan por fuerza relaciones funcionales, ya que cada uno de por sí podría constituir un acto de habla independiente. Por ejemplo, no hay ninguna conexión gramatical entre los dos enunciados contiguos *¿Por qué has salido sin abrigo? No te conviene eso,* aunque es evidente la relación semántica entre ambos, pues el demostrativo *eso* hace referencia a la misma experiencia aludida por el segmento *has salido sin abrigo.*

310. La constitución interna de los enunciados, esto es, el número de signos que contienen y el tipo de relaciones que estos mantienen entre sí, es variable. Por ejemplo: si al disponernos a salir de casa, miramos por

la ventana el tiempo que hace, podemos dirigirnos a otra persona con
enunciados muy diversos, todos congruos con tal situación:

> Está lloviendo.   Dame el paraguas.
> Ya llueve.   ¡Otra vez la lluvia!
> ¿Llevaré paraguas?   ¡Qué fastidio!

Cada uno de los seis enunciados ofrece estructura diferente, pero todos
presentan tres rasgos comunes: 1.º son mensajes completos e inequívocos
en la situación dada; 2.º son secuencias de fonemas enmarcadas entre el
silencio precedente y la pausa final; 3.º se modulan con un particular contorno melódico.

Como se ha dicho (§ 52), la curva de entonación es el significante que
evoca la modalidad del enunciado, escogida por el hablante según qué
intenciones comunicativas predominan: *a*) se exponen (afirmando o negan-
do o bien interrogando) ciertos hechos: *Ya llueve, Ya no llueve, ¿Ya llueve?;*
b) se apela al interlocutor (se pretende actuar sobre él): *Dame el paraguas,*
No me des el paraguas, ¿Me das el paraguas?; c) se resaltan los propios
puntos de vista o los sentimientos: *¡Otra vez la lluvia!, ¡Al fin la lluvia!,*
¡Qué fastidio!, ¡Qué bendición!

La oración

311. Entre los enunciados existe un tipo especial conocido con el término de *oración*. Uno de sus componentes, la palabra que se llama *verbo*
(o sintagma verbal), contiene dos unidades significativas entre las cuales
se establece la *relación predicativa:* el *sujeto* y el *predicado,* que se entienden
tradicionalmente como «aquello de que se dice algo» el primero, y el segundo «lo que se dice del sujeto». Cotejemos las siguientes oraciones, aplicables todas a una misma situación y posibles respuestas a una misma
pregunta como «¿qué hace el niño?»:

> El niño escribe en su cuarto una carta a su amigo.
> El niño escribe una carta a su amigo.
> El niño escribe una carta.
> El niño escribe.
> Escribe.

De una a otra oración se han eliminado datos, bien porque son conocidos ya del interlocutor, bien porque no interesa al hablante detallarlos.

Pero en todas ellas aparece la unidad *escribe,* imprescindible para que exista oración. Esta forma verbal es el *núcleo* de la oración, y en él se cumple la relación predicativa: se dice de alguien (la «tercera persona») algo (la noción de «escribir»). Los demás componentes que en la oración pueden aparecer en torno del núcleo son *términos adyacentes,* cuya presencia no es indispensable para que exista oración. Los enunciados que carezcan de una forma verbal personal que funcione como núcleo no son oraciones y ofrecen una estructura interna diferente: con la denominación de *frases* se estudiarán más adelante (§ 456).

Núcleo y términos adyacentes

312. El núcleo de la oración es, pues, un *verbo* en forma personal. Se vio (§ 191) que esta clase de palabras consta de dos signos, uno de referencia léxica expresado por la raíz (en el ejemplo de arriba *escrib,* que alude a la noción «escribir») y otro de valor gramatical manifestado por la terminación (en el ejemplo, *e,* cuyo contenido engloba varios morfemas o accidentes, entre ellos el de «persona», en este caso «tercera»). El signo léxico del verbo (o sea, el significado de la raíz) es el verdadero *predicado* de la oración, y el signo gramatical o morfológico funciona como el auténtico sujeto (esto es, la persona designada por la terminación verbal), y que debe llamarse *sujeto gramatical* o, si se prefiere, sujeto personal.

Además de las formas compuestas del verbo con valor unitario *(he cantado, hubieras venido,* etc., § 199), hay ocasiones en que el núcleo verbal es complejo: son las *perífrasis,* que se verán luego (§ 314).

313. Los términos adyacentes sirven para especificar con más precisión y en detalle la referencia a la realidad que efectúa el verbo o núcleo de la oración. Ya se indicó (§ 66) que aquellos, según el papel que desempeñan en la oración o la suerte de relaciones que mantienen con el verbo, permiten clasificar las palabras en las categorías del sustantivo, el adjetivo y el adverbio. También se ha señalado que en lugar de estas palabras pueden funcionar como si fueran equivalentes, segmentos unitarios más complejos (grupos de palabras y hasta oraciones transpuestas o degradadas).

Según la función que desempeñan en la oración, existen varias clases de términos adyacentes:

1.º Cuando la situación en que se habla no es suficiente para poder identificar qué ente real se corresponde con la persona (o sujeto gramatical) incluido en el verbo, se agrega un sustantivo (o segmento equivalente) que la especifica: *El niño escribe, El maestro escribe, La secretaria escribe, El de arriba escribe, La que tú dices escribe*, etc. Los segmentos *El niño, El maestro, La secretaria, El de arriba, La que tú dices* especifican la alusión de la tercera persona inserta en el verbo y permiten identificarla. A este término adyacente se le llamará *sujeto explícito o léxico*.

2.º Cuando la amplitud referencial del signo léxico del verbo (expresado por la raíz) requiere una especificación que aclara la alusión concreta, se añade otro sustantivo (o unidad equivalente), en general pospuesto: *Escribe una carta, Escribe un libro, Escribe comedias, Escribe lo de siempre, Escribe lo que quiere.* La actividad designada por el verbo queda restringida por esos segmentos que funcionan como *objeto directo* (también llamado complemento directo o implemento).

3.º Cuando el sustantivo (o segmento equivalente) que delimita la aplicabilidad de la noción léxica del verbo exige ir precedido por una preposición impuesta por este, aparece un adyacente llamado *objeto preposicional* (o suplemento): *Hablaban de la guerra, Abusaban de su bondad, Cuenta con mi apoyo.*

4.º A veces se agrega una segunda delimitación a la referencia del núcleo verbal, la cual suele aludir al destinatario de lo designado por el verbo, y se caracteriza por la presencia obligatoria de la preposición *a* ante el sustantivo (o equivalente) que desempeña esta función de *objeto indirecto*: *Escribe una carta a su amigo, Hablan a sus hijos de la guerra.*

5.º Unos cuantos verbos (los llamados copulativos: *ser, estar, parecer*) tienen un signo léxico de alusión tan extensa que requieren la precisión de un término adyacente para poder hacer una referencia concreta: *El niño es inteligente, La maestra está cansada, Los muchachos parecen dóciles.* Esta función de *atributo* (o predicado nominal) está asignada, en principio, a adjetivos, pero pueden cumplirla también sustantivos y otras unidades. Otros verbos admiten adyacentes análogos al atributo que luego se verán (§ 365, 367): *El ciclista llegó cansado, Dejad abierta la ventana.*

6.º La función de *adyacente circunstancial* (llamado también complemento circunstancial o aditamento) la cumplen en principio los adverbios, pero existen otras posibilidades (sustantivos con preposición, oraciones transpuestas, etc.). Se refieren en general a las circunstancias varias en que se produce o realiza la noción léxica a que alude la raíz del núcleo verbal. A veces, son como el marco en que se encuadran las relaciones de ese núcleo y los otros adyacentes: *Escribe una carta en su cuarto, El lunes recibiremos noticias, Así se escribe la historia.* Otras veces (§ 358), convendrá segregar de esta función la de *adyacente oracional*.

XX. NÚCLEOS COMPLEJOS O PERÍFRASIS VERBALES

Las perífrasis

314. El núcleo oracional puede consistir en una combinación de unidades que funciona en conjunto como lo hace un solo verbo. Se llaman *perífrasis verbales.* Constan de un primer componente, una forma verbal con morfema de persona, y un segundo componente que ha de ser uno de los derivados verbales, infinitivo, gerundio o participio.

La función de núcleo oracional que desempeña la perífrasis deriva de la presencia de morfemas verbales en su primer componente; en cambio, la selección de los términos adyacentes que se agreguen a la perífrasis depende de las exigencias léxicas de cada componente (el verbo personal y el derivado verbal). Suele llamarse al primero *auxiliar* y al segundo *auxiliado:* la significación del auxiliar modifica o matiza la noción del auxiliado; mientras que es este el que determina sintácticamente al auxiliar. En la oración *María puede estar enferma,* el auxiliar *puede* introduce su significado en el de *estar,* pero es este infinitivo el que requiere en el adyacente la función de atributo: *enferma.* Los dos elementos *puede estar* constituyen una perífrasis.

No obstante, existen combinaciones de una forma verbal y un derivado que no han de interpretarse como perífrasis: no actúan como segmentos unitarios nucleares, sino como reunión de núcleo y adyacente. La frontera entre ambas posibilidades se cree impuesta por particularidades semánticas: si el verbo auxiliar conserva su habitual referencia de sentido, no hay perífrasis; si esa referencia se modifica o se anula, se trata de perífrasis. Este criterio no siempre es válido, y además no se ajusta a lo funcional: cuando el contexto o la situación no son favorables, se producen casos de indecisión o de ambigüedad. Por ejemplo, la oración *Voy a comer* es susceptible de aplicarse a dos diversas referencias reales: el sentido puede indicar «me encamino a comer», donde el presunto auxiliar conserva su propia denotación de movimiento, o «estoy dispuesto a empezar a comer», donde la designación efectuada por *voy* es completamente figurada. Según esto, hay que apartar como construcciones no perifrásticas muchas secuencias de forma verbal + adyacente derivado: en *Esperamos ganar, Desistió de presentarse, Quería dedicarte un libro, Insiste en venir*, etc., no existe perífrasis, puesto que es posible la elusión del segundo componente representándolo junto al verbo con un incremento pronominal que demuestra su función de adyacente (objeto directo en *Lo esperamos* y *Lo quería;* objeto preposicional en *Desistió de ello, Insiste en ello).* Estas sustituciones son imposibles en las perífrasis, no tanto porque hay fusión semántica de las dos nociones léxicas del auxiliar y el auxiliado, sino porque la forma verbal personal exige la presencia y determinación del derivado. En el ejemplo de arriba, *Puede estar enferma,* no cabe la elusión *Lo puede,* sino *Puede estarlo;* el significado de *puede* determina al de *estar,* modificándolo, pero a la vez exige la presencia del infinitivo. Esta doble determinación, semántica y sintáctica, de los componentes es esencial para la existencia de las perífrasis.

Perífrasis con infinitivo

315. Según la estructura del segundo componente, hay tres posibles clases de perífrasis: con infinitivo, con gerundio y con participio.

Han de distinguirse, entre las primeras, dos tipos, según el infinitivo se adose directamente a la forma verbal o mediante un índice preposicional o transpositor:

A) *Perífrasis con infinitivo inmediato.* Eliminadas como no perífrasis las combinaciones en que el infinitivo puede alternar con adyacentes sustantivos o sustantivados *(Esperamos ganar - Esperamos el triunfo; Quiero comer - Quiero la comida; Insiste en venir - Insiste en su idea),* quedan los casos de los llamados *verbos modales* como primer componente. No todos ellos se comportan igual. Los más frecuentes son *soler, poder, deber.*

Este último, por sí mismo, no implica perífrasis, pues es compatible con adyacentes sustantivos (por ejemplo: *A eso debe su éxito = A eso lo debe; Le debían cien mil pesetas = Se las debían)* siempre que se aplique al sentido «ser deudor»; pero cuando denota el sentido de «tener obligación» aparece la perífrasis: en *Debe actuar con diplomacia* (**57**.15) o en *Debemos aceptar,* es improbable sustituir el infinitivo por un representante pronominal (no se diría *Lo debe con diplomacia*, ni *Lo debemos*). A una pregunta como *¿Qué debe?* solo cabe contestar con secuencias como las primeras: *Debe cien mil pesetas*, y nunca con estructuras perifrásticas como *debe actuar;* para responder a estas, habría que preguntar *¿Qué debe hacer?*

Lo mismo se observaría con verbos como *saber: Sabe la canción (= La sabe: ¿Qué sabe?)*, pero con perífrasis *Sabía cantar* (donde no cabe la elusión *Lo sabía*, sino *Sabía hacerlo;* ni la pregunta *¿Qué sabía?*, sino *¿Qué sabía hacer?*).

316. El comportamiento de *poder* y *soler* parece más claro. En principio, ninguno de los dos funciona aislado como núcleo oracional; siempre requieren el infinitivo. Por excepción, en contextos favorables a la elipsis, se presentan solos, como en respuestas: *¿Vendrá Juan? —Puede* (ser que venga); *¿Suele venir por aquí? —Suele* (venir).

En el caso de *poder*, es engañosa su aparente autonomía en construcciones como *Puede que ganen*, porque ahí hay elipsis del infinitivo *(Puede ser que ganen)*, según demuestran los ejemplos con otros morfemas verbales: no se diría *Podía que ganasen*, sino *Podía ser que ganasen;* ni *Podrá que venga*, sino *Podrá ser que venga*. También deben ponerse aparte, como usos figurados, las expresiones del tipo *Te puedo, Puedo con todo*.

Poder y *soler* forman auténticas perífrasis, en las cuales el infinitivo no es objeto directo del verbo personal. Cuando la noción léxica del infinitivo es consabida y no es preciso consignarla, queda sin embargo en representación suya un infinitivo de muy general referencia, *hacer*, y un incremento pronominal neutro. Así, si se pregunta *¿Suelen venir?*, se contesta *Suelen hacerlo;* y a *¿Podíamos escribir?*, con *Podíais hacerlo*.

Se ha dicho antes que la noción léxica contenida en el auxiliar verbal matiza la denotada por el infinitivo: nótese, por ejemplo, la graduación del sentido de «trabajar» según el verbo que le precede en *Trabajo todos los días, Puedo trabajar todos los días, Suelo trabajar todos los días, Debo trabajar todos los días*. Por otra parte, los adyacentes de estas perífrasis dependen de la combinatoria exigida por la noción incluida en el infinitivo. Así, si la noción léxica de «comprar» requiere un adyacente objeto directo, en la perífrasis correspondiente aparece también dicho adyacente: *Compra este libro - Puedes comprar este libro;* si la noción de «regalar» permite un objeto directo y otro indirecto, la perífrasis también: *Regalad el cuadro a Juan - Debéis regalar el cuadro a Juan;* si la noción de «hablar» impone un objeto preposicional, este reaparece en la perífrasis: *Hablaban de la enseñanza - Solían hablar de la enseñanza*.

En ciertos contextos, sin embargo, la unidad funcional de los elementos de la perífrasis se deshace. En las oraciones cuyo núcleo verbal se incremente con el «reflexivo» *se,* las relaciones sintácticas entre los componentes pueden quedar reajustadas (§ 271). Por ejemplo, a preguntas como las de la columna siguiente de la izquierda se contesta con las respuestas elípticas y económicas de la derecha:

—¿Se puede fumar?	—Se puede.
—¿Se pueden fumar cigarros?	—Se pueden fumar.
—¿Se suele beber?	—Se suele.
—¿Se suele beber agua?	—Se suele.
—¿Se suelen beber licores?	—Se suelen beber.
—¿Se debe discutir?	—Se debe.
—¿Se debe discutir esa cuestión?	—Se debe.
—¿Se deben discutir tales presupuestos?	—Se deben discutir.

Parece, pues, que cuando la perífrasis carece de adyacente *(se puede fumar)* o cuando este y el verbo auxiliar van en singular *(se suele beber agua),* la perífrasis se escinde y el infinitivo, solo o combinado con el adyacente, se convierte en sujeto explícito del verbo personal. Pero si el adyacente del infinitivo es plural y el verbo auxiliar comporta este número *(se suelen beber licores),* es el sustantivo adyacente el sujeto de la perífrasis. En el uso de otros hablantes el verbo personal se inmoviliza en singular, diciendo *Se puede fumar cigarros, Se suele beber licores, Se debe discutir tales presupuestos;* entonces la escisión de la perífrasis se generaliza y el infinitivo conjuntamente con el sustantivo funcionan como sujeto explícito del primitivo verbo auxiliar.

317. B) *Perífrasis con infinitivo mediato.* En un par de casos el infinitivo debe ir precedido de la unidad transpositora *que,* como en:

> *Hay que poner* a salvo el cereal segado (**66**.37).
> Estalló la guerra y *había que alistarse* (**66**.33).
> *Tienes que mirar* el aire (**66**.18).
> Desde su nacimiento [el río] *ha tenido que ir* rompiendo [las peñas] para poder abrirse paso (**66**.54).

Estas combinaciones de *haber* y *tener* con *que* e infinitivo son perífrasis en que no solo el verbo auxiliar ha perdido sus posibilidades de llevar un adyacente objeto directo (como en *Hay ruidos = Los hay, Había discusiones = Las había; Tienes la escritura = La tienes, Ha tenido problemas = Los ha tenido),* sino que su referencia semántica ha cambiado totalmente: de aludir a las nociones de «existencia» o «posesión» en los últimos ejemplos, pasa en las perífrasis a señalar la «obligación» de lo denotado por el infinitivo. Por ello, cuando se puede eludir esa noción queda representada con un significante de infinitivo y un referente pronominal neutro que alude a los contenidos léxicos del primitivo infinitivo con sus adyacentes. En los ejemplos de arriba: *Hay que hacerlo, Había que hacerlo, Tienes que hacerlo, Ha tenido que hacerlo.*

Por otro lado, debe notarse que en estas perífrasis el orden secuencial exige que el infinitivo preceda a sus adyacentes. En caso contrario, no hay perífrasis. Por ejemplo, comparando *¿No hay más asuntos que tratar?* y *¿No hay que tratar más asuntos?*, en la primera pregunta se inquiere sobre la mera existencia de asuntos y no hay perífrasis (si se estuviese en antecedentes, podría preguntarse *¿No los hay?*), y en la segunda se interroga sobre la obligación o necesidad de hacer lo que denota el infinitivo de la perífrasis (si ello fuese consabido, se hubiera podido preguntar *¿No hay que hacerlo?*). Análoga diferencia se observa entre la perífrasis de *Tengo que escribir cartas* y la construcción sin perífrasis *Tengo cartas que escribir.* En la perífrasis funciona como núcleo el conjunto de auxiliar e infinitivo; en el segundo caso, el núcleo es el verbo personal (con su sentido originario) y el sustantivo es un objeto directo (donde se incluye como adyacente la secuencia de relativo, § 404).

318.   Las demás perífrasis de infinitivo anteponen a este una preposición. Un ejemplo consolidado es la construcción *haber + de + infinitivo,* donde el auxiliar impone el sentido de «obligación» en lugar del de «existencia» que evoca en sus usos autónomos: *Este libro ha de dejar de lado los adornos literarios* (**66**.11), *El viaje ha de tomar la pequeña carretera secundaria* (**66**.12).

Se ha visto (§ 314) que la mera secuencia de estos componentes no autoriza a considerarla como perífrasis, puesto que el infinitivo introducido por la preposición puede alternar con cualquier sustantivo y ser reproducido como este en los casos de elusión mediante un referente pronominal. Así, los adyacentes de las dos series paralelas *Insiste en su promesa, Hablaba de su visita, Desistirá de su propuesta* e *Insiste en prometerlo, Hablaba de visitarnos, Desistirá de proponerlo,* se representan en la elusión conforme a su función de objetos preposicionales *(Insiste en ello, Hablaba de ello, Desistirá de ello).*

Pero otras veces el sentido del verbo personal varía conforme vaya con adyacente sustantivo o con adyacente infinitivo, aunque la ordenación sea en ambos casos la misma: *Va a casa - Va a llegar, Se echó al monte - Se echó a reír, Se puso a régimen - Se puso a comer,* etc. Fuera de contexto o de situación, estas combinaciones de infinitivo pueden ser equívocas, según se vio: *Va a comer, Vino a decir que nos fuésemos, Volvió a contarlo, Llegaron a poner las cosas en claro.* Cuando no hay perífrasis, responden a preguntas sobre un posible adyacente circunstancial del núcleo (por ejemplo: *¿A dónde va? —A comer; ¿A qué vino? —A decir que nos fuésemos; ¿A qué volvió? —A contarlo; ¿A qué llegaron? —A poner las cosas en claro).* Cuando son perífrasis contestan a preguntas como *¿Qué va a hacer?, ¿Qué vino a hacer?, ¿Qué volvió a hacer?, ¿Qué llegaron a hacer?,* en las cuales se inquiere sobre el objeto directo del infinitivo y sobre la propia noción léxica de este.

Caso particular es el de los verbos que no admiten la alternancia del infinitivo con un sustantivo: *Deja de trabajar* (imposible decir *Deja de trabajo), Debían de estudiar* (nunca *Debían de estudio), Acaban de salir* (nunca *Acaban de salida).* Se ha de señalar que alguna de estas construcciones se opone a otras con infinitivo inmediato: *Deja de trabajar* frente a *Deja trabajar, Debía de estudiar* frente a *Debía estudiar.* En el caso de la última pareja, hay que reconocer que nunca han estado bien diferenciados sus usos, es decir, el sentido hipotético que señala *deber de* + infinitivo *(Debía de estudiar,* «supongo que estudiaba») y el sentido de «obligación» sugerido por *deber* + infinitivo *(Debía estudiar,* «tenía que estudiar»).

Perífrasis con gerundio y participio

319. La función adjetiva esencial del participio (§ 206-208), por muy íntima que sea la relación de su noción léxica con la del verbo personal, no llega a formar verdaderas perífrasis (salvo la ya fosilizada en las formas compuestas de la conjugación verbal). Tampoco el gerundio, en función de atributo o de adyacente circunstancial (§ 203-205), pierde del todo su independencia por muy soldado que esté con el verbo personal. Por ello, uno y otro pueden ser eludidos como el adjetivo en la función de atributo: en *Lo está,* el referente pronominal *lo* es sustituto del adjetivo en *Está caliente,* del gerundio en *Está ardiendo* y del participio en *Está quemado.*

Pero por lo común el gerundio parece modificar con su presencia el sentido habitual de ciertos verbos y no puede afirmarse que funcione como atributo: en *Anda diciendo tonterías, Iba acabando la tarea, Viene quejándose de sus achaques, Seguimos pensando lo mismo,* el conjunto de auxiliar y gerundio añade a la noción léxica de este un sentido de duración o continuidad. Por otra parte, tales oraciones no podrían ser respuestas a preguntas que inquiriesen por un atributo o adyacente circunstancial, tal como sucede en *¿Cómo andas? —Ando regular; ¿Cómo iba? —Iba tranquilo; ¿Cómo viene? —Viene deprisa; ¿Cómo seguís? —Seguimos así.* Sí contestarían a formulaciones en que se mantuviese el esquema de *verbo* + *gerundio,* esto es, *¿Qué andas haciendo?*, *¿Qué iba haciendo?*, *¿Qué viene haciendo?*, *¿Qué seguís haciendo?*

Por último; se suelen agrupar algunas de la perífrasis examinadas según ciertas nociones de índole aspectual. Conviene insistir en la diferencia entre el aspecto como morfema que afecta al verbo, y la noción léxica aspectual de ciertas palabras (§ 116-118). En este último sentido podría aceptarse una gradación aspectual entre perífrasis como las siguientes, en las cuales se modifica la noción inicial de la raíz verbal considerada: *Como - Voy a comer - Estoy comiendo - Acabo de comer - Dejo de comer,* etc. Pero estos sentidos inceptivos, durativos, conclusivos, etc., que aquí se manifiestan, no son categorías distinguidas gramaticalmente.

XXI. EL SUJETO EXPLÍCITO

Sujeto y concordancia

320. Se ha visto (§ 313.1.°) que cuando el sujeto gramatical expresado por el morfema personal incluido en la terminación del verbo no hace una referencia inequívoca en la situación de habla, se agrega un adyacente que especifica la designación de esa persona y que denominamos *sujeto explícito* o *léxico.* Su presencia es, pues, optativa, ya que para que haya oración basta la existencia del sujeto gramatical. Así, al decir *Escribió,* proferimos una oración, pues en esa forma verbal hay un sujeto gramatical (tercera persona del singular) del cual se predica la noción «escribir» significada por el signo léxico. Cuando interesa precisar la alusión real de esa tercera persona, se añade un sustantivo (o unidad equivalente) que funciona como sujeto explícito, diciendo *El niño escribió, El maestro escribió, La secretaria escribió,* etc.

La relación de dependencia entre el segmento que funciona como sujeto explícito y la terminación de persona (o sujeto gramatical) del verbo se hace patente mediante la concordancia, que consiste en igualar los morfemas de persona y número entre ambos sujetos:

3.ª pers.			El niño escribió	3.ª pers.		Los niños escribieron
2.ª pers.	} sing.	Tú escribiste	2.ª pers.	} plur.	Vosotros escribisteis
1.ª pers.		Yo escribí	1.ª pers.		Nosotros escribimos

Discordancias

321. Hay casos en que, a primera vista, deja de producirse esa concordancia entre el sujeto explícito y el sujeto gramatical:

1.º A veces se aprecia discordancia de la persona. En los dos ejemplos:

> Los españoles no hemos pasado de la devoción (**27**.128).
> Algunos españoles [...] os resistís a la idea del asesinato (**27**.120),

se observa que los segmentos *Los españoles* y *Algunos españoles* (que normalmente concordarían, como sujetos explícitos, con «tercera persona» del verbo, diciendo *Los españoles no han pasado..., Algunos españoles se resisten...*) aparecen aquí, aunque manteniendo la concordancia de número en plural, asociados con verbos de «primera o segunda persona».

Se podría pensar que son aposiciones especificadoras de un sujeto elidido *(Nosotros, los españoles, no hemos pasado...; Vosotros, algunos españoles, os resistís...)*. Pero si se considera que la tercera persona es extensiva, o sea, que puede utilizarse por las otras dos cuando no es necesaria su puntualización, no debe extrañar su uso en estos casos, donde la persona del verbo, por estar en plural, incluye en su designación a la primera o la segunda persona junto con otras personas y es por tanto prescindible la concordancia. Si en los ejemplos de arriba la referencia de la persona verbal no tuviese que abarcar al hablante o al oyente, se hubiera dicho, con tercera persona, *Los españoles no han pasado de la devoción, Algunos españoles se resisten.*

322. 2.º Cuando el sujeto explícito es un sustantivo de los llamados *colectivos,* hoy predomina la concordancia en singular con la terminación verbal. Así en estos ejemplos:

> *Salía gente,* para formar aquella procesión del harapo, de las Cambroneras y de las Injurias (**16**.93).
> Le pareció notar que *la gente se movía* (**51**.II.90).

Pero aunque no suele decirse *La gente salieron en desorden,* se encuentran usos como:

> ¿No comprendes que nos *han* requerido a los cuatro *la guardia civil?* (**93**.288).
> Ahora *retírense* de aquí *todo* el mundo (**93**.314).
> Pues ya *estamos* la *totalidad* (**73**.15).

Si el colectivo va especificado con un adyacente en plural, o acompañado de un plural en aposición, hay vacilación en la concordancia de número: aparece singular en:

Una porción de vagos *discurría* gravemente (**16**.229).
Todo aquel montón de mendigos [...] *bullía* como una gusanera (**16**.94).
Un grupo de obreros *pasa* hablando en voz alta (**27**.133),

mientras se encuentra plural en:

A la puerta esperaba un ómnibus grande, en donde *cabían una infinidad de personas* (**16**.287).
Gran número de mendigos [...] engullían pedazos de bacalao (**16**.101).
La mitad de los manifestantes que pedían armas se *han* ido a dormir (**27**.217).
Casi *la mitad de los que no duermen rezan* el rosario (**27**.241).
La mayor parte de las visitas pasaban al salón inmediato (**1**.199).
Qué par de cursis nos *han* tocado (**1**.512).
Se pierde un par de horas escasas y ya está (**27**.220).
¿Cómo *habían* podido procrear [...] *ese par de vejestorios?* (**102**.137).
La gente, los conocidos, culpaban de todo a Alcázar (**16**.22).

El alejamiento del verbo respecto del sujeto explícito colectivo facilita también la aparición del plural:

La pareja, tomando los mosquetones con ambas manos [...] *empezaron* a empujar suavemente a los próximos (**51**.2.90).
Entra y *sale la gente* con mucha prisa, *piden* un blanco o un vermú y se *van* otra vez, algunos sin despedirse siquiera (**27**.213).

Con las locuciones cuantificadoras *más de, qué de* determinando el sujeto explícito, es el número de este el que imprime singular o plural en el verbo:

No *asisten* más de veinte *personas*. Lo *afirma* más de *uno*.
¡Qué de *trabajo se pierde!* ¡Qué de *proyectos* se *abandonan!*

Sin embargo, se dan a veces discordancias:

Ya no les *quedaban* más que alguna que otra *zona* con su primitivo color (**16**.82)

Suelen aducirse ejemplos como este del padre Mariana que no viene a propósito, pues *parte* no funciona como sujeto, sino adverbialmente, como el latín *partim:*

Los naturales, parte alzaron, parte quemaron las vituallas.

323. 3.º En las oraciones atributivas (con núcleos *ser, estar, parecer*), pueden cumplir oficio de sujeto explícito o de atributo un colectivo, un neutro o un grupo sustantivado indiferente al número. La concordancia de la terminación verbal se ajusta variablemente con uno de los términos (el sujeto o el atributo):

> *Los desertores eran* gente desalmada.
>
> Los encamisados *era gente medrosa.*
>
> Eso *son habladurías.* Eso *es mentira.*
>
> Lo que más le gustan *son las novelas* (**27**.186).
>
> Lo que se llaman pasiones políticas *suelen* ser *pasiones* comunes (**27**.115).
>
> Mi infancia *son recuerdos* de un patio de Sevilla (**67**.XCVII).
>
> *Lo demás, todo era* utensilios y atributos de caza (**1**.63).
>
> *Las hayas son* la leyenda; *los chopos son* la ribera (**67**.CIII).
>
> Lo que dice *es pura tontería* / Lo que dice *son tonterías.*

Según se ve, predomina la concordancia en plural cuando es este el número de uno de los dos términos, el sujeto o el atributo.

324. 4.º El sujeto explícito puede consistir en un grupo de elementos coordinados, cada uno de los cuales podría por sí solo cumplir la misma función. El conjunto de estos singulares impone el plural en el morfema personal del verbo:

> *Quedarán,* resonando en el silencio, *la cruz y la palabra* (**96**.89).
>
> *El corrector y su familia llegaron* pasadas las diez (**16**.144).
>
> *La inercia y la costumbre son* casi lo mismo (**27**.141).
>
> *La metálica reverberación de la luna en el agua, las toninas subrepticias, el prolongado silencio, aumentaban* la angustia de la espera (**35**.430).

Cuando en estos grupos coinciden elementos provistos de distinta persona, el plural exigido en el verbo adopta la persona más caracterizada: si está incluido el hablante, se emplea primera persona; si, faltando esta, está aludido el oyente, aparece la segunda persona:

> *Mi compañero y yo teníamos* el perfecto derecho de rompernos la cabeza (**16**.140).
>
> *Tú y yo tenemos* el deber de luchar contra los artificios que adulteran al hombre (**27**.439).

Dámaso y tú también *permanecéis* callados (**27**.365).
Ni ellos ni tú sabéis cuál es el peor (**27**.288).

A veces, los elementos coordinados en grupo quedan unificados mediante la supresión del artículo en el segundo de ellos y, por tanto, su
sentido unitario impone a veces singular en el verbo:

Se prohíbe *la carga y descarga* de mercancías.
El flujo y *reflujo* de las aguas limpiaba la playa.
La fatiga y cierta superstición inconsciente les había hecho perder gran
parte del respeto que merecía el difunto (**1**.490).

En estos grupos coordinados con *ni* y *o* la concordancia es variable,
dependiendo a veces de la posición del verbo:

Ni el hambre, ni la sed, ni el cansancio le doblegaron.
No le doblegó el hambre, ni la sed, ni el cansancio.
Huyan [...] antes que prenda el fuego contra quien no valdrá ni oro ni
ruego (**65**.IV).
O me habría devorado el más vulgar [...] progresismo o su contrario
(**96**.77).
Como colgada en algunas [casas, hay] tal pobre higuera o un saúco se-
ñero, que al arrimo de las tapias toman el sol (**96**.98).
Traen un cromo en el que figura una locomotora, una catarata, un barco
o un animal salvaje (**27**.120).
Le arrastró hasta el cuarto de los armarios, temeroso de que tía Cruz o
el servicio les importunasen (**35**.186).

Si los elementos coordinados en grupo de sujeto pertenecen a los caracterizados por el neutro, la forma verbal adopta el singular: *Eso y lo del
otro día no me gusta.* Sucede lo mismo cuando el último componente del
grupo coordinado es un neutro recapitulador:

El ruido, las luces, la algazara, la comida excitante, el vino, el café..., el
ambiente, *todo* contribuía a embotar la voluntad (**1**.518).
La pista redonda y dorada, las luces, los uniformados criados de elevada
estatura, *nada de esto* pudo impresionarle (**72**.65).

Cuando aparecen infinitivos en estos grupos, dada su indiferencia al
género y al número, también imponen el singular en el verbo:

Así se explica aquel entrar y salir [...], aquel reír por cualquier cosa, aquel encontrar gracia en cada frase (**1.**178).

No, lo mejor es respirar el aire, darse una vueltecita hasta Rosales y el parque del Oeste y respirar el aire (**27.**124).

No obstante, si los infinitivos van provistos de artículo, el verbo puede aparecer en plural, como el ejemplo que cita Bello:

El madrugar, el hacer ejercicio y el comer moderadamente son provechosísimos.

También aparece singular en el verbo cuando el sujeto léxico consiste en la coordinación de dos oraciones transpuestas § 390):

Es oportuno que se entere y se decida.
Le preocupa qué pretendían y cuándo lo plantearían.
Parece conveniente que vengan ahora y se vayan cuanto antes.

Sería incongruente utilizar el plural en el verbo, diciendo *Son oportunos que se entere y se decida, Le preocupaban qué pretendían y cuándo lo plantearían, Parecen convenientes que vengan ahora y se vayan cuanto antes.*

Pueden darse otros grupos unitarios de palabras en la función de sujeto explícito que exigen en el verbo el morfema de plural. Así, los que presentan dos sustantivos (o equivalentes) reunidos con *tanto* y *como*:

Tanto el director *como* su secretario nos recibieron amablemente.

La construcción se corresponde a una coordinación *copulativa (el director y el secretario),* pero agrega un matiz enfático, y además es diferente del esquema comparativo *tanto como* (§ 411) que aparece en *El director nos recibió amablemente, tanto como su secretario.*

El mismo papel desempeña la construcción de dos sustantivos conectados con la preposición *con*:

Diéronte bien sin cuento *quien rige* el movimiento sexto con la diosa de la tercera rueda (**65.**IV).
Los disparos penetraron [...] en el ángulo que *forman esta con la puerta* de entrada (**74.**119).

Concurre la construcción con verbo en singular: *el ángulo que forma esta con la puerta.*

325. 5.º No es cuestión gramatical de concordancia o discordancia el desajuste entre la persona aludida en realidad y la persona manifestada en la terminación verbal y en el sujeto explícito. Ello es claro en el caso de los sustantivos personales *usted* y *ustedes,* que gramaticalmente son terceras personas aunque aluden al interlocutor. Lo mismo sucede con otras unidades empleadas con intención de cortesía o respeto: *Vuestra Majestad decidirá; Perdóneme Vuestra Excelencia.* Se trata de las mismas discordancias «deliberadas» que, por afán expresivo o por tradición, obligan a utilizar formas verbales de plural para hacer referencia a entes singulares, como el uso llamado de plural mayestático *(Nós resolvemos revocar lo acordado),* o para diluir la responsabilidad del interlocutor o del propio hablante incluyendo a otras personas *(¡No me molestéis!* en lugar de *¡No me molestes!; Nos hemos lucido* por *Me he lucido),* o para mostrar deferencia o simpatética participación usando la primera persona de plural por la segunda del singular *(¿Cómo estamos?* por *¿Cómo estás?; ¿Esas tenemos?* por *¿Esas tienes?,* o como recrimina participando el Magistral a la Ozores:

Entonces [...] *tendremos* que ir a ese baile dichoso (**1**.507).

Tampoco es asunto gramatical el uso de terceras personas en lugar de *yo*: *No está uno para diversiones, Este cura no es partidario* (§ 122).

Sujeto y preposición

326. El sujeto explícito, aparte de la concordancia con el sujeto morfológico inserto en el verbo, se caracteriza por carecer siempre de preposición. Se ha visto (§ 286) que es esta la que impide interpretar como sujeto un segmento que en principio pudiera serlo. Así en:

Atravesó a la procesión un camión (**96**.88).
El agua pasa el puente en vez de pasar el puente al agua (**54**.166),

el empleo de la preposición *a* evita que *a la procesión* o *al agua* se aprecien como sujetos: serían ambiguos *Atravesó la procesión un camión, en vez de pasar el puente el agua;* aunque si de los sustantivos equívocos solo uno alude a un ente capaz de actividad, no es precisa la preposición: *Al tocarle la mano cuando no tenía guante,* notaba *el tacto el pringue* de alguna golosina (**1**.150).

No obstante, se aducen a veces como sujetos explícitos ciertas secuencias provistas de las preposiciones *entre* y *hasta*. Se ha señalado la cuestión en § 285. En el caso de *entre*, es indudable que el segmento por ella encabezado funciona como adyacente y no como sujeto. Una oración como *Lo haremos entre él y yo* no es respuesta a una pregunta acerca del sujeto *(¿Quién lo hará?)*, sino a otra para inquirir el modo como se desarrolla la actividad designada por el verbo *(¿Cómo lo haréis?)*; igualmente, la función adyacente de *entre él y yo* se pone de manifiesto en la correspondiente construcción enfática: *Entre él y yo es como lo haremos.* Las mismas consideraciones se pueden hacer en *Entre su madre y él puede que no gasten doce mil reales al año* (**1**.199). En los dos ejemplos, el sujeto explícito sería *nosotros* y *ellos*, respectivamente.

Con la preposición *hasta* se encuentran segmentos que en apariencia funcionan como sujetos explícitos:

> Hasta los gatos quieren zapatos.
> Hasta el imaginar acababa por ser una fatiga (**1**.404).
> Hasta Petra pidió una tarde permiso a la señora (**1**.439).

El hecho de que en lugar de *hasta* pudiese aparecer una unidad de oficio adverbial (por ejemplo, *Incluso los gatos...; Aun el imaginar...*) sin que variara el sentido, no debe inducir a considerar *hasta* en tales casos como un adverbio, puesto que, al contrario que estos, no goza de autonomía ni funciona aisladamente como enunciado. Es preferible interpretar los segmentos con *hasta* como adyacentes que denotarían el límite final de la serie de elementos constitutivos del sujeto explícito. Por ejemplo, en *El cura, Fermín, y hasta los guardias [...] la habían aconsejado [...] que dejase aquel tráfico* (**1**.312), el sujeto explícito del núcleo *habían aconsejado* es la serie *El cura, Fermín, y hasta los guardias*, cuyo último elemento con *hasta* indica el fin de la enumeración. Cuando este segmento aparece aislado como en los ejemplos de arriba, se sobreentiende un término previo totalizador: *Todos, hasta los gatos, quieren zapatos; Todo, hasta el imaginar, acababa por ser una fatiga; Todo el mundo, hasta Petra, pidió una tarde de permiso a la señora.*

Sujeto y sustantivos contables

327. Los sustantivos contables en la función de sujeto explícito requieren cuando llevan número singular la presencia del artículo (o de un adyacente que contenga su valor identificador). Se dice, así, *El almendro florece, La vaca mugía, Lloró el niño, Volverá la primavera* (no es normal: *Almendro florece, Vaca mugía, Lloró niño, Volverá primavera);* y también son posibles (con demostrativos, posesivos e indefinidos): *Ese almendro florece, Tu vaca mugía, Lloró un niño, Volverá aquella primavera.*

En cambio, si el sustantivo contable aparece en plural o coordinado con otro sustantivo, ya es posible su función como sujeto explícito aunque no lleve artículo o adyacente que lo contenga: *Florecen almendros, Mugían vacas, Lloraron niños; Florecen almendro y ciruelo, Vaca y ternera mugían, Lloraron niño y madrina, Volverán primavera y verano.*

Los sustantivos no contables carecen de esa restricción y pueden funcionar como sujeto explícito en número singular sin necesidad de artículo: *Salía agua del grifo, Entra aire, Cayó hollín de la chimenea, Crecía yerba en el patio.*

Sujeto e impersonalidad

328. Se llaman *verbos impersonales* aquellos que no admiten sujeto explícito. Pero como todo verbo contiene en su terminación un morfema de persona, es preferible denominarlos, según hacía Bello, *verbos unipersonales,* puesto que solo se utilizan en tercera persona de singular.

También se consideran a veces impersonales las construcciones con verbos en tercera persona de plural en las que no se especifica el sujeto léxico porque se estima innecesario e indiferente en el acto comunicativo. Por ejemplo, en *Decían que el presidente está enfermo,* la impersonalidad se reduce a la voluntaria indeterminación del sujeto explícito. Podría haberse preferido, con sujeto, *Muchos* (o *Algunos) decían que el presidente está enfermo,* pero no ha interesado comunicarlo. Esta ocultación voluntaria del sujeto explícito es distinta de su imposibilidad gramatical. En estos casos, como decía Bello, «no se expresa ni se subentiende sujeto».

Hay casos con sujeto gramatical en tercera persona de plural en los que tampoco aparece sujeto explícito: *Llaman a la puerta, Ahí arriba tocan el piano, ¡Que me matan!* El plural del verbo no implica que la referencia a la realidad se corresponda con varios entes, puesto que el actor de la actividad designada por el verbo puede ser único; hay indiferenciación del número, pero la persona es tercera (como en los equivalentes de sentido *Alguien llama a la puerta, Alguien toca el piano, Alguien intenta matar).* Tampoco aquí la falta de sujeto explícito está condicionada por motivos gramaticales.

Los verbos verdaderamente unipersonales se agrupan en tres tipos, que se examinan a continuación.

329. En primer lugar, existen verbos cuyo signo léxico se refiere a alguna noción meteorológica, como *llover, lloviznar, granizar, nevar, tronar,*

relampaguear, etc., que en el uso corriente carecen de variación personal, pues aparecen solo con tercera persona de singular: *Llueve, Lloviz-
naba, Granizó, Ha nevado, Tronará, Está relampagueando,* etc. La ausencia de sujeto explícito es consecuencia del propio valor denotativo de estos
verbos.

Sin embargo, en usos figurados, recuperan la posibilidad de variar en
persona gramatical y de adoptar así un sujeto explícito como cualquier otro
verbo. Véanse estos ejemplos con sujeto explícito:

> Llueven *chuzos.*
> Llovía a chaparrones *sol* (**96**.24).
> La última *compañía* de zarzuela, que había tronado en Vetusta (**1**.535).
> Amanece. *Amanezco* (**59**.ı.272).
> Llovían *estrellas* (**90**.42).
> En 1900 se apagarían las luces y lloverían *estrellas* (**100**.17).
> Llovió *el invierno* a mares lodos, hambres (**98**.210).

330.   Algunos verbos con variación personal quedan inmovilizados en
tercera persona de singular y rechazan cualquier sujeto explícito. El verbo
haber, utilizado en las formas compuestas de todos los verbos, solo es
autónomo en construcciones impersonales con tercera persona de singular,
y, entonces, en el presente de indicativo adquiere incluso un significante
particular *hay.* Por ejemplo en *No hay entradas, Había cincuenta personas,
Hubo varias interpelaciones, Habrá dificultades, Hay las líneas [...] y hay los
colores* (**96**.156). En las hablas vulgares (más en América) y en la expresión
de gentes alolingües (como los catalanes) se considera sujeto el objeto
directo de este verbo y se establece incorrectamente su concordancia, diciendo *Habían cincuenta personas, Habrán dificultades;* sin embargo, en presente, el significante especial *hay* impide el uso erróneo (no dicen nunca
No han entradas). Por otra parte, la elusión de esos adyacentes con un
referente pronominal demuestra que no funcionan como sujeto sino como
objetos directos: *No las hay, Las había, Las hubo, Las habrá,* o en este
caso: *Hay, por ejemplo, avenidas con árboles y las hay sin ellos* (**96**.76).

Es análogo el uso del verbo *hacer,* que hoy sustituye a *haber* en las
referencias temporales. En lugar de *No ha muchos años* se dice *No hace
muchos años.* Con otros sentidos, también presenta usos impersonales: *Hace
frío (=Lo hace), Hacía tres meses (=Los hacía), Ayer hizo dos semanas que
se marchó* (donde el segmento encabezado por *que* no puede ser sujeto,
sino adyacente circunstancial). El error vulgar señalado para *haber,* se presenta también con *hacer: Pues cuatro años van a hacer* (**93**.324) en lugar
de *va a hacer.*

Por el contrario, el verbo *dar,* referido a las horas, ha dejado de ser impersonal y el primitivo objeto directo ha pasado a utilizarse como sujeto: *Da la una,* pero *Dieron las cuatro.*

Algún otro verbo se hace impersonal en ciertas construcciones: *No me pesa de haber nacido;* o alterna con el uso personal: *Me basta con estos libros* y *Me bastan estos libros.*

Por último, los verbos *ser* y *estar,* con atributos referentes a lo meteorológico o lo temporal, se comportan como impersonales y no admiten sujeto léxico alguno: *Es muy tarde (=Lo es), Era pronto, Ya será de noche, Está despejado, Estaba de tormenta.*

331. Al examinar anteriormente (§ 271 y sigs.) los usos de la unidad átona reflexiva *se,* quedaron consignados los casos en que su aparición junto al verbo impide la presencia de un sujeto explícito y da lugar a la llamada construcción impersonal:

> *Se espera* al inspector. *Se espera* a los inspectores.
>
> D. Víctor se empeñó en que *se fuera,* y *se fue* [al baile] (**1**.508).
>
> Se convino que *se rezaría* y *se rezó* (**1**.489).
>
> Matar a una mujer es fácil, *se la envenena* y ya está, matar a un hombre también es fácil, *se le espera* a la puerta o *se sube* hasta el piso y se le dice venga con nosotros *se trata de* cumplimentar unas diligencias, y se le da un tiro en la cabeza (**27**.124).

En estos ejemplos, los verbos en cursiva no pueden adoptar sujeto explícito. Son construcciones impersonales, distintas a las pasivas reflejas presentes también en esos textos: *se convino, se le dice, se le da,* cuyo sujeto explícito es, respectivamente, *que se rezaría, venga con nosotros, un tiro en la cabeza* (según se apreciaría sustituyendo esos segmentos por *eso* o *esas cosas: Se convino eso; Se convinieron esas cosas*).

XXII. EL OBJETO DIRECTO

Características

332. Mientras el sujeto explícito sirve para especificar la referencia personal hecha por la terminación del verbo, otros términos adyacentes puntualizan la alusión léxica de la raíz verbal. En *Bebe* o en *Piensa,* el sujeto morfológico de tercera persona singular puede concretar su referencia mediante la aparición de un sujeto explícito (como al decir *La mujer bebe, El maestro piensa).* También interesa a veces limitar la referencia del signo léxico verbal a algo más concreto; para ello se agrega un término adyacente que designa el objeto sobre el cual se desenvuelve la actividad aludida por la raíz verbal. Al decir *La mujer bebe agua, El maestro piensa en su situación,* los adyacentes *agua* y *en su situación* discriminan el campo de aplicabilidad del «beber» y el «pensar» denotados por el verbo. Se denominarán estos adyacentes *objeto directo* y *objeto preposicional,* respectivamente. La pregunta que inquiera sobre ellos exige el interrogativo *qué,* solo en el caso del objeto directo, y precedido de la oportuna preposición en el otro *(¿qué bebe?, ¿en qué piensa?).*

333. El *objeto directo* (también llamado complemento directo o implemento) se enlaza al verbo sin necesidad de ningún índice explícito de su función. Los sustantivos (o las unidades o grupos equivalentes) que cumplen esta función suelen ir pospuestos al verbo, aunque no necesariamente contiguos. Si por motivos expresivos se anteponen al verbo las palabras que desempeñan ese papel, o si se elimina su mención porque la referencia es consabida, el núcleo verbal queda incrementado con un representante átono de su función, el cual indica además los morfemas de género y número propios del sustantivo (o equivalente) antepuesto o elidido:

Agua, sí *la* bebe.   *Esos libros,* no *los* ha leído nunca.

¿Has visto *al maestro?*   —No; no *lo* he visto.

¿Quiénes son *esas chicas?*   —No sé; no *las* conozco.

Anteriormente (§ 258 y sigs.) se ha tratado de estos incrementos personales átonos del núcleo verbal.

334. Fuera de estos casos de elusión (y los que luego se verán), el objeto directo carece de rasgos diferenciales respecto de las unidades que desempeñan el oficio de sujeto explícito. En las oraciones *Canta la niña la copla* y *Canta la copla la niña,* es exclusivamente el sentido sugerido lo que permite asignar la función de sujeto a *la niña* y la de objeto directo a *la copla,* puesto que la noción denotada por el verbo solo puede ser ejercida en la realidad por el ser designado por *la niña.* Sin embargo, las dos funciones se distinguen entre sí por cuanto la eliminación del sustantivo que desempeña el papel de sujeto es viable cuando es conocido, mientras que la supresión del sustantivo en oficio de objeto directo se compensa con el incremento personal oportuno: *Canta la copla,* pero *La canta la niña.*

También quedan bien discriminados cuando cada uno de los dos adyacentes ostentan número distinto, ya que será sujeto el término que concuerde con la terminación verbal: *Lee el niño los libros, Oyen los niños la canción.* Cuando hay coincidencia de número entre ambos términos, como en *Canta la niña la copla, Lee el niño el libro, Oyen los niños las canciones,* las referencias semánticas deciden la función respectiva: los significados «cantar», «leer» u «oír» designan actividades solo asignables en el mundo real a seres animados (como los evocados por los sustantivos *niño* y *niña)* y de ningún modo a los entes aludidos por *copla, libro* o *canción.*

Objeto directo con *a*

335. Pero hay verbos cuya raíz denota nociones que podrían ser compatibles tanto con lo designado por uno de los sustantivos como con lo sugerido por el otro. Si en *Dibujaba la cabeza el niño* la indiferenciación del sujeto léxico y del objeto directo no impide la correcta interpretación de lo comunicado, no ocurriría lo mismo en secuencias como estas:

Dibujaba la niña el niño.
Mató el elefante el tigre.
Favorece la codicia la ambición.

Son casos en que la relación establecida entre los entes de la realidad resulta ambiguamente manifestada. Para deshacer el equívoco, se antepone la preposición *a* a la unidad que funciona como objeto directo y que evoca al ser que es afectado por la actividad que denota el verbo. De este modo se distinguiría entre las oraciones de la columna izquierda y las de la derecha:

Dibujaba *a la niña* el niño.	Dibujaba la niña *al niño.*
Mató *al elefante* el tigre.	Mató el elefante *al tigre.*
Favorece *a la codicia* la ambición.	Favorece la codicia *a la ambición.*

Ya se han visto ejemplos de uso discriminador de *a* (§ 326):

Atravesó *a la procesión* un camión (**96**.88).
El agua pasa el puente en vez de pasar el puente *al agua* (**54**.166).
Estoy seguro de que la paz derrotará *a la guerra* (**82**.177).
La curiosidad vencía *al cansancio* (**73**.214).

El uso de *a* delante del objeto directo debió de generalizarse a partir de los sustantivos que designan seres animados. Pero no puede asegurarse que la razón de su empleo consista hoy en el deseo de distinguir los entes animados. Existen otros factores semánticos o gramaticales. En estos ejemplos opuestos:

Encontré comprador.	Encontré al comprador.
¿Conoces chicas aquí?	¿Conoces a las chicas de aquí?
Envió dos representantes.	Envió a los dos representantes.
Mataron un gato.	Mataron al gato,

la aparición de *a* está condicionada por la presencia del artículo, es decir, a su valor identificador. En cambio, la diferencia de uso entre *Nuestro equipo recorrió Italia* y *Nuestro equipo venció a Italia* se debe a motivos semánticos, pues en el primer caso *Italia* se refiere a la conocida noción geográfica y en el segundo alude a otro equipo distinto del nuestro y por tanto podría producirse la ambigüedad señalada más arriba *(Nuestro equipo venció Italia* sería aplicable al ejemplo precedente y a *A nuestro equipo venció Italia).*

Por las mismas razones se usa *a* ante los sustantivos personales: *Te busca a ti,* (**60**.484); *A ella no la conocen; No nos convencieron a nosotros;* ante otras unidades de referencia a persona: *Esperan a alguien; No encontramos a nadie; ¿A quiénes habéis recibido?,* etc., y por tanto con sustantivos que se personifican: *Ensalzó la virtud del santo,* pero *Ensalzó a la virtud; Vitoreaban a la libertad.* También se usa la preposición con los nombres propios de persona o animales singularizados: *Fue don Quijote uno de los que crearon a Cervantes* (**96**.62), *Yo trato a Platero cual si fuese un niño* (**61**.XLIII). Con los nombres propios geográficos el uso ha sido vacilante, si bien parece hoy predominar la ausencia de preposición. En un mismo texto alterna: *Admiramos a este Bilbao [...] llevamos en el cogollo del corazón [...] al Bilbao chiquito y ¡Los que hemos visto casi nacer el Bilbao de los Altos Hornos!* (**96**.43,45); *Basta visitar Vinuesa* (**96**.97); *He ido a ver Málaga* (**17**.37); *Contemplando al Urbión desnudo* (**96**.95); *Recorriendo este Madrid* (**96**.110); *Contemplan al Manzanares* (**96**.120); *Escudriña al Carrión* (**96**.101); *Cruzamos el Pisuerga; Visitaron Alemania y Francia.*

336. Si la preposición *a* permite discriminar, en los casos de posible confusión, entre objeto directo y sujeto, puede sin embargo producir la indiferenciación del objeto directo respecto del indirecto (o complemento), forzosamente provisto de ella (§ 346). En la oración *El maestro presentó a su mujer a Juan,* suele interpretarse que el primero de los dos adyacentes pospuestos al verbo funciona como objeto directo y el segundo como indirecto. Lo mismo en *El teniente [...] entregaba a Dorina a su madre* (**73**.27). Sin embargo, la construcción es ambigua y se recurre a suprimir la preposición *a* delante del objeto directo, diciendo en un caso *Presentó su mujer a Juan* y en el otro *Presentó Juan a su mujer.* Pero se evitan los equívocos introduciendo referentes personales átonos: *Se la presentó a Juan, Se lo presentó a su mujer.*

Tampoco hay indicios explícitos, en algunos casos, de la distinción entre el objeto directo y algunos adyacentes circunstanciales, salvo las referencias semánticas. La estructura aparente de *Ha escrito esta nota* coincide con la de *Ha escrito esta noche;* sin embargo, aparte de la imposibilidad de sentido que evita considerar el ente designado por *noche* como producto de la actividad denotada por el verbo *escribir,* la primera oración, en situaciones favorables a la elipsis, se reduciría a *La ha escrito* (con referente personal para el objeto directo), mientras que si fuese consabido *esta noche* en la segunda oración, se suprimiría sin más diciendo *Ha escrito.* Igualmente, fuera de contexto, sería ambigua la oración *Hemos llamado a las dos,* donde *a las dos* puede ser objeto directo (= *Las hemos llamado),* o adyacente circunstancial (= *Hemos llamado a las 14 horas).*

Transitividad e intransitividad

337. La posibilidad o imposibilidad de que el verbo admita objeto directo ha sido el criterio de clasificación de los verbos en *transitivos* e *intransitivos.* Cuando la actividad denotada por la raíz verbal requiere la especificación aportada por el sustantivo que funciona como objeto directo, se considera el verbo transitivo; en caso contrario, el verbo es intransitivo. No obstante, tal clasificación no responde a rasgos especiales del contenido de la raíz verbal, porque en general la presencia o ausencia del objeto depende de la voluntad o intención comunicativa del hablante. Es cierto que algunos verbos, por las características de la noción que evocan, apenas necesitan especificación, como en *Lloraba, Corren, Duermes*, etc., mientras que otros exigen la demarcación denotativa aportada por el objeto directo, como en *Hizo la comida, Hace gestos, Harán oposiciones, Ha hecho progresos*, o *No des gritos, Daba mil pesetas, Siempre da la nota, Dieron ejemplo*, o *Tienes frío, Tenían esa intención, Tuvo mucha suerte, Tenemos prisa*, etc.

La mayoría de los verbos pueden aparecer con o sin objeto directo, según lo que se quiera comunicar. Así en estos casos:

El niño comía patatas fritas.	Este niño no come.
Fumaba siempre cigarrillos.	No fuma nunca.
Escribió un libro.	Escribía desde joven.

Incluso existen verbos empleados en general como intransitivos, que a veces reciben un objeto directo que puede llamarse redundante o enfático, puesto que las nociones que sugiere vienen a coincidir con las denotadas por el verbo. Se observa en estos ejemplos:

> Aquella noche *lloró lágrimas* que salían de lo más profundo de sus entrañas (**1.**460).
> *Vive una vida* muy regalada. *Han corrido una carrera* fenomenal.
> Durmió un *sueño* profundo.

Objetos directos de medida, duración, peso y precio

338.   Hay que referirse a los adyacentes que designan medida, duración, peso y precio con verbos de significación afín, tales como los de estos ejemplos:

> La torre medía *veintitrés metros* (= *Los* media).
> La sinfonía dura *cuarenta y cinco minutos* (= *Los* dura).
> El púgil pesó *noventa y tres kilos* (= *Los* pesó).
> Los zapatos cuestan *dieciséis mil pesetas* (= *Las* cuestan).

Algunos piensan que estos adyacentes, aunque si se eluden son representados por los habituales incrementos pronominales, no son objetos directos, pensando en que se corresponden con preguntas formuladas con el adverbio *cuánto*: *¿Cuánto medía?*, *¿Cuánto dura?*, *¿Cuánto pesó?*, *¿Cuánto cuestan?*, y que en lugar de ellos pueden aparecer cuantificadores de aspecto adverbial, como al decir *Medía mucho, Dura bastante, Pesó demasiado, Cuestan poco* (donde sería dudosa la representación pronominal con *lo*: *Lo medía, Lo dura, Lo pesó, Lo cuestan*). A pesar de todo, deben considerarse objetos directos, no solo porque se reproducen con los incrementos personales propios de esta función, sino porque también se corresponden a las preguntas hechas con el interrogativo *qué*: *¿Qué medía la torre?*, *¿Qué dura la sinfonía?*; *¿Qué pesó el púgil?*, *¿Qué cuestan los zapatos?*

XXIII. EL OBJETO PREPOSICIONAL

Objeto preposicional y adyacente circunstancial

339. Ciertos verbos especifican la referencia real de su significado léxico agregando un adyacente que, a diferencia del objeto directo, va precedido por una determinada preposición: *Hablan de música, Acabó con sus ahorros, Confío en la suerte, Olía a carbonilla, Preguntaron por la carta.* A primera vista, los segmentos *de música, con sus ahorros, en la suerte, a carbonilla, por la carta* ofrecen estructura semejante a la de otros adyacentes provistos también de preposición, como los de estas otras oraciones: *Hablan de memoria, Acabó con rapidez, Confío en general, Olía a distancia, Preguntaron por carta.*

Sin embargo, varios rasgos distinguen los objetos preposicionales (o suplementos) de la primera serie respecto de los adyacentes circunstanciales de la segunda. Aquellos pueden ser respuestas a preguntas como *¿De qué hablan?, ¿Con qué acabó?, ¿En qué confías?, ¿A qué olía?, ¿Por qué preguntaron?,* todas con la unidad interrogativa *qué* precedida de la preposición. Por los adyacentes de la otra serie se preguntaría con una unidad adverbial: *¿Cómo hablan?, ¿Cómo acabó?, ¿Cómo confías?, ¿Cómo olía?, ¿Cómo preguntaron?*

Paralelamente, si se realzase mediante una construcción ecuacional (§ 362) el adyacente de unas y otras oraciones, se observaría su diferencia: *Es de música de lo que hablan, Es a carbonilla a lo que olía,* etc., para la serie de objetos preposicionales, y *Es de memoria como hablan, Es a distancia como olía,* etc., para la otra.

De igual modo, si el significado léxico de unos y otros adyacentes fuese consabido y pudiera eludirse, el objeto preposicional dejaría un representante pronominal tónico suyo precedido de la preposición pertinente, mientras los otros circunstanciales se omitirían o, si fuera preciso, se sustituirían con un adverbio. Así, de una parte se diría *Hablan de eso, Acabó con ello, Confío en ella, Olía a eso, Preguntaron por ella,* y, por otra, *Hablan así, Acabó ya, Confío, Olía, Preguntaron.* Siendo, pues, funcionalmente diversos, el objeto preposicional y el adyacente circunstancial pueden coexistir en una misma oración:

> Hablan de música de memoria.
> Acabó con sus ahorros con rapidez.
> Confío en la suerte en general.
> Olía a carbonilla a distancia.
> Preguntaron por carta por la carta.

Por ello no pueden coordinarse entre sí. No se diría *Hablan de música y de memoria, Acabó con rapidez y con sus ahorros, Confío en la suerte y en general, Olía a carbonilla y a distancia, Preguntaron por la carta y por carta.* Sí sería normal la coordinación entre dos objetos preposicionales o entre dos adyacentes circunstanciales como en *Hablan de música y (de) danza, Hablan de memoria y con rapidez, Acabó con sus ahorros y con la herencia, Acabó con rapidez y perfección, Confío en la suerte y la intuición, Confío en general y sin prejuicios, Olía a carbonilla y a gas, Olía a distancia y a ráfagas, Preguntaron por la carta y la respuesta, Preguntaron por carta y por teléfono.*

Objeto preposicional y objeto directo

340. Se ha visto que el objeto preposicional cumple respecto del núcleo de la oración una relación semántica análoga a la del objeto directo; sin embargo, su función sintáctica es diversa, según se refleja en la obligatoriedad de la preposición para el primero y su diferencia al ser representados unos por referentes tónicos (el preposicional) y otros por incrementos átonos (el directo). Claro es que los verbos susceptibles de admitir un adyacente objeto no exigen siempre su presencia: se puede decir *El enfermo ya come* (sin objeto directo) y *El enfermo ya come carne* (con objeto directo); *El niño ya habla* (sin objeto preposicional) y *El niño ya habla de música* (con objeto preposicional). Pero la diversidad funcional de las dos especies de objetos se aprecia todavía en otro rasgo: cuando el objeto directo se antepone al núcleo de la oración, se reproduce junto a este pronominalmente; en cambio, el objeto preposicional antepuesto no requiere ser reproducido. Así, frente a *Estos problemas los estudiaremos otro día,* con referente átono del objeto directo, se diría *De estos problemas trataremos otro día,* sin reiteración del objeto preposicional.

341. La diversidad de función conduce a la frecuente incompatibilidad de objeto directo y preposicional con un mismo verbo y, como es natural, a la imposibilidad de coordinarlos en un grupo unitario. Sería absurdo decir *Aspiraba el perfume y a la gloria,* reuniendo el objeto directo *el perfume* y el preposicional *a la gloria.* Quiere esto decir que hay verbos que adoptan uno u otro adyacente. Unos exigen el objeto directo, como *Zurce la ropa, Vendió los muebles, Comía pescado, Ha leído el periódico,* etc.; otros, por la naturaleza de su significado, requieren un objeto preposicional, como en *Carecía de apoyos, Desconfiad de las imitaciones, Su éxito estriba en el dinero, Contaré contigo,* etc.; en fin, algunos se acompañan alternativamente de objeto directo o preposicional (y hasta en cada caso varía su significación). Así, en los ejemplos siguientes, los de la izquierda llevan objeto directo y los de la derecha objeto preposicional, según muestran sus equivalentes cuando hay elusión del significante:

Trató *la dolencia* con antibióticos (= *La* trató).	Trató *de la dolencia* con erudición (= Trató *de ella).*
Ha cumplido *veinte años* (= *Los* ha cumplido).	Ha cumplido *con su deber* (= Ha cumplido *con él).*
Reparó *los baches* (= *Los* reparó).	Reparó *en los baches* (= Reparó *en ellos).*
Aspiraba *el aroma* (= *Lo* aspiraba).	Aspiraba *al triunfo* (= Aspiraba *a él).*
Mirad *el perro* (= Mirad*lo).*	Mirad *por el perro* (= Mirad *por él).*

342. Los verbos pronominales que van siempre incrementados por una unidad átona reflexiva (§ 276), admiten como adyacente un objeto preposicional: *Me arrepiento de mis pecados, Te jactas de tus conquistas, Se ensaña con sus enemigos, Nos abstenemos de bebidas alcohólicas, No os dignáis a saludarnos, Se obstinan en su proyecto.* Se observa que la persona del incremento reflexivo concuerda por necesidad con la que funciona como sujeto morfológico.

Otros verbos capaces de aparecer con objeto directo pueden también adoptar el incremento reflexivo, y en ese caso, su adyacente ha de ser, como con los verbos pronominales, un objeto preposicional; cotéjense los ejemplos de la izquierda con objeto directo y los de la derecha con incremento reflexivo y objeto preposicional:

El ejército ocupó la ciudad (= La ocupó).	El alcalde se ocupó de la ciudad (= Se ocupó de ella).
Acogió su propuesta.	Se acogió a su propuesta.
¿Habéis acordado el día?	¿Os habéis acordado del día?

Entiendes a la vecina.   Te entiendes con la vecina.
He fijado los plazos.   Me he fijado en los plazos.
Decidimos la compra.   Nos decidimos por la compra.

343. A pesar de lo expuesto, se encuentran estructuras oracionales en que parecen coexistir un objeto directo y otro preposicional, como:

> El delegado dijo pestes del ministro.
> El camarero limpiaba el suelo de colillas.
> Llenad las copas de vino.
> Confunde la gimnasia con la magnesia.
> No antepongas tus derechos al deber.
> Separa el grano de la paja.
> Han sustituido el gas por la electricidad.

Los sustantivos *pestes, el suelo, las copas, la gimnasia, tus derechos, el grano, el gas,* funcionan en esos ejemplos como objetos directos (según se comprobaría sustituyéndolos por sus habituales referentes átonos: *las dijo, lo limpiaba, llenadlas, la confunde, no los antepongas, sépáralo, lo han sustituido*). Los otros sustantivos ahí precedidos de preposición tienen el aspecto de objetos preposicionales, ya que podrían ser suplidos por unidades tónicas con preposición, diciendo: *Dijo pestes de él, Lo limpiaba de eso, Llenadlas de eso, La confunde con ella, No los antepongas a él, Sépáralo de ella, Lo han sustituido por ella.* Pero obsérvese que en tales ejemplos, el segmento preposicional no puede aparecer sin la presencia previa del objeto directo; no sería normal decir *Dijo del ministro, Limpiaba de colillas, Llenad de vino, Confunde con la magnesia, No antepongas al deber, Separa de la paja, Han sustituido por la electricidad.* Mientras pueden ser correctas las expresiones con solo el objeto directo (*Dijo pestes, Limpiaba el suelo, Llenad las copas,* etc.), no lo son las otras: este segmento preposicional que exige la existencia simultánea del objeto directo puede denominarse *objeto preposicional indirecto* (o suplemento indirecto).

344. Se ha visto (§ 337) que ciertos verbos no se usan sin el oportuno objeto directo que delimita su significación.

Igualmente, existen otros que deben estar siempre acompañados de un objeto preposicional, pues su ausencia privaría de sentido cabal al enunciado:

> Tu silencio equivale a una confesión.
> Tales argumentos carecen de validez.

La razón del triunfo consiste en la perseverancia.
La mayoría abogó por la propuesta.
La conferencia versará sobre los eclipses.

La supresión del adyacente preposicional dejaría secuencias truncas e insólitas: *Tu silencio equivale, Tales argumentos carecen, La razón del triunfo consiste, La mayoría abogó, La conferencia versará.*
Existen otros casos de solidaridad entre el significado de la raíz verbal y el del adyacente preposicional. Se trata de verbos, en general de referencia locativa, que exigen la presencia de un adyacente de sentido afín y susceptible de ser representado por un adverbio, como ocurre con los adyacentes circunstanciales. Por ejemplo:

Residía en Argentina (= Residía *allá).*
Los aborígenes habitaban en esas cuevas (= *Ahí* habitaban).
En este lago desemboca el río (= *Aquí* desemboca).
El hedor emana de la pocilga (= Emana de *allí).*
La leyenda proviene del siglo xv (= Proviene de *entonces).*
Los defectos proceden de esta administración (= Proceden de *ahora).*

Son imposibles oraciones reducidas a esos núcleos verbales *(Residía, Habitaban, Desemboca, Emana, Proviene, Proceden).* Aunque estos adyacentes sean reproducibles por adverbios, cumplen función distinta a los circunstanciales (que son prescindibles, § 353) y como son objetos preposicionales obligados para que exista oración, son inherentes al verbo que determinan.

345.   Objetos preposicionales con capacidad de ser representados por adverbios, pero sin la obligatoriedad de su presencia, aparecen con otros verbos, susceptibles de funcionar también aislados, dependiendo del propósito comunicativo del hablante. En los siguientes ejemplos, el objeto preposicional podría, al eludirse, estar representado por un adverbio o una unidad pronominal con preposición:

Entremos en detalles (= Entremos *ahí, en ellos).*
Salid del despacho (= Salid *de ahí, de él).*
Cayeron en la tentación (= Cayeron *allá, en ella).*

No habiendo solidaridad entre el verbo y el adyacente, serían normales las oraciones sin éste, como *Entremos, Salid, Cayeron,* e incluso con adyacentes circunstanciales, como *Entremos en silencio, Salid deprisa, Cayeron de bruces* (sustituibles por adverbios: *Entremos así, Salid así, Cayeron así).* Nótese que en las secuencias con objeto preposicional el sentido de este se asemeja al del verbo, y todas ellas serían respuestas a preguntas con el interrogativo *dónde* (o su equivalente *en qué: ¿En qué debemos entrar?, ¿De dónde debemos salir?, ¿Dónde o en qué cayeron?).* En cambio, la serie con adyacentes circunstanciales se correspondería con preguntas que tendrían el interrogativo *cómo: ¿Cómo debemos entrar?, ¿Cómo debemos salir?, ¿Cómo cayeron?,* y, por otra parte, la referencia léxica es marginal respecto a la que hace el verbo.

Algunos de los objetos preposicionales no prescindibles pueden coincidir con objetos directos. Así, en estas oraciones:

> Metió el coche en el garaje (= *Lo* metió *allí).*
> Pon las cartas en la bandeja (= Pon*las ahí).*
> Sacó el libro del estante (= *Lo* sacó *de allí).*
> El pueblo dista tres kilómetros de la estación (= Dista *de allí* tres kilómetros),

la eliminación del objeto directo dejaría secuencias imposibles *(Metió en el garaje; Pon en la bandeja,* etc.), lo cual demuestra que el adyacente con preposición presupone el objeto directo. Como tampoco serían normales los resultados de suprimir el objeto preposicional (solo en situación muy concreta cabría decir *Metió el coche* o *Pon las cartas),* hay que concluir que los dos adyacentes son solidarios con esos verbos.

XXIV. EL OBJETO INDIRECTO

Características

346. El *objeto indirecto,* o *complemento,* es compatible con cualquier otro adyacente en la misma oración, y suele designar en la realidad al destinatario de la noción evocada por el verbo (o, en su caso, por el conjunto del verbo y su objeto directo o preposicional). Por ejemplo, en *Escribió a su amigo,* el objeto indirecto *a su amigo* se refiere al destinatario de la noción «escribir» sugerida por el núcleo verbal. En cambio, en estos otros enunciados:

> Escribió una carta a su amigo.
> Habló a su amigo de sus problemas,

el objeto indirecto *a su amigo* especifica el destino de la experiencia denotada en conjunto por el verbo y su objeto directo *(escribió una carta)* y por el verbo y su objeto preposicional *(habló de sus problemas),* respectivamente.

Con el término de destinatario se abarcan muchos matices de la realidad que se expresa. Por lo común, el sustantivo (o las unidades que hagan sus veces) se refiere, en esta función de objeto indirecto, a seres animados, como en el ejemplo precedente; pero también puede aludir a entes inanimados en estos dos ejemplos:

> A esta puerta le he cambiado la cerradura.
> Ha puesto muchas notas al texto,

los objetos indirectos *a esta puerta* y *al texto* indican cuáles son los receptores de las actividades consignadas «cambiar la cerradura» y «poner notas». He aquí otros ejemplos:

Encontró de muy buen gusto el sesgo que daba [...] *a su extraña situación* (**1**.263).

Me permitió [...] echar largas miradas *al camino recorrido* (**7**.463).

Había prestado atención [...] *a las actitudes de aquellos* (**7**.479).

No le daré *a esto* más importancia de la que tiene (**22**.173).

Fuera de una situación explícita, el sentido concreto de lo designado por el objeto indirecto puede ser ambiguo, como, por ejemplo, diciendo *Compramos el cuadro a Juan,* puesto que en la realidad el ser llamado «Juan» puede coincidir tanto con el vendedor del cuadro como con el beneficiario de su compra, a pesar de lo cual la función del segmento *a Juan* es la misma de objeto indirecto. Si fuese preciso distinguir los dos sentidos, otros recursos separarían el papel de objeto indirecto y el de adyacente circunstancial (y se diría *Compramos el cuadro al anticuario para Juan,* o bien *Compramos a Juan el cuadro para el anticuario*).

Objeto indirecto y objeto directo

347. La preposición *a* se antepone siempre al objeto indirecto, pero como también se usa en otras funciones, no basta ella sola para identificarlo. Se ha visto y se verá (§ 335, 339, 356) que aparece *a* ante objetos directos *(Vio a la muchacha, Persiguió al lobo),* preposicionales *(Aspiran a la gloria, Huele a gas)* y adyacentes circunstanciales *(Espera a la puerta, Llegó a la hora).*

Respecto del objeto directo, el indirecto presenta rasgos comunes: se sitúan ambos tras el verbo, sin que la precedencia del uno o del otro implique diferencia de sentido, pues es indiferente decir *Escribió una carta a su amigo* o *Escribió a su amigo una carta.* Son solo motivos rítmicos o expresivos los que hacen preferible un orden u otro.

Al anteponerlos al verbo para realzar sus contenidos, se incrementa este con un personal átono que reitera la función del término desplazado. Y cuando los dos objetos se eluden por ser conocidas sus referencias, también el verbo recibe esos incrementos átonos. Sin embargo, las dos funciones solo quedan indiferenciadas en las unidades personales de primera y segunda persona, que tienen formas únicas para ambas funciones:

Me lavo (objeto directo).	*Me* lavo las manos (objeto indirecto).
Te depilas (obj. dir.).	*Te* depilas las cejas (obj. ind.).
Nos quemamos (obj. dir.).	*Nos* quemamos la lengua (obj. ind.).

Os afeitó (obj. dir.).

Me vieron a mí (obj. dir.).

Te peinó a ti (obj. dir.).

Nos llaman a nosotros (objeto directo).

Os vieron a vosotros (objeto directo).

Os afeitó el bigote (obj. ind.).

A mí me escribieron la carta (obj. ind.).

A ti te peinó la melena (obj. ind.).

A nosotros nos dieron regalos (obj. ind.).

A vosotros no *os* escriben cartas (obj. ind.).

En estos ejemplos, las formas únicas personales quedan sin equívoco asignadas a la función de objeto indirecto cuando coexiste un sustantivo que desempeña la de objeto directo.

348. Cuando las dos funciones están desempeñadas por sustantivos, se da el caso de la indiferenciación señalada en § 336 *(Presentó a su mujer a Juan)*. Pero el recurso a los referentes personales, que son distintos para cada función, permite su separación. Para el objeto directo, el referente átono conserva el morfema de género y de número del sustantivo eludido. Así en:

Entregan *el libro* al niño.

Entregan *las plumas* al niño.

Lo entregan al niño.

Las entregan al niño.

Para el objeto indirecto, el referente solo conserva el número del sustantivo eludido, dejando indiferenciado el género, como en:

Entregan el libro *al niño.*

Entregan el libro *a la niña.*

Entregan el libro *a los niños.*

Entregan el libro *a las niñas.*

Le entregan el libro.

Le entregan el libro.

Les entregan el libro.

Les entregan el libro.

Ya se vieron (§ 263-264) las confusiones producidas entre ambas funciones como consecuencia del leísmo, el laísmo y el loísmo. A pesar de lo cual, cuando se eluden tanto el objeto directo como el indirecto, las funciones quedan diferenciadas: el primero se representa con un referente que distingue género y número, y el segundo se reproduce con un referente invariable *se,* diciendo (según se trate del libro, de los libros, de la pluma o de las plumas): *Se lo entrega, Se los entregan, Se la entregan, Se las entregan (a él, a ella, a ellos, a ellas).*

Objeto indirecto y objeto preposicional

349. La diferenciación del objeto indirecto respecto del preposicional (cuando este lleva *a*, como en *Huele a gas, Aspiran a la gloria, Faltó a su promesa*) es fácil. Ambos pueden concurrir en una misma oración: *A esa chica siempre le huele el pelo a fritura,* donde el incremento *le* ya indica que el segmento antepuesto *a esa chica* funciona como objeto indirecto. Si se eludiese el objeto indirecto y también el preposicional *a fritura,* este se reproduciría con una unidad tónica: *Le huele el pelo a eso.* En las oraciones interrogativas que inquiriesen por cada uno de los dos adyacentes, también quedarían diferenciados con la unidad *a quién* el indirecto y con la preposicional *a qué* el otro: *¿A quién le huele el pelo a fritura?, ¿A qué le huele el pelo a esa chica?*

Tampoco es difícil discernir entre objeto indirecto y adyacente circunstancial con *a*, pues la situación impide toda ambigüedad. En estos dos ejemplos se puede observar:

> Puso dos cerraduras *a la puerta* (objeto indirecto).
> Puso dos macetas *a la puerta* (adyacente circunstancial).

La supresión de los segmentos, si fuesen consabidos, daría resultados diferentes: *Le puso dos cerraduras* o *Se las puso* en el primer caso, en que *a la puerta* es objeto indirecto, y *Puso allí dos macetas* o *Las puso allí* en el segundo caso, donde *a la puerta* es circunstancial.

Los mismos rasgos se aprecian cuando el objeto indirecto está desempeñado por un segmento sustantivado: *Dedicas demasiada atención a vestir bien,* donde el objeto indirecto *a vestir bien* se reproduce, cuando se antepone o es consabido, con el habitual incremento átono junto al verbo (*le* o *se*): *A vestir bien le dedicas demasiada atención* o *Se la dedicas.* De igual modo en *Daba mucha importancia a que asistiesen sus padres,* que resultaría *A que asistiesen sus padres le daba mucha importancia* o simplemente *Se la daba.*

Objeto indirecto y adyacentes con *para*

350. No deben considerarse objetos indirectos los adyacentes caracterizados por la preposición *para*, aunque puedan referirse en la realidad a un destinatario. En oraciones como estas:

> Han traído un paquete para el director.
> Compraremos un juguete para el niño,

los segmentos *para el director* y *para el niño* no son objetos indirectos. Si se anteponen al núcleo no dejan junto a este un referente átono *(Para el director han traído un paquete; Para el niño compraremos un juguete)*. Son, además, compatibles en la oración con otro adyacente en función de objeto indirecto: *Han traído <u>al conserje</u> un paquete para el director, Compraremos <u>a tu hermana</u> un juguete para el niño,* donde los segmentos *al conserje* y *a tu hermana* funcionan como objetos indirectos y pueden eludirse con la oportuna incrementación junto al verbo *(Se lo han traído para el director, Se lo compraremos para el niño)*. En conclusión, los adyacentes con *para* son circunstanciales, y de ser eludidos se representarían con una unidad pronominal tónica provista de la preposición *(Se lo han traído <u>para él</u>; Se lo compraremos <u>para él</u>)*.

Otras particularidades

351. A veces aparecen junto al verbo incrementos pronominales átonos que no pueden identificarse con los que en los casos de elusión representan a los sustantivos (o equivalentes) en función de objeto indirecto. Bello los denominó «dativos superfluos» y podemos llamarlos *incrementos átonos de interés* (§ 269). En lugar de decir *No deis caramelos al niño,* donde *caramelos* es objeto directo y *al niño* objeto indirecto *(No se los deis),* cabe agregar otro incremento, sin que el sentido de la oración se modifique y solo ganando expresividad, al decir:

No <u>me</u> deis caramelos *al niño* (= No <u>me</u> le deis caramelos).

Como ahí funciona *al niño* (o *le*) como objeto indirecto, la unidad *me* cumple otro papel, el de hacer referencia a la persona interesada en lo designado (en este caso, la primera).

Este uso es frecuente cuando la persona implicada en la experiencia que se comunica coincide en la realidad con la que funciona como sujeto morfológico, según observamos en estos ejemplos:

Me tomé un café (Tomé un café).
No te creas esas historias (No creas esas historias).
Después de comer se fumó un habano (Fumó un habano).
Nos temíamos lo peor (Temíamos lo peor).
Os compraréis un coche (Compraréis un coche).
Se leyeron otro capítulo (Leyeron otro capítulo).
Si me tardas cinco minutos, se me derriten las extremidades (**73**.14).

La presencia del incremento «superfluo» añade sin duda la referencia al interés de la persona designada.

352. Con ciertos verbos aparecen incrementos átonos que jamás se refieren a sustantivos eludidos. Verbo e incremento constituyen unidad funcional y semántica, como se ha visto en los llamados verbos pronominales (§ 342: *Me abstengo de circunloquios, Te arrepientes de tus palabras,* etc.) y es vano discutir si son objetos directos o indirectos. Igual ocurre cuando esos incrementos se agregan a verbos intransitivos concordando también con la persona sujeto:

>   Me estaba quieto (Estaba quieto).
>   Te vas de viaje (Vas de viaje).
>   Se murió tranquilamente (Murió tranquilamente).
>   Nos salimos del teatro (Salimos del teatro).
>   No os anduvisteis con tiento (No anduvisteis con tiento).
>   Se vinieron con nosotros (Vinieron con nosotros).

Estos incrementos personales no representan a ninguna unidad eludida, son simple repercusión expresiva de la persona sujeto, y su presencia matiza diversamente la noción manifestada por el verbo (§ 277).

XXV. ADYACENTES CIRCUNSTANCIALES

Características

353.   Mientras los objetos directo, preposicional e indirecto, cuando su referencia es conocida y no es necesario manifestarlos explícitamente, dejan junto al núcleo verbal un representante pronominal de su función, otros adyacentes pueden eludirse (como también se elude el sujeto léxico) sin que persista en la oración ningún referente funcional suyo. Estos adyacentes circunstanciales se denominan así porque suelen agregar contenidos marginales a los evocados por el núcleo verbal y sus objetos. La presencia o la ausencia de los circunstanciales no modifica en esencia ni la estructura ni el sentido de una oración. Así, en el enunciado:

El tren efectuará su entrada dentro de dos minutos por la vía segunda,

los contenidos de los circunstanciales *dentro de dos minutos* y *por la vía segunda,* aunque aportan detalles más precisos de la experiencia comunicada, no cambian las relaciones significativas existentes en *El tren efectuará su entrada.*

Dos son los rasgos que manifiestan dentro de la oración la relativa independencia semántica de los circunstanciales: primero, su elusión posible sin dejar rastro de su papel ni perturbar la estructura oracional; y después, su mayor capacidad de permutación dentro de la secuencia. La libertad de permutación de los circunstanciales en el orden de los componentes oracionales es también compartida, según se vio, por el sujeto explícito. Pero en este caso se justificaba porque la concordancia con el morfema personal del verbo permite el fácil reconocimiento del sujeto léxico. En cambio, los circunstanciales carecen de índices funcionales inequívocos; su diferenciación respecto de los otros adyacentes suele ser de índole negativa.

354. Frente al sujeto explícito, el adyacente circunstancial no presenta concordancia con el sujeto morfológico, según se observa en

Corrió el atleta	Corrió todos los días
Corrieron los atletas	Corrieron todos los días

donde los sujetos *(el atleta, los atletas)* concuerdan con el verbo en número, mientras los circunstanciales *(todos los días)* son ajenos a la variación verbal *(corrió, corrieron)*.

Cuando los circunstanciales se eluden no requieren dejar constancia explícita de su función, tal como exigen los objetos directo, preposicional e indirecto. Así: *Escribieron esta carta* - *La escribieron* (objeto directo), pero *Escribieron esta mañana* - *Escribieron* (circunstancial); *Acabó con la tarea* - *Acabó con ella* (objeto preposicional), pero *Acabó con desidia* - *Acabó* (circunstancial); *Dedicó el libro a su amiga* - *Le dedicó el libro* (objeto indirecto), pero *Dedicó el libro a su manera* - *Dedicó el libro* o *Lo dedicó* (circunstancial).

Mientras en cada oración solo puede haber un objeto directo, o uno preposicional y uno indirecto, caben en ella diversos circunstanciales: *Mañana, en la reunión, decidirán con más calma lo que sea oportuno*. Las unidades *mañana, en la reunión* y *con más calma* son tres circunstanciales que señalan el marco temporal, locativo y modal en que se sitúa la experiencia comunicada *(Decidirán lo que sea oportuno)*.

355. Estos adyacentes, pues, sirven en principio para indicar las circunstancias que rodean o matizan en la realidad lo que se quiere comunicar en la oración. Suelen distinguirse varias especies de circunstanciales, atendiendo no a su específica función gramatical, sino a la índole semántica de sus referencias: tiempo, lugar, modo, medio, instrumento, causa, compañía, fin, etc. De esta suerte, los segmentos en función circunstancial se distinguen entre sí, aunque no siempre, por las particularidades de la realidad que denotan y no por los rasgos especiales de su relación dentro de la estructura oracional. Por ejemplo, es evidente que en las oraciones *Desde aquí no veo nada* y *Desde ahora no haré caso* se alude, respectivamente, al lugar y al tiempo; pero el papel funcional de los dos segmentos *Desde aquí* y *Desde ahora* es idéntico (ambos son adyacentes circunstanciales). De igual modo, en *Cerró la puerta con llave* y *Cerró la puerta con violencia*, las referencias son distintas porque son distintos los contenidos, «llave» y «violencia», manifestados; pero la relación de los segmentos *con llave* y *con violencia* respecto del núcleo oracional es la misma, y ningún indicio diversifica su función circunstancial.

Los circunstanciales añaden al sentido de la oración nuevos datos de la experiencia, pero no afectan al sentido concreto del núcleo o verbo, el cual, aunque aquellos adyacentes no apareciesen, seguiría designando la misma realidad.

Sin embargo, no todos los circunstanciales mantienen esa independencia respecto del núcleo verbal y los demás componentes de la oración. Muchas veces, el circunstancial constituye el marco denotativo en que se incluyen las demás referencias de la estructura oracional. Algunos, en cambio, inciden sobre la referencia del verbo o, a veces, sobre la de algún adyacente. En una oración como *Anoche leí deprisa tu carta,* el circunstancial *anoche* se refiere a una circunstancia, por decirlo así, externa, que configura el marco en que se produce la experiencia manifestada por el resto de la oración *(Leí deprisa tu carta);* pero el otro circunstancial, *deprisa,* afecta a la referencia expresada por el núcleo *leí* e indica una particularidad interna a la actividad designada («leer»).

Adverbios y grupos adverbiales

356. Como se ha visto (cap. XII), hay un grupo de palabras cuya función primaria es la de adyacente circunstancial: son los adverbios. Pero ese papel pueden desempeñarlo también segmentos diferentes y más complejos. Con frecuencia, estos pueden ser sustituidos por adverbios (aunque a veces con pérdida de detalles en la información). Existen, pues, estructuras muy variadas como adyacentes circunstanciales:

1.º Ciertos sustantivos sin ningún índice funcional. En *El maestro regresa el lunes,* el sustantivo con artículo *el lunes* (que sería sujeto explícito en *Pronto llega el lunes)* podría sustituirse por un adverbio *(Regresa pronto, Regresa mañana, Regresa entonces).*

2.º Otros sustantivos cumplen la función circunstancial con una preposición: *Lo tiene en casa, ¿Vas de paseo?, Llegó a las doce, Cantaba con entusiasmo, Estudia por obligación, No sale de noche, Se desvela por la noche,* etc. Hay que incluir las locuciones adverbiales de preposición y sustantivo unificadas por la ortografía *(anoche, abajo, despacio, encima,* etc.). También pueden representarse por adverbios *(Lo tiene allí, Llegó entonces, Cantaba así,* etc.).

3.º Adjetivos inmovilizados en género y número: *Los campesinos trabajan duro, Entrad primero vosotros, Llegaron justo al salir el tren, Respira hondo, Habla claro.* Otras veces el adjetivo adopta una preposición: *Estaban a oscuras, Discuten en serio, Lo recita de corrido,* o se adverbializa con *-mente: Se ríe constantemente, Subió rápidamente.*

4.º   Grupos de sustantivo y adjetivo con referencia temporal: *Esta semana ha llovido mucho, Estuvieron en París el año pasado, Se inaugura el próximo otoño, La primera vez estuvo cohibido.* Ocurren también estructuras más complejas unitarias: *Esta última semana ha llovido, Iremos a Londres el año que viene, La primera vez que lo visitó estuvo cohibido.*

5.º   Otros grupos análogos provistos de preposición: *Desistió del proyecto a las primeras de cambio, Dejaron el coche a la entrada principal, Había preparado la comida con especial esmero.*

6.º   Grupos unitarios con derivados verbales (infinitivo, gerundio y participio): *Encontré a tu hermano al salir de casa, Tenía agujetas de tanto subir las escaleras, Al ponerse el sol brillaban los cristales; Proponiéndolo tú, todos aceptarán; En llegando a casa, dile que me llame; Cumplido el encargo, se marchó; Iniciada la sesión, hubo que interrumpirla.*

7.º   Algunos circunstanciales de referencia locativa y temporal están constituidos por un adverbio precedido de un sustantivo (que a su vez puede llevar adyacentes): *Calle arriba, Mar adentro, Boca abajo, Patas arriba, Carretera adelante, Kilómetros atrás; Dos siglos después, Cuatro años antes, Varias horas más tarde,* etc.

8.º   Oraciones transpuestas, cuyos detalles se examinarán más adelante (§ 425-427): *Cuando llegaba a casa, se ponía de mal humor; Se pondrá muy contento con que vengan a visitarlo; Siempre estaba donde no hacía falta,* etc.

Circunstanciales no sustituibles por adverbios

357.   Aunque en general los adyacentes circunstanciales pueden ser sustituidos por adverbios, ocurren casos en que ello no es posible, porque la lengua carece de unidades adverbiales cuyo contenido se refiera a las nociones de compañía, causa, instrumento, fin, condición, etc. En consecuencia, cuando se eluden los circunstanciales de los ejemplos siguientes, han de representarse con recursos análogos a los que se han visto empleados con el objeto preposicional, esto es, una unidad pronominal tónica precedida de la oportuna preposición:

> Fue al pueblo *con sus amigos* - (Fue allí *con ellos).*
> Perdimos el hilo *por lo larga que fue la conferencia* - *(Por eso).*
> Parte el pan en rebanadas *con el cuchillo* - (Pártelo *así con el).*
> Habrá premios *para los mejores* - *(Para ellos).*
> No fue previsto *por el arquitecto* - *(Por él).*

Circunstanciales y modificadores oracionales

358. Los circunstanciales internos, que por lo común denotan el modo que en la realidad adopta la noción léxica del verbo, aparecen a veces como modificadores del contenido global de la oración. En oraciones como las dos siguientes:

> Los chicos han terminado felizmente sus exámenes.
> Los chicos han terminado sus exámenes felizmente,

el adyacente circunstancial *felizmente* afecta directamente al núcleo verbal y podría sustituirse por otros con contenido semejante (*Han terminado con éxito*).) En cambio, en estos otros ejemplos:

> Felizmente, los chicos han terminado sus exámenes.
> Los chicos, felizmente, han terminado sus exámenes.
> Los chicos han terminado, felizmente, sus exámenes.
> Los chicos han terminado sus exámenes, felizmente,

aunque ofrecen el mismo adverbio *felizmente*, se encuentra otra estructura. Ese adverbio, situado variablemente en la secuencia, pero siempre aislado por las pausas que indican las comas, no incide sobre el núcleo verbal, sino que afecta a todo el conjunto de la oración. Sus posibles equivalentes de sentido serían: *Por dicha los chicos han terminado sus exámenes, Es una felicidad que los chicos hayan terminado sus exámenes.* La noción del adverbio se atribuye, pues, al hecho de la terminación de los exámenes, pero no, como en el ejemplo de arriba, al modo de esa terminación. La relación de estos circunstanciales (sean adverbios o sean sus equivalente más complejos) se establece con todo el resto de la oración, funcionando a la manera de los atributos que se verán después (§ 365), y podrían llamarse *adyacentes* o *modificadores oracionales*.

XXVI. ATRIBUTOS O ADYACENTES ATRIBUTIVOS

El atributo y su representante

359. Un reducido número de verbos, llamados copulativos *(ser, estar, parecer)*, se caracteriza por adoptar un adyacente peculiar, conocido como *atributo* (y también como *predicado nominal)*. Suelen desempeñar este papel palabras de la clase de los adjetivos, pero en su lugar pueden aparecer sustantivos y otros segmentos más complejos. Así en estos ejemplos:

Este caballero es *rico.*	Es *tarde.*
Los niños estaban *contentos.*	Los cuadros estaban *bien.*
La muchacha parece *seria.*	Esas palabras no parecen *adecuadas.*
El chico será *pintor.*	Los dos hermanos son *médicos.*
Su amigo es *de Madrid.*	Los candelabros son *de bronce.*
La maestra está *de mal humor.*	El café está *que arde.*
El caballo parece *de buena raza.*	La señora parece *que sufre.*

Conforme hacen los objetos directo y preposicional, el atributo sirve para limitar la aplicación designativa del verbo. También como aquellos, el atributo, al ser eludido, deja junto al verbo un incremento pronominal. Pero mientras este varía en número y género en el caso de los objetos, el representante del atributo es invariable y no expresa esos valores morfemáticos: siempre es *lo,* átono, y compatible con cualquier género y con cualquier número. Si los ejemplos precedentes los trasladásemos a entonación interrogativa, diciendo *¿Este caballero es rico?, ¿Es tarde?, ¿Estaban contentos?, ¿No parecen adecuadas?, ¿Es de Madrid?, ¿Está que arde?,* etc., la respuesta, suprimiendo por redundante la noción explícita del atributo, ofrecería en todos los casos el referente átono *lo: Lo es, Lo es, Lo estaban, No lo parecen, Lo es, Lo está,* etc.

Concordancia

360. Por otra parte, el atributo (cuando lo permite la unidad que cumple ese papel) concuerda en número con el que ostente el sujeto morfológico incluido en el verbo. Así, se dirá *Es rico,* pero *Son ricos; Está contento, Están contentos; Parece seria, Parecen serias; Será pintor, Serán pintores; Parece adecuada, Parecen adecuadas.* En consecuencia, el sujeto explícito, como concuerda con el sujeto gramatical, concordará también en número con el atributo, y si este es capaz de variar en género, hay también concordancia de género entre ambas unidades: *El huerto es hermoso, La huerta es hermosa, Los huertos son hermosos, Las huertas son hermosas;* pero, claro es, su referente pronominal permanece invariable: *Lo es, Lo son.* Así, en este ejemplo: *Solitario y vuelto hacia mi interior, siempre lo he sido* (7.463). La concordancia de género entre el sujeto explícito y el atributo deja de producirse cuando la palabra que cumple esta función carece de variación de género: *El huerto es grande, La huerta es grande; Los candelabros son de bronce, Las lámparas son de bronce; El café está que arde, La sopa está que arde.*

Falla asimismo la concordancia total entre el sujeto explícito y el atributo, cuando aquel (y por tanto el sujeto personal del verbo) se refiere a la primera o la segunda personas, al contrario que en los ejemplos anteriores (todos de tercera). Las unidades personales de primera y segunda persona *(yo, tú)* carecen en singular de distinción de género; si este aparece en el atributo no se trata propiamente de concordancia, sino de mera referencia a la realidad designada: *Yo soy sincero, Yo soy sincera, Tú eres discreto, Tú eres discreta.* En plural, la concordancia es normal: *Nosotros somos sinceros, Nosotras somos sinceras, Vosotros sois discretos, Vosotras sois discretas.*

Predicado verbal y predicado nominal

361. La evocación a la realidad que efectúan estos verbos copulativos es demasiado extensa y vaga, a veces, como suele decirse, «vacía». El papel del atributo consiste en «llenar» la referencia de estos verbos, asignándoles posibilidades de denotación más concretas. Tal particularidad ha inducido a separar las estructuras oracionales en dos tipos: las de *predicado verbal* (cuando el signo léxico del verbo se refiere a experiencias concretas) y las de *predicado nominal* (esto es, las de los verbos *ser, estar, parecer,* que precisan de la noción léxica del atributo).

Si ello es válido desde el punto de vista semántico, para la sintaxis el núcleo oracional es siempre el verbo, por impreciso que sea su contenido léxico, puesto que en el verbo residen los morfemas de persona y número que como sujeto gramatical establecen la oración. En *envejecéis,* la relación predicativa une el sujeto gramatical «segunda persona plural» (expresado por la terminación *éis)* con la noción léxica de «envejecer»; en *Sois viejos,* el mismo sujeto gramatical (combinado con la noción léxica existencial de «ser») establece la predicación con el signo léxico del atributo «viejo». De este modo, las construcciones atributivas vienen a ser como el resultado del desglose de otros verbos no copulativos, según se puede apreciar en casos de equivalencia semántica como los siguientes:

Un dulce nunca amarga.	Un dulce nunca es amargo.
Aquí abunda la uva.	Aquí es abundante la uva.
Escaseaban los víveres.	Eran escasos los víveres.
La maleta pesa mucho.	La maleta es muy pesada.

Sujeto y atributo

362. Cuando el atributo es un sustantivo con artículo, cabe la duda respecto a su función. En oraciones como *Juan es el médico* y *El médico es Juan,* podemos ver respuestas a preguntas como *¿Quién es el médico?* o *¿Quién es Juan?* También podría contestarse a la primera con *Juan lo es* (donde el referente *lo* señala que *el médico* funciona como atributo); a la segunda se respondería simplemente con *Es el médico,* donde tampoco se discierne entre las dos funciones de sujeto explícito y de atributo. No sería muy normal contestar *Lo es el médico,* con *lo* referido a *Juan* como atributo. Se ha hablado en estos casos de oraciones ecuativas.

Todavía resulta más dificultoso, si no imposible, decidir qué segmento cumple el papel de sujeto explícito y cuál el de atributo en las estructuras oracionales de tipo enfático que resultan de subrayar uno de los términos de cualquier oración. Así, en lugar de *Ha venido Pedro, Ha comprado la casa, Han llegado hoy,* puede hacerse hincapié en el adyacente transformando la oración en otra de tipo ecuacional mediante el verbo *ser* como nuevo núcleo: *Es Pedro el que ha venido, Es la casa lo que ha comprado, Es hoy cuando han llegado.*

Atributo, participio y voz pasiva

363. Como atributo puede aparecer el derivado verbal llamado *participio,* que se ha visto (§ 206-207) funciona como los adjetivos. Las estructuras atributivas con participio se conocen tradicionalmente como *oraciones* *pasivas.* Desde el punto de vista designativo de la experiencia comunicada, es cierto que las oraciones de pasiva se caracterizan por tener un sujeto explícito que en la realidad sugerida se corresponde con el ente afectado por la noción léxica del participio. Pero sintácticamente, no hay ninguna diferencia respecto de las oraciones atributivas. Cotejando la oración pasiva *El campeón fue vencido* y la activa *El campeón venció* se observa que comunican contenidos diferentes. La segunda equivale, por su referencia, a *El campeón fue vencedor.* Esta y la primera oración se distinguen entre sí solo por el último término: *vencido* y *vencedor.*

En lo demás su estructura es común: un núcleo verbal *(fue),* un sujeto explícito *(el campeón)* que concuerda con los morfemas de persona y número del verbo («tercera singular»); el último término *(vencido* y *vencedor)* concuerda en número con el núcleo y en género y número con el sujeto léxico. Se comprueba sustituyendo esos morfemas (singular por plural, o masculino por femenino), y al decir *Los campeones fueron* o *La campeona fue,* se modificaría concordemente la unidad final: *fueron vencidos, fue vencida; fueron vencedores, fue vencedora.* Y, en fin, si esos términos se eludiesen por consabidos, su representante en todos los casos sería el invariable *lo: Lo fue, Lo fueron.*

En resumen, tanto *vencido* como *vencedor* cumplen la función de atributo. La noción de «pasivo» pertenece solo a la estructura interna del término *vencido,* no a la de la oración, e incluso a veces lo «pasivo» depende del contexto, como en los casos de ambigüedad referencial: *Los concejales fueron honrados* es una estructura única aplicable a dos situaciones reales diferentes («se honró a los concejales» o bien «los concejales fueron probos»).

Adyacente preposicional del participio

364.   No invalida el carácter atributivo de las llamadas oraciones pasivas el hecho de poder llevar el participio un adyacente preposicional que se refiere en la realidad al agente de la actividad designada por el signo léxico del participio, en tanto que el atributo en los otros casos puede ir determinado por adyacentes preposicionales que no se refieren a ningún agente. De todos modos, la estructura sintáctica es idéntica, según se nota en el paralelismo de las siguientes parejas oracionales:

La noticia es *divulgada* por la prensa *(Lo* es).
La noticia es *confidencial* por su trascendencia *(Lo* es).

Las negociaciones fueron *interrumpidas* por la policía *(Lo* fueron).
Las negociaciones fueron *laboriosas* por su dificultad *(Lo* fueron).
El edificio será *derribado* por los bomberos *(Lo* será).
El edificio será *suntuoso* por su decoración *(Lo* será).

En todos los ejemplos, el segmento que encabeza *por* forma unidad con el participio o el adjetivo que le precede, como demuestra la posibilidad de ser, ambos en conjunto, representados por *lo* como cualquier atributo. La diferencia entre el sentido agentivo y el sentido causativo es cuestión que no afecta a las relaciones sintácticas.

Tampoco repercute en estas el hecho de que la experiencia comunicada por las oraciones con participio pueda ser manifestada con otras estructuras en las que el signo léxico del participio se convierte en signo léxico del núcleo verbal, mientras el sustantivo adyacente pasa a ser sujeto explícito y el primitivo sujeto se muda en objeto directo: *La prensa divulga la noticia, La policía interrumpió las negociaciones, Los bomberos derribarán el edificio*. En los otros ejemplos con adjetivo, el signo léxico de este no puede formar parte de un verbo, pero sí puede aparecer incrementando un verbo de referencias amplias como es *hacer;* en este caso, pueden darse también las inversiones funcionales de los otros términos: *Su trascendencia hace confidencial la noticia, Su dificultad hizo laboriosas las negociaciones, Su decoración hará suntuoso el edificio*. Las diferencias de sentido agentivo y causativo no dependen de las relaciones sintácticas, ni del sentido de la preposición *por,* sino de las particularidades semánticas de la unidad que funcione como atributo. Compárese el comportamiento de los atributos *elogiado, elogiable, elogioso* (unidades todas, derivadas con sufijos de valor referencial diferente, de un mismo signo léxico que manifiesta la noción «elogio»):

El discurso es elogiado por el público.
El discurso es elogiado por su claridad.
El discurso es elogiable por su precisión.
El discurso es elogioso por las circunstancias.

Son, sin duda, los sufijos *ado, able* y *oso* los responsables de que el adyacente se refiera a una u otra noción (agente o causa). Sin embargo, todas esas oraciones son estructuras atributivas. Agente y causa son sentidos no distinguidos por la estructura y las relaciones sintácticas. Su diferencia procede de las diversas referencias léxicas que evocan los signos presentes; su diversidad resultaría solo patente en la lengua sustituyéndolos por otras estructuras, por ejemplo, diciendo *El público elogia el discurso, Su claridad hace elogiar el discurso; Su precisión hace elogiable el discurso; Las circunstancias hacen elogioso el discurso.*

Adyacentes atributivos del sujeto

365. Adyacentes atributivos aparecen en otras circunstancias. Junto a verbos que no son copulativos puede darse un término adyacente de parejas características, esto es, que varía de número y género concordando con el número del verbo y con el número y el género del sujeto explícito, según se observa en estos ejemplos:

El abogado vivía tranquilo.	La lluvia caía recia.
Los árboles crecían lozanos.	Las gemelas han nacido raquíticas.
El público escuchó silencioso.	Las olas rugen furiosas.

El comportamiento de estas unidades coincide con el de los atributos. Pero si estos presuntos atributos *(tranquilo, recia, lozanos,* etc.) fuesen consabidos y se eludiesen, no dejarían, como en los casos precedentes (§ 359 y sigs.), un incremento pronominal invariable *lo:* no se diría *El abogado lo vivía,* ni *La lluvia lo caía,* ni *Los árboles lo crecían,* etc. En lugar suyo aparecería una unidad adverbial, típica de las funciones circunstanciales: *El abogado vivía así, La lluvia caía así, Los árboles crecían así,* etc. E incluso, conservando las referencias léxicas, esos adjetivos podrían trocarse por adverbios o segmentos varios de sentido modal, diciendo *El abogado vivía tranquilamente, La lluvia caía reciamente, Los árboles crecían con lozanía, Las gemelas han nacido con raquitismo, El público escuchó en silencio, Las olas rugen con furia.* Este especial adyacente puede denominarse *atributo circunstancial* o *adverbio atributivo.*

El adyacente atributivo es compatible en la misma oración con otros adyacentes: *El juez dictó tranquilo la sentencia,* donde aparece con objeto directo; *Los espectadores hablaban del partido entusiasmados,* donde hay objeto preposicional. De todos modos, el atributo circunstancial afecta al signo léxico del verbo (al cual matiza) y al sujeto explícito (con el cual concuerda cuando es posible). Por otra parte, este atributo puede situarse, como un inciso entre comas, tras el sustantivo sujeto: *El juez, tranquilo, dictó la sentencia; Los espectadores, entusiasmados, hablaban del partido.*

366. Otros casos de atributos circunstanciales se presentan cuando el núcleo verbal se incrementa con una unidad reflexiva acorde con la misma persona que cumple como sujeto gramatical (y, por tanto, también concordada con el sujeto explícito). El atributo, a través del reflexivo, concuerda con el sujeto léxico (como en los ejemplos vistos en § 365):

Yo me he vuelto perezoso.	Nosotros nos hemos puesto colorados.
Tú te has vuelto díscolo.	Vosotros os casasteis jóvenes.
El médico se casó joven.	Los niños se han vuelto díscolos.
El domingo se hace largo.	Las noches se hacen largas.
El sol se levantaba pálido.	Las casas se alzan airosas.

Los adjetivos de estas oraciones tampoco serían reproducidos en la elusión con la unidad *lo* de los atributos propios. No se diría ni *Yo me lo he vuelto,* ni *Nos lo hemos puesto,* ni *Tu te lo has vuelto,* ni *Os lo casasteis,* ni *Se lo casó,* ni *Se lo hace largo,* etc. Estos atributos con reflexivo quedan representados mediante una unidad adverbial o un demostrativo o se eliminan sin más: *Eso me he vuelto yo, Así nos hemos puesto nosotros, Así os casasteis vosotros, Tales se hacen las noches, Tal se levantaba el sol.*

Atributivos del objeto

367. Otro adyacente de rasgos atributivos es el que se encuentra en oraciones como las siguientes:

Dejaron perplejo al director.	Llevaba manchada la chaqueta.
Comprarán baratos los muebles.	Tenía las orejas peludas.
Han nombrado alcalde a mi amigo.	Eligieron reina a su hija.

La diferencia respecto de los atributos vistos en § 365 consiste en que ahora los presuntos atributos no se refieren al sujeto léxico ni concuerdan con él, sino con el objeto directo. Son, pues, atributos del objeto. Varían en número y género conforme los que ostente el objeto directo. Así, en los ejemplos citados, si se cambiasen los objetos singulares y masculinos por plurales y femeninos (o viceversa), la modificación se reflejaría paralelamente en el atributo: *Dejaron perpleja a la directora, Lleva manchado el abrigo, Comprarán barata la mesa, Tenía la nariz peluda, Han nombrado alcaldesa a mi amiga, Eligieron rey a su hijo.*

Sin embargo, mientras el atributo propio, cuando se elude, deja incrementado el verbo con el referente invariable *lo*, estos atributos de objeto no pueden ser representados por esa unidad átona, sino por unidades adverbiales o, si el atributo es sustantivo y no adjetivo, por el demostrativo neutro *eso*: *Dejaron así al director, Lleva así la chaqueta, Comprarán así los muebles, Tenía así las orejas, Han nombrado eso a mi amigo, Eligieron eso a su hija.*

368. Otros rasgos diferenciales escinden los atributos del objeto según se trate de unidades adjetivas o sustantivas. Cuando funciona como atributo del objeto un adjetivo, su eliminación no entraña siempre la pérdida de la estructura oracional (aunque se modifique su sentido global): *Dejaron al director, Lleva la chaqueta* o *Comprarán los muebles* son todas oraciones cabales. Pero si lo que se suprime es el objeto directo de esas oraciones, el resultado es absurdo: no se diría *Dejaron perplejo*, ni *Lleva manchada*, ni *Comprarán baratos*. La aparición del adjetivo atributo exige la existencia previa del objeto directo.

En cambio, si el atributo es un sustantivo, tanto la supresión de este como la del objeto directo deja resultados que son oraciones normales: *Han nombrado a mi amigo, Han nombrado alcalde, Eligieron a su hija, Eligieron reina*, son todas oraciones correctas (aunque sus referencias a la realidad no coincidan con las de los ejemplos primeros). En estas nuevas oraciones ya no existe atributo, sino solo objeto directo. Así, si se eluden por consabidos esos términos, los representarían las unidades átonas pronominales propias de la función de objeto directo: *¿Han nombrado a mi amigo? —Lo han nombrado, ¿Han nombrado alcalde? —Lo han nombrado, ¿Eligieron a su hija? —La eligieron, ¿Eligieron reina? —La eligieron*. Y lo mismo sucedería con los oportunos plurales: *¿Han nombrado a mis amigos? —Los han nombrado, ¿Han nombrado alcaldes? —Los han nombrado, ¿Eligieron a sus hijas? —Las eligieron, ¿Eligieron reinas? —Las eligieron*.

En conclusión, si solo hay un sustantivo en este tipo de oraciones, funciona como objeto directo; si hay dos, el que está actualizado o identificado (con artículo u otros equivalentes) cumplirá el papel de objeto y el otro el oficio de atributo. Se comprueba en los casos de elusión de ambos adyacentes, pues sus referentes son distintos: incrementos átonos los del objeto directo, y unidades tónicas los del atributo: *¿Han nombrado alcalde a mi amigo? —Lo han nombrado eso, ¿Han nombrado alcaldes a mis amigos? —Los han nombrado eso, ¿Eligieron reina a su hija? —La eligieron eso, ¿Eligieron reinas a sus hijas? —Las eligieron eso.*

También difieren los sustitutos interrogativos de los adyacentes adjetivos y sustantivos de estas construcciones. Se utiliza *cómo* para preguntar por el adjetivo, y *qué* en el caso del sustantivo: *¿Cómo dejaron al director? (Perplejo), ¿Cómo lleva la chaqueta? (Manchada)*, pero *¿Qué han nombrado a mi amigo? (Alcalde), ¿Qué eligieron a su hija? (Reina)*. Para inquirir sobre el objeto directo, el interrogativo varía entre *qué* (si la referencia es inanimada) y *a quién* (si la referencia es animada): *¿Qué lleva manchada?, ¿Qué comprarán baratos?, ¿A quién dejaron perplejo?, ¿A quién han nombrado eso?*

369. No deben identificarse con estas oraciones otras que también ostentan dos sustantivos adyacentes al núcleo, uno en función de objeto directo y otro inmovilizado en sus posibilidades de variación morfemática. Se trata de casos como los siguientes:

> Hizo pedazos las cartas (=*Las* hizo pedazos).
> Has hecho añicos el sillón (=*Lo* has hecho añicos).
> Esa noticia nos hace cisco.

En estas construcciones los sustantivos *pedazos, añicos* y *cisco* no pueden ya variar sus rasgos morfemáticos ni admitir artículo. Sería anormal decir *Hizo pedazo la carta, Has hecho añico el sillón, Esa noticia nos hace ciscos,* o bien *Hizo los pedazos las cartas, Has hecho los añicos el sillón, Esa noticia nos hace el cisco.* Además, si se eliminase el objeto directo, el resto tampoco tendría sentido como oración *(Hizo pedazos, Has hecho añicos, Hace cisco).* Se trata de locuciones verbales cuyo significado se corresponde en algún caso con verbos en que quedan unificados los sentidos de «hacer» y del sustantivo inmovilizado: *hizo pedazos = despedazó, hace polvo = pulveriza.*

Atributivos preposicionales

370. En otras oraciones se encuentran adyacentes de aspecto atributivo constituidos por sustantivos o adjetivos provistos de una preposición. Por este último rasgo se asemejan a los objetos preposicionales ya examinados (cap. XXIII), pero, al mismo tiempo, las palabras que en estos casos se presentan adoptan variación de género y número, y así, como los atributos, concuerdan ya con el sujeto explícito, ya con el objeto directo. Son *atributos preposicionales,* como los de las siguientes oraciones:

> *a)* Baroja estuvo *de médico* en Cestona.
> Mi amigo ha ido *de embajador* a Egipto.
> Su sobrina trabajaba *de azafata.*

> *b)* María se mete *a escritora.*
> Juan se ha convertido *en arqueólogo*
> Enrique se estableció *de abogado.*

c) Mandaron a su hijo *de delegado*.
Colocó a Juana *de secretaria*.
Metieron al chico *de camarero*.

Los segmentos *de médico, de embajador, de azafata, a escritora, en arqueólogo, de abogado* conciertan en género y número con el sujeto explícito de los ejemplos *a*) y *b*); *de delegado, de secretaria, de camarero* van de acuerdo con el género y número del objeto directo en los ejemplos *c*). Si en lugar de sujetos u objetos en singular hubiera ahí otros en plural, el atributo preposicional adoptaría el mismo número, así como cambiaría de género si se trocase: *Sus sobrinas trabajaban de azafatas, Juan y Pedro se meten a escritores, Mandaron a sus hijas de delegadas.*

Cuando esos segmentos son eludidos, porque su referencia es conocida, su función permanece representada junto al núcleo verbal con una unidad tónica provista de preposición, igual que ocurre con los objetos preposicionales:

a) Estuvo de eso en Cestona.
Ha ido de eso a Egipto.
Trabajaba de eso.

b) Se mete a eso.
Se ha convertido en eso.
Se estableció de eso.

c) Lo mandaron de eso.
La colocó de eso.
Lo metieron de eso.

Descontando la concordancia, el comportamiento de los sustantivos en este papel atributivo es idéntico al de los objetos preposicionales, acompañados siempre de la preposición exigida por el verbo. Podrían llamarse estos adyacentes *objetos preposicionales concordados*.

371. Es análoga la situación cuando en el puesto de adyacente aparecen adjetivos en lugar de sustantivos:

d) El muchacho pasaba *por tonto*.
Las dos presumían de *guapas*.
Felipe ha pecado *de ingenuo*.

e) Tus amigos se pasan *de listos*.
El concursante se dio *por vencido*.
Tus primas se tienen *por geniales*.

f) Puso *de ineptos* a los funcionarios.
El presidente dio el asunto *por terminado*.
Tienen *por vago* a tu hermano.

Los segmentos *por tonto, de guapas, de ingenuo, de listos, por vencidos, por geniales* de los ejemplos *d*) y *e*) concuerdan con los sujetos explícitos; *de ineptos, por terminado, por vago* en los ejemplos *f*) adoptan el mismo género y número del sustantivo en función de objeto directo. Si se trocase el número, el género o ambos en dichos sujetos u objetos, cambiaría también el de esos adjetivos: *La muchacha pasaba por tonta, Tu primo se tiene por genial, Dio la cuestión por zanjada, Tienen por vagas a tus hermanas.* Igualmente, si se pudieran eludir los adjetivos por consabidos, su representante llevaría la preposición y sería tónico, como se vio con los sustantivos:

d) Pasaba por tal.
Presumían de tales (*o* de eso).
Ha pecado de eso.

e) Se pasan de tales.
Se dio por tal.
Se tienen por tales.

f) Los puso de tales.
Lo dio por tal.
Lo tienen por tal.

Se cree que en los ejemplos incluidos en *d*) se ha elidido el infinitivo *ser* entre la preposición y el adjetivo: *Pasaba por ser tonto, Presumían de ser guapas, Ha pecado de ser ingenuo* (tal como sucede con ciertos adyacentes circunstanciales de sentido causal: *Perdió la partida por impaciente*, en lugar de *por ser impaciente; No logra nada por tímido*, en lugar de *por ser tímido*). El adjetivo sería en estos casos el atributo del verbo *ser* elidido, como prueba la reaparición del infinitivo si la situación impone el rasgo morfemático de anterioridad: *Juan pasaba por haber sido rico* (que no es lo mismo que *Juan pasaba por rico*), *Aquellos vejestorios presumían de haber sido guapas* (distinto a *Presumían de guapas*). En los otros ejemplos de sustantivos o adjetivos con preposición es inconcebible introducir el infinitivo *ser*. Además, en los casos *b*), *c*), *e*) y *f*) la unidad concordada requiere la presencia de un objeto directo o representante reflexivo (no puede decirse *María mete a escritora*, ni *Mandaron de delegado*, ni *El concursante dio por vencido*, ni *Puso de ineptos*).

El infinitivo en función atributiva

372. El infinitivo funciona como los sustantivos (§ 201). Puede aparecer, por tanto, en el papel de atributo. Por ejemplo: *Querer es poder, El destino del hombre es trabajar*.

Hay oraciones en las cuales el oficio del infinitivo ofrece dudas, en especial si el núcleo verbal lleva varios adyacentes. La decisión es simple en casos como *Conviene escribir la carta* (donde *escribir la carta*, infinitivo con su objeto directo, funciona como sujeto explícito), *Quiero terminar el libro* (donde infinitivo y objeto son conjuntamente objeto directo del núcleo: *Quiero terminarlo, Lo quiero*), *Teme confesar su falta al director* (donde el infinitivo con sus objetos directo e indirecto son en conjunto objeto directo del verbo, según comprueban las posibles elusiones: *Teme confesársela, Lo teme*), etc. Tampoco parece dudosa la interpretación de oraciones como *Oigo abrir el balcón* y *Veía asfaltar la calle*: el infinitivo y su objeto directo inmediato funcionan globalmente como objeto directo del núcleo (*Oigo abrirlo, Lo oigo; Veía asfaltarla, Lo veía*).

Pero en oraciones aparentemente idénticas se descubre otra estructura: *Oigo subir el ascensor, Veía brillar las estrellas*. Es cierto que el conjunto del infinitivo y el sustantivo (*subir el ascensor, brillar las estrellas*) puede reproducirse con una sola unidad pronominal en las respuestas a preguntas como *¿No oyes subir el ascensor?* —*Sí, lo oigo* (o *Eso oigo*), *¿No veías brillar las estrellas?* —*Sí, lo veía* (o *Eso veía*), y es cierto también que esas oraciones pueden ser contestación a interrogaciones como *¿Qué oyes?, ¿Qué veías?* (donde el *qué* se resuelve en el conjunto de infinitivo y sustantivo).

Sin embargo, al contrario que en los ejemplos anteriores, es imposible sustituir los sustantivos *el ascensor, las estrellas* por incrementos átonos junto al infinitivo (no es correcto *Oigo subirlo*, ni *Veía brillarlas*), puesto que no son objeto directo del infinitivo, sino del núcleo *oigo, veía*. Solo se puede eludir el sustantivo dejando aparte el infinitivo, que funciona como atributo: *Lo oigo subir, Las veía brillar*. Aquí el infinitivo se comporta exactamente igual que los atributos del objeto directo examinados antes (§ 367: *Comprarán baratos los muebles* —*Los comprarán baratos, Tenía peludas las orejas* —*Las tenía peludas*). Bien es verdad que mientras cabe inquirir sobre los últimos atributos con el interrogativo *cómo* (*¿Cómo tenía las orejas?*

—*Las tenía peludas)*, con el infinitivo en tal función es imposible (no tendría sentido contestar con *Lo oigo subir* a la pregunta *¿Cómo oyes el ascensor?*) La estructura de estos ejemplos se repite cuando el sustantivo es animado y requiere la preposición *a: Oigo subir a mi padre, Veía estudiar a las alumnas,* que se reducen en la elusión a *Lo oigo subir (Eso oigo)* y *Las veía estudiar (Eso veía).*

Pero con otros verbos ya no persiste el esquema de infinitivo atributo + objeto directo del núcleo; por ejemplo en *Manda callar a tus primas,* donde tenemos respuesta a una pregunta sobre el objeto directo *(¿Qué manda?)* y a otra sobre el indirecto *(¿A quién manda callar?).* La oración se reduciría en·la elipsis con los habituales incrementos propios de esas dos funciones *(Lo manda a tus primas; Les manda callar, Se lo manda).* Esta operación sería imposible en los otros ejemplos: sería anormal decir *Lo oigo a tu padre* o *Lo veía a las alumnas* y aun más *Se lo oigo* o *Se lo veía.*

Para las repercusiones que produce el *se* «impersonalizador» en estas estructuras, véase § 272 y sigs.; pero adviértase que, por una parte, si el sustantivo es inanimado (y carece de preposición) la estructura resultante es la llamada pasiva refleja, como en *Se oye subir el ascensor* y *Se oyen subir los ascensores,* donde el sustantivo es sujeto explícito del verbo incrementado con reflexivo y el infinitivo es su atributo; y por otra, si el sustantivo es animado (y lleva la preposición *a),* el resultado, como en *Se oye subir a mi padre* o *Se veía estudiar a las alumnas,* igual que en *Se manda callar a sus primas,* es una oración donde el sujeto explícito es el infinitivo y el sustantivo provisto de *a* resulta objeto indirecto (según se nota en la elusión: *Se le oye subir —Se le oye, Se les veía estudiar —Se les veía, Se les manda callar —Se les manda;* aunque las implicaciones del leísmo [§ 273] den lugar a construcciones como *Se lo oye subir, Se las veía estudiar,* etc.). Véase, por ejemplo, esta oración: *Se le oye abrir y cerrar otra puerta* (**22.178**).

XXVII. GRUPOS ORACIONALES

Coordinación y subordinación

373. Se ha caracterizado la *oración* por estos rasgos (§ 311):

1.º Como enunciado que es, está delimitada entre dos pausas (inicial y final) y va acompañada de un contorno melódico o curva de entonación, a veces interrumpida por pausas intermedias de menor duración.

2.º Como todo enunciado, la oración transmite una comunicación de sentido cabal en cada situación de habla concreta.

3.º Frente a otro tipo de enunciados, las oraciones contienen una palabra, el verbo, en que se hace patente la relación predicativa, y por ello, este puede por sí solo constituir oración.

4.º La relación predicativa consiste en la fusión dentro de una sola palabra (el verbo) de un signo léxico y otro morfológico, con lo cual, en el contenido, queda asociado el significado de la raíz verbal con un morfema o accidente de persona (aparte de que se combinen con él otros morfemas).

Existen enunciados de aspecto oracional en que aparece más de un verbo. Se han designado como *oraciones compuestas*. Considérense los ejemplos siguientes:

1. Me *gustaría* que Juan *tuviese* éxito.
2. *Pretenden* que *dimita* el presidente.
3. Nos *preocupaba* la opinión que *expuso* el delegado.
4. Cuando *se decidió*, ya *era* tarde.
5. Aunque *hacía* sol, el frío *era* intenso.
6. Si *cumple* su promesa *quedará* tranquilo.
7. *Leyeron* el informe y se *aquietaron*.
8. *Ganaron* mucho, pero hoy *están* arruinados.

En cada uno de los ejemplos 1 a 6, se disciernen dos núcleos verbales (con sus correspondientes adyacentes) que no todos serían susceptibles de aparecer independientemente como oraciones. Pueden concebirse situaciones que permitieran decir sin más: *Me gustaría, Nos preocupaba, Ya era tarde, El frío era intenso, Quedará tranquilo.* Pero otros segmentos requieren para su aparición un contexto previo. Por ejemplo: *Que Juan tuviese éxito, Que dimita el presidente, Cuando se decidió* serían enunciados posibles solo como respuestas a ciertas preguntas *(¿Qué te gustaría?, ¿Qué pretenden?, ¿Cuándo era tarde?).* No son oraciones, sino estructuras que unitariamente desempeñan determinada función dentro de otra oración.

374. Claro es que esos segmentos, segregados del contexto en que se encuentran (y con ciertas modificaciones), volverían a constituir oraciones independientes: *Juan tendrá éxito, Dimitirá el presidente, La expuso el delegado, Se decidió, Hacía sol, Cumple su promesa.* Pero en los ejemplos propuestos, han dejado de funcionar como oraciones, están degradadas y desempeñan por transposición el oficio propio de los sustantivos, de los adjetivos o de los adverbios (o segmentos equivalentes), como se observa cotejándolos con estos otros:

1. Me gustaría *el éxito de Juan.*
2. Pretenden *la dimisión del presidente.*
3. Nos preocupaba la opinión *expuesta por el delegado.*
4. *Al decidirse*, ya era tarde.
5. *A pesar del sol*, el frío era intenso.
6. *Cumpliendo su promesa*, quedará tranquilo.

En los ejemplos número 1, tanto *Que Juan tuviese éxito* como *El éxito de Juan* funcionan como sujeto explícito del núcleo *gustaría*. En los número 2, *Que dimita el presidente* y *La dimisión del presidente* son objetos directos del núcleo *pretenden*. En los número 3, *Que expuso el delegado* y *Expuesta por el delegado* funcionan como adyacentes del núcleo nominal *la opinión*. En los números 4, 5 y 6, las oraciones degradadas *Cuando se decidió, Aunque hacía sol* y *Si cumple su promesa* cumplen todas como adyacentes circunstanciales del mismo modo que las locuciones adverbiales *Al decidirse, A pesar del sol, Cumpliendo su promesa*.

Por lo tanto, estos enunciados 1 a 6 no deben en realidad denominarse *oraciones compuestas*, ni siquiera ser considerados como combinación de oraciones. En ellos no hay más que un núcleo oracional del que dependen los demás adyacentes, por complejos que sean en su estructura interna. Las primitivas oraciones están ahora subordinadas al núcleo verbal (o nominal en el número 3); funcionan como equivalentes de los sustantivos, los adjetivos o los adverbios; no son ya oraciones. La única particularidad diferencial de estos enunciados respecto del esquema propio de la oración simple consiste en que uno (o varios) de los términos adyacentes, en lugar de estar desempeñado por palabras de la categoría oportuna (sustantivo, adjetivo, adverbio), aparece cubierto por un segmento unitario que originariamente era también una oración. Es, pues, más exacto llamar a estos enunciados «oraciones con términos adyacentes complejos» o, más brevemente, *oraciones complejas*.

Grupos oracionales

375. Frente a los últimos enunciados, los ejemplos números 7 y 8 de antes (§ 373) sí son resultado de la combinación de dos oraciones. Ambos componentes podrían proferirse con independencia uno del otro en sendos actos de habla: *Leyeron el informe; Se aquietaron; Ganaron mucho; Hoy están arruinados*. Las dos oraciones de cada enunciado están enlazadas entre sí mediante unidades que llamamos conjunciones (en los ejemplos, *y, pero*). La conjunción (§ 291) no modifica el valor referencial de las oraciones así reunidas en enunciado único, sino que sirve solo para indicar qué tipo de relación semántica establece el hablante entre los contenidos de una y otra. Se trata del mismo papel que desempeñan estas conjunciones conectoras cuando reúnen en una sola unidad funcional varias palabras de la misma categoría. Los sustantivos *perro, gato* en las oraciones *Tiene perro, Tiene gato* desempeñan el oficio de objeto directo; lo mismo ocurre si la conjunción los unifica en bloque: *Tiene perro y gato*. Así, también, los adjetivos en función de atributo de las oraciones *El maestro es pobre* y *El maestro es honrado* pueden fundirse en atributo único diciendo *El maestro es pobre pero honrado*. Pues de este modo, dos oraciones pueden unificarse en un solo enunciado, como los dos citados 7 y 8. Estos enunciados constituidos por la reunión de varias oraciones, cada una de las cuales podría usarse independientemente de las demás, serán llamados *grupos oracionales*.

La yuxtaposición

376. Este término designa la reunión de dos o más unidades (no solo oracionales) que desempeñan en conjunto la misma función que cumpliría cada una de ellas aisladamente. En la oración *Escribió novelas, cuentos, ensayos*, cada uno de los tres sustantivos yuxtapuestos podría aparecer como objeto directo igual que el conjunto. Del mismo modo, las tres oraciones de *Llegué, vi, vencí* quedan enlazadas por yuxtaposición en un solo enunciado. Los rasgos fónicos que distinguen a las unidades yuxtapuestas se reducen al carácter descendente de la entonación en cada una de ellas, que en la ortografía queda señalada por las comas. He aquí unos ejemplos:

> Acude, corre, vuela, traspasa la alta sierra, ocupa el llano... (**65**.VIII).
>
> No hablaban a solas como delante de los señores de la clase; no eran prudentes, no eran comedidas, no rebuscaban las frases (**1**.86).
>
> Una racha de brisa trajo [...] el eco del agua... La solitaria campana dio un leve toque. Sentado en la cama miraba las nubes avanzar sobre el pueblo. No podía dormir (**46**.69).

Es difícil determinar en qué se distingue un grupo oracional yuxtapuesto respecto de una serie de oraciones sucesivas independientes. En este ejemplo: *Carecía de recursos; volvió a su trabajo; se cansaba*, las tres oraciones puede considerarlas el hablante como unificadas en un solo enunciado o bien proferir cada una como enunciado independiente sin relación con los demás. La intención del hablante se insinúa mediante el mayor o menor descenso de la entonación al final de cada oración y la pausa más o menos marcada entre ellas. En el caso de estar concatenados estrechamente los contenidos, la yuxtaposición expresaría un sentido equivalente a «como carecía de recursos, volvió a su trabajo, pero se cansaba». En el segundo caso de simple contigüidad de las tres oraciones, su independencia se reflejaría con otra puntuación *(Carecía de recursos. Volvió a su trabajo. Se cansaba)*. Así ocurre, también, en el siguiente pasaje con oraciones independientes, aunque reunidas por la secuencia de sentido:

> Allí se hace un espacio abierto y anchuroso. Las casas son de mampostería, claras. A la derecha sube una calle amplia, en tenue cuesta, y al extremo vese un trozo de paisaje. Las blancas nubecillas eran ahora de color rosa, el cielo violeta. Un vapor carminoso bañaba el ambiente (**83**.62).

377. Aparte de los rasgos melódicos indicados, no deben aceptarse como indicio de yuxtaposición otras particularidades fortuitas. En el ejemplo de arriba *(Llegué, vi, vencí)*, pudiera creerse que la primera persona común a los tres verbos fuera señal explícita de yuxtaposición. Mas no es así, puesto que en situación paralela puede darse la no conformidad de la persona gramatical: *Llegaste, te vi, nos comprendimos* es también enunciado unitario. En *Fue culpable, lo reconoce,* el referente pronominal *lo* (que representa al contenido de la primera oración) no es tampoco indicador de particular relación sintáctica entre ambas oraciones yuxtapuestas (si bien es innegable su enlace semántico, que se haría perceptible en lo sintáctico con otra estructura oracional, diciendo, por ejemplo, *Reconoce que fue culpable).*

378. Otras especies de yuxtaposición son las de los casos de inserción de incisos oracionales dentro de una oración. Las pausas y el especial contorno melódico aíslan esas oraciones dentro del enunciado global:

> *Compréndeme*, no estaba en mi mano la solución.
> Sospechaba, *me imagino*, que lo despedirían.
> Unos celos grotescos, *tal los reputó*, se le aparecieron casi como una forma de la tentación (**1**.505).
> No confiaba en vuestra promesa, *os aseguro*.
> Estaba perdida, *pensaba vagamente* (**1**.520).

Aunque la ligazón semántica entre los verbos de estos ejemplos es indudable, ninguno de ellos presupone aquí al otro. Son oraciones yuxtapuestas en un solo enunciado.

Por las mismas razones hay que incluir entre los grupos oracionales yuxtapuestos los enunciados constituidos por las llamadas oraciones *distributivas*. Carecen de índices explícitos de coordinación. Son oraciones yuxtapuestas enlazadas semánticamente por unidades correlativas que de ningún modo señalan especial relación sintáctica y que pertenecen a categorías de palabras diversas (adjetivos, adverbios, sustantivos y aun verbos). Véanse estos ejemplos:

> *Unos* le tenían en mucho; *otros*, en poco; *quién*, por un visionario; *quién*, por tonto o algo menos (**85**.1393).
> *Este* la maldice...; *aquel* la condena por fácil; *tal* la absuelve y perdona... (**30**.ɪ.51).
> Buscan [...] pretexto de regocijo, *ya* mofándose y dando vaya al clérigo..., o *ya* tomándola con algún señorito (**83**.55).
> Algunas franjas de luz trepaban hasta el rostro [...] y *ora* lo teñían con un verde pálido..., *ora* le daban viscosa apariencia de planta submarina, *ora* la palidez de un cadáver (**1**.21).
> No tengo que escribir cartas, *parte* porque me escribe poca gente, y *parte* porque no contesto a nadie (**17**.17).

(Según se aprecia, el esquema distributivo es también compatible con la coordinación).

La coordinación

379. Con este procedimiento, los segmentos yuxtapuestos en un grupo se enlazan mediante una conjunción. Cada uno de ellos podría desempeñar, claro es, el papel del conjunto unificado. Así, en *Escribió novelas y cuentos*, el grupo *novelas y cuentos* funciona como objeto directo, igual que cada uno de los dos sustantivos independientemente *(Escribió novelas, Escribió cuentos); Es pobre pero honrado* lleva como atributo el conjunto de los dos adjetivos; los dos adverbios de *Tarde o temprano te convencerás* funcionan unitariamente como adyacente circunstancial. Asimismo, la coordinación ocurre entre verbos y, por tanto, entre oraciones: *Sonríe y se calla; Estudia o trabaja, pero no pierdas el tiempo.* Cada una de esas oraciones podría aparecer con independencia, pero así conectadas en enunciado unitario constituyen grupos oracionales. La unificación se cumple gracias a la conjunción conectora. Según el significado de esta (§ 291), los grupos oracionales coordinados se clasifican en tres tipos: oraciones *copulativas,* oraciones *disyuntivas* y oraciones *adversativas.* Los dos primeros tipos admiten la reunión en un solo grupo de más de dos oraciones; las adversativas, en cambio, unen exclusivamente dos oraciones.

Copulativas

380. En su momento se han visto las conjunciones que conectan las oraciones *copulativas* (§ 293). Cumplen simplemente el papel de unificar «como sumandos, sin connotaciones especiales, oraciones o elementos análogos de una misma oración gramatical». Fuera de su valor «aditivo», la conjunción copulativa no aporta nada más al sentido del grupo oracional. Otras relaciones semánticas que pueden percibirse entre las oraciones copuladas, proceden en exclusiva de las nociones léxicas o referenciales de cada una de ellas. No existe diferencia sintáctica alguna entre estas oraciones:

> Trabajaba muchas horas y estaba fatigado.
> Leyó el libro y no le gustó.
> Piensa mal y acertarás.

El hecho de que «estar fatigado» sea consecuencia del «trabajar», o de que la «lectura del libro» y su «aprecio» se opongan, o de que el «acierto» dependa de la condición del «pensar mal» no afecta para nada a la relación sintáctica, y es solo resultado de las realidades expresadas.

Tampoco hay que tener en cuenta, para la sintaxis, la obligatoriedad del orden en que se reúnen a veces las oraciones copuladas, de acuerdo con la secuencia temporal de las referencias manifestadas. Mientras sería indiferente decir *Bebía y comía con moderación* o *Comía y bebía con moderación*, en los ejemplos anteriores resultaría anormal alterar el orden diciendo *Estaba fatigado y trabajaba muchas horas, No le gustó y leyó el libro, Acertarás y piensa mal*, pues son contrarios al orden real de los acontecimientos.

381. Si el grupo oracional copulativo contiene más de dos oraciones, el enlace conjuntivo entre ellas suele solo aparecer delante de la última:

> Bulliciosos grupos de marineros se desbordaron por la explanada..., rodearon los diques secos y fueron saliendo de la ciudad (**35**.294).
> Alentado por su promesa, Gervasio hombreó, bebió, cantó y bailó (**35**.380).

La reiteración del conector *y* ante cada oración puede aparecer en el habla rústica o infantil, pero también se utiliza como recurso expresivo intensificador:

> Era preciso considerarle [...] como hermano mayor del alma, con quien las penas se desahogan y los anhelos se comunican, y las esperanzas se afirman y las dudas se desvanecen (**1**.167).
> Empezaron a cavilar, y conjeturar, y especular acerca de quiénes podrían ser tales o cuales personajes de mi cuento (**7**.425).
> Tras mucho haber anhelado, y buscado, y tropezado, halla por último [...] la seguridad de un amor entero (**7**.429).

Cuando las oraciones conectadas comportan negación, la conjunción utilizada es *ni*. Puede aparecer delante de cada oración del grupo, incluida la inicial, si esta no va provista de *no* u otra unidad negativa. Así, en estos ejemplos:

> *Nunca* volvió a verla, *ni* tuvo noticias suyas.
> *No* advertía la presencia de sus compañeros *ni* las balas incandescentes de la ametralladora (**35**.432).
> Su temple *no* fue otro que el de los caudillos reconquistadores, *ni* acaso otro que el de los monjes (**96**.145).

No todos son maniáticos como tú, *ni* se viven mortificándola a una como tú (**90**.113).

Ni un periódico de la región se ha ocupado de él *ni* ha dado la noticia de su muerte (**17**.225).

No se puede hacer eso *ni* con la empecatada mujer *ni* con ninguna otra (**13**.27).

No es común la reiteración *y ni* (con el sentido de «y ni siquiera»):

Y ni tendrás clavada la rueda [...] voladora del Tiempo (**65**.XVI).

No han traído ocote porque el ocote está mojado, *y ni* tierra de encino porque también está mojada por el mucho llover (**90**.110).

Disyuntivas

382. El grupo oracional disyuntivo puede también estar formado por más de dos oraciones. La conjunción que las conecta *(o* y su variante *u)* suele aparecer delante de la última del grupo, si bien a veces se repite ante cada una de ellas denotando mayor realce de la disyunción. Como se trató anteriormente (§ 294), la conjunción disyuntiva presenta las oraciones por ella ligadas como contenidos que se excluyen simultáneamente o bien como posibilidades alternativas para una misma realidad designada. En *Leen, escriben o pasean* se manifiestan tres actividades que pueden sucederse en la realidad pero no ocurrir al mismo tiempo; igualmente en *O paga la deuda o reclamo judicialmente*, se exponen las dos nociones como extremos de un dilema; en fin, en *Aquel charlatán hablaba, o graznaba, sin cesar*, los dos verbos significan modos distintos que son aplicables a una misma actividad real. A los ejemplos de grupos disyuntivos aducidos al examinar el comportamiento de la conjunción *o*, pueden añadirse los siguientes:

Tomó nuevos pupilos [...] que dejaban a deber mucho, *o* que no pagaban nada (**16**.23).

En las horas de asueto iba a la iglesia...; *o* también solía sentarse a la orilla del río (**83**.251).

No se sabe si ha sido *o* no ha sido robado (**55**.255).

La sortija [...] solo reluce un momento cuando se lleva la mano al bigote *o* desenvuelve el periódico (**55**.268).

No se estableció nunca si lo que surtió efecto fue el ruibarbo *o* las tollinas, *o* las dos cosas combinadas (**50**.43).

Y estos otros en que la referencia de los términos coincide:

> El invierno de nieve, *o* la nieve de invierno, [...] nos recuerda la infancia (**96**.17).
>
> El destino, *o* lo que fuera, los había juntado (**83**.121).
>
> La recepción [...] de mis escritos, *o* restauración de mi nombre de escritor [...] se había iniciado ya (**7**.481).
>
> Cuando el camión aquel, *o* furgón, *o* como leches se llame, se llevó los restos rotos (**105**.310).
>
> En los sesos va la inteligencia *o* la vida psíquica *o* lo que sea de las ovejas (**72**.115).

Adversativas

383. El grupo oracional *adversativo* unifica, mediante una de las conjunciones correspondientes *(pero, mas,* etc., § 295), dos oraciones, que quedan así contrapuestas explícitamente, porque los contenidos de dos oraciones pueden de por sí ser opuestos sin necesidad de que lo indique un conector adversativo. Por ejemplo, en el grupo copulativo *Estudiaba y no aprobaba,* hay sin duda oposición de contenido entre las dos oraciones que lo integran, pero de ningún modo puede denominarse grupo adversativo; lo sería *Estudiaba pero no aprobaba,* donde aparece la marca explícita *pero.*

Es esta la conjunción adversativa más frecuente hoy, aunque en la lengua cuidada y escrita alternan *mas* y *empero,* según se vio (§ 295). El sentido del grupo oracional adversativo con *pero* consiste en que la segunda oración encabezada con el conector introduce una restricción en la referencia efectuada por la primera oración:

> Avanzó hacia proa, *pero* al dar un paso, el suelo escapó bajo su pie desnudo (**35**.345).
>
> Mucho se ha criticado el absurdo sistema de oposiciones [...], *pero* [...] tiene al menos la ventaja de que no permite el acceso de los totalmente ineptos (**7**.180).
>
> Aquí no hay las comodidades que en una capital, *pero* también tenemos cosas buenas (**46**.76).
>
> Notaba esa indiferencia de las palmeras, *pero* eran su alegría en medio de todo (**55**.167).
>
> La cosa no va bien; *pero* no se sabe cómo puede enmendarse (**85**.524).

El otro conector, *mas*, hoy resulta algo arcaizante:

> Ya convaleciente, se le permitía jugar en el cuarto, *mas* nunca salir de él (**85**.526).
> Su identidad puede ser real o aparente, *mas* solo de ella es dado pensar el movimiento (**68**.I.182).
> El lector puede seguir o no puede seguir; *mas* hasta aquí [...] no ha sido estorbado [...] por las intromisiones del anotador (**13**.20).

384. Con el conector *sino* (y *sino que* delante de oración) el primer término que le precede ha de ser negativo; el segundo introduce un contenido que excluye al del primero: ambos son incompatibles. A los ejemplos aducidos en § 296, pueden agregarse estos:

> Y *no* era de estos días el ser don Cayetano muy honesto en el orden aludido, *sino que* toda la vida había sido un boquirroto en tal materia (**1**.36).
> Y esto *no* es un programa de gobierno, *sino que* se cumplirá en todas sus partes (**1**.196).
> *No* es de Toledo ese hidalgo, *sino* de Valladolid (**13**.45).
> *No* me limité [...] a cumplir los deberes docentes..., *sino* que procuré ponerme en contacto con la intensa vida literaria de aquel país (**7**.327).
> *No* reconocía sus deficiencias físicas, *sino* que achacaba su postergación a la malquerencia del instructor (**35**.305).
> Su miedo *no* era circunstancial..., *sino que* estaba instalado aquí (**35**.435).

Yuxtaposición y enlaces adverbiales

385. Hay grupos oracionales cuyas oraciones componentes parecen estar enlazadas entre sí con unidades como *luego* (átono), *conque, así que, pues,* o con locuciones de tipo adverbial como *por tanto, por consiguiente,* etc. En realidad son grupos yuxtapuestos, ya que el sentido sugerido por ellos suele ser ilativo, consecutivo, continuativo, y en general proviene de los contenidos sucesivos de cada oración. Esas aparentes unidades conjuntivas pueden eliminarse sin que la relación semántica entre las oraciones se suprima; cumplen más bien un papel adverbial de referencia anafórica a lo expresado en el contexto precedente (§ 301 y 435). Véanse unos ejemplos:

> No había nadie; estaba seguro. *Luego* aquellas señoras se habían ido sin confesión (**1**.43).

¡Era Obdulia! ¡Obdulia! *Luego* no estaba la otra (**1**.138).

El navío apenas albergaba un cuatro por ciento de cruzados, *luego* aquella guerra tenía que ser [...] algo diferente (**35**.390).

Trabajo en el ramo cafetería, *conque* tú verás (**93**.250).

¡Hola, hola!..., mujercita mía, ¿*conque* se está usted de palique con ese caballero? (**1**.264).

¿*Conque* tenemos ganas de que me vaya, eh? (**9**.102).

Resolvió el problema con una sola frase [...]. *Así que* se casaron (**50**.25).

Había bebido mucho vino, *así que* me puse el chaquetón y salí (**78**.93).

Pues aquí me tiene usted con mi parejita (**1**.264).

Sí, ríanse ustedes..., *pues* el lance es gracioso (**1**.280).

¿Ven ustedes este santurrón? *Pues* hasta vende hostias [...] y cera (**1**.319).

Él siempre andaba preguntando por todos y saludando a todo el mundo; *pues* nadie le puede ver (**46**.18).

Ingresó, *pues,* hace siete años en el Seminario (**72**.217).

XXVIII. ORACIONES COMPLEJAS (I. TRANSPUESTAS SUSTANTIVAS)

Clases de oraciones complejas

386. Las estructuras oracionales degradadas o transpuestas que aparecen insertas en una *oración compleja* (§ 374) se clasifican según la categoría de la palabra que podría sustituirlas desempeñando la misma función. En consecuencia, se señalan oraciones *sustantivas, adjetivas* y *adverbiales.* Hay que tener en cuenta, sin embargo, que las oraciones sustantivas en función de adyacente circunstancial vienen a identificarse con las adverbiales y con ellas deben examinarse.

Por otra parte, interesa la función específica que la oración transpuesta cumple en la oración total donde se inserta. Si se recuerdan algunos ejemplos aducidos en § 373, como:

Pretenden que dimita el presidente.

Nos preocupaba la opinión que expuso el delegado,

se nota que las estructuras degradadas *(que dimita el presidente, que expuso el delegado)* cumplen oficios distintos: la primera funciona como adyacente del núcleo oracional (es objeto directo del verbo *pretenden*), y la segunda es término adyacente de un sustantivo *(la opinión)* con el cual constituye el grupo que funciona como sujeto explícito del núcleo verbal *(preocupaba)*.

Existen, pues, dos tipos de oraciones transpuestas: *a)* las que con su transpositor cumplen una función oracional (es decir, constituyen un adyacente del núcleo verbal), y *b)* las que con su transpositor son adyacentes de un grupo nominal unitario.

Las primeras coinciden con las *sustantivas* (incluyendo en estas también algunas adverbiales); las segundas se corresponden con las *adjetivas*. En uno y otro caso, como en los ejemplos arriba citados, el transpositor ostenta a veces un mismo significante; pero ya se han tratado las diferencias entre *que* conjunción y *que* relativo (§ 297-299), el primero sustantivador y el segundo adjetivador.

Los dos van precedidos en ciertos casos por una preposición; pero ante *que* conjunción, el índice preposicional afecta a toda la oración transpuesta, mientras ante el relativo la preposición solo afecta a este. En la oración:

Se habla de *que dimite el presidente,*

la preposición *de* se une a toda la oración degradada por la conjunción *que,* constituyendo así el objeto preposicional del núcleo verbal *se habla.* Pero en:

No conozco el médico *de que se habla,*

la preposición *de* se asigna exclusivamente al relativo *que* como objeto que es del verbo *habla,* y toda la oración así transpuesta actúa como adyacente del sustantivo *el médico* (igual que haría en su lugar un adjetivo, por ejemplo, *el médico aludido).*

387. En realidad, deben excluirse de las oraciones complejas las construcciones en que una oración en estilo indirecto se combina con otra (u otras) que reproduce el estilo directo y que, de estar transpuesta, funcionaría como objeto directo del núcleo verbal de la primera oración:

Y me decía: «Te lo prometí, [...], te prometí que tu marido haría algo grande...» (**78**.91).
Mire, [el río] viene crecido —dijo, apagando el farol (**46**.26).

Se trata de grupos de oraciones yuxtapuestas. Solo serían oraciones complejas si se introdujese un transpositor: *Y me decía que me lo había prometido..., Dijo que venía crecido.*

Sustantivación de oraciones interrogativas

388. No obstante, sin necesidad de transpositor explícito, quedan subordinadas y transpuestas a funciones propias del sustantivo las oraciones de modalidad interrogativa (o exclamativa) provistas de una unidad de tal sentido. La transposición se cumple simplemente con la supresión del originario contorno melódico (y, claro es, con los ajustes verbales oportunos):

> Bueno, voy a ver *qué hace mi mujer* (**46**.146).
> Le preguntaron con amabilidad *qué deseaba* (**46**.135).
> Todos sabéis *para qué nos hemos reunido aquí* (**46**.100).
> A veces me pregunto *por qué la gente ve tan mal a don Prudencio* (**46**.17).
> Ya sé *quién es el de los zapatos* (**46**.61).
> El médico le dijo *cuál era el motivo del viaje* (**46**.69).
> Yo sé *cuándo pasan* porque llevan un perro (**46**.69).
> Estuve viendo *cómo llevaban las chicas la trilla* (**46**.126).
> Siguió mirando *cómo el ramo se extinguía* (**46**.162).

Todos los segmentos en cursiva, que desempeñan ahí el papel de objetos de los núcleos verbales, podrían aparecer con independencia como enunciados interrogativos (por ejemplo: *¿Qué hace mi mujer?, ¿Quién es el de los zapatos?,* etc.)

Funciones de las oraciones sustantivadas por *que*

389. Las oraciones transpuestas a sustantivo por la conjunción *que* son susceptibles de cumplir todas las funciones propias de aquel, y adoptan en cada caso los índices oportunos, según se vio anteriormente (§ 313). Dejando para más adelante (§ 422) las oraciones transpuestas a función de adyacente circunstancial (que coinciden con las adverbiales), se considerarán ahora los casos en que desempeñan el papel de sujeto explícito o de objetos directo, indirecto o preposicional. Se elimina la posibilidad de que la oración transpuesta aparezca en el oficio de atributo, ya que los ejemplos que se aducen son discutibles. Así, en la oración *Mi mayor deseo es que mi obra triunfe,* el segmento degradado *que mi obra triunfe* no puede ser atributo: si lo fuese, sería posible su sustitución por el referente pronominal de esa función y se diría *Lo es mi mayor deseo,* que resulta expresión anómala; en cambio, sí sería normal *Lo es que mi obra triunfe,* donde *lo* representa al atributo *mi mayor deseo* y donde *que mi obra triunfe* actúa como sujeto explícito.

390. Las oraciones subordinadas sustantivas se encuentran como sujeto explícito en ejemplos como los siguientes:

La verdad es *que no me faltaban modelos* (**7**.144).
Se le figuraba *que en aquel antro [...] no se podía hacer nada lícito* (**1**.107).
¿Te hace *que nos vayamos a tomar unas copas?* (**28**.211).
No importaba *que la oscuridad se los velase* [los cuadros] (**46**.140).
Le molestó *que pudiera conocer sus intenciones* (**46**.145).
Le extrañó *que el dolor no hubiera llegado todavía* (**78**.81).

Mientras dos sustantivos en singular coordinados imponen el número plural en el verbo (§ 324), varias oraciones transpuestas coordinadas (igual que los infinitivos) se consideran una sola unidad y por tanto el verbo mantiene el número singular:

Les preocupaba *que pasase el tiempo y no llegara el médico.*
Se le figuró *que aquel sapo había estado oyéndola y se burlaba de sus ilusiones* (**1**.170).

A veces, la oración transpuesta por la conjunción *que* resalta su carácter sustantivo (como hacen los infinitivos) mediante la anteposición del artículo, inmovilizado en su significante masculino singular, como en estos casos:

Me llamó la atención *el que un señor [...] siguiera caminando siempre a mi lado* (**7**.125).
Motivo de asombro fue [...] *el que [...] nuestro contertulio [...] surgiera como dirigente político* (**7**.170).

391.   Excluidos los ejemplos de yuxtaposición en estilo directo (cuando se reproducen textualmente las palabras de alguien) y los de las oraciones transpuestas de tipo interrogativo (§ 387-388), la conjunción *que* también encabeza oraciones sustantivadas en función de objeto directo:

Descubrió *que las tierras llanas [...] se habían trasmutado en onduladas praderas parceladas* (**35**.288) (=Lo *descubrió*).
Permití *que mi pluma se dejara llevar por el gusto y la práctica del ingenio literario* (**7**.188).
Él no recordaba *que comimos juntos aquel día* (**78**.73).

Como en el párrafo anterior, también la oración transpuesta en función de objeto directo puede llevar artículo:

[Eso] explica *el que yo haya podido datar con precisión aquella remota comida* (**7**.502).

Cuando la transposición afecta a un grupo oracional, el transpositor *que* precede bien al conjunto, bien a cada una de las oraciones degradadas que lo constituyen:

> Lo cual quiere decir *que* las miraba con insistencia y tenía el gusto de ser mirado por ellas (**1**.117).
>
> Solo conseguía hacerle llorar [...] o *que* montase en cólera y le arrojase a la cabeza algún trasto (**1**.321).
>
> Descubrí con asombro *que* Walter estaba en lo cierto; *que* el rebrillo juguetón de mi prosa imaginista apenas oculta [...] una corriente de honda melancolía (**7**.153).
>
> Constató *que* su carne se resumía y *que* la inminencia de la muchacha [...] le deprimía (**35**.380).
>
> Pedía *que* le avisaran, *que* no le dijesen nada, *que* viniera cuanto antes (**78**.111).
>
> Teme *que* ese tren no vaya a donde estaba anunciado o *que* esté vacía la cabina del conductor (**78**.112).

Con verbos que significan voluntad y temor suele eliminarse el transpositor en la lengua escrita: *Deseábamos amaneciese* (**20**.982), *Me rogó fuese a recibirlo, Teme se acaben las provisiones.*

Ya se advirtió en § 298 y 349 que son raros los casos en que una oración degradada por *que* cumpla la función de objeto indirecto. Como los sustantivos en este papel, el transpositor va precedido de la preposición *a*:

> Nunca prestó atención a *que lo elogiasen* (=Nunca se la prestó).
>
> Dedica todo su esfuerzo *a que el negocio prospere* (=Se lo dedica).
>
> No ponía inconvenientes *a que consultase con otro abogado.*

392. Cuando la oración subordinada por *que* desempeña el oficio de objeto preposicional debe ir precedida de la preposición requerida por el verbo nuclear:

> Me alegro *de que* don Fermín coma con nosotros (**1**.261).
>
> Me acordé *de que* algunas veces yo lo había visto en las manos de Toussaints (**78**.94).
>
> Ello convenció a la gente *de que yo* [...] estaba muy al tanto de su condición (**7**.33).
>
> El auditorio aguardaba en silencio [...] *a que* la emoción religiosa permitiera al orador continuar (**1**.16).

No pensaba *en que* estaba haciendo locuras, *en que* tantas idas y venidas eran indignas (**1**.293).

Convinieron las hermanas *en que* era indispensable dar instrucciones a la chica (**1**.91).

393. Cuando la oración degradada a sustantivo es originariamente una interrogativa general (carente, pues, de unidad propiamente interrogativa), el transpositor es la conjunción *si*, y también, como en el caso de las interrogativas parciales (§ 388), desaparece el especial contorno melódico propio de esta modalidad oracional:

No se conocía fácilmente *si era de algún dios* (**16**.18).

Y no se sabe *si es que piensan con el corazón o es que sienten con el cerebro* (**96**.39).

Lo primero que hacía era mirar por el balcón para ver *si por fin había aclarado el cielo* (**7**.152).

Fueron depurados por el Tribunal..., ignoro *si por comunistas o por masones* (**36**.40).

Lo que hay que mirar es la adecuación, *si esta nariz concuerda con este cabello y este cabello con estas caderas* (**36**.82).

Seguía preguntándome *si ellos mismos no habrían cometido un error* (**50**.159).

No sé *si tu madre contó aquellos defectos del tío [...] con cierto resentimiento* (**52**.20).

Se preguntó *si llevaría encima todo el dinero de la noche anterior* (**46**.107).

Contar las botellas de vino vacías y decirme *si no está ya bien* (**73**.21).

Me pregunto *si este será lo bastante bueno para usted* (**78**.59).

Para las oraciones degradadas adjetivas que resultan transpuestas a las funciones del sustantivo véase § 399.

Adjetivación de oraciones previamente sustantivadas

394. Cuando un sustantivo (y los grupos equivalentes) resulta transpuesto por una preposición al oficio propio de los adjetivos, queda como adyacente de un núcleo nominal. Por ejemplo, en el grupo nominal unitario *El temor de los enemigos,* el sustantivo *los enemigos* queda transpuesto a la función de adyacente, propia de los adjetivos, merced a la preposición *de.* Con el mismo recurso, las oraciones sustantivas transpuestas resultan a su vez convertidas en adyacentes de grupos nominales cuyo núcleo puede ser un sustantivo, un adjetivo y también un adverbio. Véanse los ejemplos siguientes, agrupados según el núcleo que contienen:

Sustantivo: *La idea de que [...] nada esperaba de ella ni nada solicitaba,* la parecía un agujero negro (**1**.180).

Y de pronto le asaltó a uno [...] *aquella terrible sentencia [...] de que la cristiandad está jugando al cristianismo* (**96**.131).

Y por una vez me obstiné en jugar toda la tarde [...] hasta alcanzar *la certidumbre [...] de que la parte alícuota de nuestros talentos [...] había sido irremediablemente disipada* (**72**.124).

¿No consiste el arrepentimiento en *la simple constatación de que la existencia es imperfecta?* (**72**.125).

En *la duda de si tendría yo verdadero talento literario o si estaría perdiendo el tiempo tontamente,* consiguieron [...] que el redactor-jefe [...] leyera alguna cosa mía y dictaminara (**7**.80).

Se desconcertó con *la pregunta de si las había hecho con animales* (**50**.163).

El rumor público de que no quería saber nada de la situación del país [...] provocó las risas de Úrsula (**50**.173).

Adjetivo: Iba al lado de Ana, *convencido de que su presencia bastaba para producir efectos deletéreos* (**1**.179).

Me negué a dirigir(la)..., *consciente de que una publicación [...] solo le da a quien la hace disgustos y enojos* (**7**.414).

Estaba *harto de que, al abordar un autobús, diesen codazos al meteco* (**7**.428).

No había tenido ni remota idea..., *persuadido de que solo en el honrado trabajo [...] podía hallar un hombre la justificación y el contento* (**72**.141).

Intrigada de que los recién casados durmieran a horas distintas [...] recordó su propia experiencia (**50**.182).

Adverbio: No había sido capaz [...] de acallar sus dudas *acerca de si lo que estaba haciendo era justo y acerca de si mi educación mejoraría* (**72**.128).

XXIX. ORACIONES COMPLEJAS
(II. TRANSPUESTAS ADJETIVAS)

Oraciones adjetivas o de relativo

395. Cuando la oración degradada forma parte de un grupo nominal unitario, desempeña en él el mismo papel que el adjetivo respecto del núcleo sustantivo. Se trata de las llamadas *oraciones adjetivas,* cuyos transpositores son los relativos, según se ha visto antes (§ 133). En el grupo nominal *Artesanos que saben su oficio* (**68.**i.133), la oración subordinada con el relativo *que* (es decir, *que saben su oficio)* equivale funcionalmente a un adjetivo, que sería adyacente del sustantivo nuclear *artesanos,* y podría decirse también, por ejemplo, *Artesanos competentes.*

Los transpositores relativos, como representantes que son de su antecedente, acumulan a la función transpositora la propia que ejercen dentro de la oración transpuesta. En el ejemplo anterior, el relativo *que* convierte, de una parte, en adjetivo la oración donde está incluido, y, de otra, funciona en ella como sujeto explícito del núcleo verbal *saben.* Las funciones del relativo en la oración degradada se han expuesto arriba (§ 135 y sigs.).

396. Se ha señalado (§ 105) que la anteposición o posposición del adjetivo respecto del núcleo sustantivo determina a este diversamente: en el primer caso lo explica, y en el segundo lo especifica. Puesto que las oraciones transpuestas de relativo equivalen a los adjetivos, también determinan a su núcleo sustantivo de dos maneras y pueden ser *especificativas* (o *determinativas)* y *explicativas* (o *incidentales).* Las primeras restringen la referencia sugerida por el antecedente y suelen constituir con él un grupo fónico unitario. En cambio, las explicativas añaden alguna particularidad que no modifica lo aludido por el antecedente y, por su carácter prescindible, admiten delante de sí una pausa, lo cual justifica el término de incidentales que también se les asigna. En la siguiente oración:

> El hombre que sabe hacer algo de un modo perfecto [...] no es nunca un trabajador inconsciente (**68**.I.134),

la oración degradada *que sabe hacer algo de un modo perfecto* especifica lo que designa el antecedente *El hombre*, excluyendo a todos los hombres desprovistos de esa cualidad. Por el contrario, en:

> Dios, que lee en los corazones, ¿se dejará engañar? (**68**.I.77),

la oración transpuesta *que lee en los corazones* no agrega nada que no esté ya implícito en el antedente *Dios*. En consecuencia, se puede eliminar la oración explicativa última sin que el enunciado pierda su sentido: *Dios ¿se dejará engañar?;* pero la supresión de la otra oración, especificativa, aunque el resultado no sea anómalo, modifica el sentido del enunciado: *El hombre no es nunca un trabajador inconsciente* denota una realidad distinta de la que designaba la oración originaria *El hombre que sabe hacer algo de un modo perfecto no es nunca un trabajador inconsciente.*

397. He aquí ejemplos (cf. cap. X) de ambos tipos de oraciones adjetivas con los distintos transpositores:

Especificativas:

> En el silencio *que queda entre dos repiques,* el hervidero interno de la mañana [...] cobra presencia y sonido (**61**.LXVIII).
> Suele sorprendernos la insatisfacción *que nos dejan las novelas del día* (**80**.403).
> La roca piensa, la roca *a que roza la basna* (**96**.36).
> Hombres y mujeres *para quienes la conversación no siempre tiene la importancia de sus monólogos y apartes* (**68**.I.178).
> Esa especie de libertad salvaje que [la ciudad] concede a sus moradores o *a la que les obliga* (**7**.475).

Debe notarse que el relativo *quien* nunca aparece como sujeto de las oraciones relativas especificativas. En el ejemplo de § 396, sería incorrecto decir *El hombre quien sabe hacer algo de un modo perfecto* en lugar de *El hombre que sabe...*

Explicativas:

Hallo complacencia en estos puertos españoles, *que son todos un poco tristes* (**80**.407).

En el arroyo grande, *que la lluvia había dilatado hasta la viña*, nos encontramos [...] una vieja carretilla (**61**.XXXVII).

Tenía la animación de los jueves, *en que en la taberna clásica se guisan un par de cabritos* (**54**.236).

La muerte de don Juan, *a quien amaba con delirio*, hizo en su espíritu efecto desastroso (**85**.602).

Vicios son estos anejos a la oratoria, *de los cuales yo mismo [...] no estoy exento* (**68**.I.115).

Experimentaba un pueril orgullo, *del que se reía después* (**2**.308).

Se ve solo dentro de la nave, *cuyas bóvedas se pierden en las sombras de la altura* (**2**.287).

398. Se ha señalado ya la alternancia de uso entre los relativos *que, el que* y *el cual* (con sus variantes de género y número), así como la preferencia por *el cual* cuando se acumularían demasiadas sílabas átonas si una preposición precediese a *que*, o cuando la interposición de varias palabras entre el antecedente y el relativo pudiera provocar algún género de ambigüedad (por ejemplo, en *Es como cañamazo sobre el cual bordan con hilos desiguales el caballero y el criado*, **68**.II.104; *Las dos alegres puertas correspondidas, cada una de las cuales le daba a la otra su estampa de vida y luz*, **61**.LXXII; § 145-146).

Por otra parte, el poder segregarse como oración yuxtapuesta, con independencia melódica, pone de relieve el carácter incidental de la oración degradada explicativa con *el cual*. Cuando así ocurre, *el cual* viene a funcionar casi como un demostrativo, esto es, no indica relación sintáctica con el antecedente, sino solo referencia anafórica. En este ejemplo: *La música que todas estas cosas decía [...] era la de su hijo. El cual se sentaba al piano y pedía a Dios inspiración* (**2**.313), el sentido no se modificaría sustituyendo *el cual* por un demostrativo: *Este se sentaba al piano*, etc.

Oraciones de relativo sustantivadas

399. Las oraciones transpuestas adjetivas pueden a su vez sustantivarse, conforme sucede con los adjetivos (§ 134), siempre que el relativo no sea *cuyo* o *el cual*. Así ocurre al omitirse el antecedente de *quien*. También es indicio de sustantivación de la relativa la anteposición a *que* del artículo. Dejando los casos en que se presentan los adverbios relativos (que se verán en § 425 y sigs., por su función de adyacentes circunstanciales), las oraciones adjetivas convertidas en sustantivos funcionales pueden cumplir las varias funciones de esta categoría de palabras. Véanse ejemplos de cada uno de estos oficios:

Sujeto explícito:

Solo triunfa *quien pone la vela donde sopla el aire* (**68**.I.87).

Quien afirma que la verdad no existe, pretende que eso sea verdad (**68**.I.80).

No faltó *quien echara de ver la provocación* (**2**.179).

El que tiene el poder es grande cuando solo quiere el poder (**47**.378)

Somos varios *los que así pensamos* (**7**.501).

Por allí cruzaba [...] *lo que resultó ser una comitiva poco congruente* (**23**.86).

Lo que voy a decirle no forma parte de las instrucciones (**94**.73).

Objeto directo:

¡Y pensar que había *quien calumniaba a aquel santo!* (**1**.229).

A quienes se compadecieron [...] los tranquilizó con una sonrisa (**50**.177).

¿Acaso quiero y admiro yo *a quienes me quieren y admiran?* (**47**.438).

Hay *quien genera calor dentro de sí y lo expande y quienes precisan recibirlo de fuera* (**36**.20).

Inician una carrera [...] o rematan *la que tenían inacabada* (**36**.29).

Todas las noches he pensado ir a visitar *a las que me esperan* (**54**.149).

¿Sabe usted *lo que cuesta diariamente una cama de hospital...?* (**36**.16).

Había encontrado en X *lo que nunca hubiera podido sospechar* (**2**.186).

Repetía con la miss *lo que había aprendido* (**94**.35).

Objeto indirecto:

Y *a quien os eche en cara vuestros pocos años* bien podéis responderle que la política no ha de ser, necesariamente, cosa de viejos (**68**.I.159).

El Primer Anarquista del que se tiene noticia dijo *al que le escuchaba:* «Vende tus bienes...» (**94**.41).

Objeto preposicional:

Y se casó *con el que la suerte quiso* (**2**.185).

Esta se cree que puede uno disponer *de quien quiere* (**93**.18).

Siempre están hablando [...] *de lo que podía la naturaleza* (**2**.188).

Achacaba [...] aquella juventud [...] *a lo que había contemplado el Acueducto* (**54**.131-2).

El poeta cree siempre *en lo que ve* (**68**.i.238).

Se encontraron *con lo que ninguna de las tres iba a poder olvidar* (**23**.101).

400. La oración de relativo puede desempeñar también funciones de atributo, si bien casi siempre en caso de estructuras ecuacionales (§ 362). Por ejemplo:

> Es el poeta *quien suele ver más claro en el futuro* (**68**.i.150).
>
> Nuestro siglo es, acaso, *el que más se ha escuchado a sí mismo* (**68**.i.155).
>
> La resignación de Segovia es *la que tienen los monarcas en sus palacios* (**54**.134).
>
> *Lo que hay que mirar en un hombre* es lo que hay dentro de su cabeza (**36**.72).
>
> Mi acento cerrado sería *lo que chocase en mí* (**94**.71).

Cuando en estas construcciones el sujeto explícito es un sustantivo personal de primera o segunda persona, puede ocurrir que el verbo de la oración relativa sustantivada en función de atributo adopte la concordancia de persona. Así, en este ejemplo de Cervantes:

> *Yo*, Dorotea, *soy el que me hallé* presente a las sinrazones de don Fernando, y *el que aguardó a oír* el *sí* que de ser su esposa pronunció Luscinda (**30**.i.29),

coexisten las dos posibilidades: la concordancia de persona *(yo - soy - hallé)* y la no concordancia *(yo - soy - aguardó)*. Ambas son usos generales, determinados probablemente por la actitud más o menos afectiva y participadora del hablante. Otros ejemplos:

> No *fui* yo quien *mató* a Peter Anderson (**26**.103).
>
> *He sido yo* la que los *ha pedido* (**93**.86).
>
> Si es que *fui yo* la que *pedí* los cacahueses (**93**.87).

Por último, la oración relativa sustantivada puede funcionar como adyacente circunstancial u oracional, como en estos ejemplos:

> Yo había preparado, *para quienes trabajaban a mis órdenes*, [...] unas instrucciones estableciendo criterios gramaticales (**7**.414).
>
> *Por lo que se oía decir,* Assis de Chateaubriand era uno de esos hombres (**7**.390).

Pero para estos casos véase más adelante (§ 422).

401. La oración de relativo sustantivada puede de nuevo transponerse a adjetivo o a adverbio y funcionar así como adyacente de un sustantivo, un adjetivo o un adverbio. Si en esta oración:

> Un niño asomó..., vigilando nuestros movimientos con ese rencor sigiloso del que se sabe excluido (**23**.93-4),

consideramos el grupo nominal *ese rencor sigiloso del que se sabe excluido,* se observa que la primitiva oración *se sabe excluido* queda adjetivada mediante el relativo *(que se sabe excluido),* luego este nuevo segmento resulta sustantivado con el artículo *(el que se sabe excluido)* y en fin con la preposición *de* se convierte en adyacente adjetivo del sustantivo *rencor (del que se sabe excluido).* He aquí ejemplos de la función adyacente con sustantivo, adjetivo y adverbio:

> Es en esa estación cuando *la vida del que vive* tiene más estabilidad (**54**.72).
> Tenemos que protegerla contra *los desmanes de los que mandan* (**94**.66).
> Hemos de perdonar al poeta, *atento a lo que viene y a lo que se va,* que no vea casi nunca lo que pasa (**68**.I.150).
> Amar a Dios sobre todas las cosas [...] es algo *más* difícil *de lo que parece* (**68**.I.84).

Particularidades del relativo con preposición

402. A veces, la oración transpuesta por el relativo debe ir precedida de la preposición exigida por su oficio oracional, al mismo tiempo que el relativo requiere otra preposición a causa del papel que desempeña respecto del verbo subordinado. Suele evitarse la concurrencia de las dos preposiciones cuando son iguales. Así, en este ejemplo:

> Obsequió con diatribas feroces *a* quienes él consideraba intelectuales indiferentes (**7**.131),

la preposición *a* afecta, de una parte, a toda la oración transpuesta *a quienes él consideraba intelectuales indiferentes* (como objeto directo que es del núcleo *obsequió),* y de otra, es indicio de que el relativo *quienes* cumple la misma función respecto del verbo *consideraba.* Podría haberse escrito *Obsequió con diatribas feroces a aquellos a quienes él consideraba intelectuales*

indiferentes, evitando la superposición funcional en *a.* En estos versos de
Luis de León:

> No quiero ver el ceño / vanamente severo / *de a* quien la sangre ensalza
> o el dinero (**65**.I.28-30),

algunos manuscritos eliminan la segunda preposición *(de quien,* o *del que);*
pero *de* señala el oficio que respecto al sustantivo *ceño* desempeña toda
la oración degradada siguiente, mientras *a* discierne el papel de objeto
directo que cumple el relativo *quien* respecto del verbo *ensalza.* Sería equivalente (en cuanto a la sintaxis, no a la poesía): *el ceño de aquel a quien
ensalzan la sangre o el dinero.*

403. Si la oración adjetiva sustantivada mediante el artículo contiene
un relativo provisto de preposición, se origina una construcción poco frecuente que suele evitarse, a saber, la presencia del artículo delante de la
preposición:

> La capilla desde la que oía misa [...] estaba separada solo por una verja
> de *la en que* se habían escondido los trasnochadores (**1**.498).

Hoy se prefiere recurrir al demostrativo para representar al antecedente
eludido *(de aquella en que se habían...).* Otros ejemplos:

> [alma] la de usted, que es *la de que* ahora tratamos (**85**.1287).
> Hombres de tierra adentro serían igualmente incapaces de soportar los
> febriles afanes de la hora de la tormenta o *la en que* culmina la pesca
> (**80**.408).

En algunos casos de estos, se invierte el orden de los elementos contiguos introduciendo el artículo entre la preposición y el relativo:

> Manifestar *de lo que* es capaz la tierra chiquitita y llana (**54**.264) (en
> lugar de *lo de que es capaz).*
> Saltará de alegría cuando sepa *de lo que* se trata (**1**.102) (por *lo de que
> se trata).*

En relación con estos usos, también se impide la contigüidad de la
preposición y el relativo cuando existe un antecedente con artículo. La
preposición requerida por el relativo es atraída por el sustantivo antecedente y se antepone al artículo, todo lo cual confiere al conjunto cierta

intención ponderativa semejante a las construcciones con *qué* exclamativo (§ 151):

> Era cosa de ver *con la presteza que* los acometía (**30**.i.19) (equivalente a *con qué presteza*).
> Ya ven ustedes *con el tomate que* me encuentro (**27**.328) (sustituible por *con qué tomate*).

En semejantes casos, la ordenación habitual haría desaparecer todo sentido de encarecimiento:

> Era cosa de ver la presteza con que los acometía.
> Ya ven ustedes el tomate con que me encuentro.

Aquí, los sustantivos *la presteza* y *el tomate,* por su función de sujeto de *era* y de objeto de *ven,* respectivamente, no requieren preposición, que, en cambio, es exigida por el papel de los relativos en la oración degradada.

Relativos con infinitivo

404. Cuando el núcleo verbal de la oración degradada de relativo es complejo, como en las perífrasis con *poder, deber,* etc., seguidos de infinitivo, suele reducirse al derivado verbal, que queda así en contacto directo con el relativo sin que ello signifique especial relación:

> No tenía un mal mendrugo que llevarse a la boca (= que pudiera llevarse a la boca).
> Todavía tenemos algo *que decir* (= que debemos decir).
> No conoce persona alguna *de quien valerse* (= de quien pueda valerse).
> Buscará una nueva amiga *con la que entretenerse* (= con la que pueda entretenerse).
> Un paseo a campo traviesa [...] daba mucho *en que pensar* a Petra (= en que pudiera pensar) (**1**.164).
> Te hace falta un protector *a cuya sombra medrar* (= a cuya sombra puedas medrar).
> Se empeñaba en rodearse de admiradores *a los cuales engañar* (= a los cuales pudiera engañar).
> No encontró refugio alguno *en que guarecerse* (= en que pudiera guarecerse).

En algunos de estos ejemplos, si se omite el antecedente, puede sustituirse, como en los casos anteriores, el relativo por la unidad interrogativa tónica correspondiente:

No tenía qué llevarse a la boca.   Un paseo [...] daba en qué pensar.

Todavía tenemos qué decir.   Buscará con quién entretenerse.

No conoce de quién valerse.   No encontró en qué (dónde) guarecerse.

Naturalmente, con *cuyo* y *el cual* no cabe pasar a este tipo de construcción, puesto que esos dos relativos requieren siempre la existencia del antecedente.

XXX. ORACIONES COMPLEJAS (III. COMPARATIVAS)

Oraciones de relativo, comparativas y consecutivas

405. Según se ha expuesto, las oraciones de relativo (a no ser que estén sustantivadas) no cumplen ninguna de las funciones adyacentes del núcleo verbal, sino que se insertan dentro de un grupo nominal unitario. Comparten esta característica otros tipos de estructuras oracionales, las llamadas *comparativas* y *consecutivas,* las cuales también incluyen una oración degradada.

Si en las relativas la oración transpuesta funciona en principio como adjetivo dependiente del antecedente, en las comparativas y las consecutivas tal oración degradada depende de un cuantificador (sea este adverbio o adjetivo). Ninguna de estas tres especies oracionales mantiene relación directa con el verbo nuclear, sino que solo junto con su antecedente desempeña uno de los oficios determinantes del núcleo verbal. En el ejemplo siguiente:

Se miente más que se engaña (**68.**II.218),

la oración transpuesta *que se engaña* depende del adverbio *más,* y el conjunto que forman *(más que se engaña)* funciona como adyacente circunstancial del verbo *se miente.* Igualmente, en este otro caso:

Es meta tan alejada que nadie puede temer alcanzarla (**68.**II.121),

la oración transpuesta *que nadie puede temer alcanzarla* determina la cuantificación expresada por el adverbio *tan* (adyacente de *alejada),* y el conjunto *(tan alejada que nadie puede...)* cumple el mismo papel que un adjetivo (por ejemplo, *inaccesible)* respecto del sustantivo *meta* (atributo del verbo *es).*

406. El carácter adyacente de la oración transpuesta, tanto en el primer caso comparativo, como en el segundo consecutivo, se revela al considerar que suprimiéndolas el resultado seguiría siendo expresión posible: *Se miente más, Es meta tan alejada* (si bien, en este caso, con entonación diferente). En cambio, si se eliminasen las unidades cuantificadoras o cuantificadas, se obtendrían secuencias improbables *(Se miente que se engaña)* o, de todos modos, con otro sentido *(Es meta que nadie puede temer alcanzarla).*

En suma, las comparativas y las consecutivas no son otra cosa que oraciones degradadas, análogas a las relativas, con la diferencia de que su llamado antecedente es un cuantificador o una unidad cuantificada.

Las comparativas

407. Las comparativas se denominan así porque en ellas se comparan entre sí dos realidades o conceptos estableciendo su equivalencia o su desigualdad, en lo que respecta a la cantidad, la calidad, la intensidad. Caben tres posibilidades al confrontar lo comparado con la base de comparación: la superioridad, la igualdad y la inferioridad. El término que se compara va provisto de un cuantificador; la base de la comparación se manifiesta con una secuencia encabezada por el transpositor *que* en los casos de desigualdad, y de *como* en los casos de igualdad. Los tres tipos de comparación se expresan mediante estas correlaciones:

Superioridad:	más	...... que
Igualdad:	tanto	...... como
Inferioridad:	menos	...... que

Según se ha visto (§ 159), los cuantificadores *más* y *menos* son invariables cualquiera que sea la función que desempeñen, si bien son susceptibles de ser modificados por otras unidades adverbiales *(mucho más, algo menos,* etc.). Por el contrario, *tanto* adopta variaciones: de género y número con oficio de adjetivo *tanto, tanta, tantos, tantas; tanto* invariable como adverbio autónomo, y *tan* como adyacente de adjetivo.

408. Por otro lado, no siempre se establece la comparación entre nociones expresadas por dos verbos, como en el ejemplo de antes *(Se miente* *más que se engaña),* sino también entre los conceptos sugeridos por otras unidades:

Los barrenderos son más decentes que los mangueros (**27**.153).

En tales casos, suele afirmarse que la oración degradada elide su verbo porque reiteraría el del núcleo de la oración total. No se diría en el ejemplo citado *Los barrenderos son más decentes que (lo) son los mangueros.* Se admite, pues, la existencia de comparativas elípticas, que son las más frecuentes. Sin embargo, el recurso a la elipsis es a veces innecesario. En *Tenía libros más selectos que abundantes* no parece que la secuencia *más selectos que abundantes,* adyacente adjetivo de *libros,* sea resultado de una elipsis de la improbable oración *Tenía libros más selectos que los tenía abundantes.*

409. El carácter dependiente y unitario del segmento formado por el cuantificador y la secuencia introducida por *que* se comprueba porque, si se suprime, el resto persiste como oración válida. En el ejemplo aducido, *Los barrenderos son más decentes que los mangueros,* la eliminación de aquella secuencia dejaría *Los barrenderos son decentes.* Lo suprimido *(más que los mangueros)* expresa una cuantificación del atributo *(decentes)* entre otras posibles *(son muy decentes, son poco decentes, son bastante decentes,* etc.). Cuando se recurre a la cuantificación con *más* o *menos,* cuyo valor concreto es relativo, se precisa un término de comparación, que es la oración degradada por *que* (sea o no elíptica). De manera que la oración transpuesta presupone la existencia de una especie de antecedente cuantificado: *más, menos* (y los que se verán luego). Cuando este cuantificador es palabra autónoma, cumple en combinación con su adyacente comparativo la función de adyacente circunstancial dentro de la oración completa. Si, por el contrario, el cuantificador determina a otra unidad, será adyacente de esta junto con la oración degradada.

Véanse ahora ejemplos de los tres tipos de comparativas (de superioridad, de igualdad y de inferioridad), atendiendo al oficio que el cuantificador desempeña (autónomo o determinando a sustantivos, adjetivos o adverbios):

410.   *Comparativas de superioridad:*

a)   *más* como adyacente autónomo circunstancial:

Tú de eso sabes *más que* yo (**28**.240).
Mujeres [...] que mienten *más que* hablan (**68**.II.124).

Quizá tire yo *más* a cobarde *que* a valiente (**17**.112).

Refrescaba *más* el espíritu *que* el cuerpo el grato murmullo del agua (**4**.107).

b) *más* como adyacente de sustantivo:

Cualquier cosa absurda empleará el aldeano con *más fe* y *más gusto que* lo que le indica el médico (**17**.157).

La longevidad ha malogrado a *más románticos que* la muerte misma (**68**.II.84).

Este Platero de cartón me parece hoy *más Platero que* tú mismo, Platero... (**61**.CXXXVII).

c) *más* como adyacente de adjetivo:

Es *más difícil* andar en dos pies *que* caer en cuatro (**68**.II.14).

Supone que es mucho *más serio* lo que le aburre *que* lo que le divierte (**17**.54).

d) *más* como adyacente de adverbio:

Algunas veces [el agua] llega *más alto que* las copas de las acacias (**77**.8).

El vascongado hizo esta evolución *más tarde que* los demás pueblos españoles (**17**.47).

Dos curiosos mirando un escaparate están *mucho más lejos* uno de otro *que* dos campesinos que se contemplan de un monte a otro (**17**.154).

411. *Comparativas de igualdad:*

a) *tanto* como adyacente autónomo circunstancial:

Añadía que los verdaderos amantes se huyen *tanto como* se buscan (**68**.II.77).

La fenomenología [...] dista *tanto* de ser una nueva consecuencia del bergsonismo *como* de carecer de precedentes (**68**.II.88).

Tanto daba la lástima *como* el odio (**79**.93).

b)   *tanto (-a, -os, -as)* como adyacente de sustantivo:

Indicaba *tanto oficio como* experiencia (**85**.994).

Con ser tan abultados los autos no contenían *tantas ideas, tantas fórmulas* de investigación, *tantos y tan variados argumentos como* los que ella febrilmente acumulaba en su cerebro (**85**.1163).

c)   *tan* como adyacente de adjetivo:

Yo no la encuentro a esa ciudad *tan árabe como* dicen (**17**.25).
Tan perfecto es el cerebro de Platón *como* el de un mosquito (**17**.155).
No olvidéis que es *tan fácil* quitarle a un maestro la batuta *como* difícil dirigir con ella la quinta sinfonía de Beethoven (**68**.II.227).
Las sábanas de su cama eran [...] *tan ásperas como* las mantas que le dieron al entrar en la celda (**77**.16).

d)   *tan* como adyacente de adverbio:

Madrid y el recuerdo de la cárcel estaban *tan lejos como* la noche invernal que iba adensándose en la plaza (**77**.27).
Quedo a la espera de su propuesta *tan pronto como* esté usted en condiciones (**79**.35).
Es costumbre de las mujeres, y aun en los hombres, echarse una ojeada en las vitrinas para ver si *van tan bien como* suponen o pretenden (**85**.1007).

412. *Comparativas de inferioridad:*

a)   *menos* como adyacente autónomo circunstancial:

A nada aspiro *yo menos que* a eso (**68**.II.147).
En el patio interior, los cuartos costaban *mucho menos* que en el grande (**16**.84).
Menos para no fatigarse *que* para hacer durar esas cosas, Dahlmann caminaba despacio (**21**.129).
Un hombre con poco dinero vive *mucho menos que* un hombre con mucho dinero y que sepa gastarlo (**56**.89).

b)   *menos* como adyacente de sustantivo:

La Irene bailó sevillanas con *menos gracia que* un albañil (**16**.43).
La ciudad romántica tiene bastante *menos carácter que* antes (**17**.25).

c) *menos* como adyacente de adjetivo:

> Pensó que la etapa final sería *menos horrible que* la primera (**21**.53-4).
> La observación era *menos sutil que* maliciosa (**68**.II.125).
> Se sabía *menos apto* para ganarlo *que* para conservarlo (**21**.56).
> El torero [...] es *mucho menos estúpido que* el boxeador (**68**.II.26).

d) *menos* como adyacente de adverbio:

> Llovía *menos violentamente que* por la mañana.

Otras unidades comparativas

413. En lugar de los cuantificadores mencionados, pueden aparecer como antecedente del segmento comparativo las formas adjetivas *mejor, peor, mayor, menor* (que implican el contenido de *más*):

> Esto es lo que saben hacer los ingleses *mejor que* nadie (**68**.II.27).
> Nosotros podemos pensar *mejor que* Descartes (**68**.II.71).
> ¿Y esta vida la encuentras *peor que* la pasada? (**56**.154).
> Tienen microbios *peores que* el de la corrupción (**56**.91).
> De ningún modo les concederíamos *mayor importancia que* al hombre ingenuo (**68**.I.274).
> Tenía un sentido claro, expuesto con *mayor precisión que* todo lo que pudiera incorporársele por la palabra (**79**.80).
> Un siglo interesante entre otros, ... ni *mayor,* ni *menor,* ni más sabio, ni más estúpido *que* algunos que han dejado también huella en la cultura (**68**.I.157).

Como antecedente se encuentran asimismo unidades multiplicativas y otras indefinidas como *otro, mismo, igual* y adverbios como *antes:*

> ¿Será entonces *doblemente infinita que* la serie par y que la serie impar? (**68**.I.93).
> *Antes* perdona Él [...] la blasfemia proferida, *que* aquella otra hipócritamente guardada en el fondo del alma (**68**.I.77-8).
> La nada *antes* nos asombra [...] *que* nos ensombrece (**68**.I.241).
> Sonrió sin ofrecer *otra cosa que* los largos dientes amarillos (**79**.35).
> Tablas acomodadas sin *otra noción* arquitectónica *que* la del prisma (**79**.129).

Lo mismo era oír un ladrido *que* ponerse a temblar (**85**.690).

Lo mismo crece en ella [la Naturaleza] la simiente buena *que* la mala, *lo mismo* encuentra albergue en su seno el sapo *que* el cisne, la cizaña *que* el trigo (**17**.154-5).

Una imagen en un espejo plantea para su percepción *igual* problema *que* el objeto mismo (**68**.I.83).

Cuando el término de la comparación es una secuencia previamente degradada por la conjunción *que,* se evita la contigüidad con el *que* comparativo introduciendo entre ambas unidades homófonas la negación *no,* como en este ejemplo:

Por eso es *más fácil* que un Marco Antonio, dueño del mundo, o un príncipe como Sakiamuni, sean sencillos y humildes, *que no* que lo sea un indiano enriquecido o un dependiente de comercio (**17**.157).

El uso de la negación tras el *que* comparativo se encuentra también con valor más bien enfático cuando la comparación se establece entre dos infinitivos:

Mejor te valdría haber aprendido un oficio *que no* vivir colgado a los faldones de los ministros (**85**.992).

Negación y comparación

414. Si la oración que contiene un segmento comparativo está marcada por la modalidad negativa, las referencias de desigualdad quedan suprimidas e incluso invertidas. Al introducir la negación en la estructura *Los necios aplauden más que los discretos,* se obtiene *Los necios no aplauden más que los discretos,* con lo cual se elimina la relación de superioridad y queda una secuencia equivalente a la de igualdad *Los necios aplauden tanto como los discretos.* De igual modo, la relación de inferioridad evocada por *Trabajan menos que antes* se anula con unidades negativas: *No trabajan menos que antes* equivale a *Trabajan tanto como antes* (sin excluir la posibilidad de que trabajen *más que antes).* Así, en estos ejemplos:

El parecer, en achaque moral, *no es menos importante que* la moral misma (**85**.1695).

Aquel héroe vencido *no* había alcanzado *menos gloria que* la que el triunfo le hubiera podido dar (**4**.345).

En las comparativas de igualdad, la presencia de la negación las transforma en comparativas de inferioridad: *Indicaba tanto oficio como experiencia* se convierte con la negación en *No indicaba tanto oficio como experiencia,* que es equivalente a *Indicaba menos oficio que experiencia.*

Otro efecto de la negación sobre el sentido de la comparativa con *más* se observa cuando este cuantificador y el término de la comparación funcionan como objeto directo o como atributo de la oración negativa. La combinación resultante *(no más que)* se hace sinónima de la unidad adverbial *solo:*

Yo *no* sé decir *más que* lo que pienso, aunque lo que piense sea malo (**17**.60) (= *Solo* sé decir lo que pienso).

Si la vejez *no* fuera *más que* ese proceso de mineralización de nuestras células, no tendría para nosotros interés alguno (**68**.i.231).

No hay *más que* una manera de sentir: moverse (**42**.i.348).

No consigo *más que* ponerme nervioso (**28**.211).

Otras estructuras comparativas

415.   Otro modo de especificar la cuantificación expresada por *más* y *menos* se produce agregándoles una secuencia adyacente adjetivada mediante la preposición *de* y que consiste en una construcción sustantiva de relativo con el artículo:

Es algo *más* difícil *de lo que parece* (**68**.i.84).

Siempre piensan viajar *más* [individuos] *de los que viajan* (**56**.34).

El hecho mismo es *más* limitado *de lo que se cree* (**68**.ii.67).

Ganaría [...] *mucho menos de lo que cobran una porción de generales inútiles, de ministros inútiles...* (**17**.54).

Aprendí de él cuanto pude, *mucho menos [...] de lo que él sabe* (**68**.ii.18).

Es preferible el uso de estos grupos adjetivos cuando el segmento dependiente del cuantificador contiene un verbo explícito que difícilmente pudiera elidirse. En los ejemplos que preceden sería anómalo decir *Es algo más difícil que parece, Piensa viajar más que viajan, Es más limitado que se cree, Ganaría menos que cobran, Aprendí menos que él sabe.*

XXXI. ORACIONES COMPLEJAS
(IV. CONSECUTIVAS)

Características

416. Se ha visto en § 405 que las oraciones llamadas *consecutivas del segundo tipo* (**87**.3.22.4) son oraciones transpuestas que han de examinarse en relación con las de relativo. En cambio, las consecutivas del primer tipo deben ser incluidas entre los grupos oracionales (§ 385).

Suelen describirse las consecutivas como oraciones que «expresan la consecuencia de una acción, circunstancia o cualidad indicada en la oración principal, a la que se unen por medio de la conjunción *que,* la cual se refiere a los antecedentes *tanto, tan, tal...*» Es contradictorio llamar a la unidad *que* conjunción y a la vez atribuirle un antecedente como si fuese un relativo. Sin negar que el sentido de estas construcciones manifieste una consecuencia, es primordial señalar que el llamado antecedente consiste en un cuantificador que, ante todo, encarece lo que se comunica. Si en este ejemplo:

Es una figura *tan fina que* da la impresión que no pesa (**17**.302),

suprimiésemos el cuantificador *tan,* se eliminaría todo encarecimiento, y el segmento encabezado por *que* se convertiría en una transpuesta relativa adyacente del sustantivo *figura:*

Es una figura fina que da la impresión de que no pesa.

Sin encarecedor, pues, no hay construcción ni sentido consecutivos.

El antecedente, junto con la estructura introducida por *que,* funciona como unidad compleja dependiente de un sustantivo, de un adjetivo o de un adverbio. En el caso de ausencia de estas unidades, es el cuantificador el que actúa como núcleo de la construcción. La función del grupo en que se inserta la oración transpuesta es variable dentro de la oración global.

Antecedentes encarecedores

417. He aquí ejemplos con los diversos antecedentes encarecedores:

Tanto (y sus variaciones de género y número):

> Se le vinieron *tantas lágrimas* a los ojos [...] *que tuvo que callarse* (**85**.990) (donde lo subrayado funciona como sujeto de *vinieron*).
> Aprendió *tantas cosas [...] que no tuvo tiempo para pensar en ninguna de ellas* (**68**.II.13) (donde lo subrayado es objeto directo de *aprendió*).
> Lo había leído *tantas veces que ya se lo sabía de memoria* (**77**.27) (donde lo subrayado funciona como adyacente circunstancial de *había leído*).
> El año pasado [el arroyo] creció *tanto que se apoderó del camino* (**17**.152) (donde lo subrayado actúa como adyacente circunstancial de *creció*).
> Y *tanto* hablé, *que concluí por sufrir ligero aturdimiento* (**85**.1284) (donde lo subrayado funciona como adyacente circunstancial de *hablé*).

Tan (adyacente de adjetivo o adverbio y locución adverbial):

> Ningún español había *tan imbécil que lo pensara* (**68**.II.187) (donde lo subrayado funciona como atributo del objeto directo *ningún español*).
> En general, el prestigio del escritor español no llega a ser *tan grande que deslumbre a las mujeres* (**17**.50) (donde lo subrayado es el atributo del sujeto *el prestigio*).
> Sentado en el filo de una silla *tan alta que sus pies no rozaban el suelo* (**77**.12) (donde lo subrayado es adyacente del sustantivo *silla*).
> Era [...] de genio *tan turbulento y díscolo, que nadie que junto a ella estuviese podía vivir en paz* (**85**.1000) (donde lo subrayado es adyacente del sustantivo *genio*).
> Ahora trae mi narración cosas *tan estupendas, que no las creerá nadie* (**85**.1284) (donde lo subrayado es adyacente del sustantivo *cosas*).
> *Tan ineptas* me parecieron esas ideas, *tan pomposa y tan vasta* su exposición, *que las relacioné inmediatamente con la literatura* (**21**.62) (donde lo subrayado es atributo del verbo *parecieron*).
> *Tan lejos* fue [...] la suerte, *que llegó mi ganancia a términos que me*

dejaban [...] ver que [...] no tenían con qué satisfacer la deuda (**4**.255) (donde lo subrayado es adyacente circunstancial del núcleo *fue*).

Tan a pechos había tomado su cargo [...] *que a él se le debían los eficaces triunfos alcanzados por la Sociedad* (**85**.1733) (donde lo subrayado es adyacente circunstancial de *había tomado*).

Tal (y su plural *tales*):

Afirmaba las cosas que inventaba *con tal tesón que no se comprendía si se estaba riendo o hablando en serio* (**16**.275) (donde lo subrayado es adyacente circunstancial de *afirmaba*).

En aquel rápido cambio de palabras [...] había habido para ella *tal ofensa que se veía que solo pensaba vengarse de él gracias al amor* (**56**.158) (donde lo subrayado es el objeto directo de *había habido*).

El cual mostró *tales deseos de fumar que Isidora [...] le obsequió con un paquete de puros* (**85**.1033) (donde lo subrayado es objeto directo de *mostró*).

Se puso la niña *en tales términos que una mañana se espeluznó* (**85**.1692) (donde lo subrayado es· adyacente circunstancial del núcleo *se puso*).

[Otros] dejaron en plena juventud *obra madura, si no insuperable, tal,* al menos, *que ellos no la hubieran nunca superado* (**58**.II.84) (donde lo subrayado es objeto directo de *dejaron*).

418. El encarecimiento propio de las construcciones consecutivas puede manifestarse también sustituyendo los mencionados cuantificadores por el indefinido invariable *cada*, la unidad *un* (y sus variantes de género y número) y la locución ponderativa· *una de* (en que se· supone elipsis del sustantivo *cantidad*). Así en estos ejemplos:

La cual [su madre] daba *cada gemido que* partía el corazón (**85**.1260).

Campos feraces, donde hay *cada cosecha que* tiembla el misterio (**85**.1515).

Las benditas cifras [...] se posesionaban de mí *con un bullicio [...] que* me tenían como loco (**85**.1755).

Lo que tiene usted es *un tipo de peliculero que* no puede con él (**56**.136).

El infeliz me miraba desde su cama *con unos ojos que* se me partía el corazón de verlo (**10**.64).

Tiene *una de circunloquios* elegantes para decirlo todo, *que* a mí me impacientan (**17**.310).

Otros antecedentes encarecedores que· se citan (**87**.22.4), como *así, de modo, de manera que,* son hoy poco usados:

Estaba *así impaciente y enojado, que* mirarle a la cara nadie osaba (**43**.11).

Yo la castigaré *de modo que* de aquí adelante no se desmande (**30**.2.57).

Que hay delitos *de manera que* ellos mismos se castigan (**25**.II).

Y hasta enredaba la madeja en su fantasía *de modo que* resultaba que ella [...] tenía alguna culpa de la desgracia (**3**.126).

De usos semejantes se han originado las locuciones adverbiales continuativas que introducen oraciones yuxtapuestas en grupos oracionales (§ 385).

Otras particularidades

419. No han de contarse entre las construcciones consecutivas ciertos grupos de dos oraciones yuxtapuestas, aunque contenga la segunda de las cuales un elemento encarecedor como los que se han visto. Por ejemplo:

Adrede os hago esta pregunta en forma menos ventajosa para mi tesis. *Tan persuadido* estoy de la superabundancia de mis razones (**68**.II.54).

El sentido del grupo yuxtapuesto podría manifestarse también con la correspondiente construcción consecutiva:

Tan persuadido estoy de [...] mis razones *que* adrede os hago esta pregunta...

Pero también se mantendría su sentido con la estructura llamada causal (véase § 431), diciendo:

Adrede os hago esta pregunta..., *porque* estoy muy persuadido...

Las mismas equivalencias semánticas se observarían entre este ejemplo también yuxtapuesto:

La verdad es que todos estos milicianos parecen capitanes; tanto es el noble señorío de sus rostros (**68**.II.58),

y las correspondientes construcciones consecutiva y causal:

La verdad es que *tanto* es su noble señorío [...] *que* todos [...] parecen capitanes.

La verdad es que todos [...] parecen capitanes, *por* el muy noble señorío de sus rostros.

Debe notarse que en el caso del grupo yuxtapuesto, la entonación de la primera oración termina con cadencia; mientras que en las estructuras consecutivas el segmento que precede a *que* acaba con anticadencia.

420. Tampoco son propiamente estructuras consecutivas ciertas secuencias truncas en que puede sospecharse la supresión de una oración degradada por *que*. Son estructuras provistas de entonación exclamativa y con ello ponen de relieve el encarecimiento significado por el cuantificador. Pero aunque acaben con tonema de suspensión, ello no implica ninguna elipsis, ni por fuerza sugieren solo el sentido consecutivo. Véanse los siguientes ejemplos, todos con cuantificadores u otras unidades que evocan encarecimiento:

He pensado *tanto* en ti... (**18**.654).
Don José se reía con esto. ¡Era *tan bueno...!* (**85**.1035).
Usa un gorro con borla de oro, y es *tan fino, tan relamido...* (**85**.1007).
Trabajan mucho, cosen a máquina, pero ganan *tan poco...* (**85**.1006).
No pudo resistir la tentación de comprar un imperdible. ¡Cayó en la cuenta de que le hacía *tanta falta...!* (**85**.1032).
Mala gente, ¿verdad? ¡A mí me han jugado *cada mala pasada!* (**18**.654).
En las Casas Consistoriales de Quintanar hay *cada expediente...* (**85**.1371).
¡Yo tenía *un miedo...!* (**85**.1267).
También tú tienes *unas cosas...* (**85**.1280).

Si en estos casos el hablante eliminase toda ponderación, la curva melódica exclamativa desaparecería en beneficio de la asertiva y los encarecedores se sustituirían por simples cuantificadores como *mucho* o *muy*. Resultarían oraciones desprovistas de sentido afectivo:

He pensado mucho en ti.   Me han jugado muy malas pasadas.
Era muy bueno.   Hay expedientes muy particulares.
Es muy fino, muy relamido.   Tenía mucho miedo.
Ganan muy poco.   Tienes cosas muy especiales.
Le hacía mucha falta.

421. En contextos favorables puede ocurrir que la estructura consecutiva prescinda del antecedente. Véanse estas oraciones:

Habla tanto que marea.
Gritó tan recio que se quedó ronco.
La sopa está tan caliente que arde.

En ellas, los elementos encarecidos por el cuantificador pueden desaparecer junto con este cuando su referencia es consabida, y decirse simplemente:

Habla que marea. Gritó que se quedó ronco. Está que arde.

Ahora, sintácticamente, las secuencias degradadas por *que* (es decir: *que marea, que se quedó ronco, que arde)* funcionan como adyacente atributivo en los dos primeros casos y como atributo en el tercero. No hay estructura consecutiva puesto que ya han desaparecido los elementos antecedentes. Sin embargo, el valor ponderativo subsiste, aun en ausencia del encarecedor, porque la entonación sigue siendo de tipo exclamativo y mantiene la inflexión de anticadencia. He aquí otros ejemplos:

Está el pobre que no le llega la camisa al cuerpo (**85**.1361).
El pobre Agustín está que se le puede ahogar con un cabello (**85**.1568).
Está esa escalera que da asco (**85**.1457).

XXXII.   ORACIONES COMPLEJAS
(V. ADVERBIALES PROPIAS)

Estructuras internas de las adverbiales

422. Se han llamado *adverbiales* las oraciones transpuestas que pasan a cumplir las funciones propias del adverbio (o su equivalente sustantivo convenientemente provisto de transpositores), es decir, las de adyacente circunstancial y de modificador o adyacente oracional (§ 175, 185, 313, 356, 358, 386). Conviene, pues, clasificar las oraciones adverbiales junto con las sustantivas en papeles circunstanciales, teniendo en cuenta ante todo los rasgos de su estructura sintáctica interna. Desde este punto de vista, se distinguen los siguientes tipos:

1.º Si una oración se degrada con la conjunción *que* pasa a funcionar como un sustantivo, y, cuando cumple un oficio circunstancial, requiere, como aquel, la presencia de la oportuna preposición. He aquí ejemplos:

> Ya avisarás *para que te eche una mano* (**28**.211).
> El español es pirómano *porque quiere borrar todo vestigio de su pasado* (**27**.433).
> *Desde que estoy así*, no se hacen muchas cosas que tengo ordenadas (**85**.1634).
> Todo vale mucho *hasta que llega la hora de venderlo* (**75**.243).
> Me lo llevé [...] *a que piropeara a las muchachas* (**61**.XLVIII).
> Y allí ha de ver usted abundancia, *sin que se pueda decir que hay derroche* (**85**.1501).

2.º La oración transpuesta por relativo resulta sustantivada al omitirse el antecedente o al aparecer (cuando es necesario) el artículo; luego puede también desempeñar el papel de adyacente circunstancial si la habilita para ello la preposición oportuna (según se vio en § 400):

> Yo había preparado, *para quienes trabajaban a mis órdenes,* unas instrucciones (**7**.414).
> *Por lo que se oía decir,* [...] era uno de esos hombres (**7**.390).

3.º Cuando carecen de antecedente, los adverbios relativos *donde, cuando, como* (y *cuanto* con preposición) degradan la oración en que se insertan y esta funciona como adyacente circunstancial:

> *Donde fueres,* haz lo que vieres. *Cuando el río suena,* agua lleva.
> Se manejaba *como podía* para no desmerecer (**85**.1614).
> *En cuanto pretende señalar una verdad,* [...] tiene un valor ético indiscutible (**68**.II.55).

4.º La oración transpuesta por *que* puede ser adyacente de un adverbio. A veces, este se unifica con *que* y da como resultado un transpositor unitario *(aunque, ya que),* en el cual el sentido primitivo del adverbio resulta modificado:

> El problema [...] se plantea *siempre que la cultura acumulada pierde vigor* (**68**.II.164).
> No me explico ese consumo enorme de petróleo, *ahora que no necesito luz* (**85**.1634).
> Permanece inmóvil [él]... *mientras que ella produce un ruido breve* (**72**.55).
> El retroceso de las culatas [...] suele ser, *aunque parezca extraño,* más violento que el tiro (**68**.I.86).
> Voy a instalar mi despacho en la pieza donde está el conmutador, *ya que el viejo se reservó la más grande* (**79**.41).
> En nuestra edad, lo maravilloso existe lo mismo que en las pasadas, *solo que los ángeles han variado de nombre y figura* (**85**.1660).
> *Luego que se hubo vestido* [...], salieron madre e hijo de casa (**16**.61).
> Rosina no necesitaba mirar al escabechero para sentirse trémula y encendida *así que escuchaba su paso* (**83**.73).

5.º Se ha visto (§ 280) que a veces el sentido de una preposición se escinde en locuciones equivalentes, constituidas por un sustantivo seguido por *de* (u otra preposición) que introduce un adyacente. En el caso de que este sea una oración transpuesta por *que,* el conjunto funciona también adverbialmente:

Se iba convirtiendo en el enemigo de sus afines [...] *gracias a que su mujer le entregaba indefenso* (**3**.15).
Decidieron librar el crédito en plazos mensuales, *con objeto de que se distribuyese con prudencia*.

Lo mismo se observa con locuciones de otros orígenes:

El sol no les resulta un dios suficientemente misterioso *a pesar de que tampoco se le suele mirar* (**72**.50).

6.º Algunos participios inmovilizados en su significante masculino singular se unen a un adyacente constituido por una oración transpuesta por *que*, y dan origen a unidades transpositoras compuestas, como *puesto que, dado que, salvo que*. Así, en estos ejemplos:

Puesto que su casa fue [...] la mejor de la aldea, las otras fueron arregladas a su imagen y semejanza (**50**.15).
Dado que usted conoce demasiado bien cuál es mi posición [...], no será caso de que se la explique (**7**.501).
Me iré enseguida, *salvo que usted mande otra cosa*.

7.º Otros transpositores distintos a *que* degradan también oraciones a las funciones adverbiales. Se trata de adverbios u otras unidades adverbializadas, análogos por su comportamiento a los adverbios relativos citados antes en el tipo 3.º *(donde, cuando, como)*. Así, las unidades *si, apenas, mientras, conforme*, etc., de los ejemplos que siguen:

Si los necesito ya les requeriré (**28**.212).
Si perdonó fácilmente la injuria [...] contra su honor, tuvo que hacer un esfuerzo para perdonarle el que le hubiera llamado cursilona (**85**.1061).
Si algún día profesáis la literatura [...], prevenios contra la manía persecutoria (**68**.I.138).
Ya sé yo qué mujer le correspondería *si las cosas del mundo estuvieran al derecho* (**85**.1615).
Si me hubiera preguntado le habría dicho que no quiero nada (**79**.60).
Apenas hubimos entrado en la casa, lo primero que hicimos fue ir en busca de la litografía (**7**.527).
Volvió a escupir *mientras doblaba, mientras componía la cara* (**79**.60).
Conforme subían el ancho tramo de escaleras [...], ambos temblaban (**35**.88).
Según entró en el túnel, sus bramidos se acrecentaron (**83**.205).

Es un procedimiento de muy saludable virtud [...], *si bien para ello es menester acendradísima humildad* (**83**.303).

¡Dios me ayude!, dije entre mí, *en tanto ascendía trabajosamente* (**83**.301).

Clasificación semántica

423. No obstante esta clasificación estructural, se vienen clasificando las oraciones transpuestas adverbiales desde el punto de vista semántico, es decir, según el sentido o contenido referencial que ellas manifiestan. De este modo, suelen distinguirse oraciones temporales, locativas, modales, causales, finales, concesivas y condicionales, a las que se agregan indebidamente las comparativas y las consecutivas, de las que se ha tratado más arriba (caps. XXX y XXXI).

Conforme a lo expuesto en el párrafo anterior, se observa que una misma estructura formal se corresponde, según los casos, a sentidos diversos, y, a la vez, que un mismo sentido puede ser expresado con estructuras divergentes. Con esto se insinúa que cada transpositor es susceptible de intervenir en la manifestación de nociones distintas. Por poner un ejemplo, la unidad *como,* además de utilizarse para transponer una oración al papel de término adyacente dentro de un grupo nominal (caso de las estructuras comparativas, § 411), puede asimismo figurar como transpositor de una oración al papel de adyacente circunstancial de modo (por ejemplo en *No nos atendió como pensábamos,* donde la oración degradada *como pensábamos* equivale a un adverbio modal: «no nos atendió adecuadamente»); como adyacente de sentido condicional (en *Como protestes te olvidarán,* donde la degradada *como protestes* equivale a *si protestas),* y como adyacente de referencia causal *(Como lo ignoraba, se calló,* estructura sinónima de *Por su ignorancia se calló).* Resulta patente que la adscripción de la oración degradada por *como* a una de las nociones mencionadas no depende del transpositor en sí, sino más bien del conjunto de factores léxicos y gramaticales que en cada caso configuran la oración.

Adverbiales propias e impropias

424. En el conjunto de estos tipos oracionales se han separado las estructuras llamadas *adverbiales propias* y las *impropias,* teniendo en cuenta este criterio: serían propias las degradadas que pueden funcionalmente ser sustituidas por un adverbio, e impropias las que carecen de sustituto adverbial. Según esto, son adverbiales propias las oraciones que manifiestan nociones temporales, locativas y modales, puesto que para todas ellas existen adverbios sustitutos. En consecuencia, las oraciones transpuestas de los ejemplos siguientes:

> Yo lo hice *cuando me avisaste.*
> Puso el cuadro *donde había más luz.*
> Tratadlo *como se merece,*

equivalen a los adverbios de tiempo, lugar y modo en estos otros casos: *Yo lo hice <u>entonces</u>; Puso el cuadro <u>allí</u>; Tratadlo <u>así</u>.*

Las demás adverbiales serán impropias, porque en el inventario de los adverbios no existe ninguno que denote las nociones de causa, fin, concesión, condición. No obstante, como los sustantivos (o los grupos nominales equivalentes) pueden desempeñar la función circunstancial propia de los adverbios, en los ejemplos anteriores cabría insertarlos en lugar de las oraciones transpuestas, diciendo:

> Yo lo hice *en aquel momento.*
> Puso el cuadro *en lugar adecuado.*
> Tratadlo *con toda deferencia.*

Por ello, aunque no haya adverbios sustitutos de las oraciones degradadas de sentido causal, final, concesivo y condicional, sí existen grupos nominales en función adverbial que pueden representarlas, según se ve en estas correspondencias:

> Lo haré *porque me conviene.*   Lo haré *por mi conveniencia.*
> Me voy *para que se tranquilicen.*   Me voy *para su tranquilidad.*
> *Si tuviera éxito,* me alegraría.   *En caso de éxito,* me alegraría.
> *Aunque esté cansado,* no debe cejar. *Con todo su cansancio,* no debe cejar.

De todas maneras, queda patente el carácter subordinado de estas estructuras adverbiales respecto del otro miembro de la oración y su verbo nuclear. Ninguna de ellas podría constituir enunciado independiente a no ser en respuestas (elípticas siempre frente a las preguntas previas) o cuando se revisten de la modalidad exclamativa; tomando los ejemplos anteriores, cabría preguntar *¿Cuándo lo hiciste?* y responder *Cuando me avisaste;* o *¿Dónde puso el cuadro?, Donde había más luz;* o *¿Cómo debemos tratarlo?, Como se merece* o *Con toda deferencia;* o *¿Para qué te vas?, Para que se tranquilicen;* o interrogar y exclamar, como en *No debe cejar —¿Aunque esté cansado?,* y en *¡Si tuviera éxito...!*

Las oraciones degradadas de sentido locativo, temporal y modal suelen funcionar como adyacentes circunstanciales del núcleo de la oración; como se ha visto, dejan como sustitutos ciertos adverbios. Las causales y las finales, que desempeñan ese mismo papel o el de modificador o adyacente oracional, permiten a veces sustituir la oración degradada por un representante pronominal neutro precedido de preposición: en los ejemplos de arriba, podría decirse *Lo haré por eso, Me voy para eso.* Por último, las estructuras de sentido condicional y concesivo cumplen el oficio de adyacente oracional (§ 358).

Adverbiales locativas

425. Para las oraciones transpuestas de sentido locativo, se ha visto (§ 137-139) que el transpositor habitual es *donde* (en textos arcaizantes *do)*, el cual, según las exigencias del verbo de que depende, puede adoptar preposición:

> *Donde varios hombres [...] se reúnen a pensar en común* hay un orangután invisible que piensa por todos (**68.**II.16) *(= Allí hay un orangután...).*
> Y ahora, agarraos, hijos, *adonde bien podáis* (**68.**I.113).
> Trajeron agua *de donde pudieron.*
> *En donde el sol reina* [...] el hombre no es nada (**96.**24-5).
> No pudo llegar *hasta donde estaba la Marquesa* (**85.**1616-7).
> Llévale a uno otro menester [...] *a por donde transitaba hace medio siglo* (**96.**129).

En la lengua escrita o afectada se utiliza a veces el adverbio *dondequiera* (y el más arcaico *doquiera)* con oraciones degradadas por *que:*

> *Dondequiera que yo iba por la casa,* me seguía Rafael (**85.**1815).
> *Dondequiera que se juntaban aquellas damas* [...] tendían [...] a formar arcos de círculo (**3.**43).

Adverbiales temporales

426. Para este tipo de oraciones transpuestas se emplea ante todo el transpositor *cuando* (§ 137-138), pero también se usan otros adverbios y locuciones adverbiales en que a menudo interviene *que.* La referencia que hacen estas oraciones a la realidad puede ser simultánea con el tiempo señalado en el núcleo verbal, marcar su anterioridad inmediata o indicar la simple sucesión. He aquí ejemplos con diferentes unidades transpositoras:

Y *cuando os hiervan los sesos,* avisad (**68**.I.93).

Cada cual da suelta a sus intenciones donde y *cuando le da la gana* (**27**.155).

Mientras no se probó la fruta [...] todo marchaba muy bien (**85**.1601).

Empieza a fijársele la mirada..., *mientras que a su alrededor crece el alboroto* (**11**.76).

¿Por qué recuerdo yo esta frase [...] *siempre que veo [...] los retratos?* (**68**.II.58).

Pugnaba por avivar la conversación *siempre que su amigo la dejaba languidecer* (**86**.242).

¡Dios me ayude!, dije entre mí, *en tanto ascendía trabajosamente* (**83**.301).

Debió de intentar arrastrarse hasta su barca *en tanto que se moría* (**24**.102).

Y *entretanto que calculaba la duración de esos destellos*, pensé que la simulación de una verdad procrea siempre otras distintas simulaciones de verdades (**24**.294).

Se hacen querer *en cuanto se los trata un poco* (**86**.732).

En cuanto se ponga bien, ... nos iremos a la Mancha (**86**.1447).

Desde que me acuesto parece que se me pone una piedra aquí (**86**.1635).

Mi adquisición habría de asemejarse mucho, *luego que la vistieran,* a la engalanada vaca (**86**.1285).

Luego que se hubo vestido Manuel, salieron madre e hijo (**16**.61).

Así que apareció ante la casuca, el guarda y su mujer se deshicieron en agasajos (**83**.275).

Así como [...] se aposentó en el vehículo, tendió las cortinas (**83**.155).

Apenas concluí mi carrera se me ofreció una colocación (**83**.251).

Antes de que nadie viniera en su ayuda, comenzó a patalear (**83**.237).

El deseo o ambición de gloria no es otra cosa que la lucha por la existencia..., *después que uno ya no existe* (**83**.258).

Primero que le vuelvan a mi poder, me han de sudar los dientes (**30**.II.26).

No bien revolaban fuera de su casta boca dos o tres de estas pecaminosas frases, sentíase invadida de risa (**83**.226).

Obsérvese que si el verbo nuclear se refiere al porvenir o a la posterioridad, el verbo de la degradada debe ponerse en subjuntivo. En el tercer ejemplo de arriba (*Mientras no se probó la fruta, todo marchaba muy bien*), si se trueca marchaba por *marchará* o *marcharía*, el resultado sería *Mientras no se pruebe la fruta todo marchará muy bien* y *Mientras no se probase la fruta todo marcharía muy bien*, con las oportunas formas de subjuntivo.

Algunas veces se conserva en la lengua escrita la correlación antigua entre dos unidades temporales:

> *Aun apenas* lo había acabado de decir, *cuando se* abalanza el pobre ciego (**64**.1.º).
> *No bien* acababa de dictarme mi último comentario, [...] *cuando* vino a caer en mis manos la traducción (**96**.149).

Adverbiales de modo

427. Para las oraciones degradadas de sentido modal se emplea el transpositor *como,* adverbio relativo que, con los de sentido locativo y temporal, solía presentar correlación con un antecedente de contenido afín (el adverbio *así* o los sustantivos *modo, manera, suerte,* etc.). Por ejemplo:

> Hay algunos que *así* componen y arrojan libros de sí *como si fuesen buñuelos* (**30**.II.3).

Este antecedente adverbial y el transpositor pueden aparecer contiguos, según se ve en estos ejemplos:

> *Así como* el Espíritu Santo, bajando a los labios del pecador arrepentido, puede santificar a este, Refugio, a los ojos de su ilustre pariente, se redimía por la divinidad de su discurso (**85**.1635).
> Hablaban de hijos y de las madres que deseaban tenerlos, *así como* de las que los tenían en excesivo número (**85**.1597).

Lo más frecuente hoy día es la eliminación del antecedente, salvo en los casos ya estudiados (§ 411) de las construcciones comparativas de igualdad. He aquí unos ejemplos sin antecedente:

> Le trataba *como se trataría a un idiota* (**85**.864).
> Se manejaba *como podía* para no desmerecer de su elevada clase (**85**.1614).

Cuando coincide con el verbo nuclear, se suprime a veces el de la oración transpuesta:

> Homero habla aquí de la muerte *como un gran épico que la ve desde fuera del gran bosque humano* (**68**.I.136).
> Respetábala esta *como a los dioses de una religión muerta* (**85**.1601).

Cuando la oración degradada por *como* aparece en inciso (y es susceptible de permutación en la secuencia), sugiere un sentido de corroboración o confirmación:

> Tú sabes, *como lo sabe todo Madrid,* sus infamias, sus estafas, sus escándalos (**85**.864).
> *Como iba diciendo a usted,* mi hermana quiere que me ocupe en algo (**85**.1635).
> Si la historia es, *como el tiempo,* irreversible, no hay manera de restaurar lo pasado (**68**.I.89).
> Su parte moderna tiene, *como en todas las ciudades actuales,* el prurito de lo grande (**17**.37).
> Valles hondos con arroyos donde se queda el cielo rosa, *como en mi pensamiento,* hasta bien entrada la noche! (**61**.XCVI).

428. El contexto puede transformar la noción modal aportada por *como* produciendo efectos de sentido varios. Cuando la oración transpuesta por *como* comienza el enunciado, es frecuente que adopte sentido causal, según se observa en estos ejemplos:

> Pero *como todo anda trocado* le tocó esa mula retozona (**85**.1615).
> *Como no puedo trabajar de aguja ni en máquina,* [...] se empeña en que ponga un establecimiento de modas (**85**.1635).

En estos casos, el verbo de la oración transpuesta va en indicativo; sin embargo, en estilos arcaizantes, aparecen formas subjuntivas en *-ra* (pero precisamente con el sentido antiguo de indicativo, equivalente a *había* + *participio,* § 223 1.°):

> *Como ocurrieran informalidades graves...,* tuve ciertos dimes y diretes con un administradorcillo (**85**.1595) (en lugar de *habían ocurrido).*

En cambio, si la degradada antepuesta con *como* tiene su núcleo en subjuntivo, denota un sentido condicional:

> *Como hoy mismo no encuentre usted medio de librarme de esto,* [...] me tiro a la calle por ese balcón (**85**.1268).
> *Como no le tocaran a sus presupuestos,* se hacía de él lo que se quería (**85**.1614).

En estos ejemplos, serían sinónimas las estructuras condicionales con *si* e indicativo: *Si no encuentra usted..., Si no le tocaban...*

Puede aparecer *como* delante de una oración ya transpuesta por *que* o por *si*. En el primer caso, la combinación *como que* denota a veces sentido causal, como en estos ejemplos:

> Algunas muchachas [...] olvidaban a sus adoradores [...]; y *como que* se trataba de cosa mucho más seria, [...] se consagraban al culto envidioso del lujo ajeno (**3**.152).
>
> Ya no le daba la gana de conspirar; *como que* tenía la olla asegurada y no quería exponer su pelleja (**86**.913).

Otras veces, manifiesta la comparación con algo análogo imaginario:

> La edad madura [...] aún siente en los labios el dejo de las ilusiones y *como que* saborea su recuerdo (**3**.166).
>
> Coges un periódico y haces *como que* lees (**85**.864).
>
> La peña [...] domina a la ciudad y *como que* la ampara (**96**.143).
>
> Las ideas se disipan en mi mente, y las palabras *como que* se perturban (**83**.304).
>
> Un hombre blanco parece *como que* pelea más al descubierto (**8**.89).

La combinación *como si* (seguida, claro es, de subjuntivo) origina el mismo efecto de sentido de *como que* y es hoy más frecuente:

> Están en mi memoria *como si* las hubieras estampado con fuego (**85**.861).
>
> Más allá veíanse suaves contornos de montañas que ondulaban cayéndose *como si* estuvieran bebidas (**85**.1587).
>
> De vez en cuando, el chiquillo, *como si* tornara un punto a la calle verdadera, se para en seco (**61**.LIII).

Aunque en su origen indicaba sentido concesivo, la combinación *comoquiera que,* actualmente de poco uso, denota también causa:

> *Comoquiera que* la brevedad es el alma del talento, [...] seré muy breve (**45**.2.6).

429.   En la lengua escrita se sigue empleando, con matiz arcaizante o afectado, el primitivo relativo *cual* en sustitución de *como*. Se usaba *cual* como correlato de *tal* en la comparación cualitativa *(Cual la madre, tal la hija),* y luego perdió su antecedente, de forma paralela a como la correlación cuantitativa *tanto... cuanto* se redujo a su segundo término. Así en

El entierro y las honras fueron cuales se puede pensar (**69**.IX.13), donde se mantiene la variación de número. Después, *cual* quedó inmovilizado equiparándose a *como:*

> [Mi cariño] se expansionaba y se venía fuera, *cual* oprimido gas que encuentra de súbito mil puntos de salida (**85**.1268).
> [Aquellas cifras] venían a resultar indistintas, *cual* los tamaños y forma de las nubes (**85**.1397).
> Dijo esto en tono de jovial conformidad, *cual* persona que sacrifica sus gustos (**85**.1594).
> Estos objetos se encaramaban unos sobre otros, *cual* si se disputaran [...] el sitio (**85**.1587).
> Los habares mandan al pueblo mensajes de fragancia tierna, *cual* en una libre adolescencia candorosa y desnuda (**61**.LXIX).

430.   Otro transpositor de sentido modal es *según* (incluido por lo común entre las preposiciones, § 284), el cual precede a la oración degradada directamente o mediante *que*. Se usa a veces combinado con *como* y con *conforme:*

> Híceme [...] el sordo o el distraído, *según* nos aconseja la regla de nuestro instituto (**83**.303).
> *Según* podía verse, eran las mismas carreteras que recorríamos en 1938 (**7**.515).
> *Según que* subía la escalera, su corazón se agitaba.
> Todo esto hizo *según y como* le dieron comodidad quinientos reales con que llegó a Valladolid (**31**.270-1).
> Anotó los hechos *según y conforme* se los refirieron.

Variación del mismo sentido se expresa con el adjetivo adverbializado *conforme:*

> *Conforme* íbamos llegando ya, [...] me puse a precisar [...] algunos de los detalles (**7**.527).
> *Conforme* vayas repitiendo las palabras que yo diga, te irás quedando dormida (**90**.145).
> *Conforme* subían el ancho tramo de escaleras [...], ambos temblaban (**35**.88).
> *Conforme* oía, el ceño del veterinario se fue frunciendo (**51**.I.233).

XXXIII. ORACIONES COMPLEJAS
(VI. CAUSALES Y FINALES)

Oraciones causales: sus tipos

431. Entre las oraciones degradadas adverbiales impropias se cuentan las que denotan sentido causal. Las *oraciones causales* se introducen con diversos transpositores, de los cuales el más común actualmente es *porque*. Suelen distinguirse dos tipos de relación semántica causal: uno, cuando la oración transpuesta se refiere a la causa real de la experiencia evocada por el llamado verbo principal; otro, cuando la oración transpuesta explica meramente el motivo por el cual se expresa el núcleo del enunciado. En la oración:

> Está enfermo porque ha llevado mala vida,

la oración degradada *(porque ha llevado mala vida)* es un adyacente circunstancial que alude a la causa de lo expresado por *Está enfermo.* En cambio, cuando se dice:

> Está enfermo porque tiene mal aspecto,

la oración transpuesta *(porque tiene mal aspecto)* señala el motivo por el cual se asegura que el sujeto aludido *Está enfermo,* sin referirse para nada a la causa de la enfermedad.

Siendo diferentes estos dos sentidos, es, sin embargo, la misma su estructura sintáctica, según ocurre también cuando en ese tipo de oraciones las que están transpuestas son sustituidas en su función de adyacente circunstancial por grupos nominales, como al decir:

> Está enfermo por su mala vida. Está enfermo por su mal aspecto.

432. Normalmente, la oración transpuesta con *porque* se sitúa en la secuencia como segundo miembro del enunciado. Así se ve tanto en los ejemplos **A** con el primer sentido, como en los ejemplos **B** con el segundo sentido:

> **A)**   Dispuso que no fueran ya a la escuela, *porque el excesivo calor les era nocivo* (**85**.1634).
>
> Se empeñó en mudarse de casa, *porque no le gustaba aquel barrio* (**16**.23).
>
> Nosotros somos lentos, *porque tomamos muy en serio el pensamiento filosófico* (**68**.I.92).
>
> El español es pirómano, *porque quiere borrar todo vestigio de su pasado* (**27**.433).

> **B)**   La suerte no debió favorecerlas, *porque tenían mal humor* (**16**.12).
>
> Y no me causéis un disgusto, *porque a la vuelta os juro que os reviento* (**83**.167).
>
> Los idiotas no pueden ser hipócritas, *porque la hipocresía exige cierto grado de conciencia* (**83**.247).
>
> Algo extraño debió quedarle en el modo de andar, *porque nunca volvió a caminar en público* (**50**.24).

Cuando se hace hincapié en la importancia de la causa, puede anteponerse la oración degradada:

> *Justamente porque no lo ha pedido,* se lo concederé.
>
> *Porque he cobrado por un cuento doscientas pesetas,* se ha hablado entre escritores y periodistas de una cosa inaudita (**17**.54).

433. En el segundo sentido causal mencionado, es decir, cuando la oración transpuesta no se refiere a la causa de lo comunicado, sino solo a por qué se comunica así, es frecuente separarla por pausa respecto de la secuencia previa, cuya curva melódica acaba en cadencia. Parece como si los dos miembros del enunciado fuesen entre sí sintácticamente independientes. En lo escrito, se indica tal pausa con punto y coma o con punto. Véanse estos ejemplos:

> Nunca perdáis contacto con el suelo; *porque sólo así tendréis una idea aproximada de vuestra estatura* (**68**.I.104).
>
> No es fácil engañarle [al mundo]. *Porque el bien no es tal bien si no se le disfraza* (**86**.806).

Os invito a meditar sobre este tema. *Porque también vosotros tendréis que habéroslas con presencias y ausencias* (**68**.I.83).

Mas cuando no se trata de pelear, ¿de qué nos sirven los ingleses? *Porque no todas las actividades han de ser polémicas* (**68**.I.88).

Oraciones introducidas por *que* de sentido causal

434. Entre las oraciones transpuestas de sentido causal se incluyen otras estructuras introducidas por la conjunción *que,* como el ejemplo de Cervantes aducido por Bello:

> Calla y ten paciencia, que día vendrá en que verás por vista de ojos cuán honrosa cosa es andar en este ejercicio (**30**.I.18).

Del sentido causal no es responsable el transpositor *que,* sino el modo del verbo de la oración transpuesta. Con formas del indicativo o el condicionado, el sentido sugerido es el causal; la oración transpuesta por *que* explica los motivos por los cuales se ha proferido la oración anterior (en general, de sentido apelativo):

> Róbeme usted, róbeme, que yo tampoco me descuido (**3**.123).
> Venid junto a mí, que os convido a un refresco (**51**.I.173).
> No te molestes, que no se lo dirá a nadie (**51**.I.154).

Cuando el verbo de estas degradadas va en subjuntivo, el sentido que evocan es final:

> Id con cuidado, que no os pongan multa.
> Ven pronto, que no tenga que esperarte.

En estos ejemplos (o en otros como *Cierra la puerta, que entra frío,* o *Cierra la puerta, que no entre frío),* la oración transpuesta con la conjunción *que* es sintácticamente independiente de la otra oración. El enunciado que constituyen está formado por la yuxtaposición de una oración *(Venid junto a mí, No te molestes, Ven pronto, Cierra la puerta)* y una frase (las oraciones degradadas *que os convido..., que no se lo dirá..., que no tenga que esperarte, que entra frío).* Ya lo confirma la pausa que se inserta entre ambas y la oportuna entonación.

Oraciones introducidas por *pues*

435. Por lo común se incluyen entre las estructuras de sentido causal las oraciones introducidas por *pues* (y en épocas anteriores por *pues que*). Se ha hecho oportuna referencia a *pues* al tratar de los grupos oracionales (§ 285). En la actualidad son raros los enunciados en que una oración con *pues* y con sentido causal preceda a otra oración, como en otros tiempos *(Pues todas las aves vuelan, volad vos,* Timoneda). Siguen siendo frecuentes los usos de *pues* introduciendo una oración que explique el porqué de lo expresado previamente. He aquí unos ejemplos de la lengua escrita:

> Hay que llevar la mirada cerca siempre del suelo, *pues el suelo es la garantía de la libertad* (**95**.2.426).
>
> Las mujeres les absuelven, *pues la mujer [...] perdona al que roba a la ciudad para enriquecer a la familia* (**95**.2.425).
>
> No tenía gran cosa que preparar, *pues el almuerzo se componía invariablemente de un huevo frito* (**16**.21).
>
> No se les permitía comer ni beber nada durante su estancia, *pues no había duda de que la enfermedad solo se transmitía por la boca* (**50**.46).
>
> Yo me metí corriendo en la cama para hacerme el dormido, *pues me daba miedo preguntarle nada* (**51**.I.10).

En estos casos, la oración precedida de *pues* equivale por su sentido a la que pudiera transponer *porque;* pero, en general, la primera oración termina en cadencia e impone una pausa antes de *pues*. Cuando la pausa intermedia es más amplia, según refleja la puntuación, no parece que exista unidad sintáctica entre ambos miembros:

> Al tiempo, un pensamiento absurdo la deslumbra: *pues la descripción de aquel milagro [...] ha incorporado en su memoria [...] la figura de los dos peregrinos* (**76**.248).
>
> Luego me dormí mejor, pero con todo, en el sueño, yo notaba un no sé qué raro; *pues pasaba que yo no dormía bien, pero tampoco mal del todo* (**51**.I.9).

Se observa en estos ejemplos el carácter expletivo de *pues* propio de los usos señalados anteriormente (§ 301, 385).

Otras locuciones de sentido causal

436. La combinación *ya que* (§ 299) producía originariamente sentido temporal en la oración que transponía, como por ejemplo en:

> *Ya que te duermas,* nadie te despertará (**90**.145).

Actualmente evoca sentido causal, y la oración encabezada por este transpositor puede anteponerse o posponerse a la otra secuencia:

> *Ya que tú no tienes pudor,* déjame a mí tenerlo (**3**.24).
>
> Quisieran morderme, destruirme o, *ya que no pueden,* por lo menos satisfacerse en considerarme tonto (**11**.30).
>
> Y dio un pajuelazo contra los burros, sin necesidad, *ya que los burros iban mucho más adelante que nosotros* (**90**.10).
>
> Creyó llegada la hora de los remedios contundentes, *ya que [...] la fiera andaba suelta* (**23**.118).

Anteriormente (§ 299) se ha aludido a otra construcción con sentido causal, que consta de un participio inmovilizado y una oración degradada con *que:*

> Propuse [...] que saliéramos a dar una vuelta..., *puesto que parecía haberse pasado el bochorno* (**9**.213).
>
> Y, *puesto que, además, tiene la discreción de no ir a quitarme un tiempo...,* también a mí me complace que frecuente nuestra humilde mansión (**11**.17).
>
> *Puesto que es así...,* no tenemos ningún inconveniente en aceptar (**50**.148).
>
> *Dado que usted conoce demasiado bien cuál es mi posición frente al régimen,* no será caso de que se la explique (**7**.501).

En la época clásica, la locución *puesto que* introducía sentido concesivo, según se aprecia en este ejemplo cervantino:

> Puesto que pensara que rebuznaba bien, nunca entendí que llegaba al extremo que decía (**30**.II.25).

Más arriba (§ 428) se han visto oraciones con sentido causal transpuestas por *como:*

> Como no quería yo desviarme de mi propósito, le contesté [...] muy tranquilamente (**12**.63).

Oraciones finales

437. Las *oraciones finales* son estructuras oracionales degradadas que funcionan como adyacentes circunstanciales y se refieren al propósito o a la intención con que se produce la noción designada por el núcleo verbal. El transpositor más común es la combinación *para que,* la cual, por otra parte, exige en la oración transpuesta el modo subjuntivo. La función de estas oraciones finales degradadas coincide con la de los grupos nominales precedidos por la misma preposición *para*. Así, en *Se calla para que no te excites,* la estructura transpuesta *(para que no te excites)* cumple el mismo papel que un grupo nominal (incluidos los que llevan infinitivo): *Se calla para no excitarte, Se calla para eso mismo.* Por supuesto, el sentido final puede ser sugerido con otros recursos: *Se calla con ese propósito* (donde la finalidad del adyacente queda evocada por el sentido del sustantivo *propósito).*

Cuando la persona gramatical del núcleo verbal se refiere a la misma que está implícita en el verbo transpuesto, en lugar de la oración degradada con *para que* y subjuntivo, se utiliza la construcción *para* con infinitivo. Así, mientras se dice *He comprado la novela para que la lea Juan,* donde la persona sujeto de «comprar» es distinta de la que lo es de «leer», se utilizará el infinitivo si se trata de una misma persona: *He comprado la novela para leerla* (y no: *para que yo la lea).* También se emplea esta construcción cuando la persona en relación con el infinitivo desempeña otra función distinta a la de sujeto en el núcleo oracional. Por ejemplo: *Poco animados os veo para emprender el viaje,* donde el actor a que alude el infinitivo es la segunda persona de plural que funciona como objeto directo del núcleo *veo,* y no se diría *para que emprendáis.* Sin embargo, pueden ser correctas las dos posibilidades otras veces: *Me han llamado para ocupar ese puesto* (o *para que ocupe ese puesto).*

Transpositores de sentido final

438. Por lo común, la transpuesta de sentido final ocupa el segundo puesto en estos enunciados, pero también puede anteponerse; véanse estos ejemplos:

> Daban ganas de hacerle oler algún fuerte alcaloide *para que se despabilase y volviera en sí de un poético síncope* (**85**.1587).
> Su enfermedad coincidió con la pérdida de nuestra fortuna [...], *para que nos llegara más al alma* (**86**.945).
> Conviene [...] que nuestro himno no suene a canto de negrero, que jalea al esclavo *para que trabaje más de la cuenta* (**68**.I.91).
> Mañana mandas matar ese animal *para que no siga sufriendo* (**90**.88).
> Los faisanes [...] rompen los huevos a picotazos *para que a la hembra no se le quite el celo* (**27**.432).

Le construyó a su mujer un dormitorio sin ventanas *para que no tuvieran por donde entrar los piratas de sus pesadillas* (**50**.24).

O mejor, *para que no lo tomes a desaire,* partámoslo y quédate con veinticinco reales (**86**.917).

Para que en todo resulte aciago [el día], hoy no podrá venir el padrito (**86**.1131).

Para que mi ser pese sobre el suelo, fue necesario un ancho espacio y un largo tiempo (**57**.13).

Alguna vez perdura el uso de la preposición *por* en lugar de *para* con el mismo sentido final:

Él sabía de los sacrificios que aquella mujer [...] había emprendido [...] por él, *por que él subiera, por que dominase...* (**1**.314).

Hacía lo posible *por que me dejasen solo lo más pronto posible* (**85**.1774).

A un calvo que una vez se negó a descubrirse *por que no se burlasen de su calva* se le multó (**96**.35).

Por que se resguardase de la humedad, Paquito diole su impermeable a la Luqui (**83**.270).

439.   El sentido final se desprende también de oraciones transpuestas con la combinación *a que,* aunque en general se trata de objetos preposicionales cuya *a* está exigida por el verbo nuclear. Es cierto que apenas difieren por su sentido dos oraciones como:

Viene *a que* se lo expliques. Viene *para que* se lo expliques,

pero las dos preposiciones no son equivalentes en ejemplos como:

Se ha acostumbrado a que lo mimen. Eso sirve para que escarmiente.

En el primer caso, *a que lo mimen* es objeto preposicional (no podría decirse *para que lo mimen,* puesto que el núcleo *se ha acostumbrado* exige *a* y rechaza *para).* En el segundo, *para que escarmiente* funciona como adyacente circunstancial y no admite la preposición *a.*

En la función de adyacente circunstancial, la finalidad puede quedar expresada también con ciertas locuciones en que se inserta un sustantivo semánticamente concorde con esa noción, las cuales vienen a ser como perífrasis de *para.* La más estabilizada es *a fin de que* (y su equivalente *a fin de* con infinitivo). Por ejemplo:

Te he puesto por escrito mis argumentos a fin de que los analices con calma.

Pidióle permiso para ausentarse brevemente, a fin de traer a su hermana (**86**.945).

A fin de evitar escándalo se colocarían en un coche de segunda (**83**.68).

Particularidades de oraciones introducidas por *para*

440. La oración transpuesta con *para que* puede quedar a veces, gracias a la entonación, relativamente disociada del núcleo oracional. Adquiere de este modo matices afectivos y con frecuencia queda oscurecido su sentido final. Como se aprecia en los ejemplos, ocurre en respuestas con suspensión o en incisos:

—Mándale el coche. —Sí; *para que lo devuelva vacío...* (**86**.1132).
—No nos quiso recibir. —*Para que te confíes...*
En su opulencia, la familia de Torquemada, o de San Eloy, *para hablar con propiedad de mundana etiqueta,* vivía apartada (**86**.1123).

La modificación del sentido final propio de *para* se produce también en los grupos nominales que contengan una oración degradada de relativo si el verbo de esta, en lugar del subjuntivo habitual en las estructuras finales, adopta modo indicativo. Mientras en las construcciones siguientes con subjuntivo:

Guarda algo de reserva para el día que falte.
Estoy a su disposición para lo que gusten,

las oraciones transpuestas tienen sentido final, en las otras oraciones con indicativo el sentido evocado consiste más bien en una contraposición entre lo manifestado por el verbo nuclear y el degradado:

Pues *para el día que tenemos y para lo perdidas que están las calles...,* no trae usted el calzado muy húmedo (**86**.1132).
Para lo feas que son, han tenido suerte.
¿En qué piensa que no viene a darte palique? *¡Para lo que ella tiene que hacer en su casa!* (**86**.1069).

XXXIV. ORACIONES COMPLEJAS
(VII. CONCESIVAS Y CONDICIONALES)

Concesivas introducidas por *aunque*

441. Las oraciones degradadas con sentido *concesivo* expresan una objeción o dificultad para lo dicho en la otra oración, sin que ello impida su cumplimiento. El transpositor más frecuente de las concesivas es *aunque,* unidad compatible con cualquier modo o tiempo del verbo transpuesto (salvo el imperativo). Se ha visto ya, al tratar de los grupos oracionales adversativos (§ 295), que la posible alternancia de *pero* con *aunque* no justifica identificar sus respectivas funciones: *aunque* transpone una oración a función circunstancial, mientras que *pero* la coordina con otra precedente unificándolas como grupo oracional. Es cierto que en cuanto al sentido pueden ser equivalentes una oración provista de otra degradada por *aunque* y un grupo oracional coordinado con *pero,* tal como sucede en los ejemplos de Bello:

> Aunque era puro y bien intencionado su celo, en vez de corregir irritaba.
> Era puro y bien intencionado su celo; pero en vez de corregir irritaba.

No obstante, las dos estructuras sintácticas son diferentes y no pueden equipararse.

442. La función de las oraciones transpuestas por *aunque,* más que la de adyacente circunstancial, es la del adyacente que hemos llamado modificador oracional (§ 358), el cual es susceptible de aparecer en cualquier puesto de la secuencia aislado entre pausas. Así, en los siguientes ejemplos:

> Es preciso alimentarse, *aunque sea haciendo un esfuerzo* (**85**.1624).
> En el otro mercado el espíritu muerto no está muy vivo, *aunque se agite* (**96**.130).

El retroceso de las culatas [...] suele ser, *aunque parezca extraño*, más violento que el tiro (**68**.I.86).

El problema estuvo en moverla a arrancar, y se comprende; *aunque reconozco que no me fue tan arduo el convencerla* (**12**.42).

Esta voluntad..., *aunque tácita*, tenía sed de amor (**83**.105).

Aunque la tormenta arreciaba por minutos, la gente permanecía suspensa (**83**.107).

Aunque hizo un grande esfuerzo por reconocerlos, confirmó su certidumbre de que nunca los había visto (**50**.45).

Aunque no pasara de ser una sospecha inconsistente, tampoco [el sonido] dejaba de tener el módico atractivo de la novedad (**24**.93).

Desde que me instalé en el piso [...], *y aunque solo se trate de una coincidencia* [...], la mayoría de los presentimientos [...] estaban [...] relacionados con voces presuntas (**24**.131).

Otras estructuras con sentido concesivo

443. El sentido concesivo puede manifestarse con otras construcciones. Se ha visto (§ 423) que, por ejemplo, *como* introduce oraciones transpuestas cuyo sentido diverso depende de las referencias semánticas de todo el enunciado. De igual modo, en *Así lo ordene el jefe, firmaré el permiso* (o con orden inverso, *Firmaré el permiso así lo ordene el jefe)*, la oración transpuesta por *así* tiene sentido temporal (equivale a «en cuanto lo ordene el jefe»); pero en *Así lo ordene el jefe, no firmaré el permiso* (o su inversa: *No firmaré el permiso, así lo ordene el jefe)*, la misma oración degradada sugiere sentido concesivo (igual que en «aunque lo ordene el jefe»). De esta manera, se utilizan otras conjunciones, locuciones y construcciones en lugar del más frecuente transpositor *aunque*.

A continuación, se ponen ejemplos con estos elementos transpositivos, como *si bien, aun cuando, siquiera, ya que, y eso que, bien que, mal que, a pesar de que,* etc.:

> *Y si bien quería con leal cariño a todos sus amigos,* muchos de estos le molestaban (**85**.1394).
>
> Híceme [...] el sordo o el distraído [...], procedimiento de muy saludable virtud, [...] *si bien para ello es menester acendradísima humildad* (**83**.303).
>
> *Aun cuando quería aparecer sereno e indiferente,* no las tenía todas consigo (**83**.202).
>
> Disimulaba su desparpajo para poder alternar, *siquiera un momento,* con personas decentes (**85**.1635).

No cabe duda que el señor don Saturnino, *siquiera fuese por bien del arte,* mentía no poco (**1**.21).

Notaba una complacencia [...] en tolerar y hasta hurgar las flaquezas del prójimo, *siquiera en algo la perjudicasen* (**3**.124).

Pues ahora, *ya que no sabía escribir novelas,* sabía hacerlas, y su existencia era tan novelesca como la primera (**3**.92).

Si [...] le proponía escaparse juntos [...], echaba a correr sin equipaje ni nada, sin llevar siquiera las zapatillas; y *eso que no concebía cómo hombre nacido podía echarse por la mañana de la cama y calzarse las botas de buenas a primeras* (**3**.48).

Conversación inequívoca en su significado, *bien que a ratos susurrante y varias veces interrumpida* (**12**.57).

Pero —*mal que me pese*— prefiero atribuirme esa cobardía o esa mezquindad (**24**.134).

Yo apenas la atendí, *a pesar de que esos últimos [...] datos [...] podían haber contribuido a despertarme una curiosidad inmediata* (**24**.153).

Y *a pesar de que al final recuperó algo,* lo demás se le fue por el caño de las apuestas (**92**.6).

Algún malintencionado les había deteriorado la pintura del coche, *aun cuando no pudieron precisar el lugar ni la fecha exacta* (**12**.162).

El Tribunal [...] condenó al reo nada más que a cinco penas de muerte, *bien que [...] no dispusiera [...] sino de una sola vida* (**84**.210).

Ya que no otra cosa, había heredado de sus antepasados un natural noble y honesto (**84**.105).

Aun supuesto que le hayan plagiado unos miserables versículos, eso no es puñalada de pícaro (**84**.159).

Aun siendo un buen clima el portugués, convenía ensamblarse con la moda y dar al invierno lo que es del invierno (**55**.176).

Y *aun cuando daba a todos su ciencia,* no intentaba dar su sabiduría (**72**.96).

444.   Sinónimas son ciertas construcciones degradadas por *que* contiguas a un adjetivo o a un adverbio precedidos por la preposición *por:*

No olviden [...] que *por más acciones que* ocurran allá afuera, acá adentro no estamos nada más papando moscas (**47**.435).

Por más que se hizo, no se pudo ocultar la terrible catástrofe a Serafina (**2**.184).

El hombre es un animal extraño que necesita [...] justificar su existencia con la posesión de alguna verdad absoluta, *por modesto que sea lo absoluto de esta verdad* (**68**.I.164).

¡Y esos magníficos pinares, y esos montes de piedra, que nada saben de nosotros, *por mucho que nosotros sepamos de ellos!* (**68**.ɪ.220).

No es la construcción en sí la que sugiere el sentido concesivo en estos casos, sino esa suerte de contraposición semántica que se observa entre los dos términos de tales enunciados. Cotéjese el sentido concesivo de estos dos ejemplos:

> Por mucho que estudió, no lo aprobaron.
> Por poco que estudió, no lo suspendieron,

donde existe una contraposición, con el sentido causal sugerido por la concordancia semántica de los términos en estos otros casos:

> Por lo mucho que estudió, lo aprobaron.
> Por lo poco que estudió, lo suspendieron.

445. El sentido concesivo está también sugerido por otras estructuras, que no son oraciones degradadas dependientes de otra, sino oraciones independientes sin conexión sintáctica. Así ocurre en los siguientes ejemplos:

> Recorría el término en su caballo alazán, *nevase o apedrease* (**36**.17).
> *Que quieras que no,* Fileno fue despojado de sus cintas y encomendado a unos arrieros (**85**.381).
> *Pero sea lo que fuere,* lo que sé decir es que ayer hice un soneto (**30**.ɪ.34).
> *Sea lo que quiera,* esas visitas me apestan (**85**.1038).

Condicionales introducidas por *si*

446. Se llaman *condicionales* las oraciones transpuestas con la conjunción *si,* las cuales funcionan como adyacente o modificador de la oración «principal» conjunta. Predomina el sentido condicional en estas construcciones, pero no siempre su referencia consiste en mostrar una condición para el cumplimiento de lo manifestado en la otra oración. Muchas veces señalan solo una contraposición de índole diversa. Por ejemplo, el sentido condicional es perceptible en *Si me lo permites, me abstengo,* donde la condición para «abstenerse» presupone el «permiso»; pero en *Si ayer llovía, hoy hace sol,* solo se entiende el contraste entre dos realidades compensadas.

Sea cual fuere el sentido, la estructura sintáctica es en ambos casos una misma: hay una oración transpuesta por *si,* que se denomina *prótasis,* y otra (que pudiera ella sola constituir enunciado) conocida por *apódosis.* El orden de estos dos miembros es libre. Pero, teniendo en cuenta los morfemas verbales que aparecen en cada uno de los dos miembros, suelen distinguirse varios esquemas condicionales.

Prótasis con indicativo

447. El verbo de la *prótasis* puede estar en *indicativo* (presente, antepresente, pretérito, copretérito, antecopretérito) y el de la *apódosis* adopta cualquier forma verbal salvo el antepretérito y los futuros de subjuntivo. Se trata de los enunciados condicionales que se han llamado *reales* o de *relación necesaria.* Véanse ejemplos:

Si esto no se *arregla* por bien..., ahí *tenemos* los tribunales (**85.**1031).

Si no *duermo, vale* más que encienda la luz (**85.**1038).

No *tengas* entrañas *si quieres* defenderte de la miseria (**85.**1636).

Que *si* la historia *es,* como el tiempo, irreversible, no *hay* manera de restaurar el pasado (**68.**I.89).

Si mi doña Sirena *ve* debajo del agua, tampoco yo me *chupo* el dedo (**12.**49).

Si se la *deja,* si no se la *come,* se *pudre* (**72.**115).

Si es señorito delicado, más le *valiera* no haber nacido (**63.**160).

Si se le *antojaba, disparaba* chinitas sobre algún raro transeúnte (**1.**8).

Si se *trataba* de una pared maestra, *demostraba* que era todo un monumento (**1.**20).

Si era un individuo de la Junta, se *levantaba* de su silla cosa de medio palmo (**1.**106).

Si nunca *pudo* sacudir de sí la prístina ignorancia, en el andar y en el vestir y hasta en el saludar *fue* consiguiendo paulatinos progresos (**1.**119).

Que *si* aquellos polvos *trajeron* estos lodos, no se *puede* condenar el presente y absolver el pasado (**68.**I.89).

Si algún gobernador enérgico *había amenazado* a los socios [...] con darles un susto, los jugadores influyentes le *habían pronosticado* una cesantía (**1.**113).

Que me *caiga* muerto aquí, *si he leído* una sola línea de eso (**63.**129).

Si de joven *había soñado* cosas mucho más altas, su dominio presente *parecía* la tierra prometida a las cavilaciones de la niñez (**1.**15-6).

Recuérdese que en la prótasis nunca aparecen los tiempos condicionados (es decir, los futuros y los pospretéritos), salvo en ciertos usos dialectales.

Prótasis con subjuntivo

448. Con la *prótasis* en *subjuntivo,* hoy existen prácticamente solo dos posibilidades:

1.º   Si la perspectiva temporal sugiere el presente o el futuro, el verbo de la oración transpuesta aparece en *pretérito de subjuntivo.*
2.º   Si la perspectiva se refiere al pasado, el verbo de la prótasis adopta la forma del *antepretérito de subjuntivo.*

A estos dos tipos de condicionales se los ha llamado *irreales* y de *relación imposible.* El verbo nuclear de la *apódosis,* en el primer caso, es hoy predominantemente el *pospretérito (cantaría),* aunque perduran algunos usos del *pretérito* de subjuntivo *(cantara).* En el segundo caso, el verbo de la apódosis alterna entre el *antepretérito* de subjuntivo *(hubiera cantado)* y el *antepospretérito (habría cantado).*

En la lengua más conservadora o arcaizante todavía se encuentra un tercer tipo de estructuras condicionales, en cuya *prótasis* aparecían los *futuros de subjuntivo,* mientras el verbo nuclear de la *apódosis* adoptaba las formas de *presente de indicativo* o *subjuntivo,* el *imperativo* o uno de los *condicionados.* Por la relación entre las formas verbales de la prótasis y la apódosis, se denominaban condicionales contingentes. He aquí algún ejemplo:

> A quien *podréis* reclamar vuestros salarios atrasados *si* los *hubiere* (**22.**185).
> *Riña* vuesa merced a su hijo *si hiciere* sátiras que perjudiquen las honras ajenas (**30.**ii.16).

449. Véanse ejemplos del primer tipo, con el verbo de la prótasis en pretérito de subjuntivo:

> *Si* esta *tuviera* dinero, *gastaría* un lujo asiático (**85.**1038).
> *Si supiera* que Bismarck tomaba un anteojo por un fusil, se le *reiría* en las narices (**1.**13).

Si mi mujer *supiera* que solo puedo disponer de dos horas y media de descanso, me *dejaría* volver a la cama (**1**.58).

Quería decir que *si* él *fuera* rico, su dinero *sería* de San Pedro (**1**.229).

Que *si tornásemos* a aquellos polvos, *volveríamos* a estos lodos (**68**.I.89).

Si te *mirase* como tú quieres, esa sí que *sería* tu muerte (**84**.143).

En lugar del pospretérito *(cantaría)* es raro hoy el uso antiguo del pretérito de subjuntivo en la apódosis:

Si yo tuviera dineros [...] *preguntara* al señor mono qué me ha de suceder (**30**.II.25).

Y *dijera* más si no me llamase mi obligación (**63**.56).

En este otro ejemplo, también sujeto a la norma antigua, hay en el empleo del subjuntivo en la apódosis cierto influjo de la modalidad exclamativa y afectiva que presenta la oración:

¡Si tú y yo no afanáramos por ahí..., lo que *comiéramos* nosotros! (**16**.227).

En el habla coloquial y popular, el indicativo copretérito suele sustituir al condicionado o al subjuntivo en la apódosis:

Si fuese campanero [...], entonces no se *hablaba* más que con el obispo (**1**.9).

Si yo pudiese trasladar aquí la Quinta, la *trasladaba* (**55**.290).

450. Con las condicionales del segundo tipo, cuya prótasis lleva el verbo en antepretérito de subjuntivo, se sugiere la irrealidad en el pasado de las nociones manifestadas. Por su parte, la apódosis admite varias formas en el verbo: pospretérito o antepospretérito y subjuntivo antepretérito (solo con el significante *hubiera;* raro *hubiese).* Así, en estos ejemplos:

No existiría [...] el nombre de felicidad *si* no se *hubiera dado* al hombre [...] el consuelillo de esperarla (**85**.1018).

Si usted no me *hubiera recibido, hubiera pasado* por delante de la verja de su Quinta siempre (**55**.234).

Si hubiese leído ciertas novelas de moda, *hubiera sabido* que don Álvaro no hacía más que imitar (**1**.157).

Si hubiera fumado, no *hubiese sido* mayor la estupefacción de aquellas solteronas (**1**.95).
Si te *hubieses quedado, habrías visto* algo bueno.

El sentido condicional se manifiesta también con otras construcciones, según se ha señalado en § 428.

Estructuras con *si* expresivas y exclamativas

451. Quedan por examinar otros enunciados introducidos por *si* que a primera vista parecen prótasis condicionales desprovistas de la correspondiente apódosis. Del contexto suele colegirse el sentido que podría tener esta; pero lo cierto es que no se trata de verdaderas elipsis porque su reposición daría resultados diversos. A una pregunta como *¿Has leído mi libro?*, el interpelado puede responder así: *Si no lo he recibido...* Este enunciado revela una estructura propia de las oraciones transpuestas por *si,* pero al mismo tiempo está caracterizado por una curva melódica no asertiva con inflexión final prolongada con demora. El sentido evocado no es propiamente el condicional, sino algún matiz entre lo enfático y lo ponderativo. La modalidad de tales enunciados se incluye o en lo interrogativo o en lo exclamativo.

452. En los enunciados interrogativos con *si* las formas verbales pertenecen al modo condicionado (esto es, los futuros y los pospretéritos: *cantaré, cantaría, habré cantado, habría cantado),* que son precisamente incompatibles en las prótasis condicionales (§ 447). Véanse estos ejemplos:

¿Si *estaré* yo tan lelo como este pobre hombre? (**85**.1879).
¿Si sus ojos *estarían* distraídos al fijarse en mí? (**1**.180).
¿Si *habré* yo *visto* visiones? (**1**.180).
¿Si *habría hecho* el idilio trapístico más efecto que los otros? (**85**.1809).

Suprimiendo *si* en estos enunciados, las oraciones interrogativas que quedan van de acuerdo con la norma y mantienen el sentido total de las primeras, si bien se pierde su énfasis encarecedor. Así:

¿Estaré yo tan lelo como este pobre hombre?
¿Sus ojos estarían distraídos al fijarse en mí?
¿Habré yo visto visiones?
¿Habría hecho el idilio trapístico más efecto que los otros?

Con ello se demuestra que el *si* de estos ejemplos es la misma unidad que transpone oraciones interrogativas a la función nominal de objeto directo (§ 393): *Me pregunto si estaré yo tan lelo como este pobre hombre, Me pregunto si sus ojos estarían distraídos..., Me pregunto si habré yo visto visiones, No sé si habría hecho el idilio trapístico más efecto que los otros.* Sin embargo, no es seguro que se deba imaginar en estos ejemplos la elipsis de un verbo «principal». Nada impide considerar estas interrogativas como oraciones enfatizadas con el adverbio encarecedor *si*. Obsérvese, además, que las formas verbales empleadas en estas construcciones actualizan solo el sentido de probabilidad y nunca el de posterioridad, y, por tanto, las preguntas equivaldrían a *¿Estoy acaso tan lelo...?, ¿Sus ojos estaban quizá distraídos al fijarse...?, ¿He visto tal vez visiones?, ¿Había hecho el idilio [...] acaso más efecto que los otros?*

453. Entre los enunciados exclamativos con *si*, provistos de curvas melódicas variables en consonancia con la intención o el estado emocional del hablante, se distinguen dos tipos fundamentales. El primero coincide en su estructura interna con el esquema propio de la prótasis condicional, y adopta inflexiones suspensivas como sustituto de la presunta apódosis elidida. Este tipo de aspecto condicional truncado hace referencia a algo solo sugerido cuyas causas o condiciones se expresan con encarecimiento:

> ¡Si esta mujer *tuviera* un poco de imaginación...! (**17**.49).
> ¡Si yo *hablase!* (**27**.46).
> ¡Si me *hubieras hecho* caso! (**38**.49).
> ¡Si *hubieseis llegado* a tiempo!

El sentido, pues, manifiesta el sentimiento de no haber podido lograrse algo que hubieran favorecido los motivos no cumplidos. Descontando la entonación, el esquema sintáctico coincide con el de las condicionales (§ 449-450); sin embargo, también cabe la duda entre considerarlas como condicionales truncadas o mejor como estructuras de enunciado exclamativo inducidas por el adverbio encarecedor *si*.

454. El segundo tipo de enunciado exclamativo con *si* coincide en su estructura interna con la que presenta la prótasis de las llamadas condicionales reales (§ 447). En ambos casos, las formas del verbo de la prótasis son las de indicativo (esto es: *canto, cantaba, canté,* y sus compuestos: *he, había, hube cantado).* La curva melódica acaba, en general, con inflexión ascendente. Su sentido manifiesta diversos grados de inadecuación respecto de lo expresado en el contexto o sugerido por la situación: sorpresa, protesta, reconvención. Véanse estos ejemplos:

> *Si es un tonto...* ¿Qué entiende él de eso? (**85**.1790).
> —No te rías. —*Si no me río...* (**85**.1790).
> ¿Ves cómo te meto en un puño? *Si eres un muñeco...; si no tienes sangre en las venas...; si los vicios te tienen desainado...* (**85**.1863).
> *¡Si ya me lo olía yo...!* (**51**.ii.51).
> ¿Usted [...] conoce al Tachuelas? —Claro, *si fue conmigo a la escuela...* (**52**.130).
> En la vida he visto un muerto así, se lo aseguro. ¡Pero *si ni siquiera ha perdido el color!* (**38**.27).
> *Si es una perezosa; si ya no quiere salir; si ya ha vuelto a las andadas* (**1**.336).

Si en el primer ejemplo de la serie, la situación permitiese unificar en un solo enunciado condicional los dos (el exclamativo y el interrogativo), se perdería la entonación exclamativa y ya no habría intención expresiva. Diciendo:

> Si es un tonto, ¿qué entiende él de eso?,

la secuencia de la prótasis tendría entonación ascendente sin más. También en los otros ejemplos aducidos se combinan secuencias independientes. La operación de suprimir la unidad *si* en las construcciones interrogativas, efectuada antes (§ 452), sería también posible en esta serie exclamativa. En el último ejemplo, la recriminación afectiva de la conducta del personaje a través de la triple secuencia exclamativa *(si es una perezosa; si ya no quiere salir; si ya ha vuelto a las andadas)* se convertiría en simple consignación asertiva al suprimir el encarecimiento aportado por *si* y la entonación ascendente de cada oración:

> Es una perezosa; ya no quiere salir; ya ha vuelto a las andadas.

455. Todavía es menos aceptable el sentido condicional cuando las estructuras exclamativas con *si* contienen las formas verbales condicionadas *(cantaré, cantaría* y sus compuestos), al igual que se vio con las interrogativas (§ 452). Véanse estos ejemplos:

> ¡Dios mío, si estará loca la pobrecita! (**1**.196).
> Si sabré yo los libros que leen mis amigas (**38**.108).
> Si habría sido un milagro...

En estos casos exclamativos no aparece el sentido de incertidumbre que se encuentra en las correspondientes construcciones interrogativas, por ejemplo, en ¿*Si estará loca la pobrecita*? Lo que manifiestan estas exclamativas con *si* es una mayor participación del hablante en la emoción o sentimiento que comunica. El sentido sería equivalente, pero con pérdida de esa intervención subjetiva, empleando estructuras con unidades exclamativas (¡*Qué loca está la pobrecita*!) o con la simple entonación pertinente (¡*Está loca la pobrecita*!).

En conclusión, deben mantenerse separados los enunciados asertivos con *si* y los enunciados exclamativos análogos. Los primeros, según se ha visto, son resultado de la transposición por *si* de una oración que pasa a funcionar como adyacente oracional (caso de las condicionales) o como objeto de función sustantiva (caso de las llamadas interrogativas indirectas, § 393). En las construcciones exclamativas que acaban de examinarse (como también en las interrogativas), puede afirmarse que *si* no es un transpositor oracional, sino un encarecedor adverbial de los contenidos comunicados.

XXXV.   LAS FRASES: ENUNCIADOS
SIN NÚCLEO VERBAL

Las frases

456. Se ha indicado anteriormente (§ 311) que existen enunciados cuya estructura interna difiere de la propia de las oraciones, pues carecen del núcleo verbal en que se cumple la relación predicativa. Se conocen con el nombre de *frases,* y sus constituyentes son siempre palabras de índole nominal, esto es, sustantivos, adjetivos o adverbios y naturalmente cualquier otra categoría que funcione como ellas gracias a la transposición. Al no existir un núcleo verbal del que dependan sus demás componentes, las relaciones internas de estos en la frase no son paralelas ni idénticas a las que establecen en la oración. Por esto, las frases no deben clasificarse, como a veces se hace, por analogía con las oraciones a que pudieran ser equivalentes por su sentido. No es correcto, por ejemplo, llamar atributiva a una frase como *Año de nieves, año de bienes* por su equivalencia semántica con la oración *El año de nieves es año de bienes*, ya que en la frase no existe el núcleo verbal de la oración. Con el mismo fundamento de la identidad de sentido, se podría equiparar esa frase con otras estructuras oracionales no atributivas, como «La nieve abundante beneficia la cosecha», «Cuando nieva mucho, la cosecha se espera buena», etc.

Interjecciones

457. Se han de clasificar las frases según su constitución interna. El tipo de enunciado sin verbo personal más simple es, como se vio (capítulo XVIII), la interjección. Ya se ha afirmado hace tiempo que la interjección «generalmente forma por sí sola una oración completa», lo cual quiere decir que constituye enunciado independiente. A veces puede combinarse con otras unidades y formar frases complejas *(Ah de la casa, Ay de vosotros, Oh hijo mío, Caramba con la niña,* etc.). Se ha visto, asimismo, cómo la transposición habilita para el papel de interjección a otras clases de palabras y de grupos nominales, empleados bien en función apelativa dirigidos al interlocutor, o como manifestación de la actitud del hablante *(¡Fuera!, ¡Mi madre!, ¡Y un jamón!, ¡Hala!, ¡Vaya!,* etc.).

Enunciados elípticos, exclamativos y apelativos

458. Cuando la situación coloquial permite al hablante reducir a lo imprescindible lo que profiere (que solo tendrá sentido en relación con lo que se haya dicho antes o se diga después), el enunciado puede estar constituido en exclusiva por unidades nominales. En estas circunstancias, las frases son en realidad secuencias truncas, resultado de la elipsis de un verbo consabido. Así ocurre en respuestas a preguntas o en apostillas o comentarios a lo que se ha oído:

> —¿Quién ha venido? —*El cartero.*
> —¿Quién es? —*Yo.*
> —¿Cómo quiere la cerveza? —*Fría.*
> —¿De qué color son las cortinas? —*Verdes.*
> —¿Dónde vais? —*Ahí arriba.*
> —¿Está de acuerdo? —*No.*
> —No pensamos asistir. —*Nosotros tampoco.*
> —No nos hizo ningún caso. —*Pues a mí sí.*

El hablante también puede inquirir detalles o precisiones o pedir confirmación de lo expresado por el interlocutor, mediante preguntas elípticas que presuponen lo consabido (el núcleo verbal y en su caso los adyacentes):

> —Contra la turbación [...] hay un remedio. —*¿Cuál?* —Esperar (**85**.883).
> —¿Sabes ya que vive con ella?... —¡Con ella!... *¿En dónde?* (**85**.896).
> —Aún no sabes lo mejor, es decir, lo peor. —*¿Qué?* (**85**.962).
> —Creo que estás enfermo. —*¿Yo enfermo?*

Cuando en estos casos la frase es exclamativa y su entonación es significante suficiente del estado de ánimo del hablante, se bordean los límites con el papel de las unidades transpuestas a interjección:

¡Lo bien que lo pasamos!
¡Lo que faltaba!
¡La gente que acudió!
¡Buena diferencia con mamá!

Son segmentos que funcionan unitariamente como si fuesen interjecciones. Si se analiza la constitución interna ya no se hace en cuanto enunciados exclamativos, sino en cuanto grupos nominales que, desprovistos de ese contorno melódico, cumplirían alguna de las funciones oracionales al insertarlos en una oración, por ejemplo en:

No te puedes figurar *lo bien que lo pasamos*.
Eso es *lo que faltaba*.
Le molestaba *la gente que acudió*.
En la abuela se apreciaba *buena diferencia con mamá*.

En las frases de intención apelativa, destinadas a influir sobre el interlocutor, sería erróneo suponer la elipsis de un verbo en imperativo, como si las secuencias *A trabajar, A la cama, A la calle, Andando, Adelante, Quietos, Atención, Ojo, Fuego*, fuesen representantes abreviados de oraciones como *Id a trabajar, Vete a la cama, Salid a la calle, Vamos andando, Pasa adelante, Estaos quietos*, etc. Basta considerar estas frases como unidades transpuestas a la función de la interjección.

Etiquetas y rótulos

459. Aparte de estas frases de carácter predominantemente expresivo e impresivo, se encuentran otras cuya entonación se ajusta a la propia de las oraciones asertivas, y que alternan en general con estas en los actos de habla, tanto en los orales como en los escritos. En lo hablado, el recurso a las frases se explica por la viveza y espontaneidad del diálogo y por la comodidad del hablante (que recurre a clichés); en lo escrito, responde ya a la buscada concisión del escritor, ya a eliminar la redundancia.

De entre las frases asertivas, forman grupo aparte los rótulos o letreros adosados a ciertos objetos, como en algunas puertas, *Entrada, Salida, Privado*, etc. La exigüidad y la inequívoca designación de frases como estas las colocan en el límite con los signos gráficos no lingüísticos utilizados para idénticos fines informativos.

Tampoco debemos alinear entre las frases asertivas los pies de grabados, cuadros, fotografías, etc., que si bien son estructuras lingüísticas, cumplen la comunicación merced a su relación con las imágenes que acompañan:

> ¡Y aún dicen que el pescado es caro!
> Dos viejas riendo.
> Un momento de las tareas de rescate.
> El acusado en el banquillo.

Otro tanto ocurre con los títulos de libros, capítulos, artículos, etc., los cuales, aun siendo frases utilizadas también en la comunicación coloquial, se convierten en este caso en significantes del significado conjunto del texto que anuncian o evocan.

Frases asertivas bimembres

460. Las frases asertivas que alternan con las oraciones en la comunicación oral o escrita, pueden también, como grupos unitarios que son, funcionar dentro de otra oración como unidades adyacentes. Sin embargo, aunque las frases puedan parafrasearse en estructuras oracionales equivalentes, ello no implica que haya elipsis ninguna. En los versos siguientes:

> La gaviota sobre el pinar.
> (La mar resuena)...
> La gaviota sobre el pinar
> goteado de estrellas (**60**.48),

podría haberse dicho en lugar de la frase *La gaviota sobre el pinar* una oración como «La gaviota vuela sobre el pinar» o «Veo la gaviota sobre el pinar», donde el grupo nominal que constituye la frase funciona de manera distinta en cada oración. En la frase, separados sus dos miembros por pausa facultativa, *La gaviota* funciona como un tema a que se asigna la tesis *sobre el pinar*.

Tampoco hay que suponer elipsis en este otro verso:

> Sí, tu niñez, ya fábula de fuentes (**59**.1.325),

parafraseable en «tu niñez se ha convertido ya en la fábula que con su chorro evocan las fuentes»; se trata de una estructura de frase con dos términos yuxtapuestos, correferentes como lo serían los de una aposición. Y, en fin, no sería razonable reconstruir oraciones sobre la base de las frases que constituyen este poemilla:

> Vivir para ver: ¡joven poeta de cuarenta años!
> ¿Último logro de la geriatría?
> No; retrasado mental, sencillamente (**57**.363).

En el cual, además, se reúnen ejemplos de las modalidades asertiva, exclamativa e interrogativa.

461. La estructura bimembre observada en los textos literarios se repite en manifestaciones más cotidianas, aunque a veces sin pausa entre los componentes: *Prohibida la entrada*. Nótese que en estas frases (al igual que en las construcciones absolutas que funcionan como adyacentes oracionales, § 356, 6.°) persiste la concordancia propia de las oraciones atributivas entre sujeto explícito y atributo, y, así, cuando ello es posible, el género y el número de los dos términos son concordes. Cotéjese *Prohibida la entrada*, cuyos dos componentes están marcados por singular y femenino, con *Prohibidos los pases*, donde se reconocen plural y masculino concordes.

La bimembración en tema y tesis es muy frecuente en refranes, clichés y demás fórmulas fosilizadas de la lengua, aunque la relación semántica entre los dos términos es muy variable (según se apreciaría al transformarlas en oraciones, como se vio antes, § 456):

> De tal palo, tal astilla.   Genio y figura hasta la sepultura.
> Mal de muchos, consuelo de tontos.   Juego de manos, juego de villanos.
> Aquí paz y después gloria.   En casa del herrero, cuchillo de palo.
> Vivir para ver.   A lo hecho, pecho.   A mal tiempo, buena cara.
> No por el huevo, sino por el fuero.   A Dios rogando y con el mazo dando.

Pero también en el diálogo aparecen frases bimembres de tema y tesis casi siempre con curvas melódicas de carácter exclamativo:

> ¡A mi edad, cambiar de aires! ¡Qué tiempos aquellos!
> Buena vida la del canónigo. Mentira lo que dices.
> Ella tan contenta, y nosotros fastidiados.
> Coche todo el mundo y tu mujer a patita. Pero tú ni caso.

Tipos de frases

462. En resumen, los enunciados clasificados como frases pueden ser unimembres o bimembres. Las frases unimembres se comportan como las interjecciones, tanto si están constituidas por una sola palabra (*¡Lástima!*,

Gracias, Vaya), como si consisten en un grupo unitario más o menos complejo (un núcleo con sus adyacentes: *¡Mi madre!, Buenas noches, Gajes del oficio, ¡El dolor que sentía!, A estudiar mucho*).

En las frases bimembres, la relación establecida entre los dos términos es variable. Se dan estas posibilidades:

1.º   Los dos miembros yuxtapuestos, en general con pausa intermedia y con inflexión melódica en contraste, concuerdan en sus referencias, de modo que forman una especie de ecuación semántica (por ejemplo en: *Año de nieves, año de bienes; Buena vida la del canónigo; Mentira lo que dices*).

2.º   Uno de los términos es sustantivo y el otro adjetivo; no suele haber pausa intermedia, aunque las inflexiones de la curva puedan contrastar; el núcleo o el tema es el sustantivo y el adjetivo sirve de especificación, y así, como en los grupos nominales correspondientes, hay concordancia de número y género (cuando es posible, como en *Prohibida la entrada, Inútiles tus esfuerzos, ¡Qué tiempos aquellos!*).

3.º   Uno de los miembros es sustantivo (o unidad equivalente) provisto a veces de sus adyacentes, y el otro es unidad también sustantiva introducida por preposición; la pausa intermedia y la entonación realzan el carácter opuesto del sentido de cada término (*A mal tiempo, buena cara; ¡A mi edad, cambiar de aires!; De tal palo, tal astilla; En casa del herrero, cuchillo de palo*).

4.º   Un sustantivo (o grupo nominal unitario, o infinitivo, etc.) está determinado por el segundo miembro, también unidad sustantiva con preposición, en general sin pausa intermedia (*Genio y figura hasta la sepultura; Vivir para ver; ¡Lástima de cuadro!; La gaviota sobre el pinar; El cine para divertirme*).

5.º   A veces los dos términos contrapuestos van unidos por un conector o conjunción, de manera que son en realidad grupos frásticos, en cada uno de cuyos componentes aparece una de las estructuras mencionadas: en *A Dios rogando y con el mazo dando*, cada uno de los términos presenta la misma estructura de tema y tesis. Lo mismo en *Coche todo el mundo y tu mujer a patita, Aquí paz y después gloria*.

6.º   Puede ocurrir que en una frase aparezca como determinante una construcción degradada o transpuesta, cuya función es paralela a la que cumpliría dentro de una oración. Así, en estos grupos frásticos:

> Buena vida la del canónigo, *aunque tenga que ir al coro.*
> ¡Ay de vosotros, *si os pillo!*
> El cine para divertirme, *cuando puedo.*

CLAVE DE CITAS

1. Leopoldo Alas, *La Regenta,* Madrid, Alianza, 1966.
2. Leopoldo Alas, *Treinta relatos,* ed. C. Richmond, Madrid, Espasa-Calpe, 1983.
3. Leopoldo Alas, *Su único hijo,* ed. C. Richmond, Madrid, Espasa-Calpe, 1979.
4. Leopoldo Alas, *Narraciones breves,* ed. Y. Lissorgues, Barcelona, 1989.
5. Ignacio Aldecoa, *El fulgor y la sangre,* Barcelona, 1976.
6. Dámaso Alonso, *Hijos de la ira,* Madrid, 1944.
7. Francisco Ayala, *Recuerdos y olvidos,* Madrid, 1988.
8. Francisco Ayala, *El cazador en el alba,* Barcelona, 1971.
9. Francisco Ayala, *La cabeza del cordero,* Madrid, Cátedra, 1978.
10. Francisco Ayala, *El jardín de las delicias,* Barcelona, 1971.
11. Francisco Ayala, *Muertes de perro,* Madrid, Alianza, 1986.
12. Francisco Ayala, *El fondo del vaso,* Madrid, Alianza, 1986.
13. Azorín, *Oasis de los clásicos,* Madrid, 1952.
14. Azorín, *El escritor,* Madrid, 1942.
15. Azorín, *La ruta del Quijote,* Madrid, 1916.
16. Pío Baroja, *La busca,* Madrid, Caro Raggio, 1972.
17. Pío Baroja, *Las horas solitarias,* Madrid, 1982.
18. Pío Baroja, *La feria de los discretos,* Madrid, 1975.
19. Gustavo A. Bécquer, *Rimas y Leyendas,* Madrid, 1944.
20. Andrés Bello, *Gramática de la lengua castellana,* París, A. Blot, 1928.
21. Jorge Luis Borges, *Narraciones,* Madrid, 1970.
22. Antonio Buero Vallejo, *El concierto de San Ovidio,* Madrid, 1974.
23. J. M. Caballero Bonald, *La casa del padre,* Barcelona, 1988.
24. J. M. Caballero Bonald, *El campo de Agramante,* Barcelona, 1992.

25. P. Calderón de la Barca, *Los tres mayores prodigios (Obras completas, II),* Madrid, Aguilar, 1987.

26. Alejandro Casona, *Teatro,* Buenos Aires, 1951.

27. Camilo José Cela, *San Camilo 1936,* Madrid-Barcelona, 1969.

28. Camilo José Cela, *La colmena,* ed. D. Villanueva, Barcelona, 1986.

29. Camilo José Cela, *Mazurca para dos muertos,* Barcelona, 1983.

30. Miguel de Cervantes, *El ingenioso hidalgo don Quijote de la Mancha,* Madrid, Fax, 1945.

31. Miguel de Cervantes, *Novelas ejemplares,* II, ed. Schevill-Bonilla, Madrid, 1923.

32. Miguel de Cervantes, *Comedias y entremeses,* ed. Schevill-Bonilla, Madrid, 1920.

33. Julio Cortázar, *Rayuela,* Madrid, 1984.

34. Rubén Darío, *Poesías completas,* ed. Aguilar, Madrid, 1968.

35. Miguel Delibes, *377 A madera de héroe,* Barcelona, 1987.

36. Miguel Delibes, *Cartas de amor de un sexagenario voluptuoso,* Barcelona, 1983.

37. Miguel Delibes, *Aún es de día,* Barcelona, 1949.

38. Miguel Delibes, *Cinco horas con Mario,* Barcelona, 1966.

39. Miguel Delibes, *Los santos inocentes,* Barcelona, 1981.

40. Miguel Delibes, *Castilla habla,* Barcelona, 1986.

41. José Donoso, *Cuentos,* Barcelona, 1971.

42. Eugenio D'Ors, *Tres horas en el Museo del Prado,* Madrid, 1989.

43. Alonso de Ercilla, *La Araucana,* Madrid, 1993.

44. José de Espronceda, *El Diablo mundo,* ed. D. Ynduráin, Madrid, 1992; *El estudiante de Salamanca,* ed. B. Valera Jácome, Madrid, 1992.

45. Leandro Fernández de Moratín, *Obras póstumas,* Madrid, 1867.

46. Jesús Fernández Santos, *Los bravos,* Barcelona, 1977.

47. Carlos Fuentes, *Cristóbal nonnato,* Madrid, 1987.

48. Manuel García Blanco, *Don Miguel de Unamuno y sus poesías,* Salamanca, 1954.

49. Federico García Lorca, *Obras completas,* ed. Aguilar, Madrid, 1954.

50. Gabriel García Márquez, *Cien años de soledad,* Buenos Aires, 1968.

51. Francisco García Pavón, *Cuentos, I y II,* Madrid, 1981.

52. Francisco García Pavón, *Cuentos de amor... vagamente,* Barcelona, 1985.

53. Garcilaso de la Vega, *Obras completas,* ed. Rivers, Madrid, 1964.

54. Ramón Gómez de la Serna, *El secreto del acueducto,* Madrid, Cátedra, 1986.

55. Ramón Gómez de la Serna, *La Quinta de Palmira,* Madrid, 1982.

56. Ramón Gómez de la Serna, *El caballero del hongo gris,* Madrid, 1970.
57. Ángel González, *Palabra sobre palabra,* Barcelona, 1986.
58. Luis de Granada, *Introducción del Símbolo de la Fe,* Madrid, 1989.
59. Jorge Guillén, *Aire nuestro,* Valladolid, 1987.
60. José Hierro, *Poesías completas,* Madrid, 1962.
61. Juan Ramón Jiménez, *Platero y yo,* Madrid, 1982.
62. Luis Landero, *Juegos de la edad tardía,* Barcelona, 1989.
63. Mariano José de Larra, *Artículos,* Madrid, Castalia, 1990.
64. *El Lazarillo,* Madrid (Anejo XVII del *BRAE*), 1967.
65. Luis de León, *Poesía completa,* ed. J. M. Blecua, Madrid, 1990.
66. Julio Llamazares, *El río del olvido,* Barcelona, 1992.
67. Antonio Machado, *Poesías completas,* Madrid, 1946.
68. Antonio Machado, *Juan de Mairena,* Madrid, Cátedra, 1986.
69. Juan de Mariana, *Historia General de España,* Madrid *(BAAEE).*
70. Javier Marías, *Corazón tan blanco,* Barcelona, 1992.
71. Julián Marías, *Miguel de Unamuno,* Buenos Aires, 1950.
72. Luis Martín Santos, *Tiempo de destrucción,* Barcelona, 1975.
73. Luis Mateo Díez, *La fuente de la edad,* Madrid, 1986.
74. Eduardo Mendoza, *La verdad sobre el caso Savolta,* Barcelona, 1986.
75. José María Merino, *El centro del aire,* Madrid, 1991.
76. José María Merino, *La orilla oscura,* Madrid, 1985.
77. Antonio Muñoz Molina, *Beatus ille,* Barcelona, 1986.
78. Antonio Muñoz Molina, *El invierno en Lisboa,* Barcelona, 1987.
79. Juan Carlos Onetti, *El astillero,* Madrid, 1970.
80. José Ortega y Gasset, *Obras completas,* I, Madrid, 1953.
81. Blas de Otero, *Que trata de España,* París, 1964.
82. Octavio Paz, *Conjunciones y disyunciones,* Barcelona, 1990.
83. Ramón Pérez de Ayala, *Tinieblas en las cumbres,* Madrid, 1971.
84. Ramón Pérez de Ayala, *El ombligo del mundo,* Madrid, 1982.
85. Benito Pérez Galdós, *Obras completas, IV,* Madrid, Aguilar, 1969.
86. Benito Pérez Galdós, *Obras completas, V,* Madrid, Aguilar, 1965.
87. Real Academia Española, *Esbozo de una nueva gramática de la lengua española,* Madrid, 1973.
88. Augusto Roa Bastos, *Hijo de hombre,* Madrid, 1981.
89. Augusto Roa Bastos, *Yo, el supremo,* Madrid, Cátedra, 1986.
90. Juan Rulfo, *Pedro Páramo,* Madrid, 1982.
91. Juan Rulfo, *El llano en llamas,* Barcelona, 1986.
92. Juan Rulfo, *El gallo de oro,* Madrid, 1992.
93. Rafael Sánchez Ferlosio, *El Jarama,* Barcelona, 1956.
94. Gonzalo Torrente Ballester, *Filomeno, a mi pesar,* Barcelona, 1988.
95. Miguel de Unamuno, *Ensayos,* Madrid, Aguilar, 1942.

96. Miguel de Unamuno, *Paisajes del alma,* Madrid, 1986.
97. Arturo Uslar Pietri, *Las lanzas coloradas,* Madrid, 1970.
98. José Ángel Valente, *Punto cero (Poesía 1953-1979),* Barcelona, 1980.
99. Ramón del Valle-Inclán, *Tirano Banderas,* ed. A. Zamora Vicente, Madrid, 1978.
100. Mario Vargas Llosa, *La guerra del fin del mundo,* Barcelona, 1981.
101. Mario Vargas Llosa, *La casa verde,* Barcelona, 1965.
102. Mario Vargas Llosa, *La tía Julia y el escribidor,* Barcelona, 1977.
103. Mario Vargas Llosa, *Lituma en los Andes,* Barcelona, 1993.
104. Lope de Vega, *El castigo sin venganza,* Madrid (Cátedra), 1990.
105. Alonso Zamora Vicente, *Vegas bajas,* Madrid, 1987.
106. José Zorrilla, *Don Juan Tenorio,* Madrid, 1990.

ÍNDICE TEMÁTICO